초보자를 위한

데이터베이스 제대로 배우기

정은희 · 양승해 · 이병관 공저

도서출판 상 학 당

머리말

사용자가 편리하게 정보를 관리하기 위해서 일정한 저장공간을 활용하게 된다. 이렇게 일반자료를 정보로 활용할 수 있도록 디자인해주는 관리 프로그램을 데이터베이스라고 부른다. 가깝게 우리의 일상생활에서 동료들의 주소를 각각 종이에 적어서 다니는 불편함 보다는 일정한 환경으로 구성된 프로그램에 한 사람씩 추가되어지는 자료를 등록한 후 필요시마다 검색 또는 질의 후 해당자료를 찾아낼 수 있는 간편화된 프로그램이 바로 데이터베이스이다.

이처럼 데이터베이스의 활용분야는 일반적인 회원관리, 학사관리, 수강관리 등의 응용 프로그램에도 쓰이며, 쇼핑몰을 운영하기 위한 웹 페이지 제작 및 심지어는 국가의 조달업무 등 그 활용분야는 헤아릴 수 없을 정도로 방대하다.

저자가 대학에서 데이터베이스의 이론 및 실습을 강의하면서 다른 교재들을 통하여 독자기 쉽게 따라할 수 없을 정도의 난이도를 가진 점에 대하여 많은 고민을 하였다. 따라서, 고민 끝에 초보자가 쉽게 접근하여 학습할 수 있고, 또한 학습한 내용을 토대로 실무 프로그램을 익혀나갈 수 있는 교재가 필요함을 절실히 느끼게 되었다. 결국 강의를 통해 제작했던 강의자료들과 현장에서의 실무 프로젝트를 진행하며 만들었던 실습자료들을 기반으로 본 교재와 프로젝트를 직접 진행할 수 있는 환경까지 이 교재를 통하여 제공하였다

이 교재는 III부와 이에 해당하는 8장의 형식으로 구성하였다. 먼저, 제 I부에서는 실습을 위해 반드시 알아두어야 할 이론분야로 데이터베이스의 개요 및 모델링, 관계 데이터베이스 설계를 다루었다. 제 II부에서는 실습내용 중 Access를 이용하여 테이블을 디자인하는 과정, 관계설정 및 쿼리, 폼과 보고서 등을 실전에서 사용하는 예제를 기반으로 반복구성하였다. 또한, 제 III부에서는 MySQL 데이터베이스 실습내용으로 MySQL의 소개 및 테이블 만들기, 레코드 관리를 위한 삽입 및 삭제 등에 대하여 다루었으며, Text 파일 및 MySQL 파일로 백업 및 복원하기 위한 기술을 통해 기본적인 MySQL을 학습하며, 마지막으로 phpMyAdmin을 이용해 MySQL을 손쉽게 사용하는 방법을 설명함으로써 독자로 하여금 자신감을 가질 수 있도록 쉽게 구성하였다.

이 교재가 대학에서 데이터베이스를 강의하는 많은 분들과 학생들에게 어떻게 평

가될지 두렵기도 하고, 긴장되기도 한다. 다만 이 교재를 활용하여 공부하는 모든 독자들이 저자의 의도를 이해하고 이 한 권의 교재를 통하여 데이터베이스의 이론을 쉽게 이해하며, 이를 토대로 Access 및 MySQL에 대한 자신감을 각자 얻을 수 있기를 기대할 뿐이다. 끝으로, 이 교재가 출판될 수 있도록 최선의 노력을 다해주신 상학당의 관계자 여러분께도 마음 깊이 고마움을 전한다.

저 자 씀

차 례

제Ⅰ부 데이터베이스 이론

제Ⅱ부 Access 데이터베이스

제Ⅲ부 MySQL 데이터베이스

데이터베이스 이론

1장 데이터베이스 이론 및 설계

1장

데이터베이스 이론 및 설계

본 장에서는 데이터베이스 응용프로그램인 Microsoft사에서 개발한 Access와 MySQL을 올바르게 사용하기 위한 이론적인 환경을 숙지하기로 하자. Access는 주로 비주얼 형태의 프로그램으로 초보자가 쉽게 익힐 수 있는 반면에 프로그램의 규모가 크다. 반면에 MySQL은 텍스트 기반의 데이터베이스 프로그램으로 프로그램의 결과 크기가 작아서 주로 프로그램에 대한 이해력이 빠른 사용자들에게 인기가 있는 프로그램이다.

따라서 본 장을 통하여 데이터베이스의 이론을 완전히 이해한 후 Access와 MySQL을 능수능란하게 다루길 바란다.

1.1 데이터베이스 개요

우리는 현재의 사회를 지식 정보화 사회라고 정의한다. 이러한 지식 정보화 사회는 모든 문서를 디지털 정보로 저장함으로써 정형화, 일관화를 원칙으로 한다. 따라서 일관된 문서관리를 위한 방법으로 데이터베이스를 사용한다. 우리의 실생활에서 이용되어지는 데이터베이스 응용분야로는 각 회사에서의 정형화된 문서저장 방식, 학사관리 프로그램을 이용한 학생정보나 행정관리 프로그램 등등 수 없이 많다. 더욱이 근래에 모든 사람들이 공감하는 홈페이지를 통한 사업을 들 수 있는데, 과거의 상거래는 일반적인 재래 상거래로 생산자로부터 생산된 상품을 여러 도·소매상을 통해 소비자에게 전달되어진다. 이러한 상거래는 수시로 변경되는 서류 방식과 재고 및 고객 관리가 원활하지 못하였다. 하지만, 현대인들이라면 전자상거래를 통하여 24시간, 장소에 제약 없이 인터넷이 가능한 컴퓨터 앞에 앉아 있다면 손쉽게 몇 번의 마우스와 키보드 조작으로 원하는 상품을 구매할 수 있다.

소비자의 입장을 고려하면 바쁜 일상생활에서 제품을 구매하기 위해 판매하는 시장에 가야 하는 불편함을 해소할 수 있으며, 판매자의 입장을 고려해 보면 상품의 정보와 고객의 정보를 함께 데이터베이스로 관리할 수 있으므로 제품의 재고관리와 수익 계산 등을 쉽게 처리할 수 있는 효과적인 시스템이다. 따라서 데이터베이스는 소비자와 판매자 모두에게 필요한 시스템이며 상품 판매를 목적으로 하는 기업, 교육을 목적으로 하는 학교, 하물며 소규모 쇼핑몰을 제작하는 개인에게까지 없어서는 안 되는 필수적인 요소이다.

이러한 데이터베이스가 가지는 의미는 다음과 같이 네 가지로 정의할 수 있다.

첫째, 통합 데이터(Integrated Data)이다. 통합 데이터는 여러 곳에 분산되어 있는 데이터를 한 곳으로 통합 관리하기 때문에 최대한 중복성을 제거한 자료 집합이다.

둘째, 공유 데이터(Shared Data)이다. 공유 데이터는 여러 부서에서 동일한 데이터를 공유함으로써 필요할 때마다 자료를 공유할 수 있으므로 일의 효율성을 극대화할 수 있는 편리성을 제공한다.

셋째, 저장 데이터(Stored Data)이다. 저장 데이터는 일정의 저장 매체인 디스크나 테이프 등을 통하여 필요할 경우 관리자, 혹은 사용자에 의해 열람 기능을 제공한다.

넷째, 운영 데이터(Operational Data)이다. 운영 데이터는 해당 조직의 고유한 업무를 수행하는데 반드시 필요한 데이터를 제공하므로 원활한 업무 지원 기능을 제공한다.

흔히 데이터(data)와 정보(information)를 같은 의미로 생각하는 사람들이 있다. 하지만, 데이터와 정보는 엄밀히 다른 의미를 지니고 있다. 데이터는 단순한 관찰이나 측정 등의 수단을 통하여 현실세계(real world)로부터 수집된 사실(fact)이나 값(value)을 의미한다. 따라서, 불필요한 자료가 첨가되었을 경우도 있으므로 단순한 데이터만으로는 의미를 표현하기는 곤란하다. 데이터는 정보를 뒷받침하기 위한 원소로 볼 수 있다. 정보는 기존에 취합한 데이터를 모아서 일정의 처리를 통한 하나의 의미를 지닌 값을 말한다.

[그림 1-1]은 데이터와 정보를 정의하기 위한 상품을 예로 표현한 것이다. 데이터의 항목으로는 가격정보밖에 없다. 하지만 가격정보만으로는 어떠한 내용인지 확정하기 어렵다. 정보는 데이터 요소인 가격을 포함하여 이미지와 상품명을 함께 제시함으로써 어떠한 상품이 어떤 이미지인지와 가격을 모두 볼 수 있으므로 사용자로 하여금 쉽게 이해를 도울 수 있다.

[그림 1-2]를 이용하여 데이터와 정보의 연관성을 보기로 하자.

[그림 1-1]에서의 상품명, 이미지, 가격 데이터 등을 [그림 1-2]의 정보처리 시스템에 입력함으로써 충분히 의미전달이 가능한 상품의 정보를 표현할 수 있다.

데이터 : 1,200,000원, 30,000원, 14,000원
정보 :

상품명	이미지	가격
노트북		1,200,000원
호보백		30,000원
수영복		14,000원

[그림 1-1] 데이터와 정보

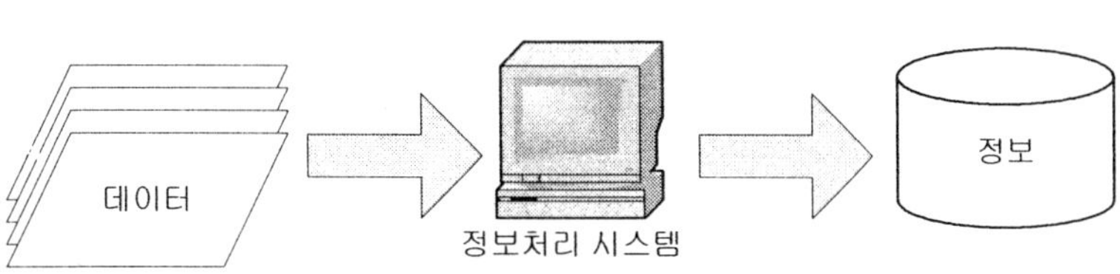

[그림 1-2] 정보처리 시스템

1.2 데이터 모델링

데이터 모델링이라 함은 현실세계의 데이터를 물리적인 디스크에 저장하기 위한 중간과정으로 논리적으로 정의하기 위한 과정을 의미한다. 이러한 데이터 모델링은 단순한 의미에서는 데이터의 논리적인 구조만을 뜻하는 것이 보통이지만 엄밀히 정의한 데이터 모델링은 추상적으로 표현된 구조(structure) 이외에도 이 구조에서 허용될 수 있는 연산(operator), 이 구조와 연산에서의 제약조건(constraint) 등으로 구성되어 있다.

데이터 모델링은 지속적으로 변화하는 현실 세계에 존재하는 수많은 유형 또는 무형의 자료를 컴퓨터의 데이터베이스 안에 표현하기 위한 설계 과정으로 현실세계의 정보 구조로부터 논리적인 데이터 구조로 변환하기 위한 과정을 의미한다. 이렇게 현실세계의 실체인 데이터로부터 논리적인 데이터 구조로 표현하기 위해서는 정보들을 단순화시키고 이해하기 쉬운 형태로 추상화하여 체계적으로 표현하는 일련의 규칙적인 과정이 필요하며, 이러한 일련의 과정을 데이터 모델링(Data Modelling)이라 한다.

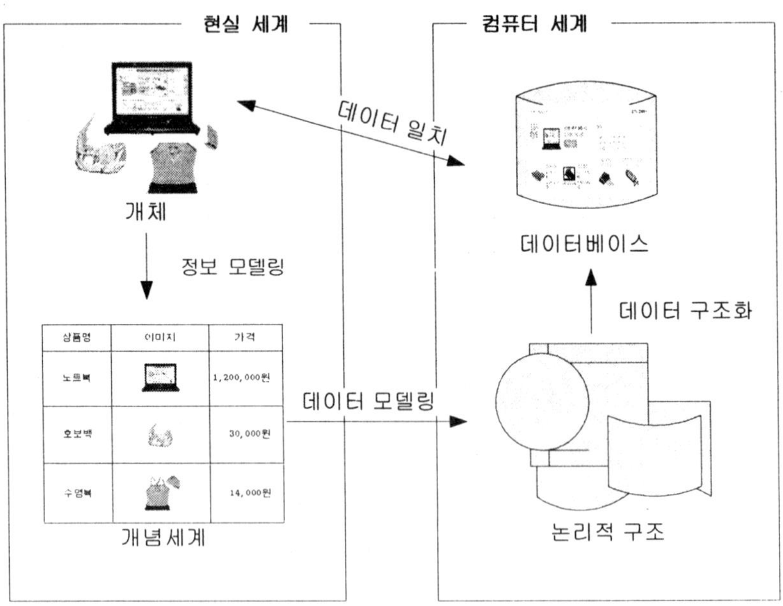

[그림 1-3] 데이터 변환 구조

현실 세계에서 수집되어진 데이터를 논리적인 데이터 구조로 변환하기 위한 데이터 모델링의 흐름은 [그림 1-3]에서와 같이 현실 세계의 요소인 개체(Entity), 개념 세계, 컴퓨터 세계로 크게 구분할 수 있다. 먼저, 개체는 인간이 현실 세계에서 데이터베이스로 등록하고자 하는 정보를 의미하며, 개념 세계는 현실 세계에서 수집한 자료를 인간이 이해할 수 있는 정보로 표현하는 과정을 의미한다. 또한, 컴퓨터 세계는 개념 세계에서 정리한 자료를 컴퓨터에서 인식할 수 있도록 설계 및 저장하는 역할을 의미한다.

1.2.1 정보 모델링

정보 모델링(Information Modeling)은 현실 세계에 존재하는 수많은 유무형의 개체들을 컴퓨터에 입력하기 전에 일반적인 사람들이 이해할 수 있는 간략화된 추상화(Abstraction) 개념의 정보 구조(Information Structure)로 표현하는 과정을 의미한다. 이러한 과정은 현실세계의 각 개체(Entity)의 요소인 개체타입(Entity Type)과 각 개체간의 연관성으로 정의한 일정한 관계(Relation)를 통하여 표현함으로서 컴퓨터에 입력할 수 있는 정보로서의 의미를 갖게 된다.

[그림 1-4]는 정보 모델링을 상품정보와 고객을 통하여 설명한다.

[그림 1-4]에서는 상품 개체와 고객 개체간에 구매라는 관계를 통하여 연결되어질 수 있으며, 상품의 개체 요소들인 타입은 상품번호, 상품명, 이미지, 가격 등으로 정의할 수 있으며, 고객의 개체 타입은 고객아이디, 이름, 주소, 전화번호 등으로 정의할 수 있다.

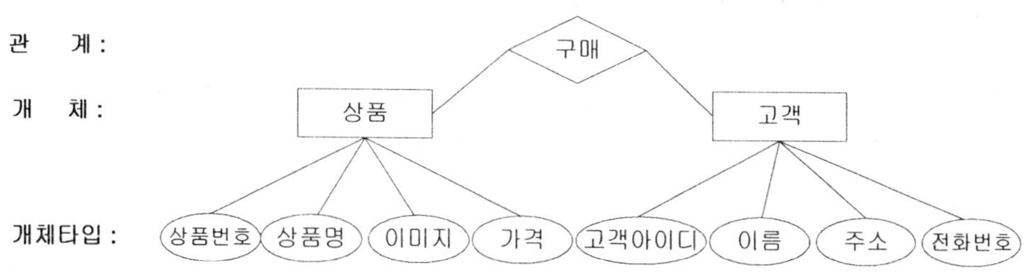

[그림 1-4] 정보 모델링

1.2.2 데이터 모델링

데이터 모델링은(Data Modeling)은 1.2.1의 개념 세계에서 정의된 자료를 바탕으로 컴퓨터가 이해할 수 있는 논리적(Logical)인 개념으로 표현하는 과정을 의미한다.

상품 개체

상품번호	상품명	이미지	가격

고객 개체

고객아이디	이름	주소	전화번호

구매 개체

상품번호	고객아이디

[그림 1-5] 데이터 모델링

일반적으로 개념세계에서 표현된 정보는 데이터베이스에 바로 적용할 수 없기 때문에 이해 가능한 논리적 구조로 변환해 주어야 한다.

[그림 1-5]는 [그림 1-4]의 정보 모델링을 컴퓨터가 이해할 수 있는 과정인 데이터 모델링으로 변환하는 내용을 보이는 것이다.

[그림 1-5]는 정보 모델링을 데이터 모델링으로 변환한 구조이며, 논리적 구조 표현 중에 계층형 데이터 모델링이다.

1.3 관계 데이터베이스 설계

데이터베이스 요소는 크게 현실 세계와 컴퓨터 세계로 분리하여 표현하며, 컴퓨터 세계로 표현하기 위한 자료는 대부분 실생활인 현실 세계에 기반하여 작성한다. 이러한 현실 세계로부터 개념적 정보구조로 표현하기 위한 정보 모델링은 각 개체가 가지는 특성을 나타내는 속성들의 이름들로 정의된 개체 타입과 개체 타입들간에 관계를 나타내는 관계 타입으로 표현한다. 이 두 타입을 개체 관계 모델, 즉 E-R 모델(Entity-Relation Model)이라 정의한다.

이러한 현실 세계의 자료를 데이터 모델링하는 과정은 컴퓨터가 지원하는 데이터베이스 관리 시스템에 따라 계층형 데이터 모델(Hierarchical Data Model)과 망형 데이터 모델(Network Data Model), 관계형 데이터 모델(Relation Data Model)로 표현한다. 또한, 각 모델의 요소는 기본키(Primary Key), 후보키(Candidate Key), 대체키(Alternative Key), 외래키(Foreign Key) 등으로 각 필드들을 정의할 수 있다.

1.3.1 개체 관계 모델

현실 세계에서 정의한 각 개체들간에는 정의된 문법인 형식을 통하여 논리적 구조로 표현하는데, 이 장에서는 각각의 개체인 고객, 상품, 생산자를 기준으로 설명할 것이다. 개념적 데이터 모델을 표현하는 가장 대표적인 모델은 1976년에 P.Chen에 의해 제안된 개체 관계 모델(Entity-Relation Model)이 사용되어지고 있다. 먼저, 개체 관계 모델을 이해하기 위해서는 [그림 1-6]과 같은 도표를 이해해야 한다.

개체는 고객, 상품, 생산자 등과 같은 일정한 단위를 기준으로 그룹화한 조직을 의미하는데 주로 Access에서는 테이블을 기준하기도 한다. 또한, 관계는 테이블인 개체들의 모임에서 연관성을 목적으로 설정된 연결조직을 의미한다. 예를 들어 학생 테이블과 교수 테이블은 각각이 개체가 될 수 있으며, "지도"라는 관계를 통한 배움과

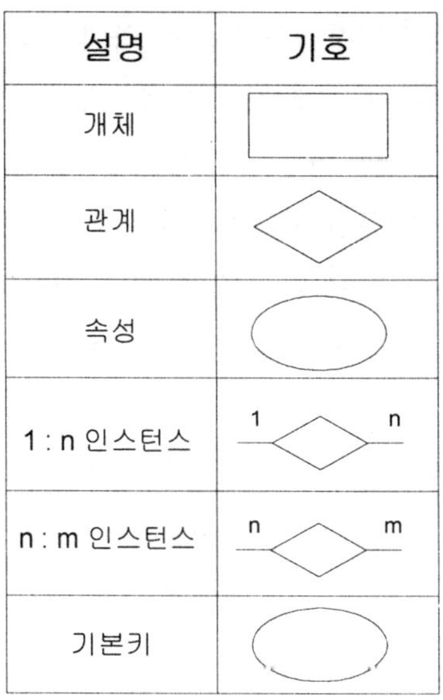

[그림 1-6] 개체-관계 모델 도표

가르침으로 구분지을 수 있다. 또, 속성은 개체인 테이블의 한 필드 값을 대상으로 숫자 데이터인지, 문자 데이터인지 등등의 한 필드를 표현하기 위한 단위개념으로 이해할 수 있다. 1 : n 인스턴스 및 n : m 인스턴스는 한 교수(1)가 여러 학생(n)을 가르키는 경우의 1 대 다 의미이며, 여러 교수(n)가 여러과목을 여러 학생(m)에게 지도할 때는 m : m이라고 하지 않고 각각의 개체별 구분을 위하여 n : m 인스턴스라고 정의한다. 마지막으로 기본키는 테이블인 개체를 기준할 수 있는 가장 고유한 키를 의미한다. 즉, 학생에게는 다른 학생들과 구분지어질 수 있는 유일한 정보인, 학번, 주민등록번호, 휴대폰 번호 등의 항목과 같이 다른 학생과 구분지어질 수 있는 유일한 키를 의미한다.

[그림 1-7]은 각각의 개체와 관계, 사상의 수치관계 등을 표현한 것이다. 즉, 생산자와 고객 개체간에는 배송이라는 관계를 통하여 표현하였으며, 고객과 상품 개체 사이에는 구매라는 관계를 통하여 표현하였다. 또한, 상품과 생산자 개체 사이에는 서로 관련된 생산이라는 관계를 이용하여 관계를 설정해 주었다.

[그림 1-8]은 [그림 1-7]의 내용을 보다 구체적인 속성을 적용하여 표현한 것으로 생산자 개체는 자신의 개체를 고유하게 식별할 수 있는 생산자 아이디 속성을 기본키로 하여 생산자명, 주소, 전화번호 등의 속성을 지니며, 고객은 고객아이디라는 고유한 식별자를 기본키로 하여 이름, 주소, 전화번호 등의 속성을 갖는다. 또한, 상품 개체는 상품번호라는 고유한 식별자를 기본키로 하여 상품명, 이미지, 가격 등을 속성정보로 표현한다. 이러한 3가지의 개체들 간에는 각각 1 : n 혹은 n : m이라는 속성관계로 표현할 수 있다. 먼저 1 : n의 경우에는 한 생산자가 여러 명의 고객과 배송관계가 가능하므로, 고객과 상품간에는 구매라는 관계를 통하여 한 사람이 고객이 여러 상품을 구매할 수 있음을 의미한다. 그리고, n : m의 경우에는 상품 개체와 생산자 개체간에 생산이라는 관계를 통하여 여러 상품을 여러 생산자가 함께 생산할 수 있음을 의미한다.

[그림 1-7]과 [그림 1-8]에서와 같이 각 개체간에는 1 : 1, 1 : n 혹은 n : m이라는 사상을 볼 수 있는데 좀 더 자세히 살펴보자.

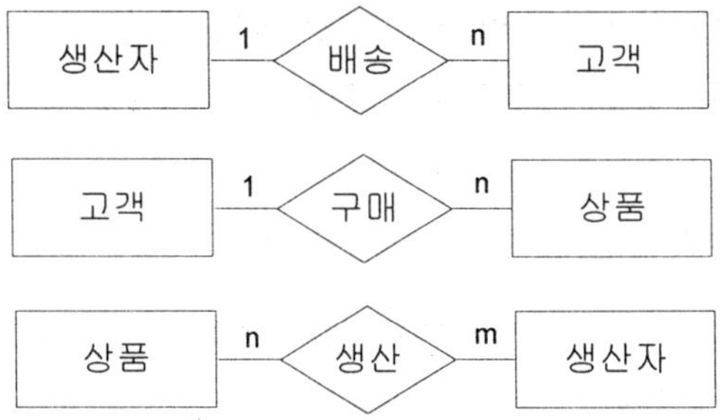

[그림 1-7] 개체간 이진 관련성

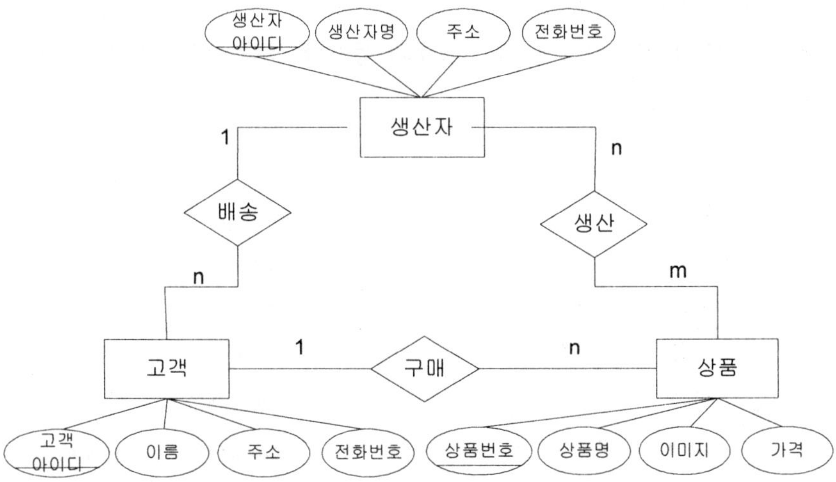

[그림 1-8] 개체-관계 모델

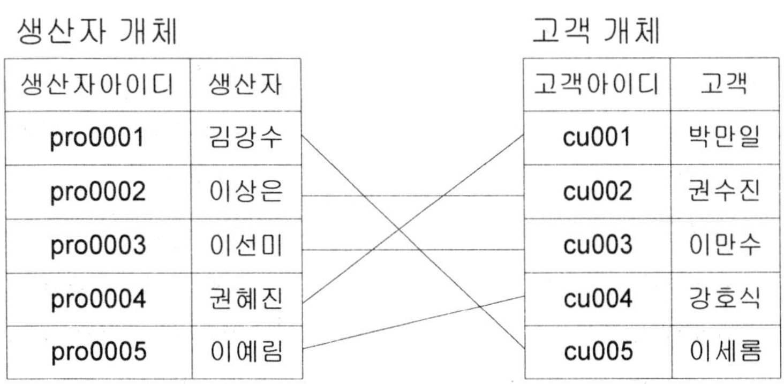

[그림 1-9] 1 : 1 사상

1 : 1 사상의 경우에는 [그림 1-9]와 같이 한 명의 생산자와 한 명의 고객간의 거래를 예로 볼 수 있다. 즉, 생산자 개체의 이선미는 고객 개체의 이만수와만 관계설정이 되어 있으며, 반대로 이만수는 이선미와만 관계설정이 되어 있다.

1 : n 사상의 경우에는 [그림 1-10]과 같이 한 명의 고객이 여러 가지의 상품을 구매할 수 있다. 즉, 고객 개체의 권수진은 상품 개체의 사과와 배를 동시에 구매하였으며, 강호식은 파인애플과 키위를 동시에 선택하였다.

n : m 사상의 경우에는 [그림 1-11]과 같이 여러 명의 생산자 개체와 여러 상품 개체가 생산이라는 관계를 통하여 사상된 것을 의미한다. 즉, 이예림 생산자는 파인애플과 키위(1 : n)를 동시에 생산하며, 키위 상품은 김강수와 이예림(n : 1)과 함께 생산한다. 이렇게 생산자 입장에서의 1 : n과 동시에 상품 개체에서의 1 : n 의 사상을 n : m 사상이라고 한다.

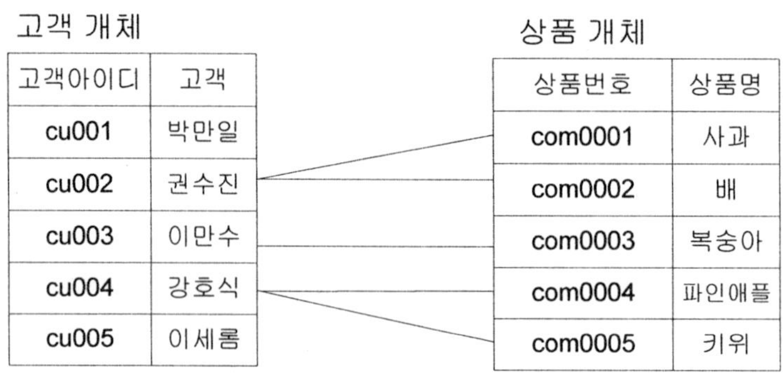

[그림 1-10] 1 : n 사상

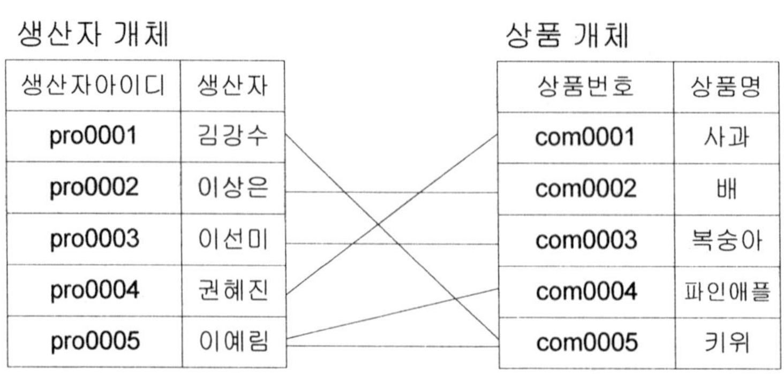

[그림 1-11] n : m 사상

1.3.2 키(Key)의 종류

각각의 개체(Entity)들의 집합(값)을 도메인 혹은 레코드(튜플)라고 한다. 이러한 개체들을 유일하게 구별하고 각각의 개체와 개체를 연결하거나 참조할 수 있는 도구로 키를 이용한다. 키의 종류는 [그림 1-12]에서와 같이 기본키, 외래키, 후보키, 슈퍼키, 대체키로 정의할 수 있다.

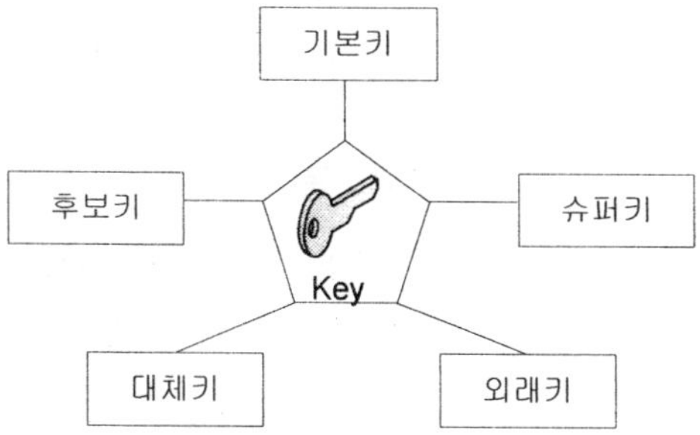

[그림 1-12] 키의 종류

(1) 후보키(Candidate Key)

릴레이션에서 튜플을 유일하게 차별하는 속성 또는 속성들의 조합을 후보키라고 한다. 하나의 릴레이션의 요소인 속성들은 중복된 값을 가질 수 없으므로 모든 릴레이션은 각각의 릴레이션을 유일하게 식별할 수 있는 키를 가져야 하는데, 후보키는 다음과 같이 2가지의 성질을 모두 만족하여야 한다.

- 유일성(Uniqueness) : 후보키에 의해 릴레이션에 존재하는 각각의 튜플들은 유일하게 구별될 수 있어야 한다. 즉, 하나의 릴레이션에 동일한 후보키값이 두 개 이상 존재해서는 안된다는 뜻이다.
- 최소성(Minimality) : 후보키를 구성하는 속성들 중에서 어느 한 속성이라도 제거하였을 경우 유일성 기능을 상실해서는 안된다는 성질이다. 예를 들어, 생산자 개체 중 "생산자 아이디"와 "이름"을 후보키로 정의하였을 경우, 두 속성 중 "이름"속성을 제거하더라도 유일성은 만족한다. 따라서 이 값은 더 이상 최소성을 만족할 수 없다는 의미이다.

(2) 기본키(Primary Key)

학 생

학번	학과	학년	성명
20021023	컴퓨터공학	3	김승진
20032356	컴퓨터공학	2	이윤경
20035132	정보 통신	2	김기수
20047145	건축 공학	1	김철수
20043285	정보 통신	1	한윤수

수강신청

학번	과목 번호
20021023	123
20032323	124
20035132	312
20032356	119
20033290	119

과 목

과목 번호	과목명	과목 평균
123	전산학개론	93
124	통 계 학	92
312	정보통신론	76
520	포 토 샵	89
119	C 언어	97

[그림 1-13] 수강신청 관계 데이터베이스

사용자의 관점에서 보면 관계 데이터베이스는 시간에 따라 그 내용이 변할 수 있는 테이블 형태로 데이터베이스를 표현한 것이 된다.

데이터베이스는 릴레이션의 집합이고, 한 릴레이션에 있는 모든 튜플들은 유일하다. 즉, 서로 다르다. 따라서 적어도 릴레이션에 있는 애트리뷰트 전부를 이용하면 모든 튜플들을 유일하게 식별할 수 있다.

그러나 실제로는 애트리뷰트 전부를 이용할 필요 없이 하나 또는 몇 개의 애트리뷰트만 지정하여 이용해도 그 릴레이션에 있는 모든 튜플들을 유일하게 식별할 수 있는 경우가 많다. 이렇게 튜플을 유일하게 식별할 수 있는 애트리뷰트 집합을 그 릴레이션의 키라고 한다. 후보키(candidate key)는 특성을 보면 다음과 같다.

- **유일성** : 릴레이션에 있는 모든 튜플에 대해 한 애트리뷰트 집합의 값은 모두 다르고 유일하다.
- **최소성** : 한 애트리뷰트 집합의 모든 튜플들을 유일하게 식별하게 데 꼭 필요한 애트리뷰트로만 구성된다.

예를 들면 [그림 1-13]의 수강신청 관계 데이터베이스의 학생 릴레이션에서 한 학생의 정보를 나타내고, 학번 애트리뷰트는 모든 튜플마다 다르므로 튜플들을 유일하게 식별하는 데 사용할 수 있다. 따라서 학번은 학생 릴레이션의 후보키이다.

또한 같은 학과에 같은 성명을 가진 학생은 드물 것이다. 따라서 학과와 성명 애트리뷰트값을 조합해서 학생 릴레이션의 튜플을 유일하게 식별할 수 있다고 하면 이 두 애트리뷰트도 역시 학생 릴레이션의 후보키가 된다. 물론 이때 학번이나 성명 애트리뷰트 단독으로는 학생 릴레이션의 튜플을 유일하게 식별할 수 없어야 한다. 만일 성명 애트리뷰트만으로 모든 튜플들을 식별할 수 있다면 학과와 성명 애트리뷰트 집합은 후보키가 되지 못한다. 왜냐하면 이 경우에 유일성만 만족하고 최소성을 만족하지 않기 때문이다. 이런 애트리뷰트 집합을 슈퍼키라고 한다. 따라서 학과와 성명으로 튜플을 유일하게 식별할 수 있다고 가정하면 애트리뷰트 집합 학과와 성명은 슈퍼키가 된다.

모든 릴레이션은 적어도 하나의 후보키를 반드시 가지고 있다. 릴레이션에서 기본적으로 튜플을 식별하기 위한 도구로 데이터베이스 설계자가 선정한 하나의 후보키를 기본키(PK : primary key)라 하여 특별하게 취급하고 있다.

릴레이션에 하나의 후보키만 있을 경우에는 기본키로 지정하는데 아무런 문제가 없지만, 만일 이 후보키가 둘 이상 되는 경우에는 그 중에서 어느 하나를 기본키로 지정할 수 밖에 없다. 이때 나머지 후보키들은 대체키가 된다.

기본키와 대체키는 상당한 차이가 있다. 기본키로 지정된 애트리뷰트들은 모든 튜플 대해 어느 때고 널(Null)이 될 수 없다는 제약을 갖는다. 기본키는 관계 데이터 모델에서 주소가 아니라 값에 기반을 둔 내용에 의한 참조 제공한다는 점에서 아주 중요하다. 즉, 릴레이션 이름과 기본키만 주어지면 언제 어느 때고 이 기본키를 통해서 해당 튜플을 찾아낼 수 있다는 것을 보장하기 때문에 관계 데이터베이스의 기본 접근 방법이 된다. 또한 기본키는 그 키 값만으로 그 키 값을 가진 튜플을 대표한다.

(3) **외래키**(Foreign Key)

[그림 1-13]의 수강신청 관계 데이터베이스에서 학생과 과목과의 수강신청 관계를 표현하고 있는 수강신청 릴레이션에서 외래키 예를 보면 다음과 같다.

수강신청 릴레이션의 학번 애트리뷰트 실제로 학생 릴레이션의 기본키인 학번을 나타내고 있다. 그렇기 때문에 수강신청 릴레이션에 나타난 학번의 값은 반드시 학생 릴레이션의 어떤 튜플을 나타내는 학번 값으로 분명히 존재하고 있어야만 의미를 가지게 된다.

예를 들면 수강신청 릴레이션에 학번 애트리뷰트값이 20021023인 튜플들이 있는데 실제로 학생 릴레이션에는 이 20021023을 학번으로 가진 튜플이 없다고 하자. 그러면 수강신청 릴레이션에 있는 학번 애트리뷰트값이 20021023인 튜플은 잘못된 것이다. 마찬가지로 수강신청 릴레이션에 나타나 있는 모든 과목 번호의 값은 과목 릴레이션의 기본키인 과목 번호값으로 나타나 있는 값이어야 한다. 이런 특성을 가지고 있는 수강신청 릴레이션의 학번이나 과목 번호 애트리뷰트를 외래키(FK : Foreign Key)라 한다.

이 경우에 외래키는 과목 릴레이션을 참조한다고 하고 수강신청 릴레이션을 참조 릴레이션, 과목 릴레이션을 참조된 릴레이션이라 한다. 이때 과목 릴레이션과 수강신청 릴레이션는 반드시 서로 상이해야 되는 것은 아니다. 그러나 외래키와 기본키가 정의된 도메인은 같아야 한다.

데이터베이스가 나타난 목적이 데이터 종속성과 중복성 때문이다. 수강신청 데이터베이스 역시 데이터 종속성과 중복성을 제거하기 위해 수강신청 데이터베이스를 최소한의 애트리뷰트를 가진 학생, 수강신청, 과목 릴레이션을 분할하였다. 따라서 수강신청 데이터베이스에서 분할하면 릴레이션을 연결하여 하나의 릴레이션처럼 사용할 수 있는 무엇가가 있어야 하는데 이것을 외래키라 한다. 한마디로 외래키는 모든 릴레이션을 연결할 수 있다.

(4) 슈퍼키(Super Key)

릴레이션에서 유일성과 최소성을 모두 만족하지 못하는 키를 슈퍼키라고 한다. 즉, "생산자 아이디"와 "이름"은 모든 튜플들을 구별할 수 있는 유일성은 가지고 있다. 하지만 두 속성 중에서 "이름"을 제거하더라도 유일성을 가지므로 최소성은 만족하지 못한다. 따라서, "생산자 아이디"와 "이름"은 슈퍼키로 정의할 수 있다.

(5) 대체키(Alternative Key)

하나의 릴레이션에 존재하는 후보키들 중에서 기본키를 제외한 나머지 후보키를 대체키라고 한다. 위에서 "생산자 아이디"와 "이름"을 후보키로 보았을 때, "생산자 아이디"를 기본키로 본다면 "이름"은 대체키가 된다.

↦ 연습문제

1 데이터와 정보를 차별하여 설명하시오.

2 모델링의 종류 두 가지를 예를 들어서 설명하시오.

3 E-R 다이어그램에 대하여 설명하시오.

4 사상(Mapping)의 세 가지 종류를 비교하여 설명하시오.

5 키(Key)의 종류를 각각 설명하시오.

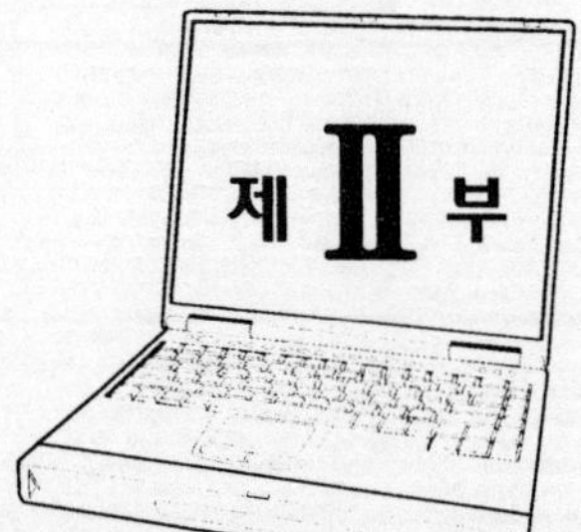

Access 데이터베이스

2장 Access 데이터베이스

2.1 액세스 데이터베이스 개요

액세스 2003은 마이크로소프트상에서 윈도우즈 환경에 맞게 개발한 관계형 데이터베이스 관리 프로그램이다. 관계형 데이터베이스 관리 프로그램이란 데이터를 테이블 형식으로 관리하는 현재 가장 널리 이용되는 데이터베이스 관리 프로그램이다. 액세스 2003은 데이터베이스를 익히고자 하는 학생들에게 개념 설명에 좋으며, 크지 않은 기업에서 쉬운 사용방법을 통해 이용되는 프로그램이다.

오피스에서 액세스 프로그램을 설치하는 과정부터 살펴보기로 하자.

① Microsoft Office 2003 설치 CD를 CD-ROM 드라이브에 넣으면 자동 실행된다.

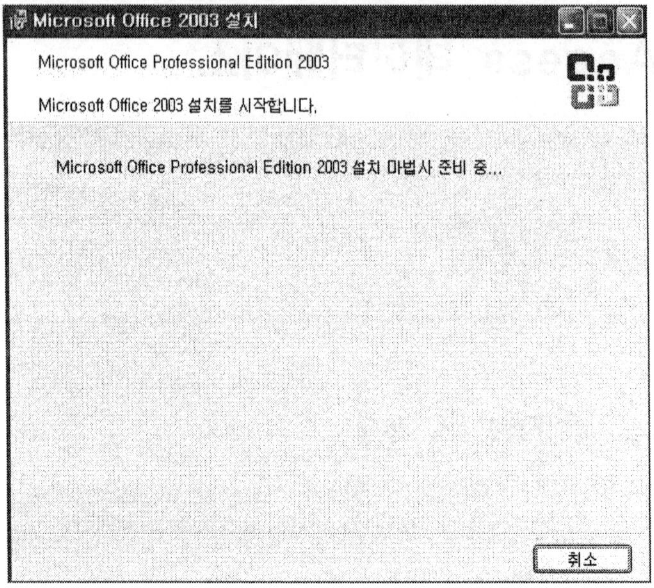

② 제품의 키값을 입력하는 단계로 설치 CD 케이스에 있는 5군의 텍스트를 입력한 후 [다음] 버튼을 선택한다.

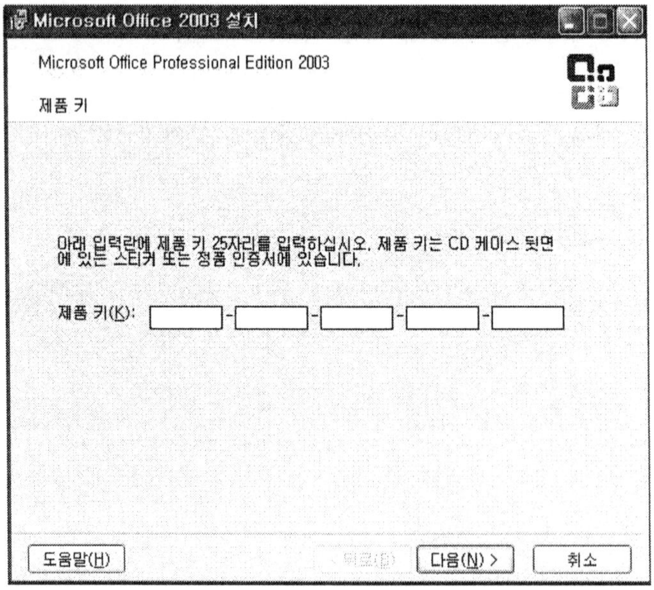

③ 제품을 구입한 사용자 정보를 입력하는 화면이다. 사용자 이름은 컴퓨터 이름으로 자동 입력되므로 이니셜과 조직을 입력한 후 [다음] 버튼을 선택하여 다음 단계로 이동한다. 사용자 이름을 반드시 입력해야 하지만, 이니셜과 조직은 생략해도 무방하다.

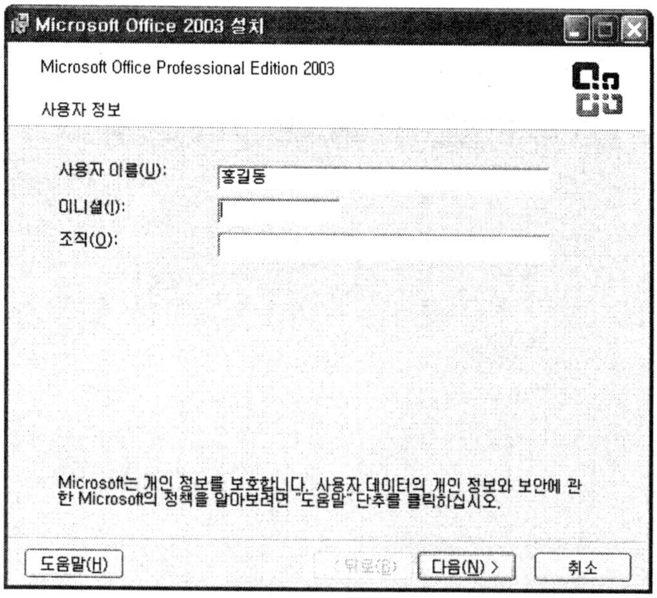

④ 사용자의 사용권 계약 사항을 읽고, "동의함(A)"을 선택한 후 [다음] 버튼을 선택한다. 이때, "동의함(A)"을 체크하지 않으면 Microsoft Office 2003 설치를 진행할 수 없다.

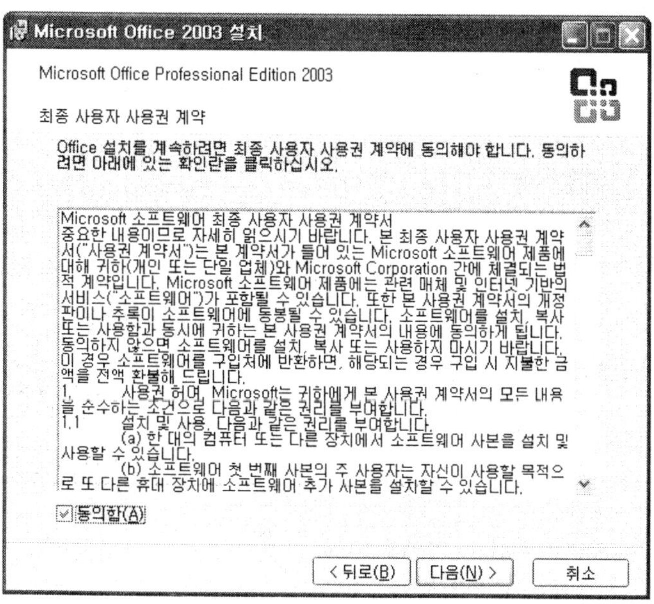

⑤ 설치 유형과 위치를 설정하는 단계로 전체 설치의 경우에는 CD의 모든 프로그램을 설치함을 말하며, 사용자 지정 설치는 사용자가 필요로 하는 프로그램만 선택하여 설치할 수 있다. 또한, 경로 지정은 기본값으로 "C:\Program Files\Microsoft Office\"로 되어 있으며 사용자의 편의에 따라서 설치 위치를 지정할 수도 있다. 설치 유형을 [사용자 지정 설치(C)]로 선택하고, 설치 위치는 기본값으로 설정한 후 [다음] 버튼을 선택한다.

⑥ 위의 과정에서 [사용자 지정 설치(C)]를 선택하였으므로 이 창에서 원하는 프로그램을 사용자의 편의에 따라서 선택할 수 있다. 설치할 프로그램으로 Word, Excel, Access, Powerpoint를 체크한 후 [다음] 버튼을 선택한다.

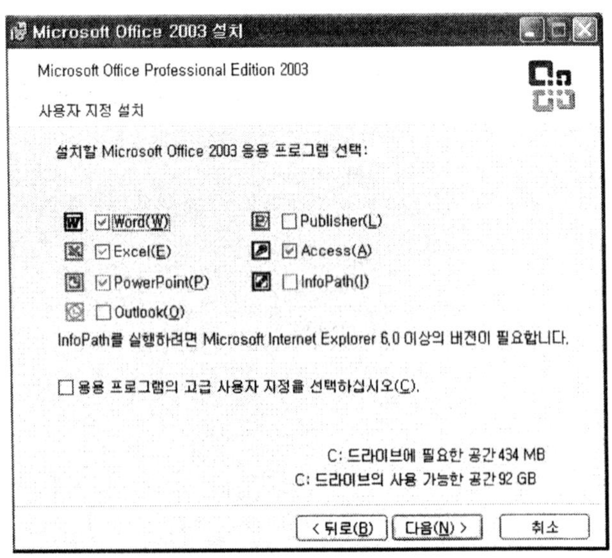

⑦ 설치할 프로그램 목록 중에서 단계 ⑥에서 선택한 프로그램을 다시 한번 확인한 후 프로그램 설치 공간을 확인한다. 만약 누락된 프로그램이 있거나 취소할 프로그램이 있으면 [뒤로] 버튼을 선택하여 ⑥의 프로그램 선택 화면으로 되돌아가서 추가할 프로그램이나 취소할 프로그램을 체크한 후 [다음] 버튼을 선택하면 된다. 이 단계에서 [설치] 버튼을 선택하여 선택된 프로그램을 설치할 수 있다.

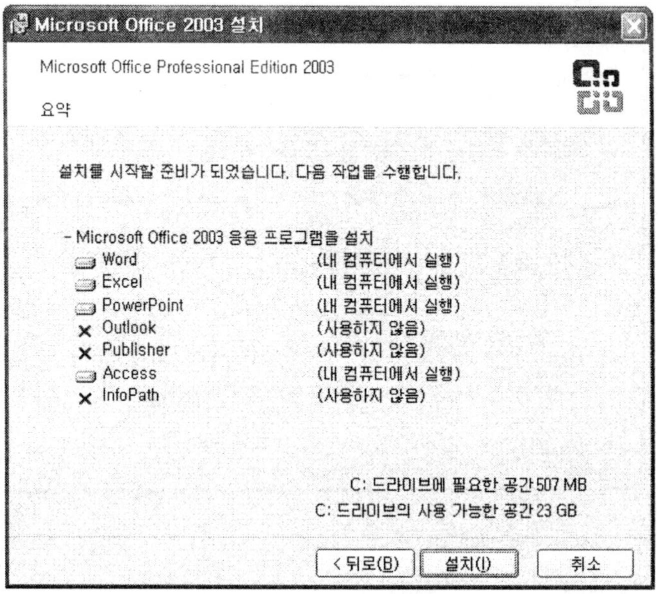

⑧ 선택한 프로그램을 설치하는 과정을 보여준다.

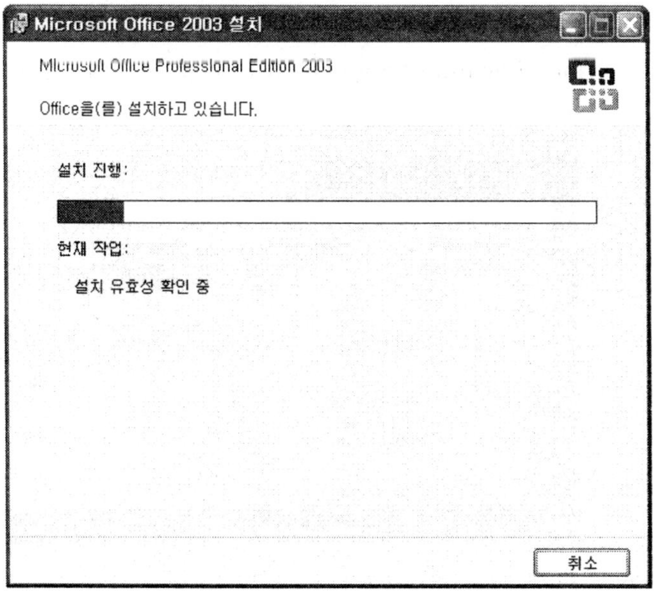

⑨ 설치 완료 화면과 함께 현재 설치한 프로그램을 웹상에서 업데이트받기 위한 단계인데 프로그램 설치가 끝난 후 프로그램을 사용할 때 업데이트하여도 되므로 [마침] 버튼을 선택하여 Microsoft Office 2003 설치과정을 마무리한다.

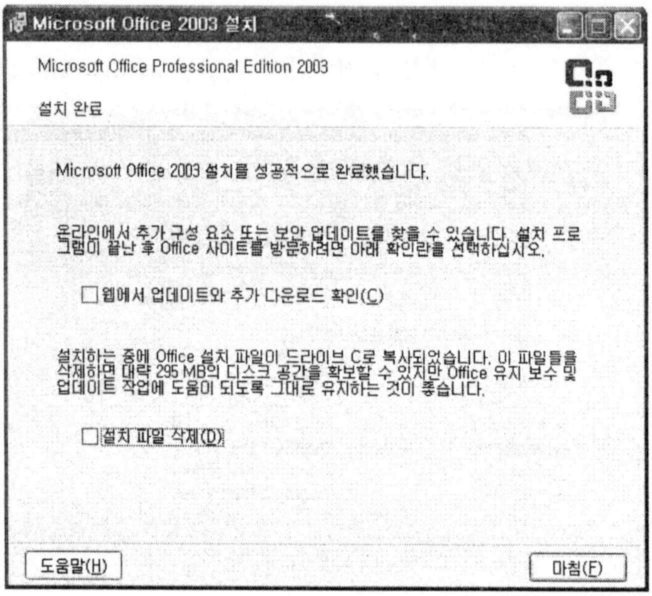

⑩ "Microsoft Office Access 2003"을 시작하는 과정으로 [시작] → [프로그램] → [Microsoft Office] → [Microsoft Office Access 2003]을 선택하여 Access 2003을 실행해보자. 실제로 이와 같은 실행 환경과 동일한 방법이 "C:\Program Files\Microsoft Office\OFFICE11"폴더 내의 "ACCESS.EXE"를 실행하는 과정과 같다.

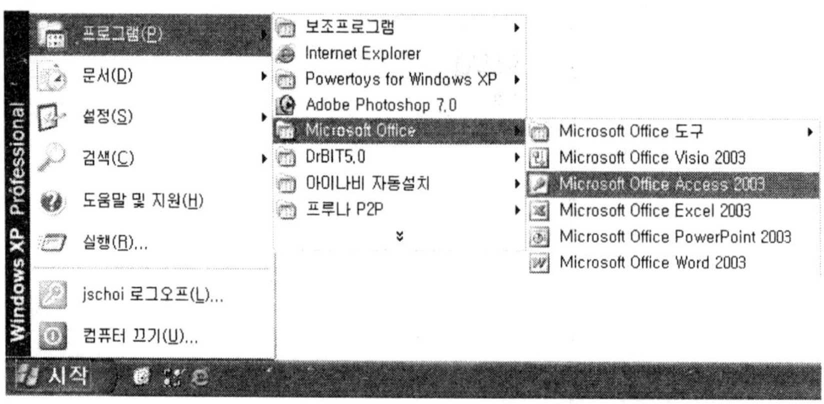

⑪ Microsoft Access 초기 화면으로 [새 데이터베이스]를 통하여 Access에서 원하는 작업을 선택할 수 있다.

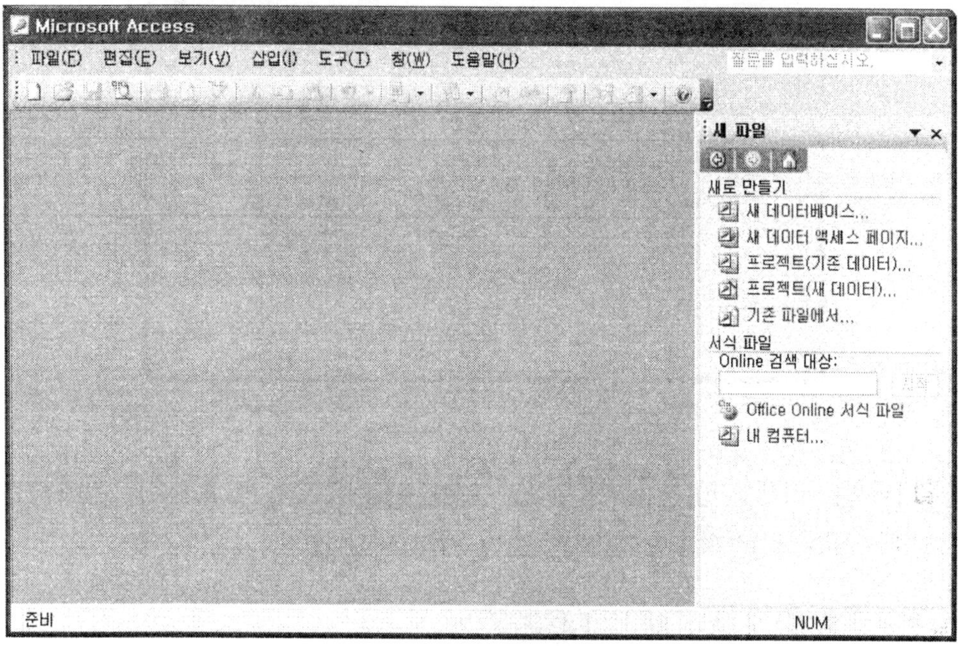

2.2 액세스 시작하기

데이터베이스의 이론만 가지고는 데이터베이스의 개념을 이해하기 어려우므로 Microsoft Access 2003으로「학사관리」데이터베이스를 작성하면서 데이터베이스 개념을 이해해보기로 하자.

본 절에서는「학사관리」데이터베이스를 생성하고 기본적인『학생』테이블,『과목』테이블,『수강신청』테이블을 디자인하고 쿼리를 위한 관계 설정하는 방법까지만 설명하기로 한다.

(1)「학사관리」데이터베이스를 생성

① 작업 표시줄의 [시작] → [프로그램] → [Microsoft Access 2003]을 선택하거나, [Microsoft Access 2003] 아이콘을 더블클릭하여 Access 2003을 실행한다.

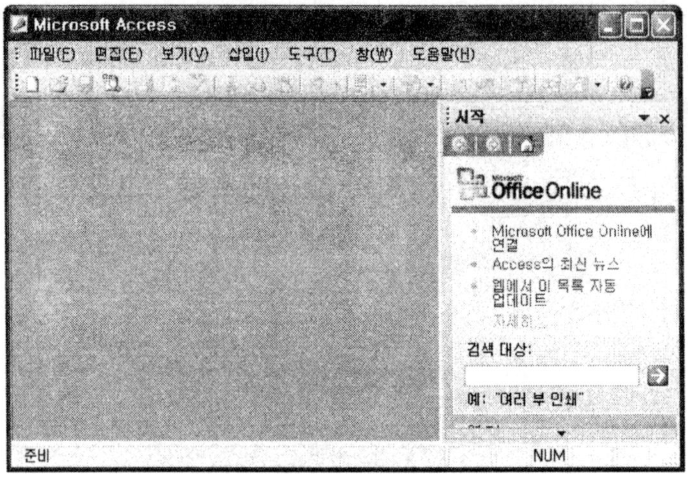

② [파일] → [새로 만들기]를 클릭하면 오른쪽에 [작업 창]이 [새 파일]로 변환되는데, [작업 창]에서 [새 데이터베이스] 메뉴를 선택한다.

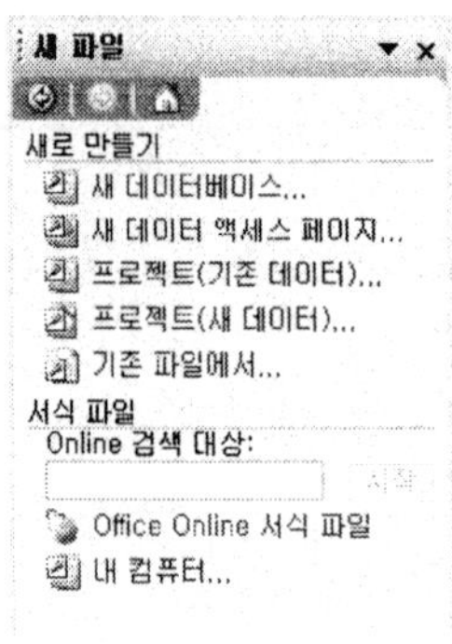

③ [새 데이터베이스 파일] 대화상자에서 [파일 이름]을 '학사관리'라고 입력한다.

④ 「학사관리」 데이터베이스 이름을 작성한 결과는 다음과 같다. MS-Word나 Powerpoint와 달리 Access 데이터베이스는 데이터베이스 이름을 가장 먼저 지정하게 되어 있다. 즉, 데이터베이스 이름이 데이터베이스를 저장한 파일 이름이 된다.

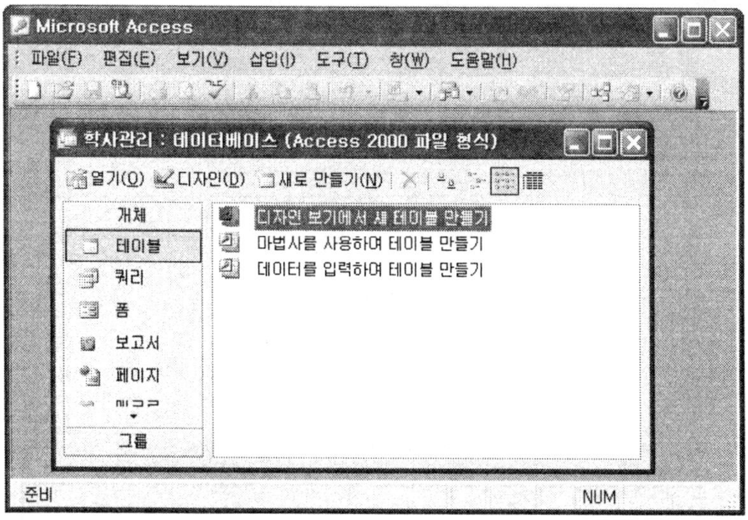

(2) **테이블 생성**

① [학사관리 : 데이터베이스] 대화상자에서 [테이블] 개체를 선택한 후 [새로 만들기]를 선택한다.

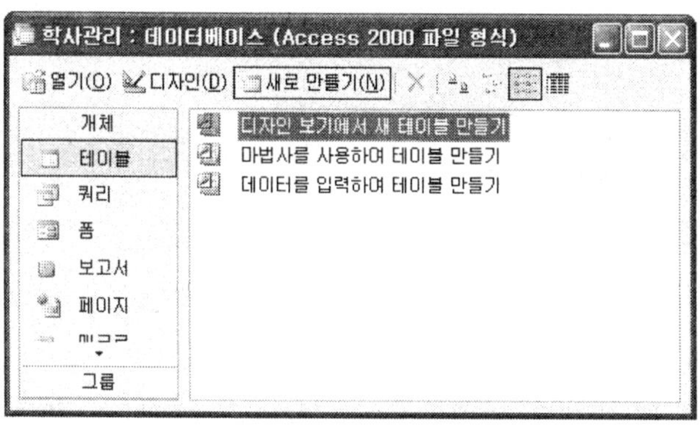

② [새 테이블] 대화상자에서 [디자인 보기]를 선택하고 [확인] 버튼을 클릭한다.

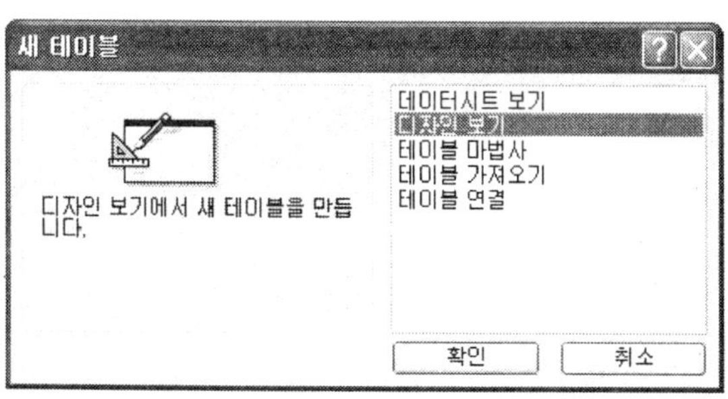

③ [Table1 : 테이블] 창에서 [필드 이름]과 [데이터 형식(필드 크기)]를 다음과 같이 입력한다.

학생 테이블		
필드 이름	데이터 형식(필드 크기)	비고
학번	숫자(정수(Long))	기본키
이름	텍스트(8)	
학과	텍스트(10)	
학년	숫자(정수(Long))	
주소	텍스트(20)	

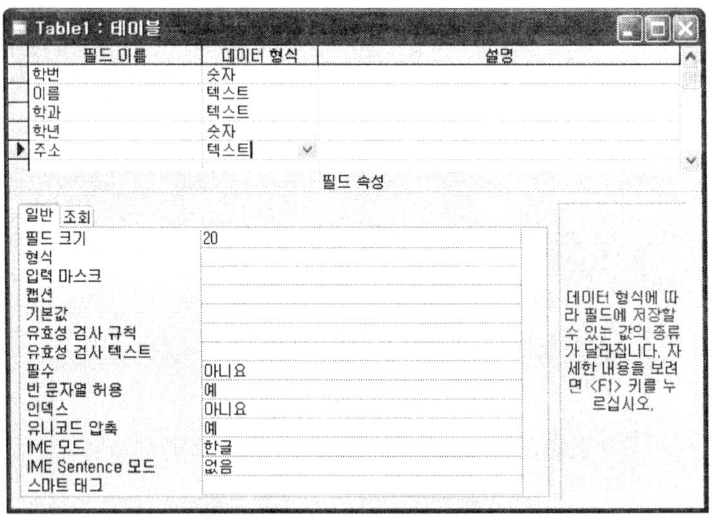

④ "학번" 필드 이름에 마우스 오른쪽 버튼을 클릭하여 [기본키]를 설정한다.

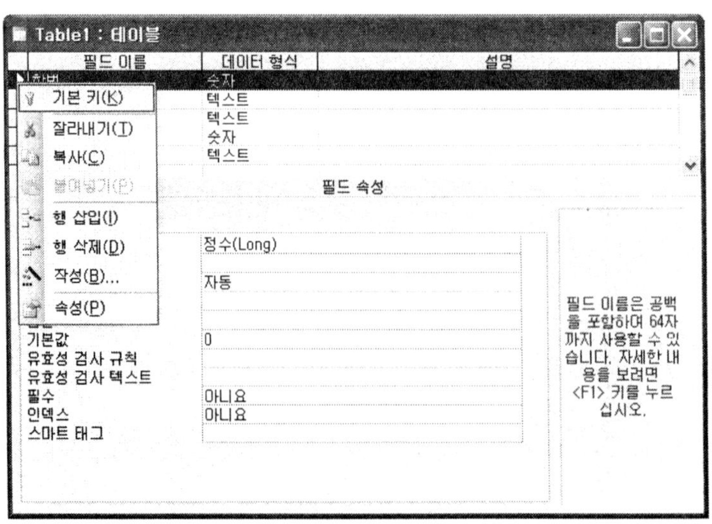

⑤ [닫기] 버튼을 클릭하고 [Microsoft Office Access] 대화상자에서 [예]를 선택한다.

⑥ [다른 이름으로 저장] 대화상자에서 [테이블 이름]을 '학생'으로 입력한 후 [확인] 버튼을 선택하여 "학생" 테이블을 저장한다.

⑦ 『학생』 테이블의 디자인 보기 결과는 다음과 같다.

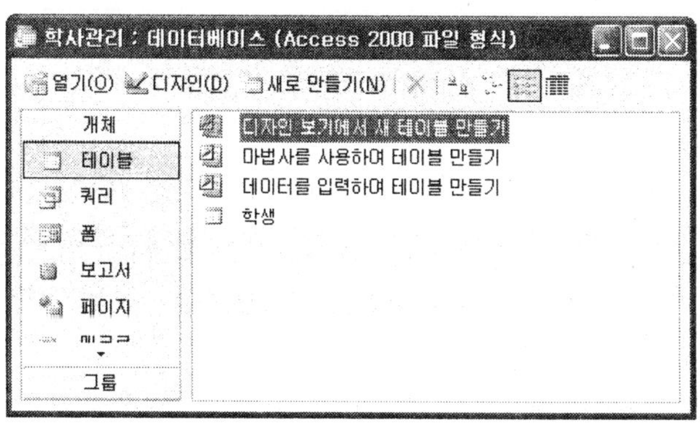

⑧ [학사관리 : 데이터베이스] 대화상자에서 [새로 만들기]를 클릭하여 『과목』 테이블을 작성해보자.

⑨ [새 테이블] 대화상자에서 [디자인 보기]를 선택하고 [확인] 버튼을 선택한다.

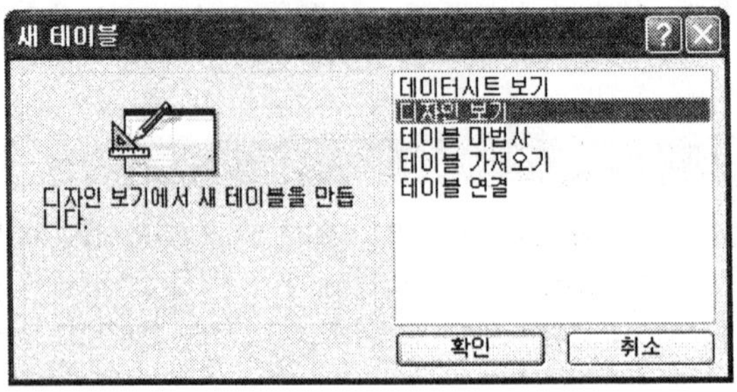

⑩ [Table2 : 테이블] 창에서 [필드 이름]과 [데이터 형식(필드 크기)]를 다음과 같이 입력한다.

과목 테이블

필드 이름	데이터 형식(필드 크기)	비고
과목번호	텍스트(4)	기본키
과목명	텍스트(10)	
시간	숫자(정수(Long))	
강의실	텍스트(10)	
담당교수	텍스트(8)	

⑪ [과목번호] 필드 이름에 마우스 오른쪽 버튼을 클릭하여 [기본키]를 설정한다.

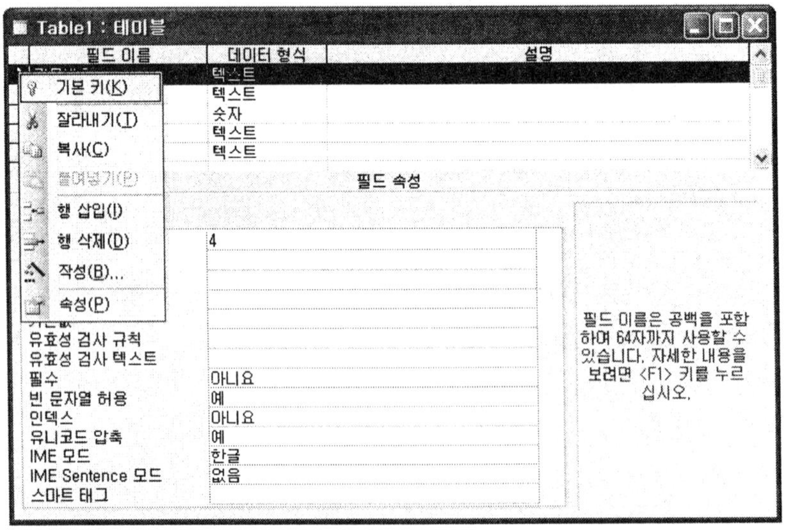

⑫ [기본키]를 설정하지 않으면 다음과 같이 [기본키]를 설정하라는 메시지가 나오므로 [취소] 버튼을 클릭하고 [기본키]를 설정한다.

⑬ [닫기] 버튼을 클릭하고 [Microsoft Access] 창에서 [예]를 클릭한다.

⑭ [다른 이름으로 저장] 창에서 [테이블 이름]을 "과목"으로 입력하고, [확인] 버튼을 클릭한다.

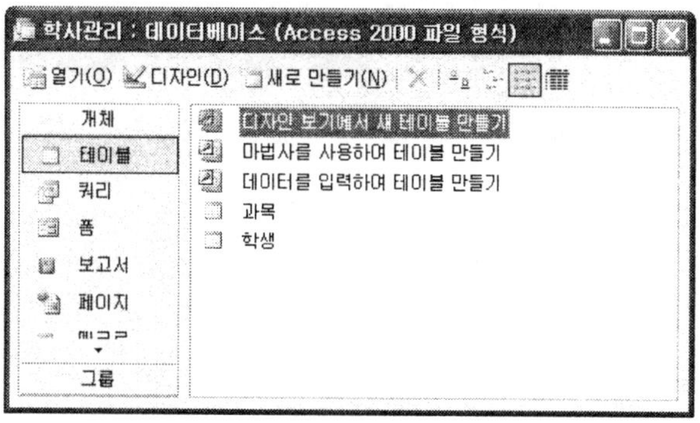

⑮ [새 테이블] 대화상자에서 [디자인 보기]를 선택하고 [확인] 버튼을 선택하여 『수강신청』 테이블을 작성해보자.

⑯ [Table3 : 테이블] 대화상자에서 [필드 이름]과 [데이터 형식(필드 크기)]를 다음과 같이 입력한다. 여기서 외래키는 관계를 설정할 때 사용하므로 외래키 설정이 필요없다.

수강신청 테이블		
필드 이름	데이터 형식(필드 크기)	비고
학번	숫자(정수(Long))	기본키, 학생 테이블의 외래키
과목번호	텍스트(4)	기본키, 과목 테이블의 외래키
신청날짜	날짜/시간	
성적	숫자(정수(Long))	

⑰ [학번] 필드 이름에 마우스 오른쪽 버튼을 클릭하여 [기본키]를 설정하고 [과목번호] 필드에서 Shift + [마우스 오른쪽 버튼]을 클릭하여 [기본키]를 2개로 설정한다.

이 과정에서는 다른 테이블과의 연결 역할을 위하여 기본키를 2개로 설정한다. 즉, 『학생』 테이블의 학번과 『수강신청』 테이블의 학번, 『수강신청』 테이블의 과목번호와 『과목』 테이블의 과목번호를 이용하여 관계를 설정하고 쿼리를 위한 연결고리를 설정하기 위해서이다.

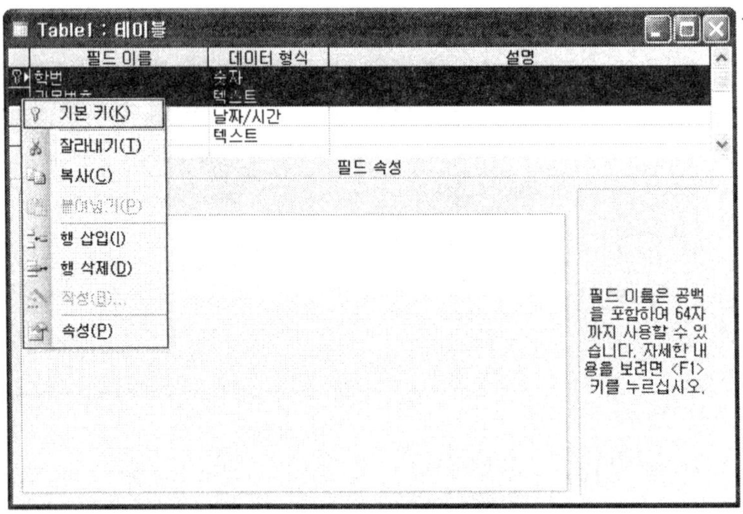

⑱ [닫기] 버튼을 클릭하고 [Microsoft Access 2003] 대화상자에서 [예]를 선택한다.

⑲ [다른 이름으로 저장] 창에서 [테이블 이름]을 '수강신청'으로 입력하고, [확인] 버튼을 선택한다.

⑳ 3개 테이블 [디자인 보기] 작성한 결과는 다음과 같다.

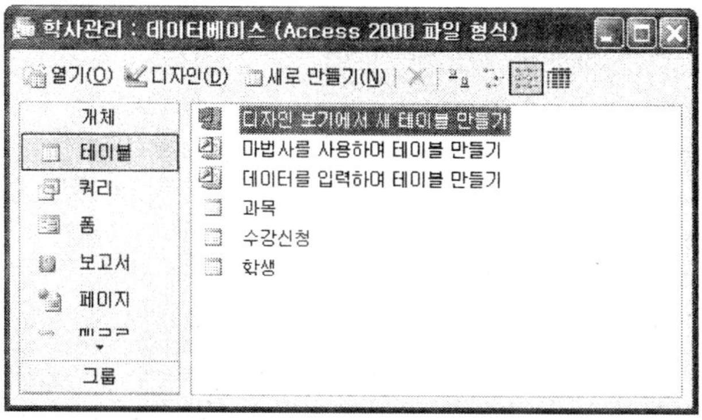

(3) 테이블에 데이터 입력

① 『학생』 테이블을 더블클릭하고 다음 데이터를 입력한다. 데이터 형식(필드 크기)의 오류로 데이터가 입력되지 않으면 [디자인 보기]를 클릭하여 다시 설정하고 저장한다.

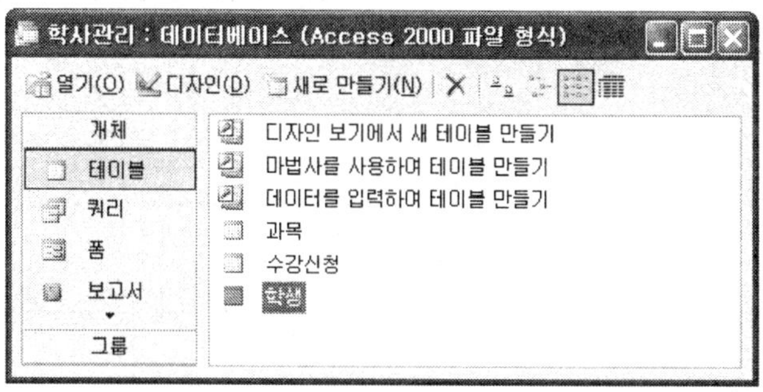

학생 테이블

학번	이름	학과	학년	주소
08401033	김경호	부사관과	1	경상도 안동시
07421123	안종철	마케팅과	2	경기도 부천시
08401060	김수환	의학품질분석과	1	경상도 대구시
06112233	윤수근	컴퓨터정보과	3	경기도 광명시
07233211	이명근	실내인테리어과	2	강원도 강릉시

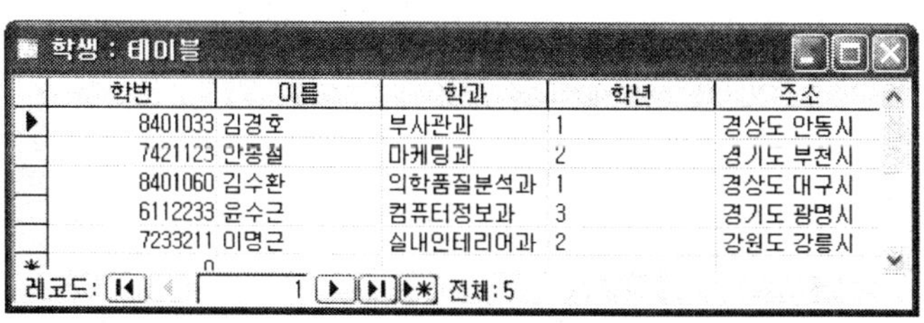

➲ 참고사항

개체 무결성

[학생] 테이블의 기본키인 [학번] 필드는 NULL이면 개체 무결성에 어긋난다.

② 『수강신청』 테이블과 『과목』 테이블도 더블클릭하고 다음 데이터를 입력한다.

과목 테이블

과목번호	과목명	시간	강의실	담당교수
111	데이터베이스	3	정보 312	장인락
112	무역 실무론	2	사회 123	김병기
113	의학 용어	3	과학 225	이준걸
114	C 언어	4	정보 256	김영훈
115	인테리어 설계	3	사회 432	서석민

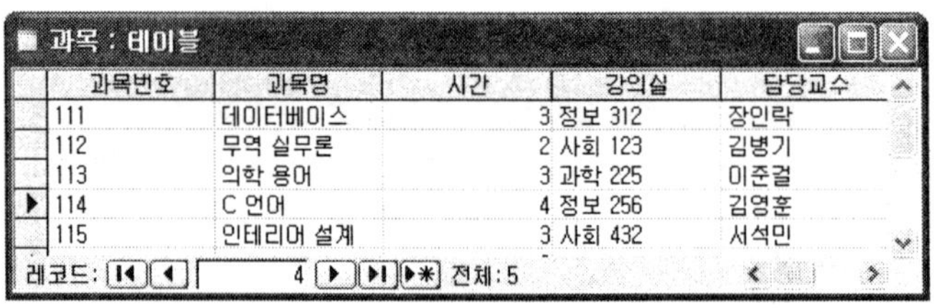

과목 : 테이블

과목번호	과목명	시간	강의실	담당교수
111	데이터베이스	3	정보 312	장인락
112	무역 실무론	2	사회 123	김병기
113	의학 용어	3	과학 225	이준걸
114	C 언어	4	정보 256	김영훈
115	인테리어 설계	3	사회 432	서석민

레코드: 4 전체: 5

수강신청 테이블

학번	과목번호	신청날짜	성적
08401033	114	2007년 8월 21일	90
08401033	115	2007년 8월 21일	80
06112233	111	2007년 8월 21일	96
07233211	113	2007년 8월 11일	75
08101060	111	2007년 8월 13일	88
07233211	115	2007년 8월 11일	91
07421123	112	2007년 8월 19일	68
06112233	113	2007년 8월 21일	88

수강신청 : 테이블

학번	과목번호	신청날짜	성적
6112233	111	2007-08-21	96
6112233	113	2007-08-21	88
7233211	113	2007-08-11	75
7233211	115	2007-08-11	91
7421123	112	2007-08-19	68
8401060	111	2007-08-13	88
8401033	114	2007-08-21	90
8401033	115	2007-08-21	80

레코드: 6 전체: 8

(4) 테이블의 관계 설정

관계는 통합적인 관계를 설정하는 목적으로 여러 테이블에 분산된 데이터들을 연관시켜 통합적인 정보를 얻기 위하여 설정하는 데이터베이스 기능 중의 하나이다. 또한, 테이블간의 관계 설정으로 검색 성능에 맞는 쿼리를 디자인하는 용도로 가장 많이 사용하기도 한다.

다음의 과정을 통하여 관계를 익히도록 하자.

① 데이터베이스 도구모음의 관계 아이콘(아이콘)을 클릭한다.

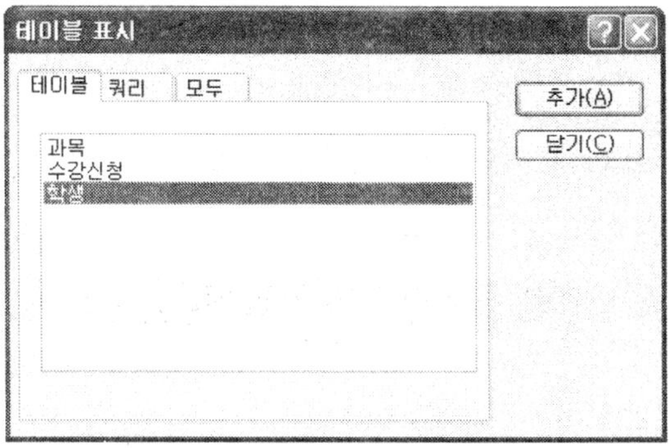

② 『과목』, 『수강신청』, 『학생』 테이블을 차례로 선택한 후 [추가] 버튼을 클릭하고, [닫기] 버튼을 클릭하면, 관계 대화상자에 『학생』, 『과목』, 『수강신청』 테이블이 추가된다. 각 테이블의 필드들이 각 테이블에 나열되는데 필드 이름이 진하게 표현된 것이 각 테이블의 기본키이다.

③ 『학생』 테이블의 [학번] 필드와 『수강신청』 테이블의 [학번] 필드를 마우스 왼쪽 버튼으로 드래그하여 연결한다.

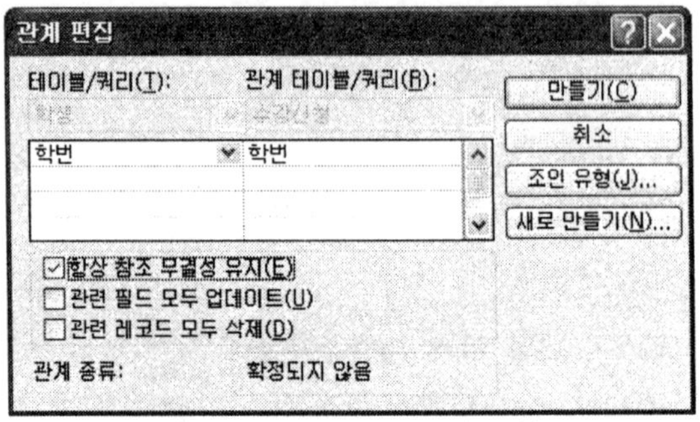

④ 『과목』 테이블의 [과목번호] 필드와 『수강신청』 테이블의 [과목번호] 필드를 마우스 왼쪽 버튼으로 드래그하여 연결한다.

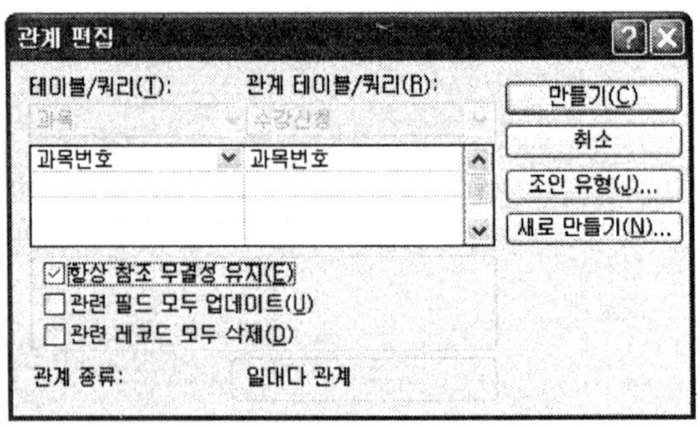

⊃ 참고사항

참조 무결성

『학생』 테이블의 기본키인 [학번] 필드는 08112233 데이터가 없다. 따라서 『수강신청』 테이블의 외래키인 [학번] 필드에 08112233 데이터가 있으면 참조 무결성에 위배된다.

⑤ [관계]를 설정하면 외래키는 자동으로 설정된다.

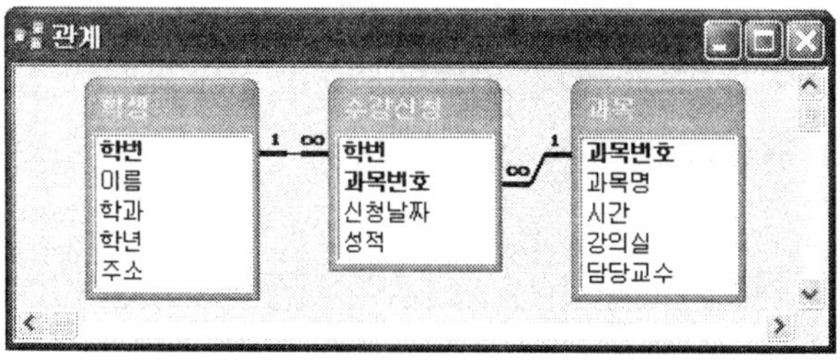

일반적으로 데이터베이스의 작성단계는 [데이터베이스 이름 설정] → [데이터베이스 디자인 보기] → [데이터베이스 데이터 입력] → [관계 설정]과 같은 순서로 작성한다.

연습문제

1 Access 데이터베이스의 특징을 설명하시오.

2 「학생」 데이터베이스를 작성하고, 『학생』 테이블을 디자인하고, 데이터를 입력하시오.

① 『학생』 테이블을 디자인

학생 테이블		
필드 이름	데이터 형식(필드 크기)	비고
학번	텍스트(10)	기본키
이름	텍스트(5)	
학과	텍스트(10)	
학년	텍스트(3)	
주민등록번호	텍스트(14)	입력마스크 이용
전화번호	텍스트(15)	입력마스크 이용
주소	텍스트(50)	

② 『학생』 테이블 데이터값

학번	이름	학과	학년	주민등록번호
200801002	장수향	컴퓨터공학과	1	880101-1243554
200705002	안상호	전자공학과	2	872021-1322432
200503023	정찬영	보건행정학과	3	860421-1466034
200706001	김용현	지역경제학과	2	871121-1988493
200705025	나상원	전자공학과	2	870204-1399284
200801005	남시현	컴퓨터공학과	1	880505-1938403
200403024	강석현	보건행정학과	4	850323-1930442
200407033	김동재	지역경제학과	4	851212-1593922
200401023	박승화	컴퓨터공학과	4	850429-1433443
200407021	서임교	지역경제학과	4	850612-1839923

전화번호	주소
033-234-1212	강원도 춘천시 효자동
02-233-4321	서울특별시 신도림동
033-323-5533	강원도 원주시 무실동
033-234-9944	강원도 춘천시 후평동
033-639-0909	강원도 속초시 교동
032-432-4433	경기도 하남시 창우동
033-332-3232	강원도 영월군 교동
054-322-4343	대구광역시 중앙동
02-324-9999	서울특별시 잠실동
033-632-3939	강원도 속초시 중앙동

3장 테이블 / 쿼리

「학사관리」 데이터베이스를 통해 액세스의 기본적인 테이블 디자인과 쿼리를 위한 관계설정을 기본적으로 학습하였다면, 본 장에서는 테이블을 디자인하는 여러 가지 방법에 대한 속성을 익히고 쿼리를 위한 관계설정의 방법에 대하여 설명한다. 특히, 이 장에서는 테이블을 디자인한 후 레코드를 입력하는 일반적인 과정보다는 필드를 수동으로 작성한 후 디자인하는 방법에 대하여도 설명한다.

데이터베이스에서 가장 먼저 실행하는 부분은 데이터베이스 이름을 정의하는 부분이다. 그리고 데이터베이스에서 가장 기본적인 부분이 테이블이다. 즉, 테이블을 디자인하고 데이터를 입력한 후 다음에 진행될 질의, 폼, 보고서, 매크로 등의 작업을 수행할 수 있기 때문이다.

파일 메뉴의 [새 데이터베이스] 선택한 후 "판매"라고 파일 이름(N)을 입력한 후 "만들기" 버튼을 클릭하여 「판매」 데이터베이스를 생성한다.

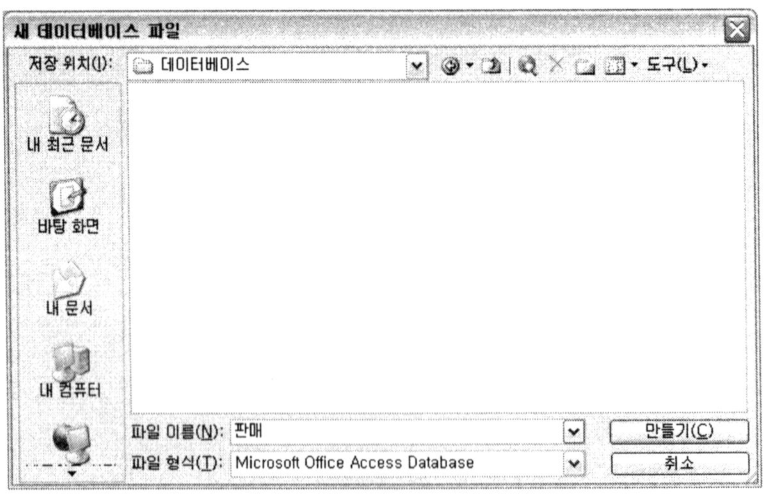

3.1 테이블 만들기

테이블을 작성할 때 테이블의 디자인에서 결정해야 할 필드 이름 규칙과 데이터 형식에 대해서 좀 더 자세히 살펴보자.

테이블에서 필드 디자인을 결정하는 중요한 요소는 다음과 같으며 테이블을 디자인할 때 먼저 생각해야 한다.

첫째, 테이블에 따르는 레코드는 몇 개의 필드로 구성하여야 하는가?
둘째, 레코드를 구성하고 있는 각 필드의 데이터 형식(data type)의 기준을 적절하게 설정하는가?
셋째, 각 필드에 해당하는 크기를 얼마나 크게 설정하여야 하는가?
넷째, 어떠한 순서에 입각하여 필드를 정렬할 것인가?

테이블의 필드 이름 규칙 및 데이터 형식에 관하여 살펴보면 다음과 같으며, 테이블을 디자인할 때 데이터에 따라 데이터 형식을 결정해야 한다.

• 필드 이름 규칙

① 64자 이내로 입력한다.
② 기호 중에 마침표(.), 느낌표(!), 대괄호([])를 제외한 문자, 숫자, 공백, 특수문자 등을 사용할 수 있다.
③ 이름의 첫 문자로 공백은 사용할 수 없다.

• 데이터 형식

① 텍스트 : 필드에 입력된 문자로 기본 50자에서 최대 255자까지 사용할 수 있다. 기본값으로 전화번호처럼 계산이 필요없는 숫자와 문자, 또는 문자와 숫자의 혼합 데이터 형식이다.
② 메모 : 길이가 정해진 문자열이나 문자열과 숫자의 혼합으로 구성되어 있고 최대 65,535자까지의 문자가 가능하다.
③ 숫자 : 수치식에서 사용되는 숫자형 데이터로 특정 숫자 형식으로 설정할 수 있고 필드 크기 속성에 따라 정의한다.

설정	저장 크기
바이트(Byte)	1 Byte
정수(Integer)	2 Byte
정수(Long Integer)	4 Byte
실수(Single)	4 Byte
실수(Double)	8 Byte
Replication ID	16 Byte

④ 날짜/시간 : 100년에서 9999년까지의 날짜와 시간을 표시한다.

설정	형식
일반 날짜	예) 94-06-19 오후 5 : 34 : 23
날짜(L)	예) 1994년 6월 19일 일요일
날짜(M)	예) 94년 06월 19일
날짜(S)	예) 94-06-19
시간(L)	예) 오후 5 : 34 : 23
시간(M)	예) 오후 5 : 34
시간(S)	예) 17 : 34

⑤ 통화 : 소수점 1자리에서 4자리까지의 데이터를 포함하는 수치식에서 사용되는 화폐 값과 숫자형 값이다. 소수점 왼쪽에 15자리와 오른쪽 4자리까지 유효하다.

설정	형식
일반	예) 3456.789
통화	예) ₩3,457
유로	예) ∈3,457
고정	예) 3456.79
표준	예) 3,456.79
백분율	예) 123.00%
과학용	예) 3.46E+03

⑥ 일련 번호 : 새 레코드가 테이블에 추가될 때마다 액세스에서 지정한 고유 일련 번호(1씩 증가) 또는 임의 번호이다. 일련 번호 필드는 새로 고칠 수 없다.

⑦ 예/아니오 : [예/아니오] 값과 두 개 중에 하나의 값만을 포함할 수 있는 필드이

다 (Yes/No, True/False, On/Off).

⑧ OLE 개체 : Microsoft Excel 스프레드시트, Microsoft Word 문서, 그래픽, 사운드 그 외 다른 이진 데이터와 같은 Microsoft Access 테이블을 연결 또는 포함한다.

⑨ 하이퍼링크 : 문자열이나 문자열과 숫자 혼합은 문자열로 저장되고 하이퍼링크 주소로 사용된다. 하이퍼링크 주소는 세 부분까지 포함할 수 있다. 문자열 표시 필드나 컨트롤에 나타나는 문자열, 주소 파일의 경로(UNC 경로)나 쪽(URL)과 하위 주소 파일이나 쪽 안의 위치로 나눌 수가 있다. 하이퍼링크 주소를 필드나 컨트롤에 넣는 손쉬운 방법은 [삽입] 메뉴의 [하이퍼링크]메뉴를 선택한다.

⑩ 조회마법사 : 목록 상자나 콤보 상자를 사용하여 값의 목록이나 다른 테이블의 값에서 선택할 수 있도록 필드를 작성한다. 이 옵션을 선택하면 조회마법사가 실행되어 조회 필드를 작성하고 마법사에서 선택된 값을 기본으로 한 데이터 형식을 설정한다.

3.1.1 테이블 작성 방법

Access에서는 3가지 방법 즉, 디자인 보기에서 새 테이블 만들기, 마법사를 사용하여 테이블 만들기, 데이터를 입력하여 테이블 만들기 방법을 이용해 새 테이블을 생성할 수 있다.

(1) 마법사를 사용하여 테이블 만들기

[마법사를 사용하여 테이블 만들기]를 더블클릭하여 다음과 같은 필드 이름과 데이터 형식으로『고객』테이블을 생성해보자.

고객 테이블

필드 이름	형식	비고
고객 아이디	텍스트	5자리, 기본키
고객명	텍스트	5자리
전화번호	텍스트	20자리, 휴대번호
주소	텍스트	50자리
E-mail	텍스트	30자리

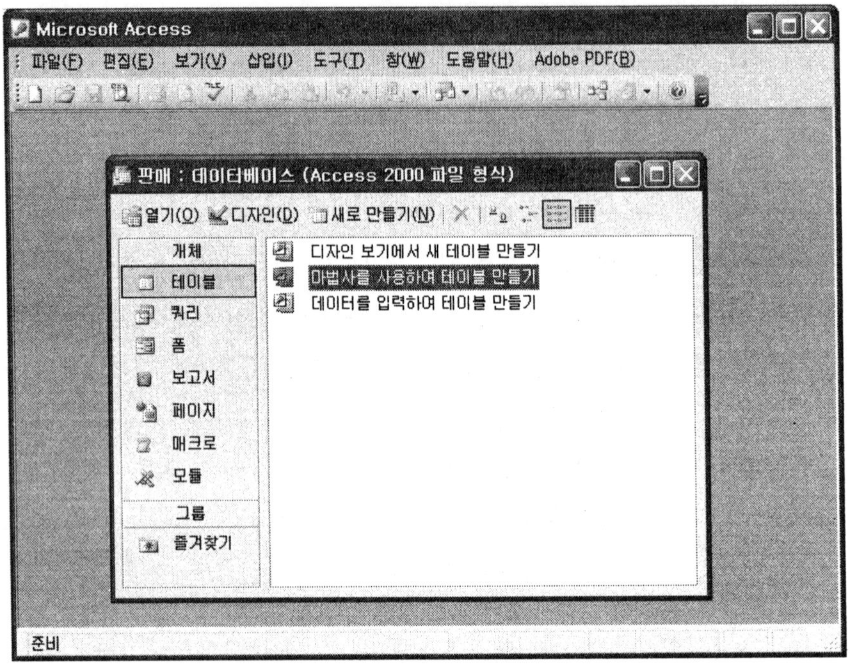

① 테이블 마법사는 업무용과 개인용으로 필드를 정의하는 항목이 있다. 이 중에서 업무용을 선택한 후 [예제 필드(A)] 중에서 원하는 내용을 선택하여 [>]버튼을 선택함으로 [새 테이블의 필드(M)]에 이동시킨다. 이때, 해당 필드의 이름을 변경하고자 하는 경우에는 하단의 [필드 이름 바꾸기(R)]을 선택하여 그림과 같이 "담당자 이름 한글" → "고객명", "사업자 주소" → "주소", "전자우편 주소" → "E-mail"로 변경이 가능하다. 참고로, 고객목록의 예제 필드를 모두 적용하고자 할 경우에는 [>>]를 선택할 수 있다. 또한, [새 테이블의 필드]에 등록된 필드를 삭제시키려면 [<]를 통해서 각각 삭제시키거나 [<<]를 통해서 한꺼번에 삭제시킬 수 있다.

『고객』 테이블 생성에 필요한 필드를 모두 선택한 후 [다음] 버튼을 클릭하여 기본키를 설정하는 단계로 이동한다.

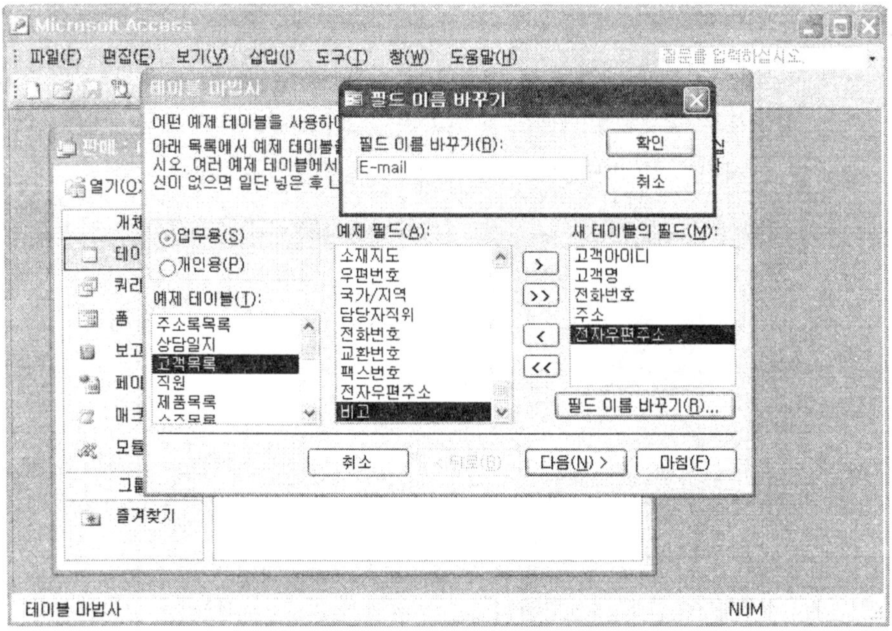

② 테이블의 기본키를 설정하는 단계로 [예, 기본키를 자동으로 설정합니다(Y).]를 선택할 경우에는 가장 첫 번째 필드의 값을 기본키로 자동 설정해 주며, [아니오, 기본키를 직접 설정합니다(O).]를 설정할 경우에는 디자인 창에서 지정한다. [예, 기본키를 자동으로 설정합니다(Y).]를 선택하여 기본키를 자동으로 설정한 후에 [다음] 버튼을 선택한다.

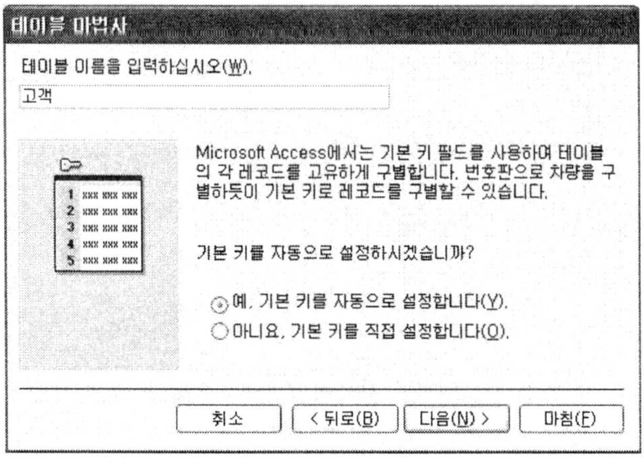

③ [테이블 디자인 수정(M)]을 선택할 경우에는 각 필드의 속성을 수정하는 과정을 수행하고, [테이블에 데이터를 입력(D)]을 선택할 경우 테이블에 데이터를 입력하는 화면으로 이동한다. [테이블 디자인 수정(M)]을 선택한 후 [마침] 버튼을 클릭하여 테이블 디자인 대화상자를 실행한다.

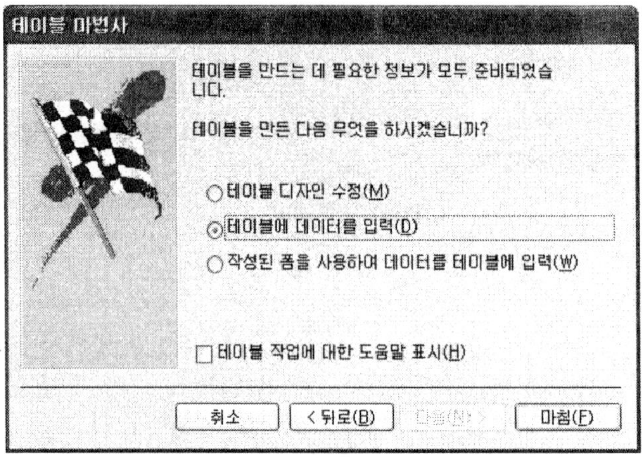

④ 테이블 마법사에서 선택한 "고객아이디" 필드의 데이터 형식은 일련번호로 지정되어 있다. "고객아이디" 필드의 데이터 형식을 [일련번호]에서 [텍스트]로 변경해준다.

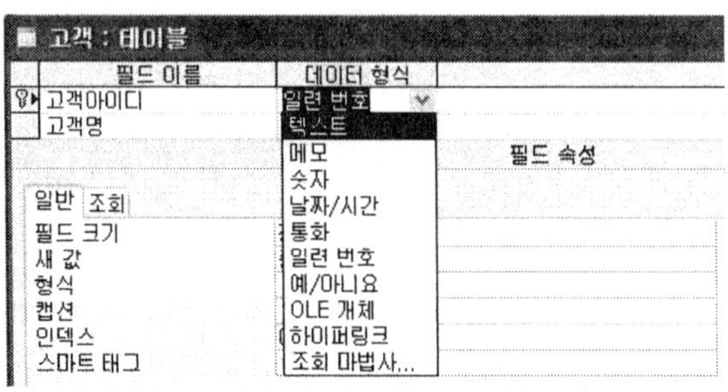

⑤『고객』테이블의 다른 속성들도 [설명]에 정의된 대로 속성을 재정의한다.

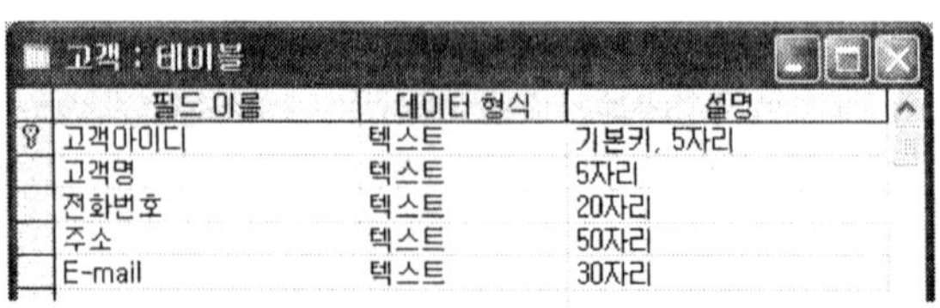

⑥ 디자인한 결과를 [데이터시트 보기(S)]를 이용하여 데이터를 입력할 수 있는 환경으로 변환해준다.

⑦ 디자인 보기에서 데이터시트 보기로 변환한 후 아래와 같이 데이터를 입력하여 『고객』 테이블의 생성과정을 마무리한다.

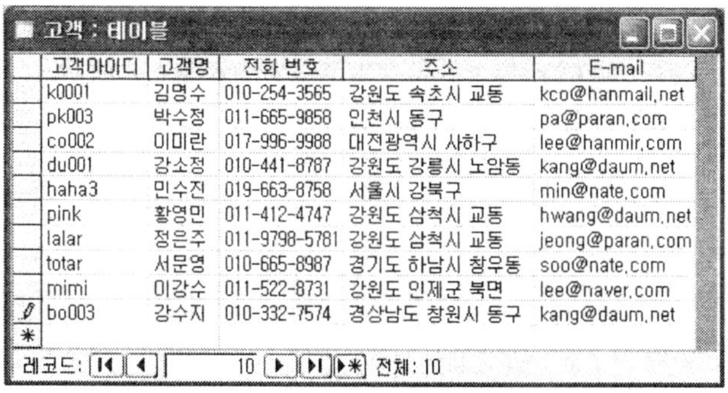

(2) 데이터를 입력하여 테이블 만들기

『주문서』 테이블은 [데이터를 입력하여 테이블 만들기] 방법으로 작성해보자.

주문서 테이블		
필드 이름	형식	비고
주문번호	텍스트	10자리, 기본키
고객아이디	텍스트	5자리, 기본키
주문일자	정수(Long)	
주문내역	텍스트	50자리
총수량	정수(Long)	
총금액	정수(Long)	

① [데이터를 입력하여 테이블 만들기]를 더블 클릭하여 [데이터를 입력하여 테이블 만들기]를 실행한다.

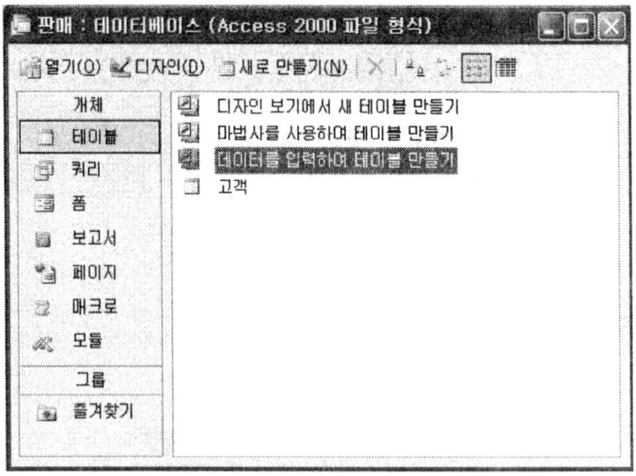

② 기본 필드가 인덱스 형식을 취하고 있지만, 필드에 데이터를 먼저 입력한 후 테이블 필드의 형식을 수정하면 된다.

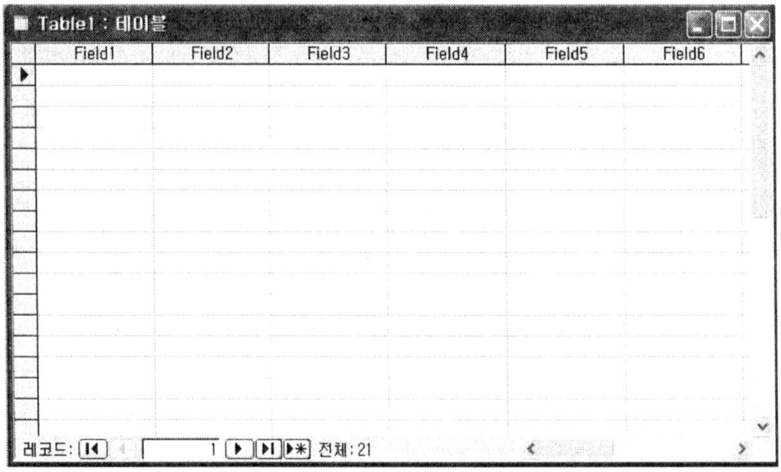

③ 각 필드에 아래 그림처럼 데이터를 입력한다.

Table1 : 테이블

Field1	Field2	Field3	Field4	Field5	Field6
2007010001	k0001	20070101	키보드	10	100000
2007010002	pk003	20070101	램(RAM)	2	80000
2007010003	co002	20070101	키보드	5	50000
2007010004	du001	20070103	마우스	5	50000
2007020001	haha3	20070201	CD-ROM	3	90000
2007030001	pink	20070307	스피커	1	10000
2007030002	pink	20070309	마우스	3	30000
2007030003	lala	20070310	마우스	1	10000
2007040001	totar	20070405	모니터	2	400000
2007050001	pk003	20070502	CD-ROM	1	30000

레코드: 13 전체: 21

④ 각 필드 이름을 더블클릭하여 필드 이름을 정의한다.

Table1 : 테이블

주문번호	고객아이디	주문일자	Field4	Field5	Field6
2007010001	k0001	20070101	키보드	10	100000
2007010002	pk003	20070101	램(RAM)	2	80000
2007010003	co002	20070101	키보드	5	50000
2007010004	du001	20070103	마우스	5	50000
2007020001	haha3	20070201	CD-ROM	3	90000
2007030001	pink	20070307	스피커	1	10000
2007030002	pink	20070309	마우스	3	30000
2007030003	lala	20070310	마우스	1	10000
2007040001	totar	20070405	모니터	2	400000
2007050001	pk003	20070502	CD-ROM	1	30000

레코드:

⑤ 필드 이름과 데이터를 모두 입력한 내용을 보여주고 있다.

Table1 : 테이블

주문번호	고객아이디	주문일자	주문내역	총수량	총금액
2007010001	k0001	20070101	키보드	10	100000
2007010002	pk003	20070101	램(RAM)	2	80000
2007010003	co002	20070101	키보드	5	50000
2007010004	du001	20070103	마우스	5	50000
2007020001	haha3	20070201	CD-ROM	3	90000
2007030001	pink	20070307	스피커	1	10000
2007030002	pink	20070309	마우스	3	30000
2007030003	lala	20070310	마우스	1	10000
2007040001	totar	20070405	모니터	2	400000
2007050001	pk003	20070502	CD-ROM	1	30000

레코드: 17 전체: 21

⑤ [저장] 버튼을 선택하여 테이블 이름을 "주문서"로 입력하고 [확인] 버튼을 선택한다.

⑥ 이때, 기본키가 정의되어 있지 때문에 다음과 같은 경고창이 출력된다. [아니오]를 선택하면 테이블 필드의 데이터 형식을 볼 수 있는 디자인 보기 창이 출력된다.

⑦ 『주문서』 테이블의 데이터 형식을 수정하고, 주문번호와 고객아이디를 Shift키를 이용해 두 필드를 선택한 후, 한꺼번에 기본키로 정의하고 저장 버튼을 클릭한다.

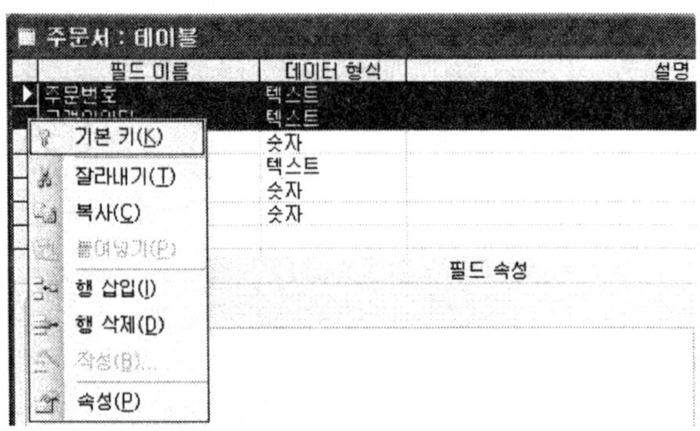

⑧ 필드 크기가 입력된 데이터보다 작은 경우 출력되는 에러 화면이므로 필드 크기가 작게 설정되었는지 확인해 보아야 한다. 만약 필드 크기를 확인하지 않고 [예]를 선택하면 초과된 길이의 데이터가 삭제될 것이다.

(3) 디자인 보기에서 새 테이블 만들기

[디자인 보기에서 새 테이블 만들기]는 가장 보편적으로 사용되어지는 테이블 생성 방법으로 테이블의 필드 이름과 데이터 형식을 정의한 후 레코드를 입력하는 방식이다.

『주문항목』 테이블을 다음과 같이 디자인해보자.

주문 항목 테이블		
필드 이름	형식	비고
주문번호	텍스트	10자리, 기본키
품명	텍스트	10자리
단위	텍스트	5자리, 조회마법사
단가	정수(Long)	
수량	정수(Long)	
금액	정수(Long)	

① [디자인 보기에서 새 테이블 만들기]를 더블클릭하여 [디자인 보기에서 새 테이블 만들기]를 실행한다.

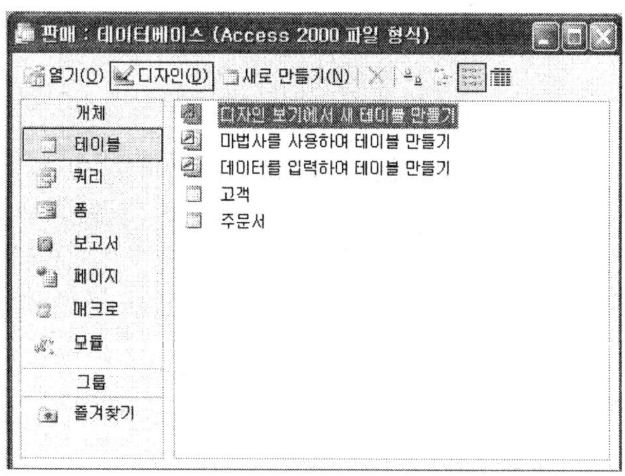

② 오른쪽 그림처럼 각각의 필드 이름과 데이터 형식을 입력한다. 단위는 데이터 형식을 조회 마법사로 설정해보자. [조회 마법사]를 설정하려면 [데이터 형식]의 텍스트를 클릭하면 ⌄이 나타나는데 ⌄를 클릭하여 [조회 마법사]를 선택한다.

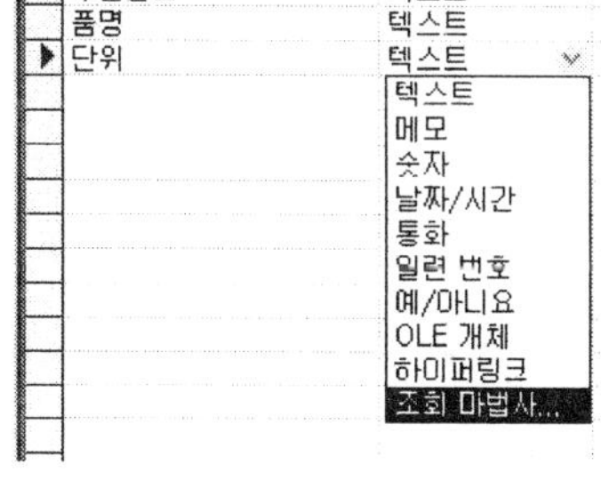

③ [원하는 값을 입력합니다(T).]를 선택하고 [다음] 버튼을 선택한다. 참고로 [조회 열에서 테이블이나 쿼리에 있는 값을 조회하도록 합니다(L).]을 선택할 경우에는 테이블에 조회할 레코드 값을 미리 등록하여 놓고 이 단계에서 선택하여 해당 값을 조회하도록 하는데, 이 과정에 대해서는 다음 장에서 다루기로 하자.

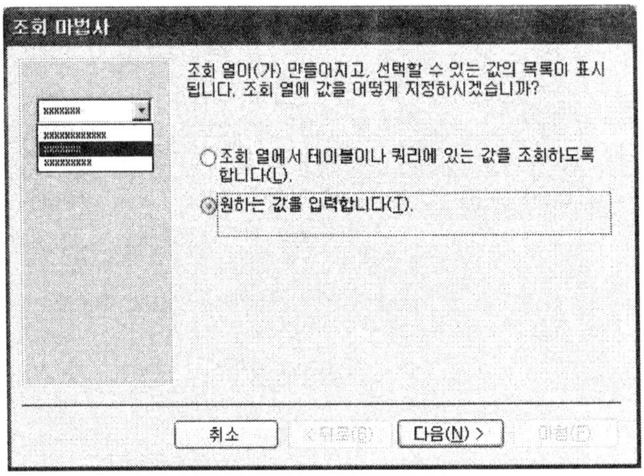

④ 조회 마법사에서 선택한 "단위" 필드의 값을 직접 입력하는 화면이 출력된다. 데이터를 입력한 후에 [다음] 버튼을 선택한다.

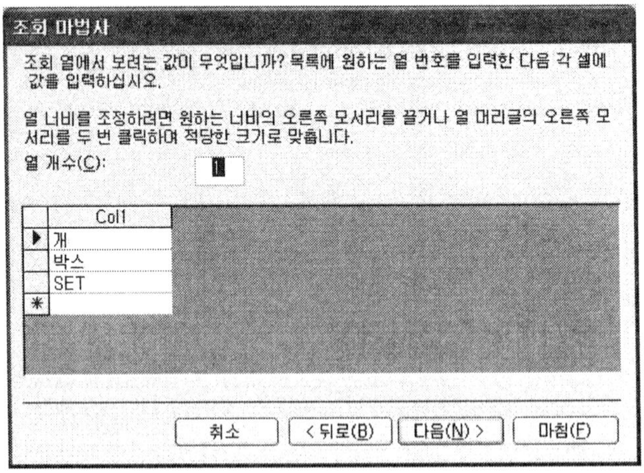

5 조회 열에 적용될 필드 이름을 입력하는 과정으로, 필드 이름이 기본값으로 설정되어 있다. 새로운 필드 이름을 입력하거나, 기본값으로 설정되어 있는 필드 이름을 확인한 후 [마침] 버튼을 선택하여 [조회 마법사] 실행 단계를 종료한다.

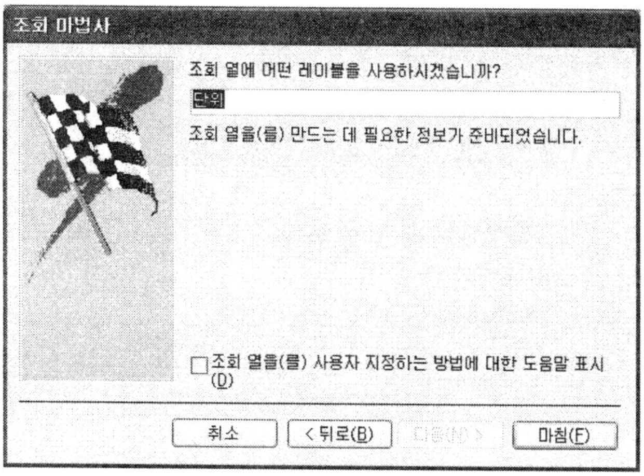

조회 마법사를 입력하는 또 다른 방법은 속성창의 [조회]의 컨트롤 표시를 [콤보 상자]로 설정한 후 행 원본 유형을 [값 목록]으로, 행 원본을 "개";"박스";"SET"으로 직접 입력할 수도 있다.

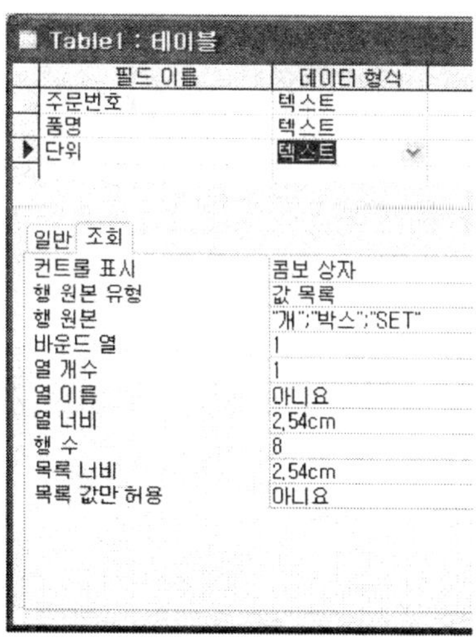

⑥ "주문번호"를 기본키로 지정하고, [저장] 버튼을 선택한 후 테이블 이름을 "주문항목"으로 입력한다. 끝으로 [확인] 버튼을 선택하여 주문항목 테이블을 생성한다.

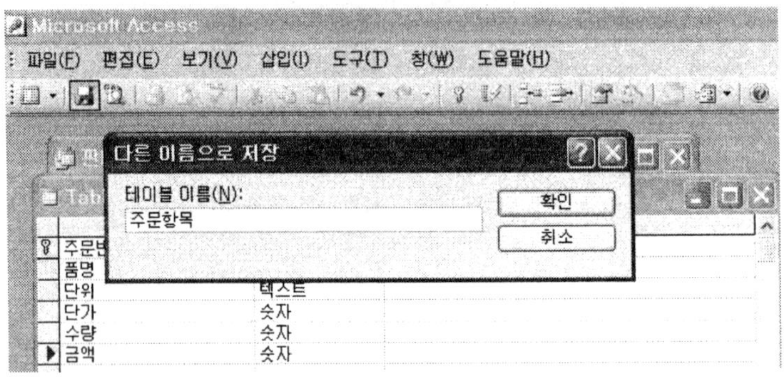

⑦ 이제, 『주문항목』 테이블 이름을 더블클릭하여 데이터 시트 창이 출력되면 해당 필드의 레코드들을 입력한다.

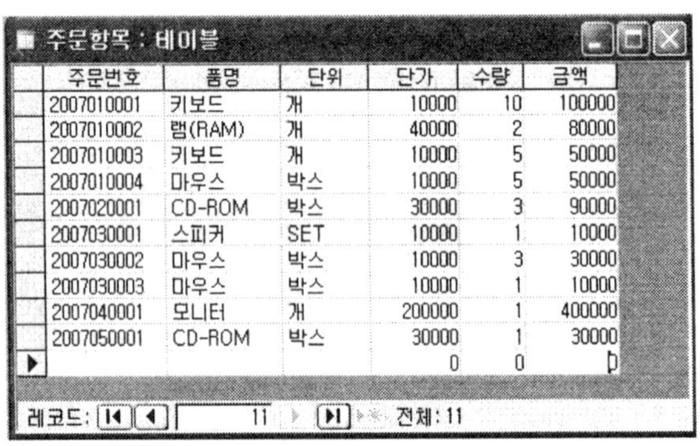

주문항목 : 테이블

주문번호	품명	단위	단가	수량	금액
2007010001	키보드	개	10000	10	100000
2007010002	램(RAM)	개	40000	2	80000
2007010003	키보드	개	10000	5	50000
2007010004	마우스	박스	10000	5	50000
2007020001	CD-ROM	박스	30000	3	90000
2007030001	스피커	SET	10000	1	10000
2007030002	마우스	박스	10000	3	30000
2007030003	마우스	박스	10000	1	10000
2007040001	모니터	개	200000	1	400000
2007050001	CD-ROM	박스	30000	1	30000
			0	0	

레코드: 11 전체: 11

지금까지 Access에서는 3가지 방법 즉, 디자인보기에서 새 테이블 만들기, 마법사를 사용하여 테이블 만들기, 데이터를 입력하여 테이블 만들기 방법을 이용해 새 테이블을 생성하였다. 각각의 방법마다 장단점이 있겠지만 새 테이블을 생성할 때 가장 보편적으로 사용하는 방법이 디자인보기에서 새 테이블 만들기라 할 수 있다.

3.1.2 관계 설정

이 절에서는 테이블을 디자인한 후 해당 데이터를 입력한 후 각 테이블간에 관계를 설정하는 과정에 대하여 살펴보기로 하자.

먼저, 데이터베이스 이름을 "세일즈"로 한다.

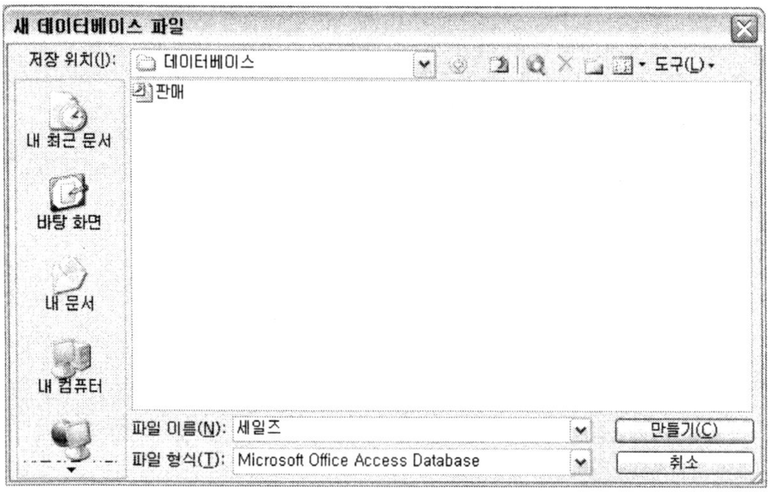

(1) 『제품』 테이블 만들기

① 『제품』 테이블의 디자인 중 조회하기 메뉴의 데이터를 제공하기 위한 『리스트』 테이블을 먼저 설계한다.

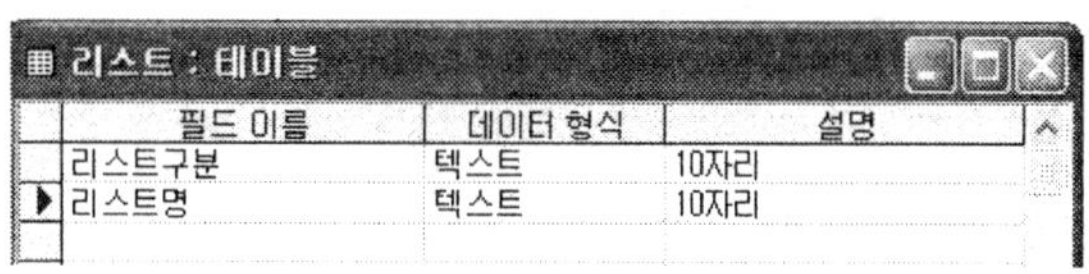

② 테이블 이름을 "리스트"로 입력한 후 [확인] 버튼을 선택하여 리스트 테이블을 생성한다.

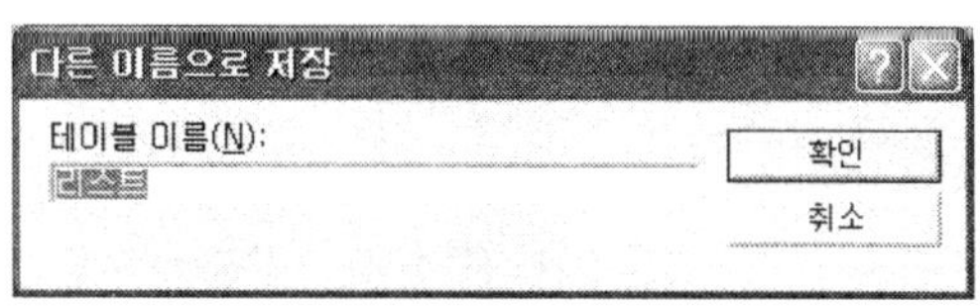

③ 리스트 테이블의 기본키를 설정하지 않았으므로, [기본키를 정의하지 않았습니다]라는 경고창이 출력되지만, 리스트 테이블에는 기본키가 필요없으므로 [취소] 버튼을 클릭해 그냥 디자인을 종료한다.

④ 『제품』 테이블 단계에서 제품명과 생산자를 검색하기 위한 용도로 구분하여 리스트 테이블에 데이터를 입력한다.

⑤ 『제품』 테이블을 디자인하기 위하여 조회탭의 컨트롤 표시에서 콤보 상자를 선택한다.

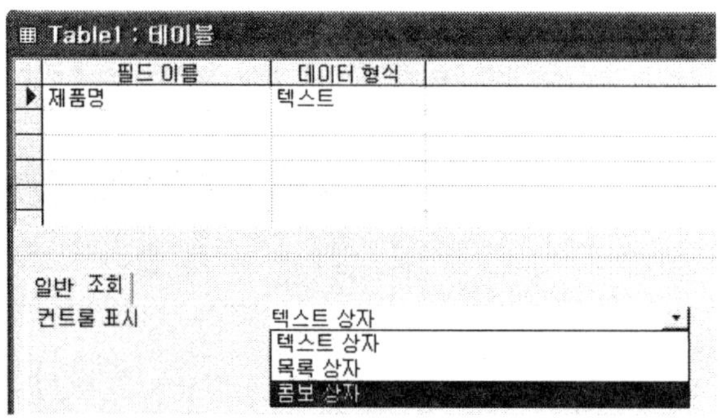

⑥ 행 원본 유형에서 리스트 테이블을 쿼리하기 위하여 [테이블/쿼리]를 선택한다.

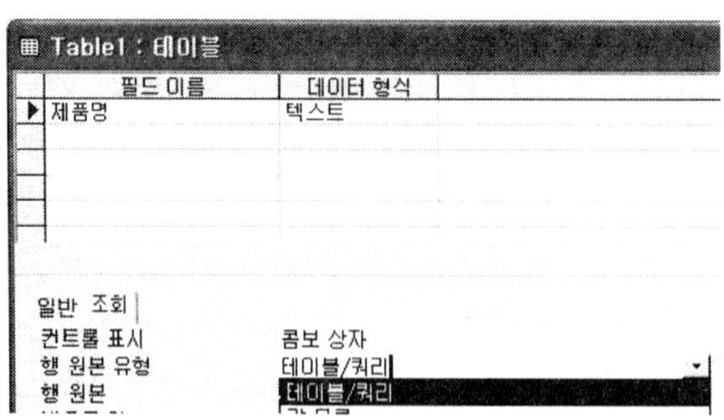

⑦ 행 원본의 속성에서 [...]을 선택하여 쿼리할 테이블을 선택한다.

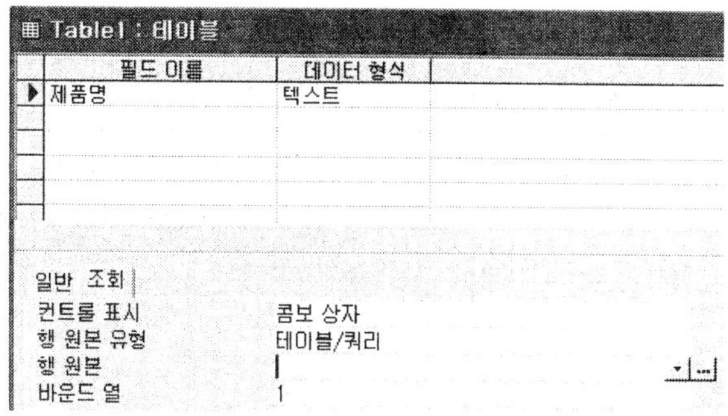

⑧ 데이터를 입력한 "리스트"테이블을 클릭한 후 [추가] 버튼을 선택하여 쿼리 작성기에 "리스트" 테이블을 추가한 후 [닫기] 버튼을 선택하여 테이블 표시창을 닫는다.

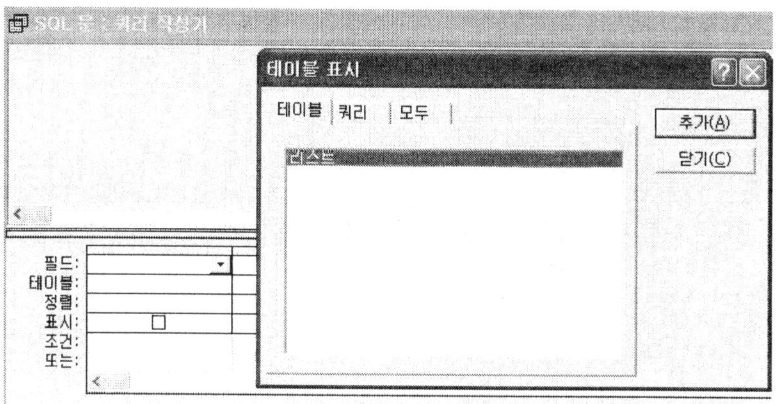

⑨ 쿼리 작성기창의 각 필드에 리스트 테이블의 "리스트구분" 필드와 "리스트명" 필드를 선택한다.

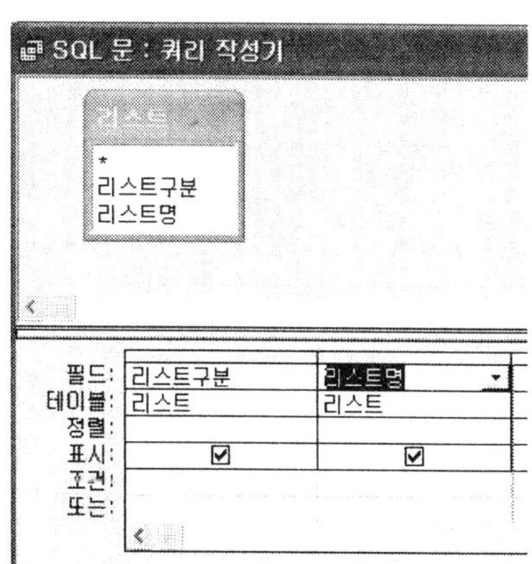

⑩ "리스트 구분"의 조건에 "제품명"을 입력한 후 표시의 ☑를 해제하여 리스트 구분은 화면에 출력되지 않도록 설정하고 "리스트명" 필드의 값의 표시에만 ☑ 체크하여 리스트명만 화면에 출력되도록 한다.

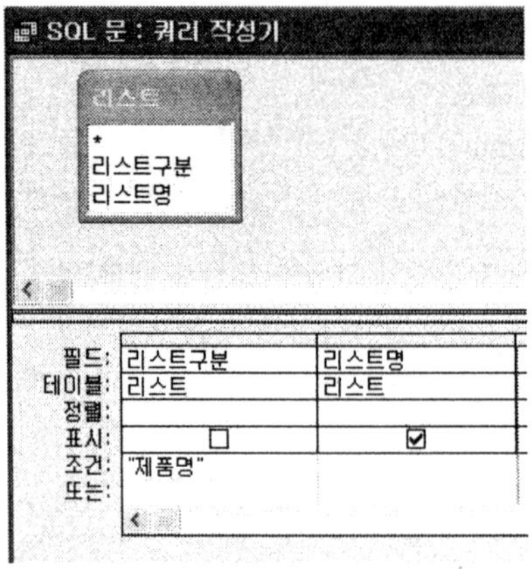

⑪ 단계 ⑩을 실행하면 리스트 테이블의 "제품명"필드의 데이터를 검색하여 실행한다. 이때 [예]를 선택하여 콤보상자를 이용한 조회 설정을 마무리한다.

⑫ 단계 ⑪에서의 결과를 통해 아래와 같은 결과를 얻을 수 있다.

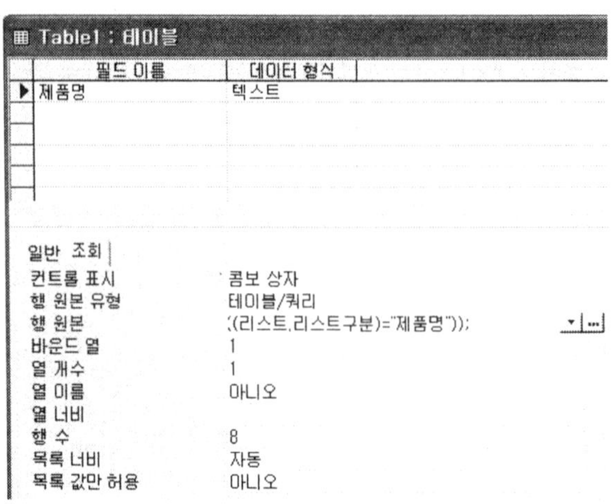

⑬ 위와 같은 방법으로 제품 테이블의 "생산자" 필드도 조회탭의 콤보 상자를 사용해보자. 리스트 테이블의 "생산자" 필드를 검색하기 위한 쿼리 작성기의 조건은 "리스트구분" 필의 조건에 "생산자"를 입력하고 표시의 항목을 해제한 후 실행하면 된다.

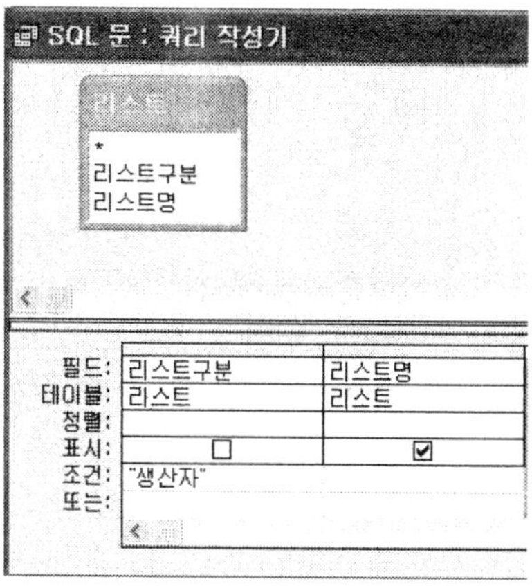

⑭ "구입가격"은 천 단위로 표현해야 하므로 필드 크기를 [정수(Long)]로 형식을 [표준]으로 설정한다.

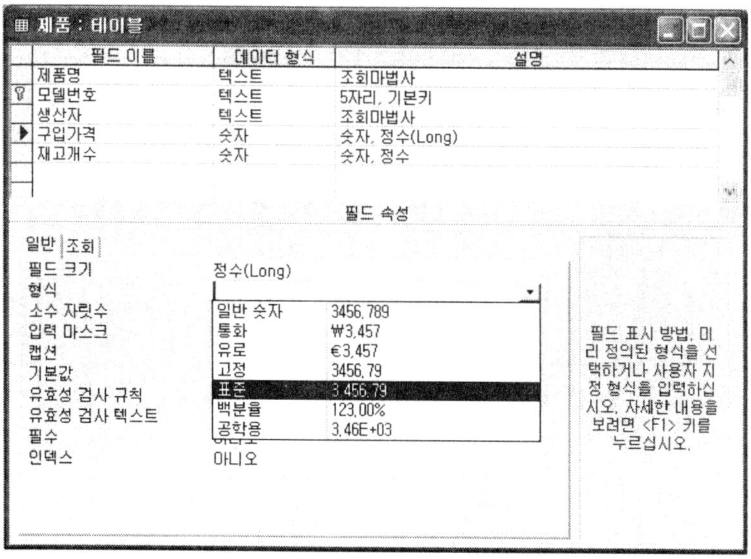

이때, 소수이하 자릿수를 없애기 위해 소수 자릿수를 “0”으로 설정한다.

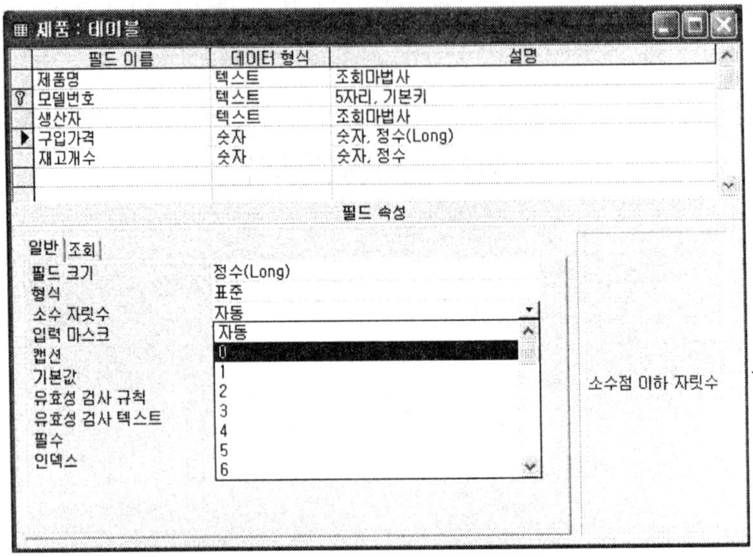

⑮ “모델번호” 필드를 기본키로 설정한다.

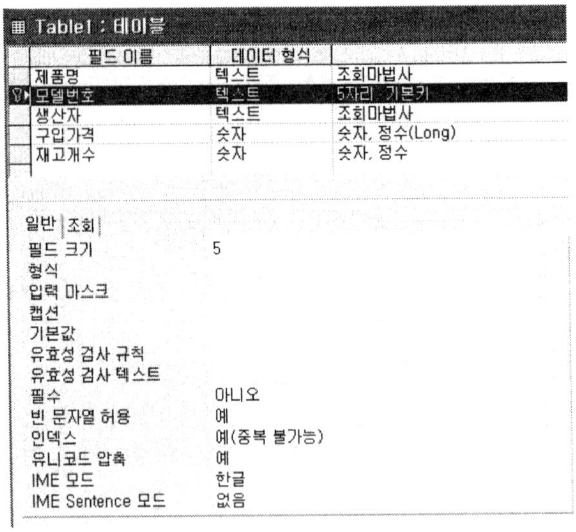

⑯ 테이블 이름을 "제품"으로 입력한 후 [확인] 버튼을 선택하여 『제품』 테이블을 생성 한다.

⑰ 『제품』 테이블 디자인을 마친 후 아래와 같이 데이터를 각각 입력한다. 제품명과 생산자는 조회를 통하여 다른 레코드와 다른 형식을 볼 수 있다.

제품 : 테이블

제품명	모델번호	생산자	구입가격	재고개수
에어컨	A-001	LG	1,200,000	5
냉장고	C-001	LG	4,000,000	5
냉장고	C-002	DW	1,000,000	10
가스레인지	G-001	DW	250,000	20
가스레인지	G-002	SM	300,000	5
가스오븐	G-011	SM	2,500,000	5
가스오븐	G-012	DW	2,000,000	10
TV	T-001	LG	600,000	15
TV	T-002	SM	650,000	10
TV	T-003	DW	500,000	15
			0	0

레코드: 1 전체: 10

(2) **『판매』 테이블 만들기**

① 『판매』 테이블을 형식을 아래와 같이 지정한 후 "판매원ID"와 "모델번호"를 기본키로 설정한다.

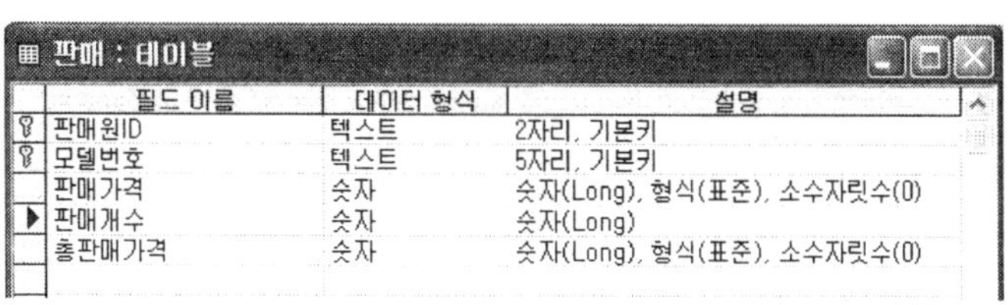

판매 : 테이블

필드 이름	데이터 형식	설명
판매원ID	텍스트	2자리, 기본키
모델번호	텍스트	5자리, 기본키
판매가격	숫자	숫자(Long), 형식(표준), 소수자릿수(0)
판매개수	숫자	숫자(Long)
총판매가격	숫자	숫자(Long), 형식(표준), 소수자릿수(0)

② 테이블 이름을 "판매"로 저장한다.

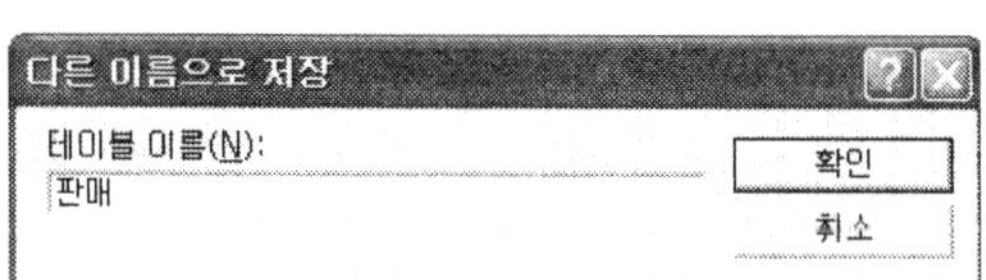

③ 『판매』 테이블에 아래의 데이터를 직접 입력한다.

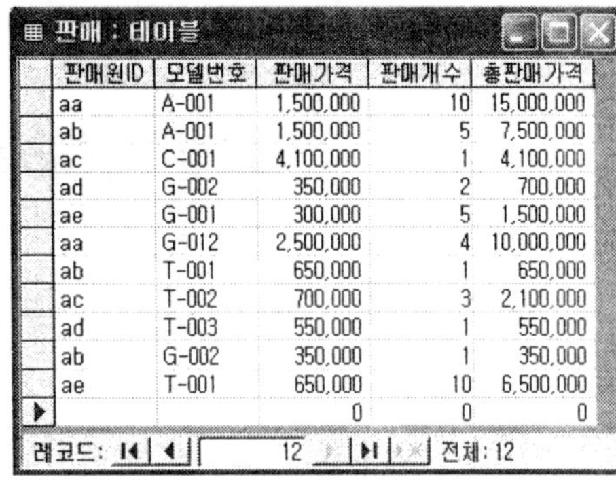

판매 : 테이블

판매원ID	모델번호	판매가격	판매개수	총판매가격
aa	A-001	1,500,000	10	15,000,000
ab	A-001	1,500,000	5	7,500,000
ac	C-001	4,100,000	1	4,100,000
ad	G-002	350,000	2	700,000
ae	G-001	300,000	5	1,500,000
aa	G-012	2,500,000	4	10,000,000
ab	T-001	650,000	1	650,000
ac	T-002	700,000	3	2,100,000
ad	T-003	550,000	1	550,000
ab	G-002	350,000	1	350,000
ae	T-001	650,000	10	6,500,000
		0	0	0

레코드: 12 전체: 12

(3) 『판매원』 테이블 만들기

① 『판매원』 테이블의 "이름"과 "주소"를 각각 텍스트 10자리, 50자리로 디자인하고 "전화"의 필드는 입력마스크의 [₩[###₩]-###-####]를 이용해 지역번호를 포함한 전화번호 레코드로 정의한다.

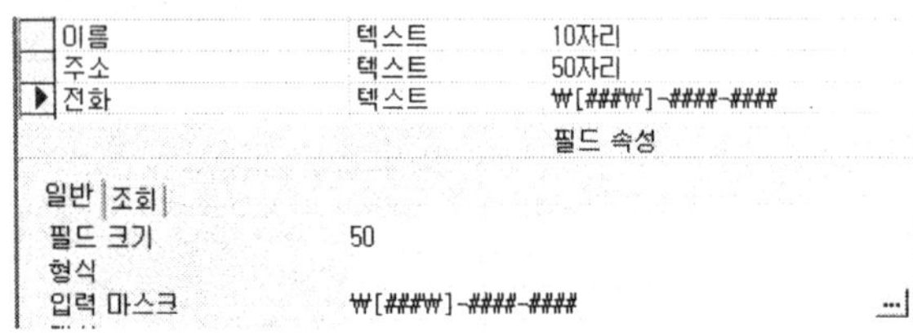

② "경력"필드에선 정수의 범위를 정의하기 위하여 "유효성 검사규칙"에 ">=1 And <=60"으로 1년 이하와 60년 이상의 값을 입력할 수 없도록 제한하며, "유효성 검사 텍스트"를 "경력은 1~60년까지 허용" 텍스트를 입력하여 유효성 검사인 1보다 작고, 60보다 큰 경우 유효성 검사 텍스트가 출력되도록 한다.

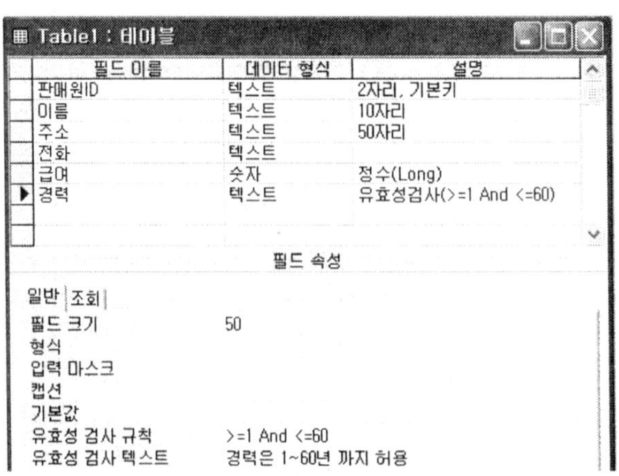

③ "판매원ID"를 기본키로 설정한다.

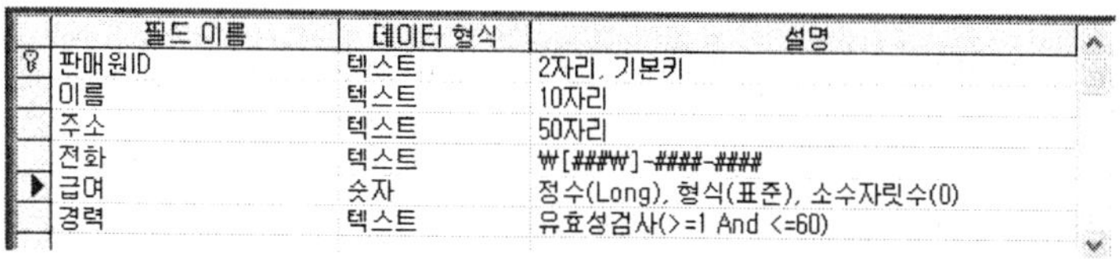

④ 테이블 이름을 "판매원"으로 설정한다.

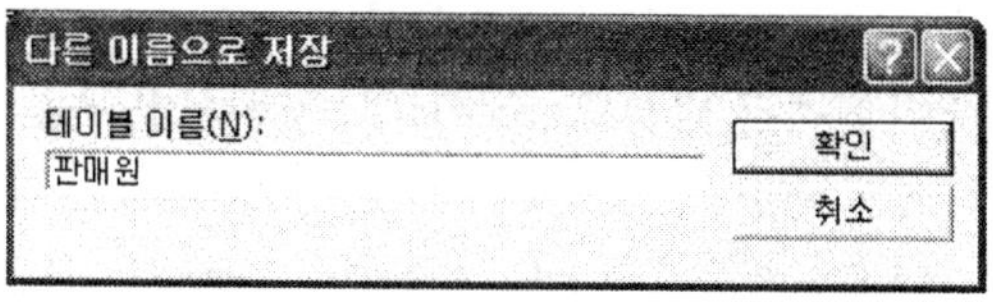

⑤ 『판매원』 테이블에 아래의 데이터를 입력한다.

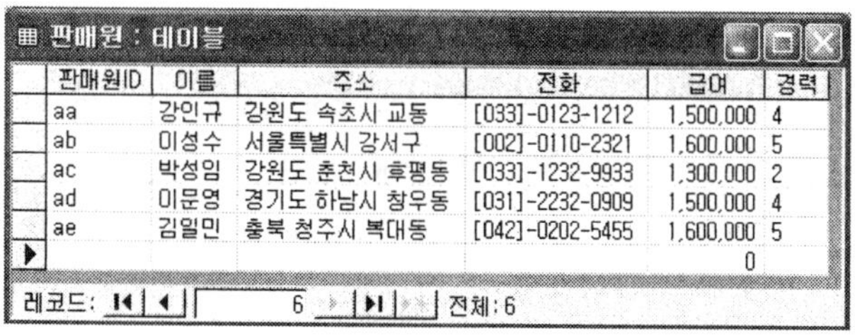

(4) 관계 설정

각 테이블을 디자인 하여 레코드값을 입력한 후 쿼리 작업을 위해 각 테이블의 관계를 설정해보자.

① 테이블의 워크창에서 마우스 오른쪽 버튼을 클릭하여 빠른 메뉴를 나타낸 후 [관계] 메뉴를 선택한다. 각각의 『제품』, 『판매』, 『판매원』 테이블의 관계를 다음과 같이 설정한다.

⊃ 참고사항

릴레이션은 외형적으로는 일반 테이블과 똑같이 보이지만 그 성질에 있어서는 상당히 다르다. 이러한 릴레리션이 가지고 있는 특성을 보면 다음과 같다.

① 한 릴레이션에 포함된 튜플들을 모두 상이하다. 이것을 튜플의 유일성이라 한다. 즉, 두 개의 똑같은 튜플은 한 릴레이션에 포함될 수 없다. 이것은 릴레이션의 인스턴스가 튜플을 원소로 갖는 집합이라는 데서 나오는 당연한 성질이다.

② 한 릴레이션에 포함된 튜플 사이에는 순서가 없다. 이것을 튜플의 무순서성이라 한다. 이 성질 역시 릴레이션은 본질적으로 집합이라고 보면 당연하다. 한 집합의 원소 사이에는 순서가 없는데 릴레이션은 바로 튜플을 원소로 하는 집합이기 때문에 이 튜플 사이에는 순서가 있을 수 없다.

③ 한 릴레이션을 구성하는 애트리뷰트 사이에는 순서가 없다. 이것을 애트리뷰트의 무순서성이라 한다. 이 성질은 한 릴레이션의 스킴이 일정 수의 애트리뷰트 집합으로 정의되는 데에서 나오는 결과인 것이다.

④ 모든 애트리뷰트값은 원자값이다. 이것을 애트리뷰트의 원자성이라 한다. 이 성질이 의미하는 것은 한 릴레이션에 나타난 애트리뷰트값은 논리적으로 더 이상 분해할 수 없는 원자값, 즉 처리상의 단위값이라는 것이다.

종종 한 튜플의 어떤 애트리뷰트값에 대해 그 값을 아직 모른다거나 그 애트리뷰트가 해당되지 않기 때문에 그 값을 명세할 수 없는 경우가 있다. 이러한 경우를 표현하기 위해 사용할 수 있는 특별한 값이 지정되어 있는데 이것이 널이다. 이 널 값도 관계 데이터 모델에서는 원자값으로 취급한다. 그러나 이 널 값을 내부적으로 표현하는 방법은 시스템에 따라 다르다.

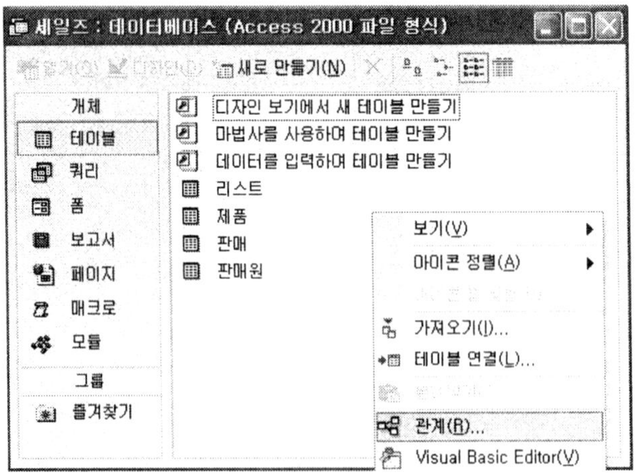

② 테이블 표시 메뉴에서 『제품』, 『판매』, 『판매원』 테이블을 [추가] 버튼을 이용하여 관계 대화상자에 등록한다.

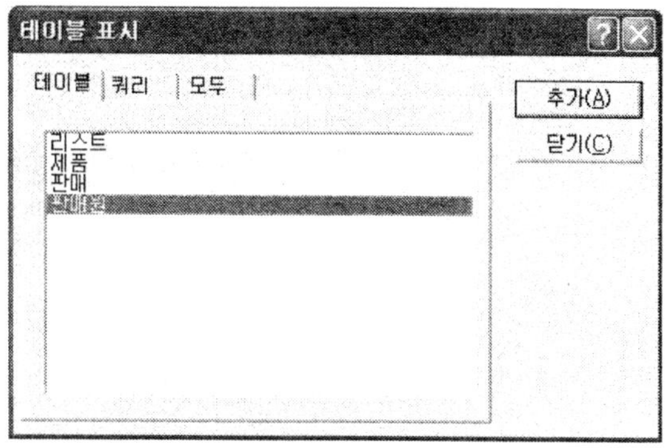

③ 『제품』 테이블과 『판매』 테이블을 조인하는 단계로, "☑항상 참조 무결성 유지(E)", "☑관련 필드 모두 업데이트(U)", "☑관련 레코드 모두 삭제(D)" 등을 모두 ☑한다.

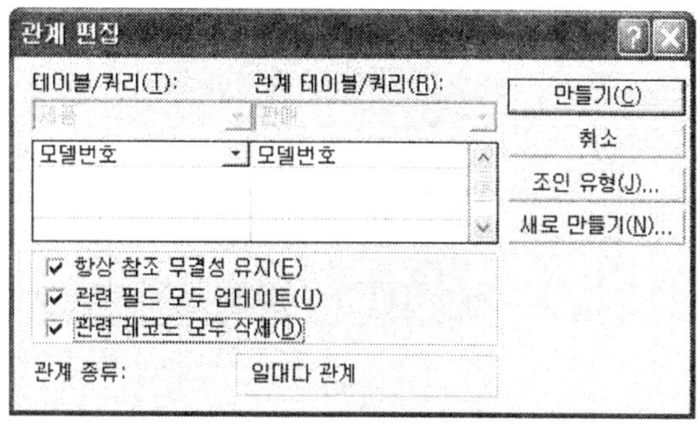

➲ 참고사항

☑ 항상 참조 무결성 유지(E) : 두 테이블간의 동일한 형식의 필드값을 항상 일치할 수 있도록 설정해 주며, 값이 틀린 경우에는 에러 메시지가 출력된다.

☑ 관련 필드 모두 업데이트(U) : "제품" 테이블의 값과 "판매" 테이블의 값의 필드 중 한쪽의 레코드값이 업데이트되면, 상대측 테이블의 해당 레코드 역시 자동으로 업데이트된다.

☑ 관련 레코드 모두 삭제(D) : "제품" 테이블의 값과 "판매" 테이블의 값의 필드 중 한족의 레코드값이 삭제되면, 상대측 테이블의 해당 레코드 역시 자동으로 삭제된다.

④ 『판매원』 테이블과 『판매』 테이블의 동일한 필드값인 “판매원ID”의 조인 속성을 정의해 준다.

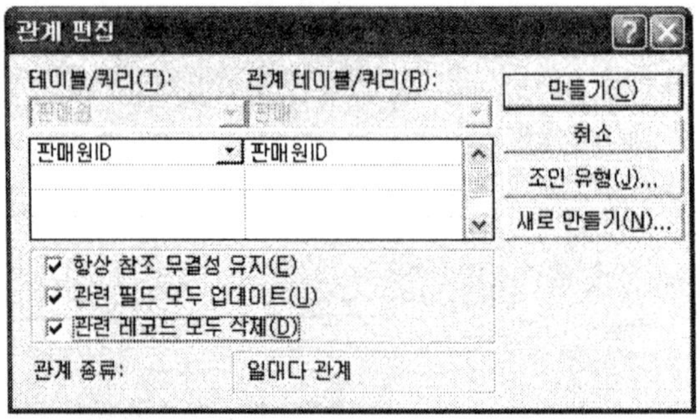

⑤ 『제품』, 『판매』, 『판매원』 테이블을 모두 조인한 결과로 『제품』과 『판매』 간의 관계는 1 : ∞, 『판매』와 『판매원』 간의 관계는 ∞ : 1로 설정한다.

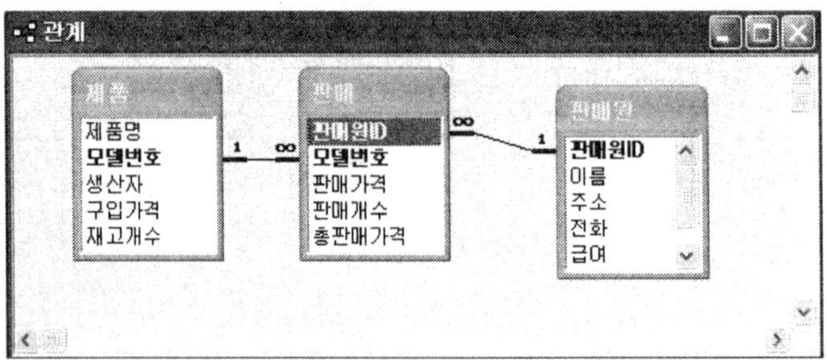

⑥ 관계 대화상자의 ☒를 선택하면 관계속성을 저장하겠느냐는 물음에 [예(Y)]를 선택하여 관계를 저장한다. 관계는 테이블이나 쿼리처럼 별도의 이름으로 저장되는 것이 아니고, 데이터베이스의 [관계] 대화상자에만 존재한다.

✎ 따라해보기

「비디오 대여」 데이터베이스를 만들면서, 지금까지 학습한 데이터베이스 만들기, 테이블 만들기, 관계 생성에 대해서 정리해보자.

1 데이터베이스 만들기

[파일] 메뉴에서 [새 데이터베이스]를 선택해 「비디오 대여」 데이터베이스를 생성한다. 「비디오대여」 데이터베이스는 『고객』, 『대여』, 『비디오』 테이블로 구성된다.

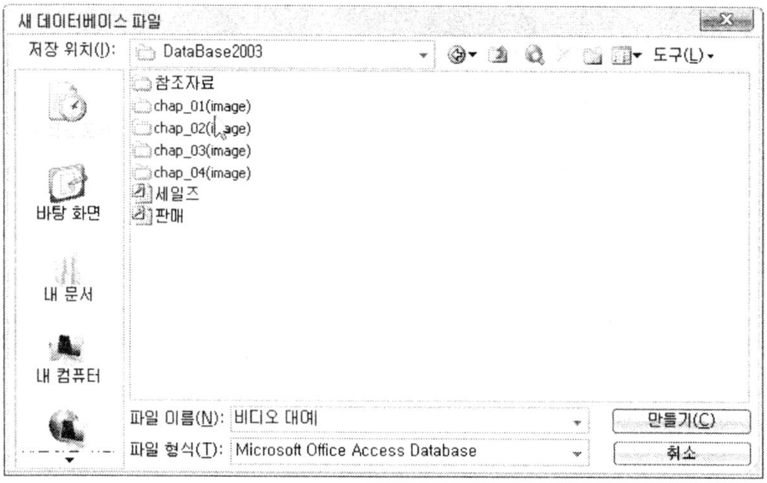

2 『고객』 테이블 만들기

『고객』 테이블 구조 및 입력 마스크는 다음과 같다.

고객 테이블		
필드 이름	데이터 형식(필드 크기)	비고
고객 코드	텍스트(6)	기본키
이름	텍스트(8)	
주소	텍스트(35)	
전화번호	텍스트	입력 마스크(234)5678-9012

① [테이블]에서 [디자인]을 선택해 『고객』 테이블 구조를 디자인한다.

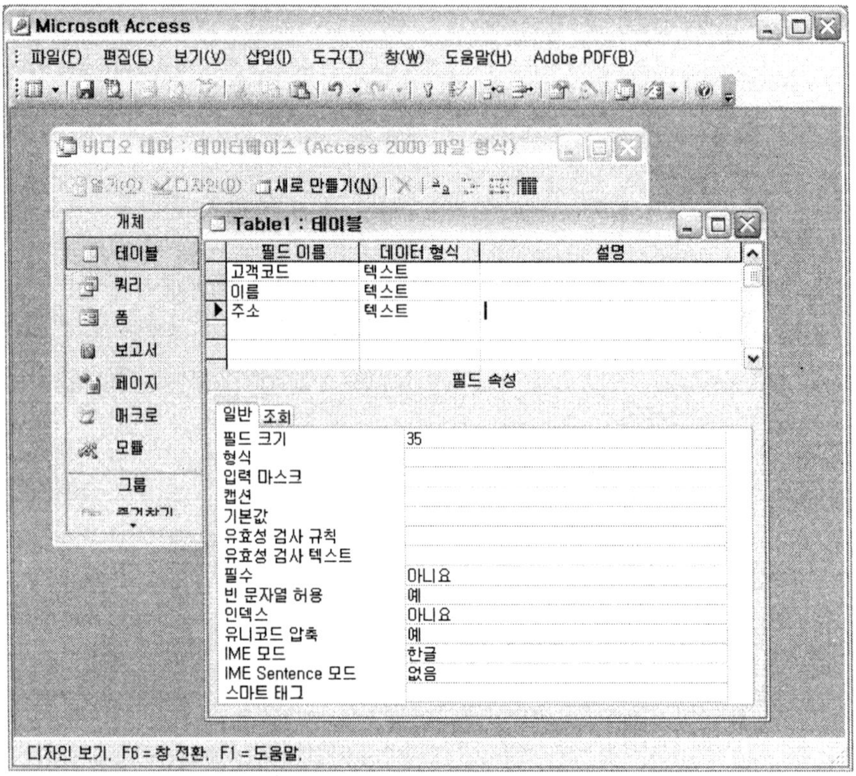

② 『고객』 테이블에서는 "고객 코드", "이름", "주소" 필드는 일반적인 텍스트의 크기만 지정하면 되지만, "전화번호"필드는 입력 마스크를 지정해야 하므로 입력 마스크 마법사를 이용해 [전화번호 (234-5678-9012)]를 선택한 후 [다음] 버튼을 선택한다.

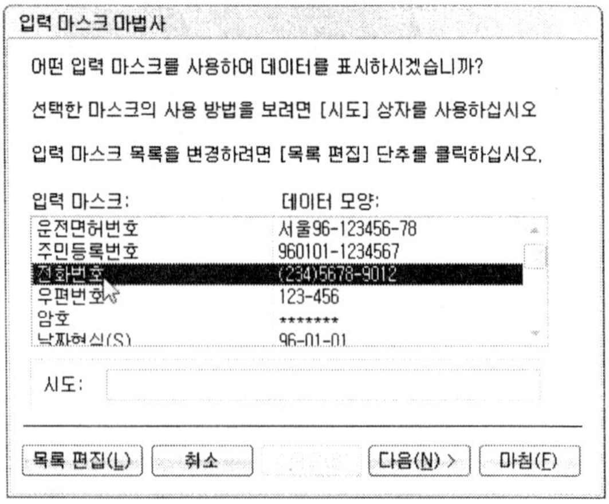

③ 입력 마스크 마법사에서 숫자 사이의 입력 마스크 기호를 '-'를 선택하여 숫자 사이의 구분자를 선택하고 [다음] 버튼을 선택한다.

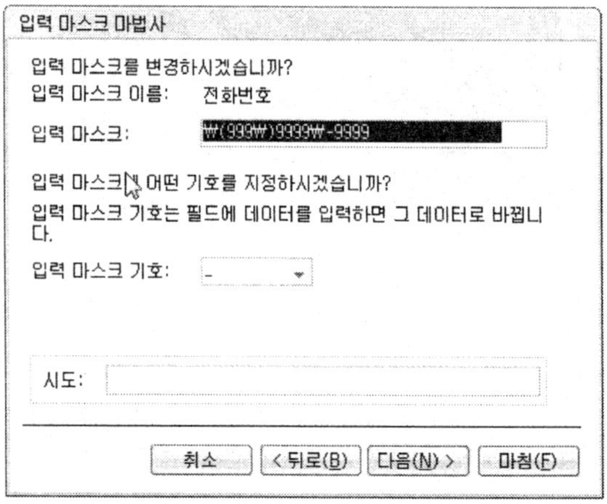

④ 선택한 입력 마스크 기호인 '-'를 화면상에 출력하려면 [기호와 함께]를 선택하고, 화면상에 출력하지 않으려면 [기호 없이]를 선택한다. [기호와 함께]를 선택한 후 [다음] 버튼을 선택한다.

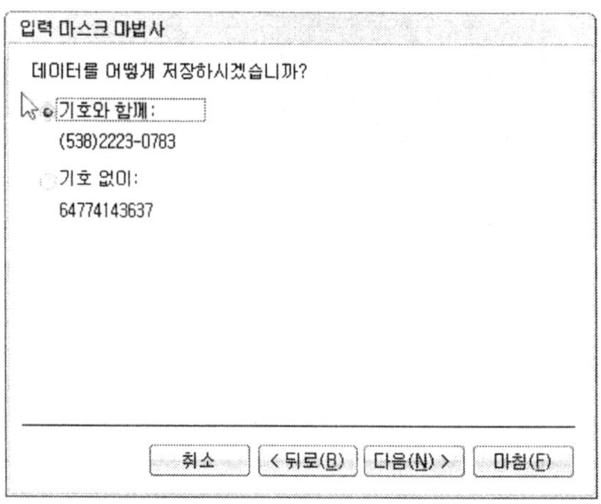

⑤ [마침] 버튼을 선택하여 [입력 마스크 마법사]를 종료한다.

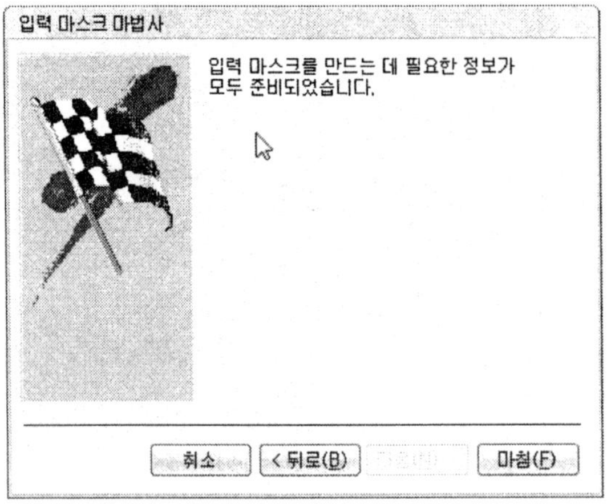

⑥『고객』 테이블의 전화번호 필드의 입력 마스크에 \(999\)9999\-9999;0;_로 설정된 것을 확인하고 고객코드를 기본키로 설정한 후 [저장] 버튼을 선택한다.

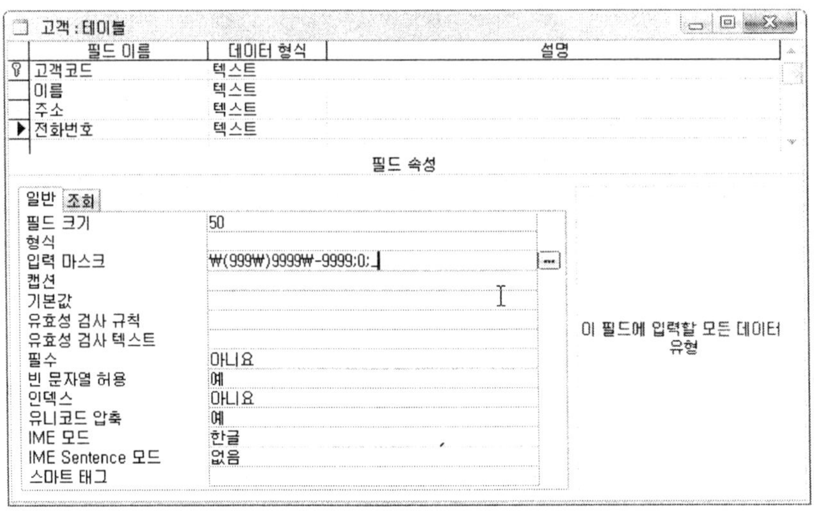

⑦ 테이블 이름을 "고객"으로 입력한 후 [확인] 버튼을 선택하여『고객』테이블 생성한다.

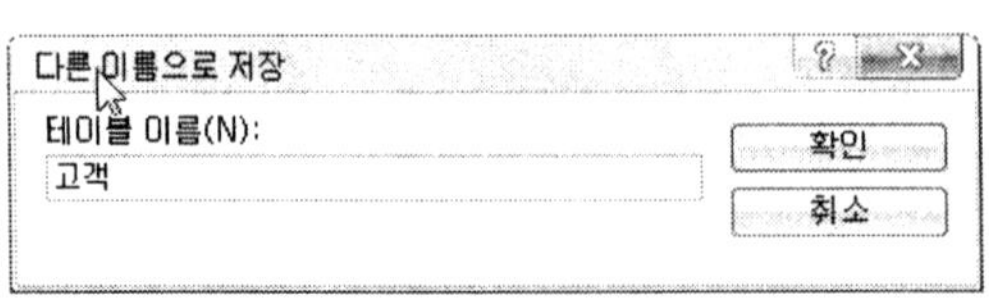

⑧ 『고객』 테이블에 레코드값을 직접 입력한다.

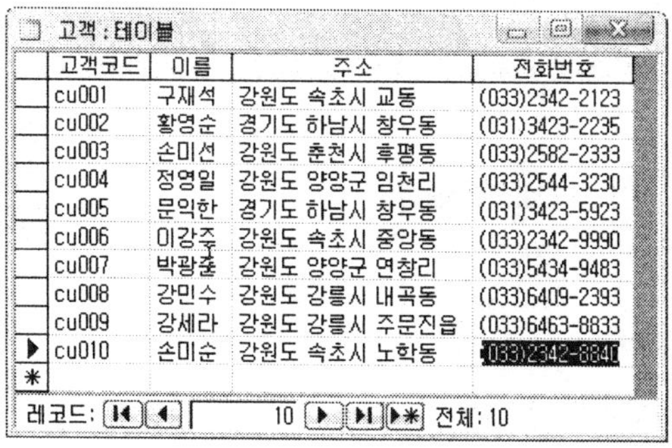

고객 : 테이블

고객코드	이름	주소	전화번호
cu001	구재석	강원도 속초시 교동	(033)2342-2123
cu002	황영순	경기도 하남시 창우동	(031)3423-2235
cu003	손미선	강원도 춘천시 후평동	(033)2582-2333
cu004	정영일	강원도 양양군 임천리	(033)2544-3230
cu005	문익한	경기도 하남시 창우동	(031)3423-5923
cu006	이강주	강원도 속초시 중앙동	(033)2342-9990
cu007	박광출	강원도 양양군 연창리	(033)5434-9483
cu008	강민수	강원도 강릉시 내곡동	(033)6409-2393
cu009	강세라	강원도 강릉시 주문진읍	(033)6463-8833
cu010	손미순	강원도 속초시 노학동	(033)2342-8840

레코드: 10 전체: 10

3 『대여』 테이블 만들기

『대여』 테이블 디자인 및 입력 데이터는 다음과 같다.

기존의 테이블 속성과의 차이점은 "테이프 코드"와 "고객코드"에 모두 기본키를 설정한다는 점이다. "테이프 코드"는 "대여" 테이블과의 조인 속성을 위한 관계에 활용되며, "고객코드" 필드는 "고객" 테이블과 관계를 위한 값이다.

대여 테이블		
필드 이름	데이터 형식(필드 크기)	비고
테이프 코드	텍스트(6)	기본키
고객코드	텍스트(6)	기본키
대여일	날짜/시간	
대여기간	숫자(정수)	
반납일	날짜/시간	
반납여부	예/아니오	

① [테이블]에서 [디자인]을 선택해 『대여』 테이블을 디자인한다. "대여일"과 "반납일"은 데이터 형식이 날짜/시간형식이므로 "대여일" 필드에서 [날짜/시간] 마법사를 선택한다.

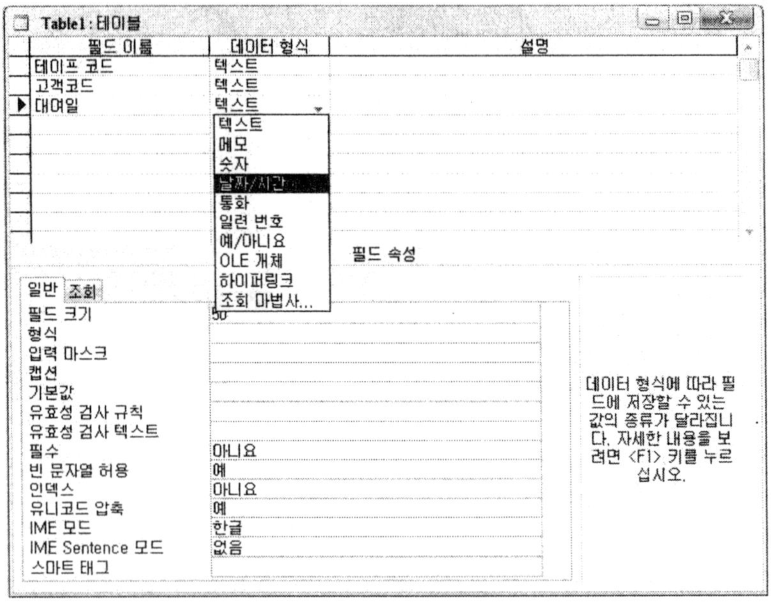

② [날짜/시간]의 기본값을 [간단한 날짜 1994-06-19]로 설정한다.

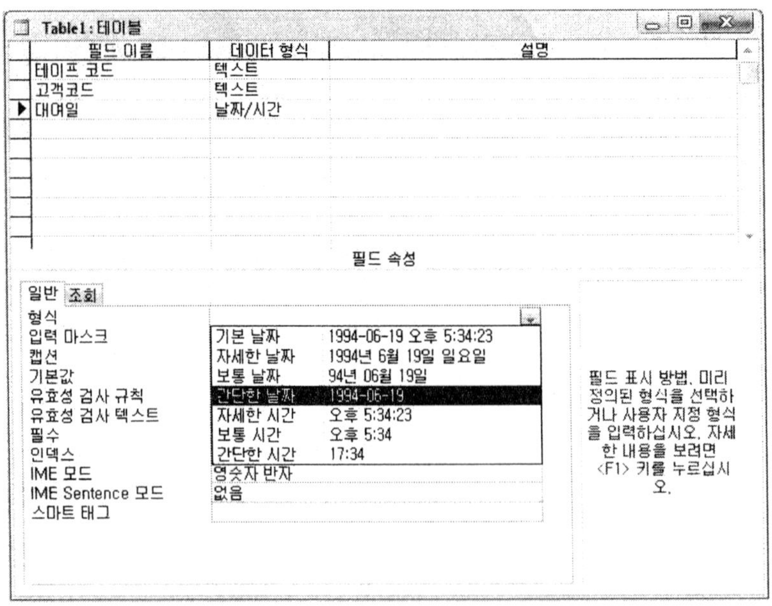

③ "반납여부" 필드에서 "예/아니요"를 선택함으로써 체크 박스를 통해 선택되었을 경우에는 '예', 선택되어지지 않았을 경우에는 '아니요'의 값을 갖는다. 다만, '예'와 '아니요'의 값은 프로그램하는 사람의 방법에 따라 반대로 설정할 수 있다.

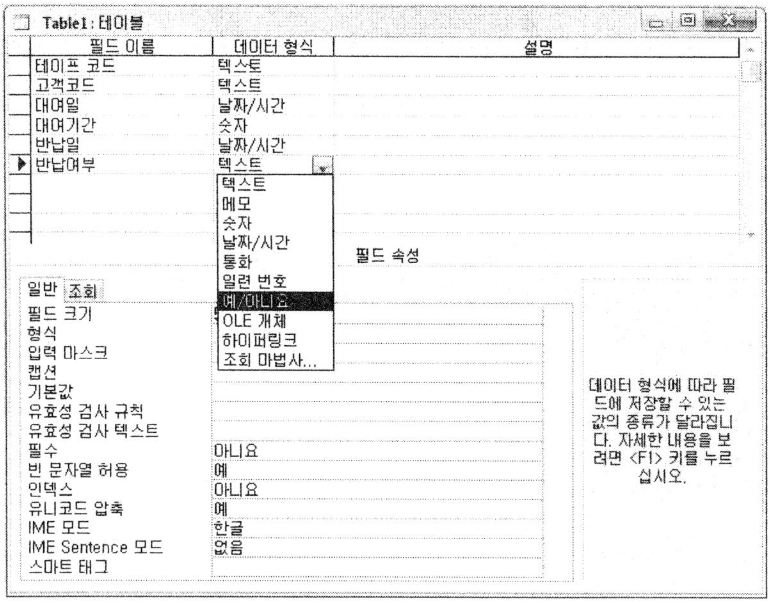

④ 기본키를 두 개 이상 설정할 때 필드 이름 앞의 회색 부분을 Shift키를 누른 상태에서 기본키로 설정한 필드를 모두 선택한 후 마우스 오른쪽 버튼을 클릭해 빠른 메뉴의 "기본키"를 선택하여 정의 한다. 기본키를 두 개로 설정할 때 기본키로 지정할 필드를 차례대로 선택해 기본키를 설정한 경우, 기존의 기본키는 자동으로 해제되므로 반드시 Shift키를 이용해 두 개의 필드 모두를 선택한 후 기본키를 설정해야 한 테이블에 두 개의 기본키를 지정할 수 있다.

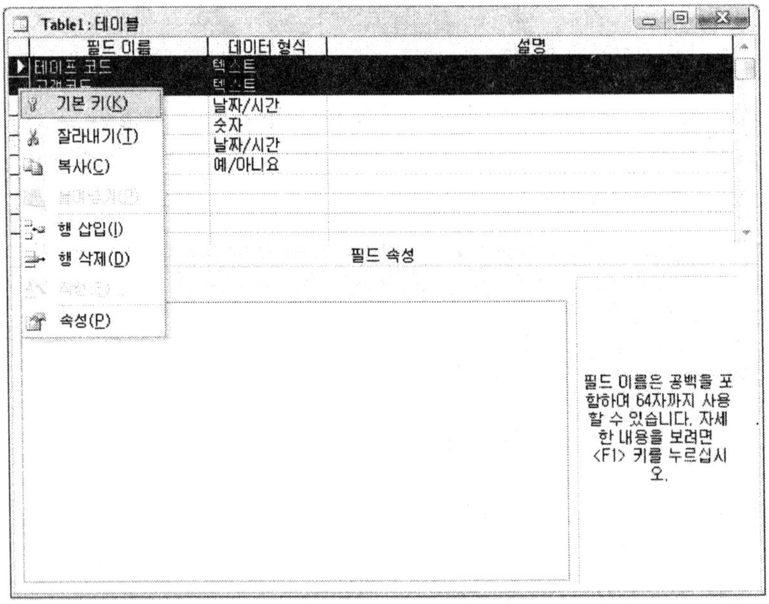

⑤ 『대여』 테이블로 저장한다.

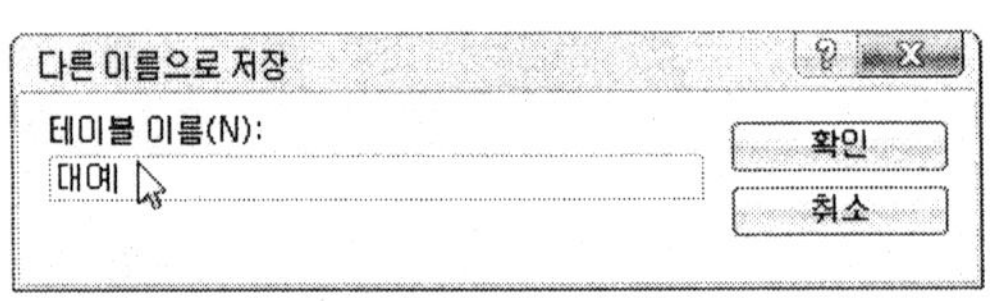

⑥ 아래의 레코드를 『대여』 테이블에 입력한다.

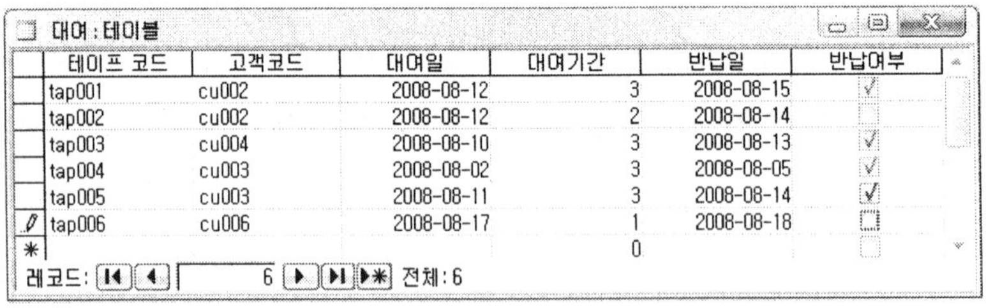

테이프 코드	고객코드	대여일	대여기간	반납일	반납여부
tap001	cu002	2008-08-12	3	2008-08-15	✓
tap002	cu002	2008-08-12	2	2008-08-14	
tap003	cu004	2008-08-10	3	2008-08-13	✓
tap004	cu003	2008-08-02	3	2008-08-05	✓
tap005	cu003	2008-08-11	3	2008-08-14	✓
tap006	cu006	2008-08-17	1	2008-08-18	
			0		

레코드: 6 전체: 6

4 『비디오』 테이블 만들기

『비디오』 테이블 구조 및 입력 데이터이다.

비디오 테이블		
필드 이름	데이터 형식(필드 크기)	비고
테이프 코드	텍스트(6)	기본키
제목	텍스트(16)	
주인공	텍스트(10)	
나라	조회 마법사	한국, 홍콩, 미국

① [테이블]의 [디자인]을 선택하여 『비디오』 테이블의 디자인을 위의 테이블을 기준으로 텍스트의 크기를 설정한다. 다만, "나라" 필드에서 조회 마법사를 통해 원하는 나라를 디자인함으로써 레코드 등록에 활용하기로 하자.

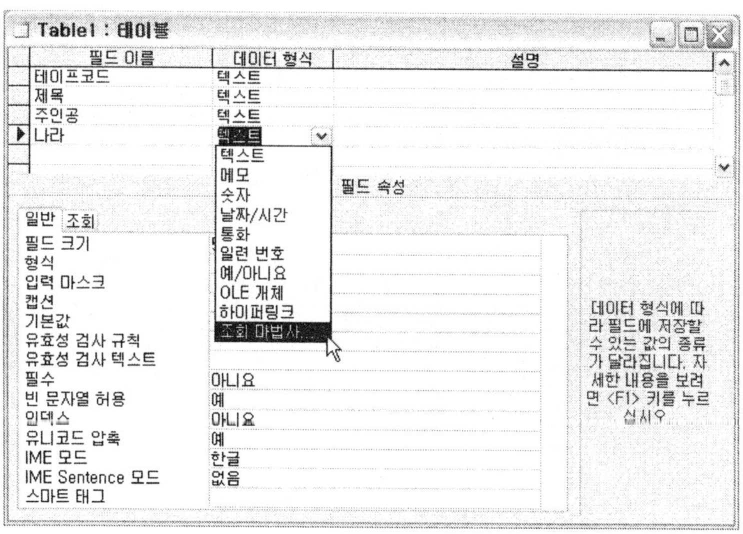

② [조회 마법사] 다음 단계 대화상자로 [조회 열에서 테이블이나 쿼리에 있는 값을 조회하도록 합니다(L).]는 테이블로 조회에 필요한 값을 작성하였을 경우에 적용이 가능하며, [원하는 값을 입력합니다(T).]는 직접 조회 마법사의 내용을 입력하는 방법을 의미한다. [원하는 값을 입력합니다(T).]를 선택한 후 [다음] 버튼을 선택한다.

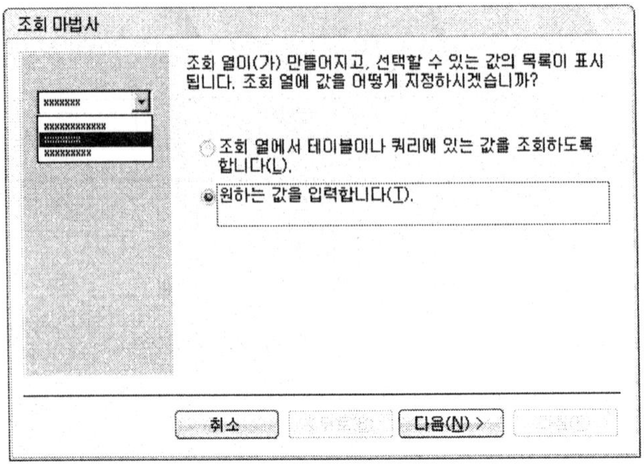

③ 조회 마법사 등록하는 과정으로 열 개수에서 1을 선택한 후 설정된 Col1에 "한국", "홍콩", "미국"을 직접 입력한 후 [다음] 버튼을 선택한다.

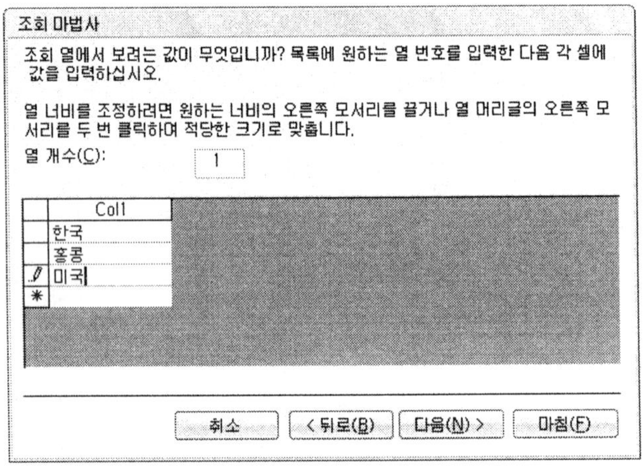

④ [조회 마법사]를 수행한 후 저장할 필드의 이름으로 디자인 과정에서 사용되는 필드 이름과 동일하게 설정해 준 후, [마침] 버튼을 선택하여 [조회 마법사] 실행을 종료한다.

⑤ 조회 마법사를 마친 후 조회탭에서 디자인값을 확인할 수 있다. "테이프 코드" 필드를 기본키로 설정한 후 [저장]을 선택한다.

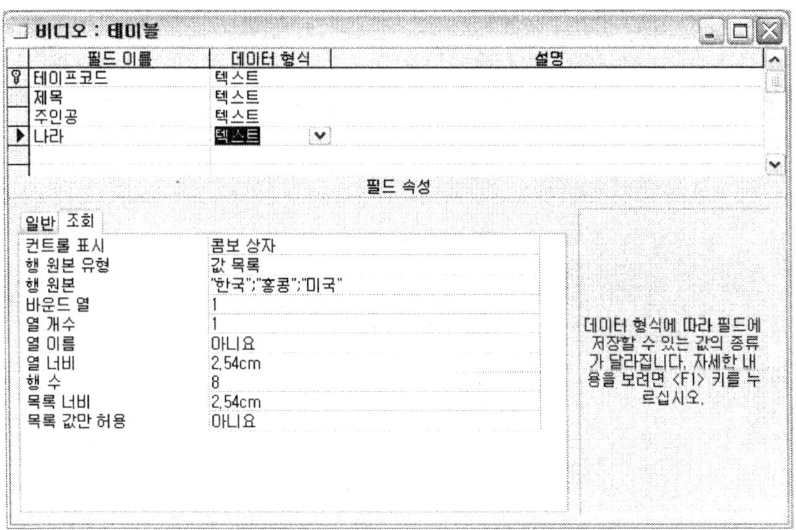

⑥ 테이블 이름을 "비디오"로 입력한 후 [확인] 버튼을 선택하여 『비디오』 테이블을 저장한다.

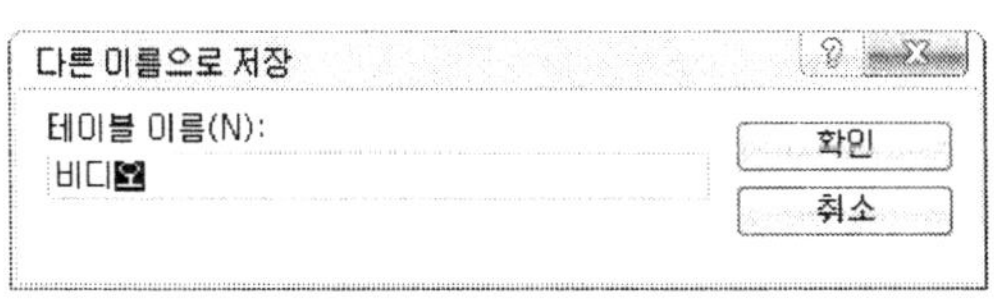

⑦ 『비디오』 테이블에 레코드값을 등록한다.

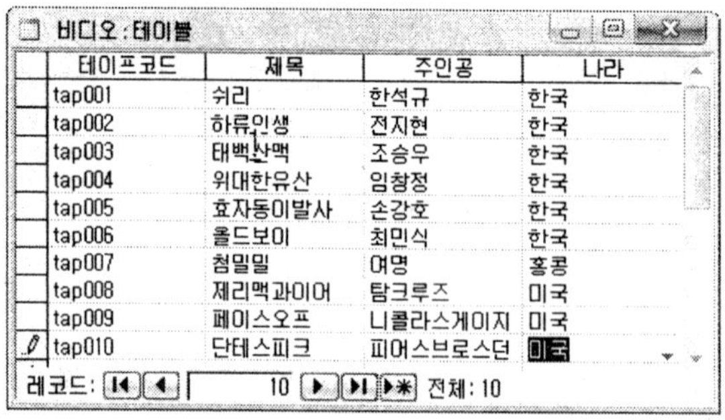

5 관계 설정하기

여러 개로 나누어진 테이블의 공통적인 키를 기준으로 필드를 연결하여 하나로 묶는 것을 조인, 즉 관계 설정이라고 한다.

① 테이블 대화상자의 오른쪽 빈 공간에서 마우스 오른쪽 버튼을 클릭하여 빠른 메뉴를 출력시킨 후 [관계]를 설정하거나, Access 상단 도구 모음의 [관계]를 선택하여 관계를 설정할 수 있다. 빠른 메뉴를 이용해 [관계]를 설정해보자.

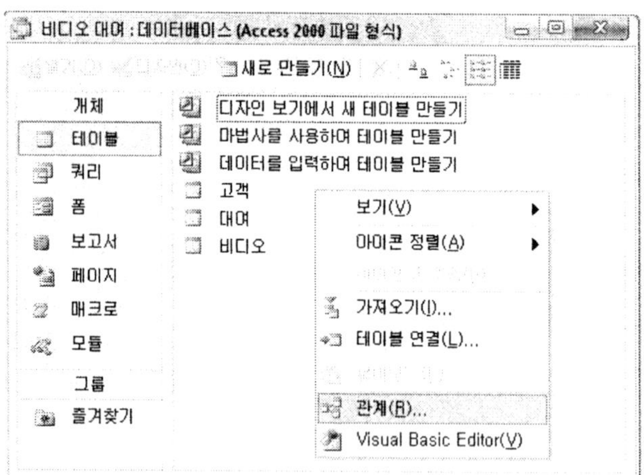

② 3개의 테이블을 [추가] 버튼, 혹은 각 테이블을 더블클릭하여 [관계] 대화상자에 추가시킨 후 [닫기] 버튼을 선택하여 [테이블 표시] 대화상자를 닫는다.

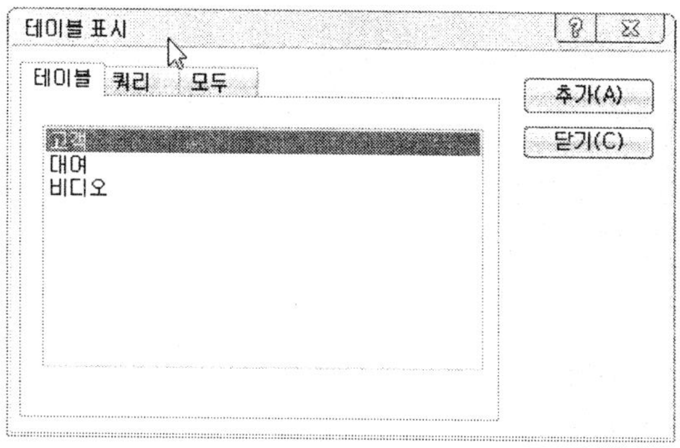

③ 『고객』, 『대여』, 『비디오』 테이블을 각각 [관계] 대화상자에 출력시킨다.

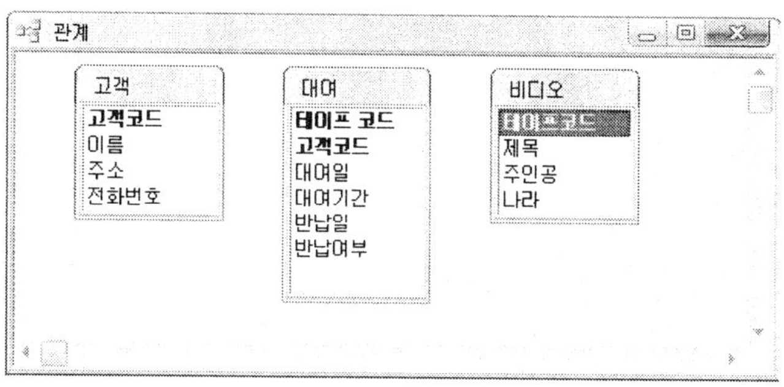

④ ☑ 항상 참조 무결성 유지(E)]를 선택하고, 『고객』, 『대여』 테이블의 기본키를 이용해 관계를 설정한다.

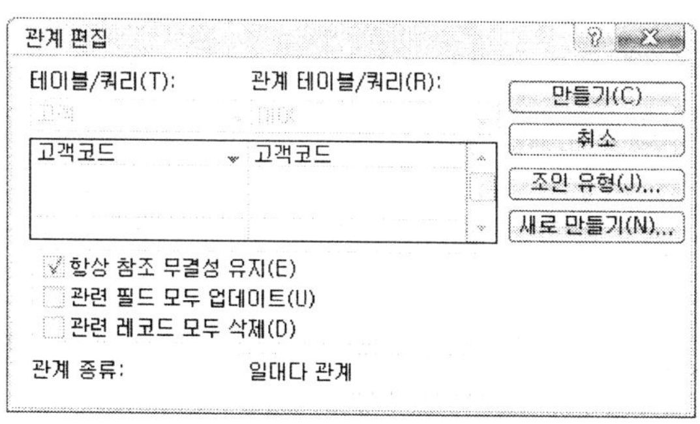

⑤ ☑ 항상 참조 무결성 유지(E)]를 선택하고, 『비디오』, 『대여』 테이블의 기본키를 이용해 관계를 설정한다.

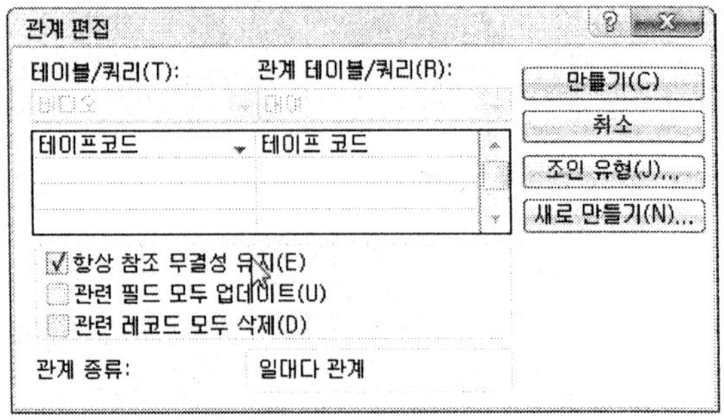

⑥ 『고객』, 『대여』, 『비디오』 테이블의 관계를 설정한 결과 화면이다.

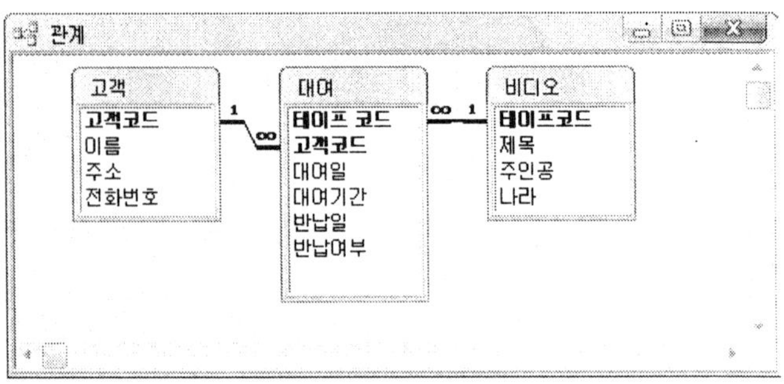

⑦ 테이블 대화상자에서 『고객』 테이블을 더블클릭하여 『고객』 테이블의 레코드를 출력해보면, 관계설정 전과 달리 ⊞ 표시가 레코드 맨 앞에 나타날 것이다. ⊞를 클릭해 『고객』 테이블에 연결된 『대여』 테이블의 내용까지 확인할 수 있다.

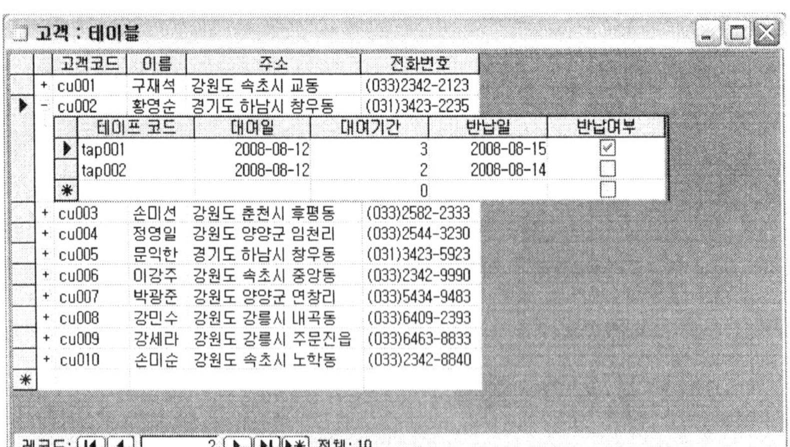

3.2 쿼리 만들기

본 절에서는 각 테이블의 관계를 이용한 쿼리 만들기에 대해 설명하고, Access 데이터베이스에 사용하는 쿼리에 대해서 살펴보자.

1) 쿼리 만들기

테이블에서는 입력된 모든 데이터를 표시하지만 쿼리는 테이블 데이터를 선택, 추출, 정렬하고 테이블의 데이터가 나타나는 모양을 변경하여 새로운 표로 만들고자 할 때 사용한다. 다시 말하면 테이블에서 데이터를 축적하며 쿼리에서는 축적한 데이터를 분석하고 활용하는 방법으로 활용된다.

쿼리는 11가지 형식으로 나누어 볼 수 있는데 선택 쿼리, 매개 변수 쿼리, 크로스탭 쿼리, 삭제 쿼리, 업데이트 쿼리, 추가 쿼리, 테이블 만들기 쿼리, 통합 쿼리, 창구 쿼리, 데이터 정의 쿼리, 하위 쿼리 등이 있다. 다음의 내용을 통하여 각각의 쿼리의 활용 방법에 대하여 알아보기로 하자.

• 선택 쿼리

선택 쿼리는 가장 일반적인 형태의 쿼리이며, 하나 이상의 테이블에서 조건에 맞는 데이터를 검색하여 원하는 순서대로 데이터를 보여주는 쿼리이다. 또 레코드를 그룹화한 후 합계, 개수, 평균, 기타 요약 계산을 수행할 수 있다.

• 매개 변수 쿼리

매개 변수 쿼리란 '쿼리 매개 변수' 대화상자를 사용자에게 보여주며, 사용자가 레코드 검색 조건이나 필드에 삽입할 값과 같은 정보를 입력할 수 있게 하는 쿼리이다. 매개 변수 쿼리는 두 가지 이상의 정보를 물어보는 쿼리를 디자인할 수 있으며, 폼, 보고서, 페이지의 기초로 사용하기에도 편리하다.

• 크로스탭 쿼리

크로스탭 쿼리는 검색 결과를 쉽게 분석할 수 있도록 그룹화하거나 요약 합계 기능을 사용하여 재구성한다. 크로스탭 쿼리 마법사 기능을 이용하여 손쉽게 쿼리를 만들 수 있다. 크로스탭 쿼리는 3개의 필드에 기초를 둔 데이터를 사용한다. 3개의 필드는 결과에 대한 열 이름을 나타내는 필드(열 머리글로 사용), 결과에 대한 행 이름을 나타내는 필드(행 머리글로 사용), 쿼리의 본문에 값을 나타내는 필드(값으로 사용)로 나누어진다.

• 삭제 쿼리

삭제 쿼리는 하나 이상의 테이블에서 레코드 그룹을 삭제할 수 있다. 예를 들어 단종되거나 주문이 들어오지 않는 상품이 있을 때 삭제 쿼리로 해당 레코드 상품들을 모두 삭제할 수 있다. 삭제 쿼리를 사용하면 레코드 안에 있는 특정 필드가 아니라 항상 레코드(행) 전체를 삭제할 수도 있다.

• 업데이트 쿼리

업데이트 쿼리는 하나 이상의 테이블에서 레코드 그룹을 전체적으로 변경할 경우에 유용하게 사용된다. 예를 들어 수강 신청 테이블에서 전체 학생의 성적이 너무 높을 경우나 상대적으로 너무 낮을 경우 전체적으로 동일한 점수를 가산하거나 감산할 수 있는 방법을 제시해 준다.

• 추가 쿼리

추가 쿼리는 하나 이상의 테이블에 있는 레코드 그룹을 테이블 끝에 추가하는 경우에 사용한다. 예를 들어, 동우회 테이블에서 일정 회원이 추가될 경우 필드의 속성만 일치 시킨 후 기존의 동우회 레코드에 추가로 레코드를 자동으로 추가 입력할 수 있다.

• 테이블 만들기 쿼리

하나 이상의 테이블에서 쿼리를 실행하여 추출한 데이터를 가지고 새 테이블을 만드는 경우에 사용한다. 이때 새 테이블은 원본 테이블의 데이터를 이용한 것이기 때문에 별도의 테이블로 존재하는 것이 아니라 새로운 원본 테이블로 저장된다.

• 통합 쿼리

통합 쿼리는 하나 이상의 테이블이나 쿼리의 필드(열)를 결합하여 하단 그리드 라인에 하나의 킬드나 열로 만들어 준다. 예를 들어 4개의 거래처에서 새 물품 명세서를 매달 보내오는 경우를 가정하면, 통합 쿼리를 사용하여 이 목록들을 하나의 결과 집합으로 결합한 다음, 테이블 만들기 쿼리를 작성하면 새로운 테이블을 만들 수 있다.

• 창구 쿼리

창구 쿼리는 서버에서 인식할 수 있는 명령어를 사용하여 Microsoft FoxPro와 같은 ODBC(Open DataBase Connectivity) 데이터베이스로 명령을 직접 보낸다. 예를 들어 창구 쿼리를 사용하여 레코드를 검색하고나 데이터를 변경할 수 있다.

• 데이터 정의 쿼리

데이터 정의 쿼리 Microsoft Access나 Microsoft FoxPro와 같은 데이터베이스 프로그램에서 테이블을 만들거나 삭제, 수정 또는 색인을 만든다.

• 하위 쿼리

하위 쿼리는 다른 선택 쿼리나 실행 쿼리 안에서 SQL Select문으로 이루어진 쿼리를 말한다. 쿼리 작성 대화상자의 하단 그리드 조건 난에 필드 조건을 입력한다. 또는 필드 난에 명령문을 입력하여 새 필드를 정의하기도 한다.

2) 쿼리 연산자

쿼리에서 조건으로 입력할 경우 기본적으로 자주 사용되는 연산자와 함수에 대해서 알아보자. 조건식을 작성할 때 대소문자는 구분하지 않으며, 문자는 큰 따옴표("")로 둘러싸고, 날짜와 시간에는 #기호로 둘러싼다.

• 비교 연산자

비교 연산자	의미
=	같다
<>	같지 않다
>	크다
>=	크거나 같다
<	작다
<=	작거나 같다

• 논리 연산자

논리 연산자	의미
AND	논리곱, 모두 참일 때 값을 반환
OR	논리합, 하나만이라도 참이면 값을 반환
NOT	논리부정, 참이면 거짓을, 거짓이면 참을 반환
LIKE	부분 일치 검색 (예, LIKE “홍*”)
IS NULL	NULL인 경우
IS NOT NULL	NULL이 아닌 경우
IN(값1, 값2, ...)	하나만이라도 참이면 값1, 값2, ... 중에서 해당 값을 반환.

3.2.1 선택 쿼리 만들기

「급여」 데이터베이스를 생성한 후 『급여 관리』 테이블을 아래와 같이 생성하고, 『급여 관리』 테이블에 레코드값들을 입력한다.

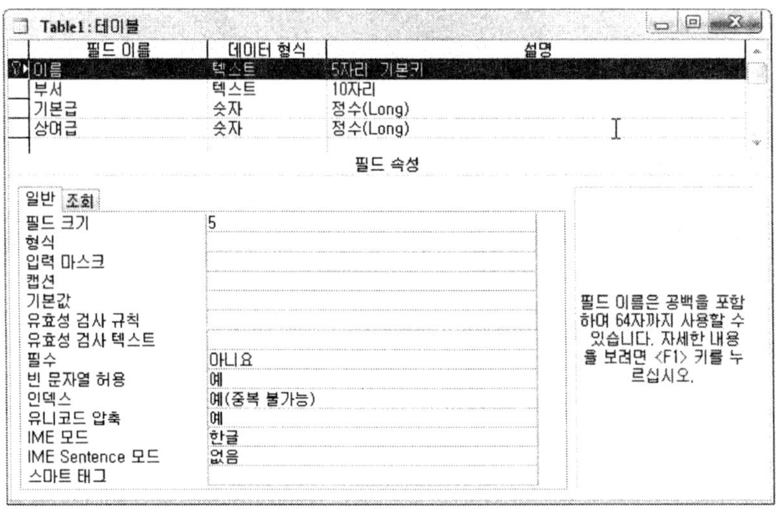

급여 관리 테이블			
이름	부서	기본급	상여금
강호정	영업부	900,000	300,000
고웅	기획실	1,100,000	500,000
권진식	영업부	1,200,000	500,000
김가람	총무부	950,000	400,000
김경진	기획실	900,000	400,000
김동군	경리과	1,000,000	500,000
김민경	시설부	1,200,000	500,000
김민규	총무부	1,000,000	500,000

(1) 디자인 보기에서 새 쿼리 만들기

단순 쿼리 디자인으로 한 개 또는 그 이상의 테이블 필드를 연결하여 원하는 데이터를 추출하거나 필요한 필드를 추가할 수 있다.

① 「급여」 데이터베이스의 쿼리에서 [디자인 보기에서 새 쿼리 만들기]를 선택한 후 [새로 만들기]를 선택한다.

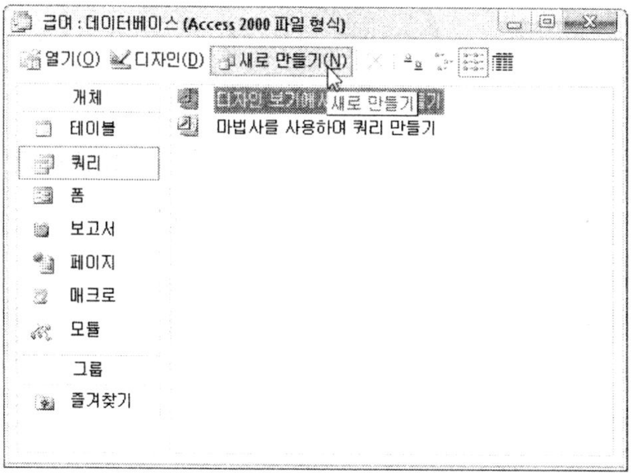

② [새 쿼리]창에서 [디자인 보기]를 선택한 후 [확인]을 선택한다.

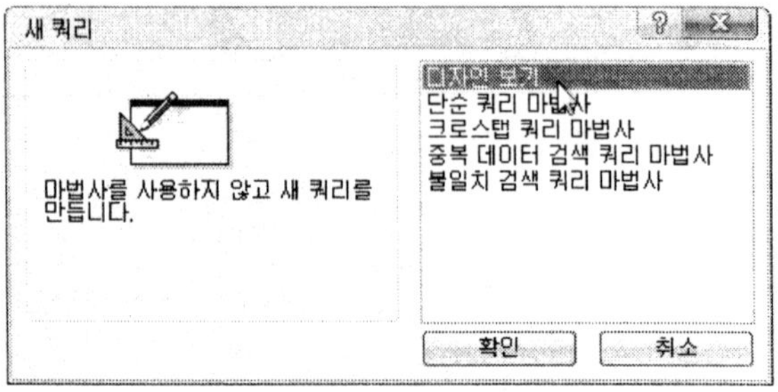

③ [테이블 표시]의 [테이블] 메뉴에서 "급여 관리" 테이블을 추가한다.

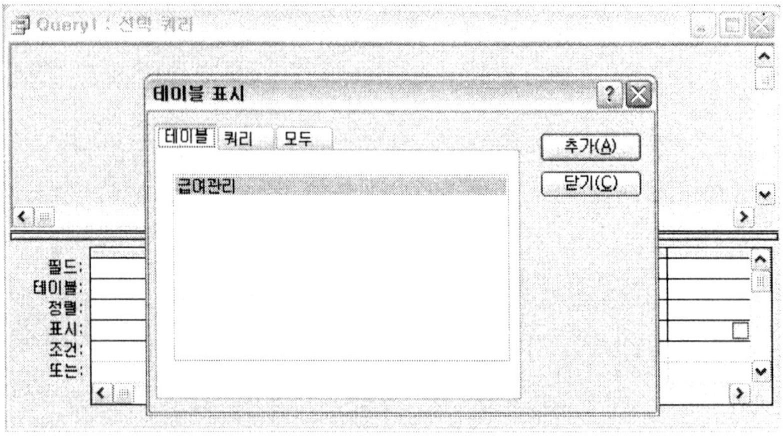

④ 쿼리 필드에 『급여 관리』 테이블의 값인, "이름", "부서", "기본급", "상여급" 등을 더블클릭하여 추가하거나, 각 필드를 직접 마우스로 드래그하여 해당 쿼리 디자인 필드 항목에 배치시킨다.

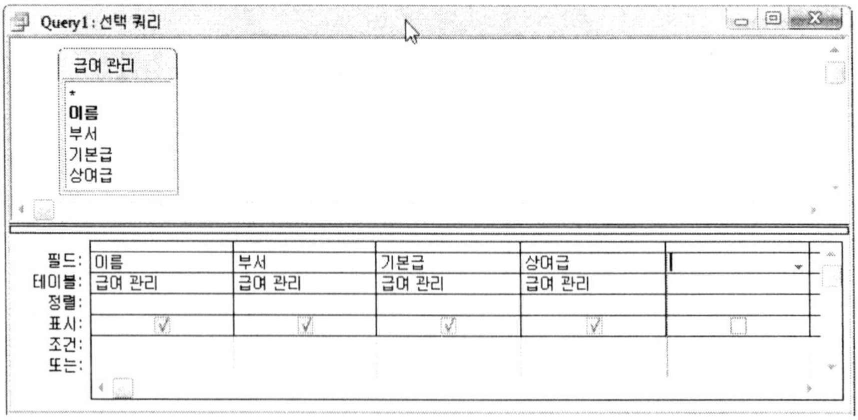

⑤ 커서를 "상여금" 필드의 다음 칸에 위치시킨 후 작성 메뉴( )를 선택하여 급여를 계산해 보자. 우선, [식 작성기] 대화상자를 열은 후 열기 폴더의 "테이블", "급여 관리"를 선택한다. 오른쪽의 필드 중 "기본급"을 더블클릭하여 [식 작성기] 대화상자에 출력시킨다.

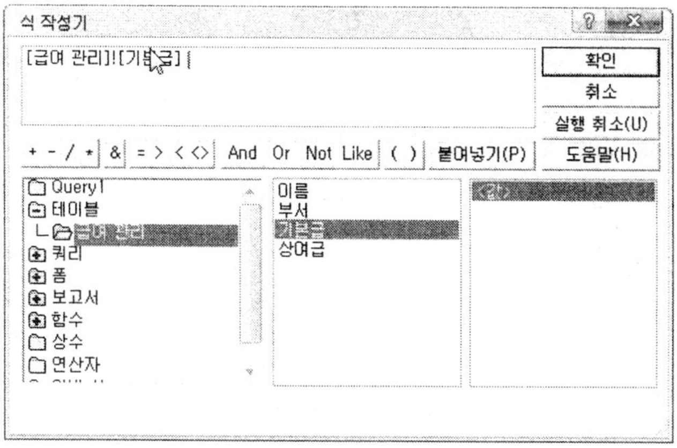

⑥ [식 작성기] 대화상자에서 연산자의 (+)를 선택한 후 "급여 관리" 테이블의 "상여급" 더블클릭하여 식을 작성한다.

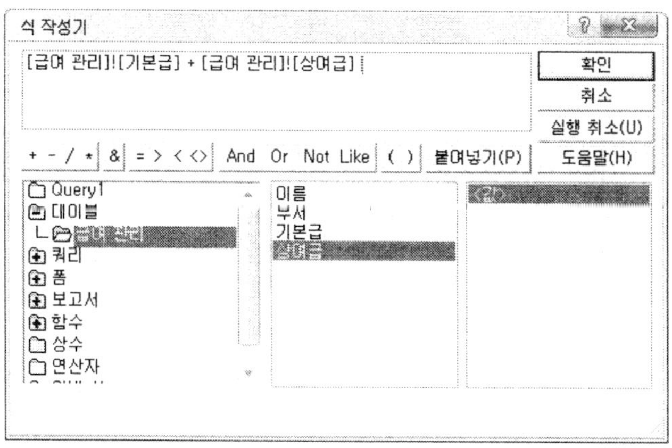

⑦ [식 작성기] 대화상자에서 화면에 출력되는 문자를 직접 입력하기 위하여 식 앞에 "급여:"의 문구를 직접 입력한 후 [확인] 버튼을 선택하여 급여에 대한 [식 작성기] 대화상자를 닫는다.

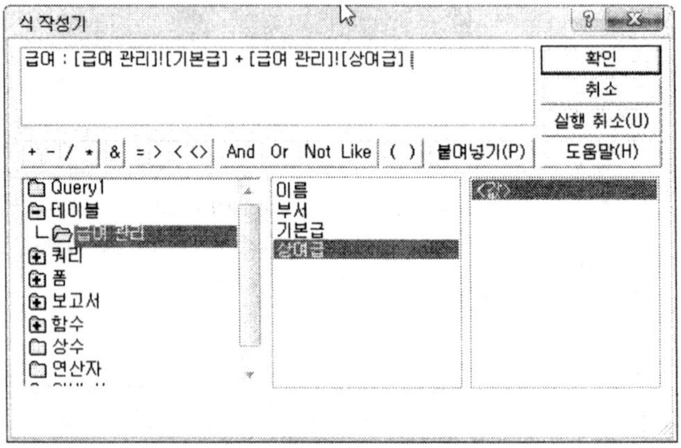

⑧ [식 작성기] 대화상자를 닫은 후 디자인된 결과를 확인한다.

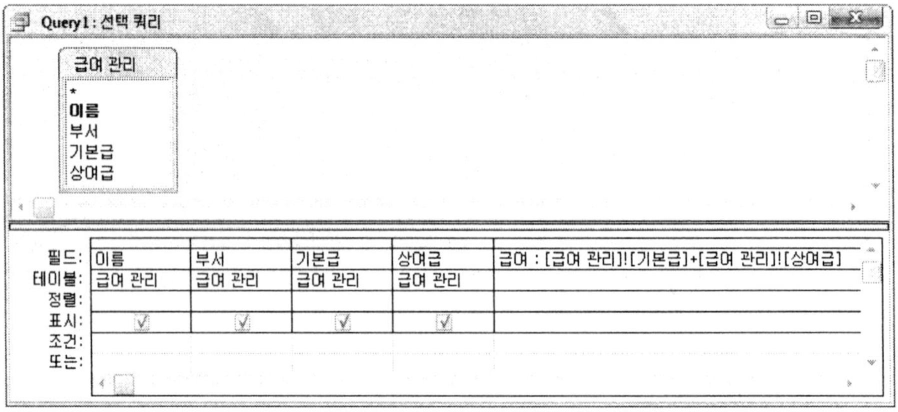

⑨ 작성한 쿼리를 "급여관리쿼리_01" 이름으로 저장한다.

⑩ 쿼리를 저장한 후 열기 메뉴를 선택한 후 "급여" 필드에 "기본급"과 "상여급"이 더해진 결과를 볼 수 있다.

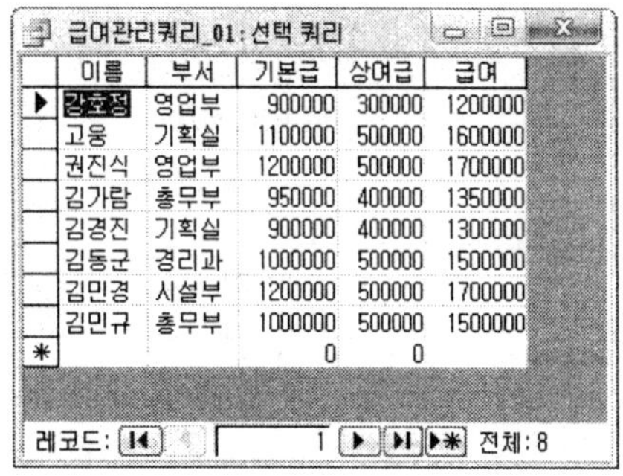

(2) 단순 쿼리 마법사

일반적으로 쿼리에 익숙하지 않은 사용자가 사용하는 방법이며, 선택한 필드를 기준으로 쿼리가 만들어진다.

① [새 쿼리] 대화상자에서 [단순 쿼리 마법사]를 선택한 후 [확인] 버튼을 선택한다.

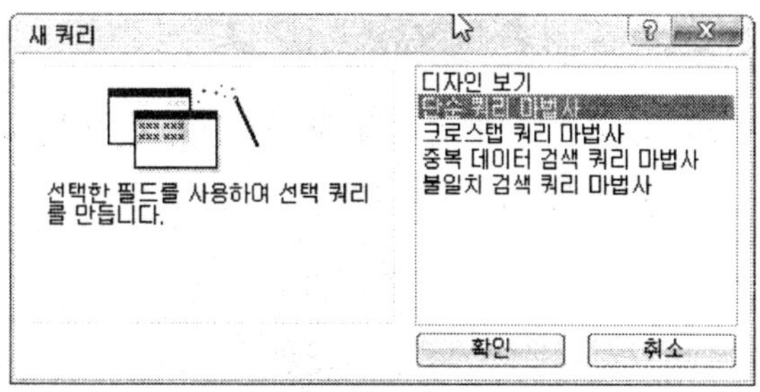

② [단순 쿼리 마법사]에서 [테이블/쿼리(T)]에는 "급여관리쿼리_01"쿼리를 선택하고 [선택한 필드(S)]로는 "이름", "부서", "급여" 필드만 선택한 후 [다음] 버튼을 선택한다.

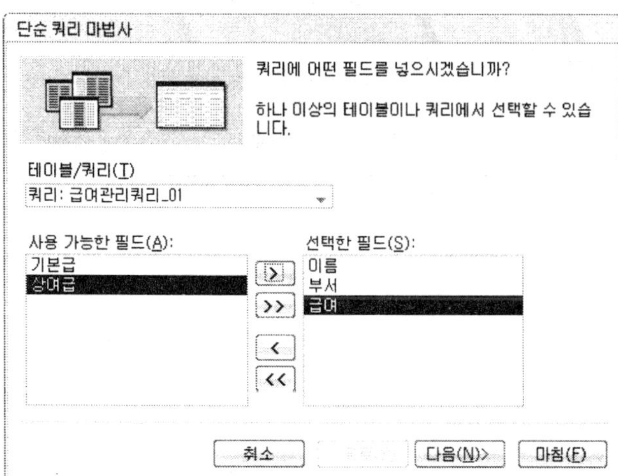

③ [상세 쿼리]를 선택한 후 [다음] 버튼을 선택한다.

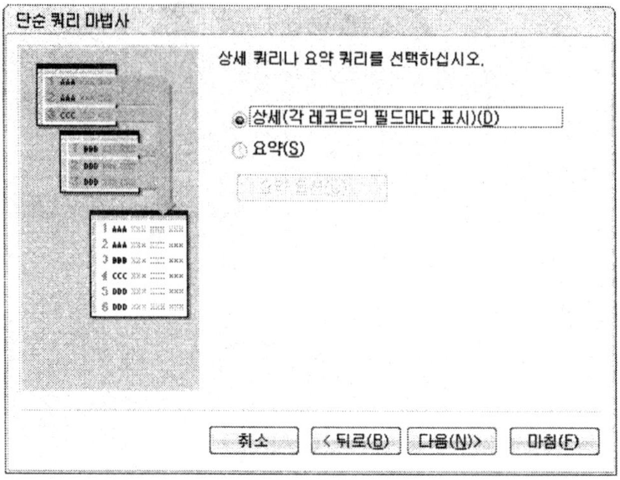

④ 쿼리 이름의 문자열 대화상자에 "급여관리쿼리_01 마법사"라고 입력한 후 [마침] 버튼을 선택한다.

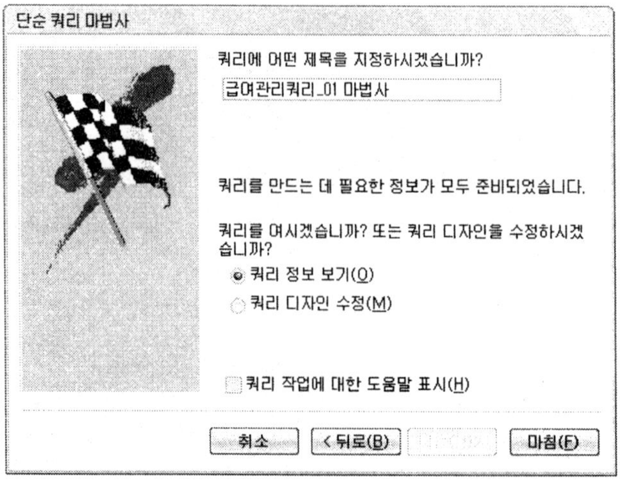

⑤ 선택한 필드의 레코드만 출력된 결과를 볼 수 있다.

(3) 크로스탭 쿼리 마법사

데이터의 연산을 함수 정보를 통하여 열, 행, 값의 세 가지 형태로 구분하여 엑셀의 피벗 테이블처럼 표의 형태로 보여주는 역할을 한다. 크로스탭 쿼리는 마법사를 이용하는 방법과 수동으로 직접 입력하는 방법이 있다.

일반적으로 마법사를 활용하면 크로스탭 쿼리를 만들기가 간편하므로 다음 과정을 통하여 크로스탭 쿼리를 수행해 본다.

① [새 쿼리]대화상자에서 [크로스탭 쿼리 마법사]를 선택한 후 [확인]을 선택한다.

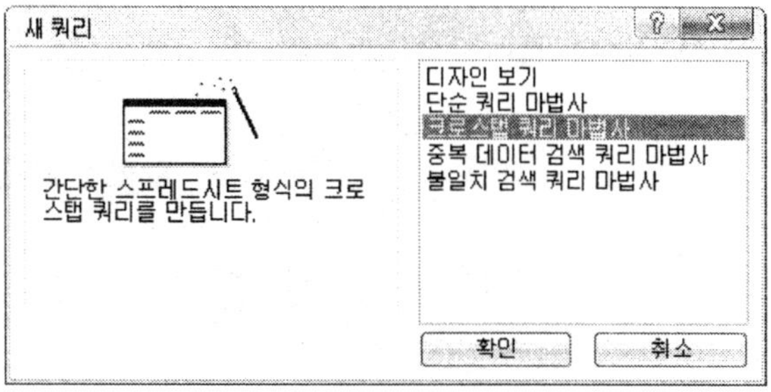

② [크로스탭 쿼리 마법사] 대화상자에서 [보기]에 있는 [쿼리]를 선택하고 "급여관리쿼리_01"을 선택한 후 [다음] 버튼을 선택한다.

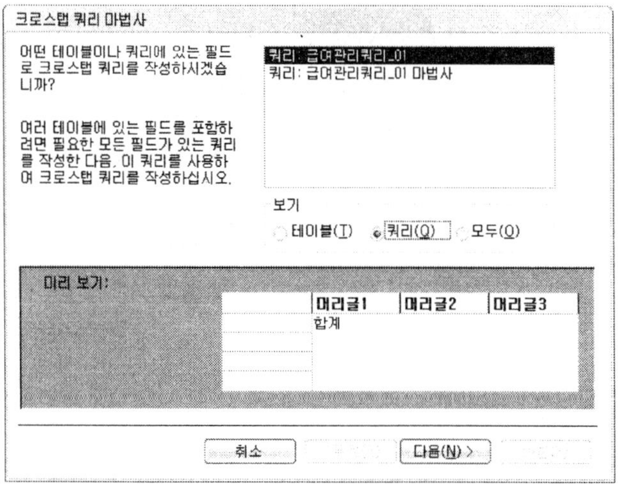

③ 행 머리글 필드로 "이름"을 선택한 후 [다음]을 선택한다.

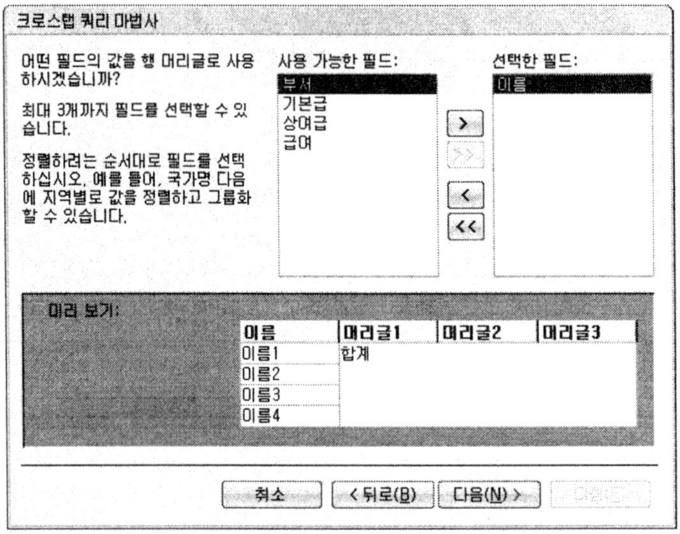

④ 열 머리글 필드로 "부서"를 선택한 후 [다음]을 선택한다.

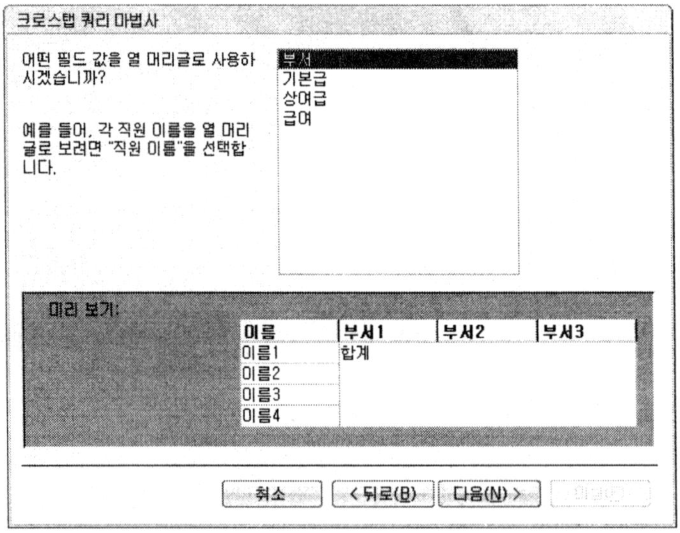

⑤ "급여" 필드에 [총계] 함수를 적용한 후 [다음] 버튼을 선택한다.

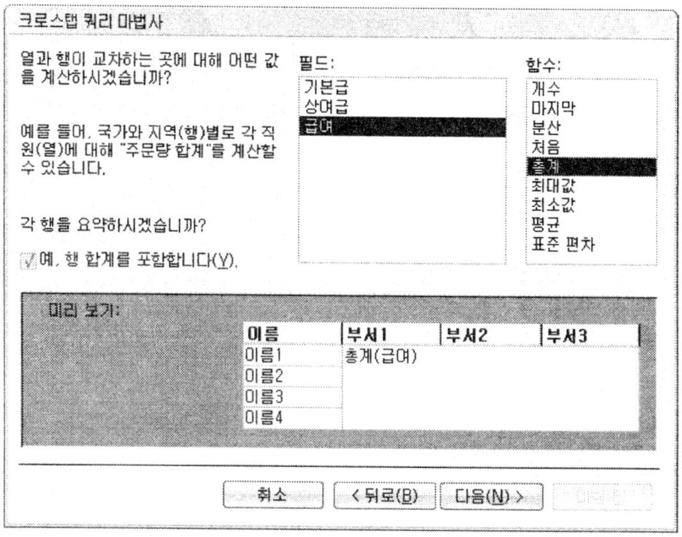

⑥ 쿼리 이름의 문자열 상자에 "급여관리쿼리_01_크로스탭"이라고 입력한 후 [마침]을 선택한다.

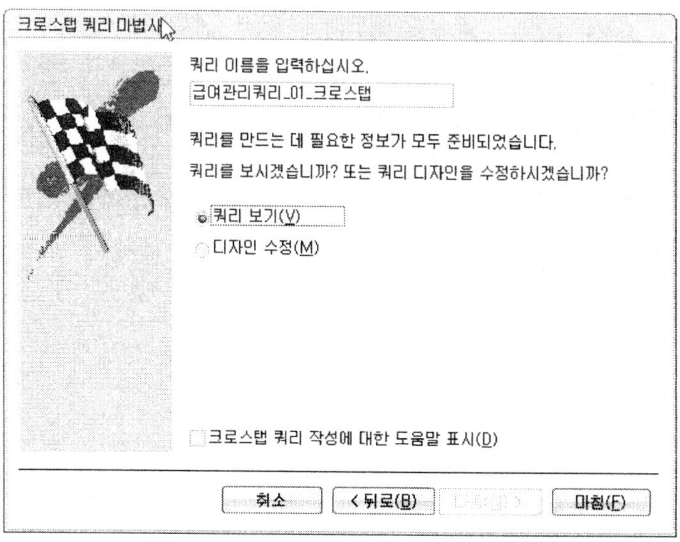

⑦ “이름”별 “부서”에 따른 “합계 급여”를 구한 크로스탭 쿼리의 결과가 아래와 같이 출력된다.

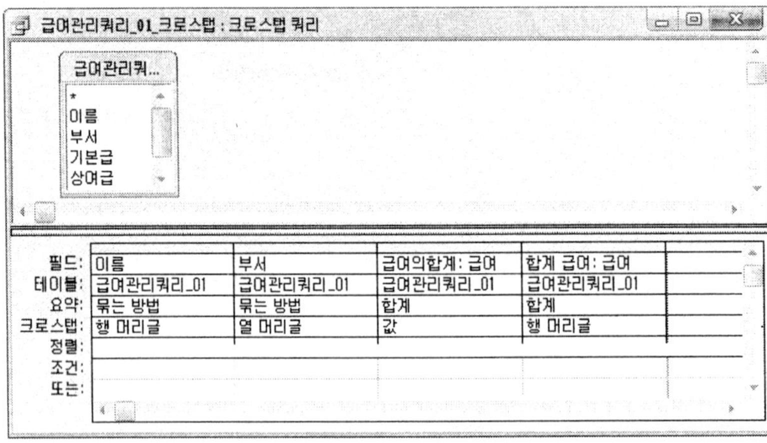

⑧ [디자인]을 선택한 후 [디자인 보기] 대화상자를 연다. 필드 이름을 “급여(합계) : 급여”로 수정한다.

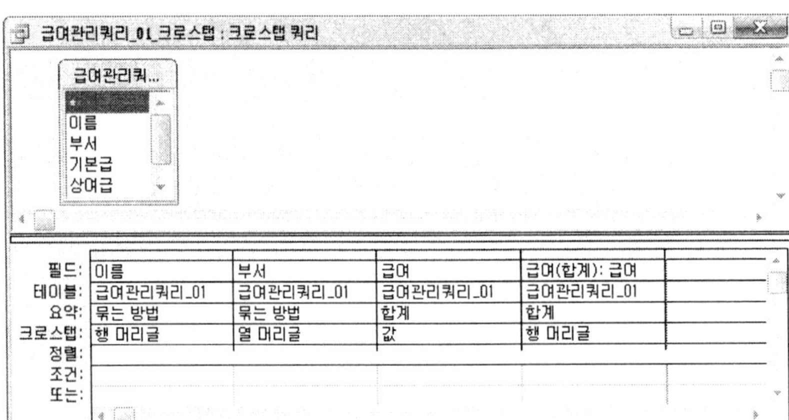

⑨ [데이터시트 보기] 버튼을 선택하여 변경된 필드 이름을 확인한다. 현재의 값은 “경리과”, “기획실”, “시설부”, “영업부”, “총무부”가 각각 다른 값을 가지고 있으므로 실제로 더하여지는 “급여(합계)”의 결과는 출력되지 않는다. 하지만, 학점관리와 같은 경우는 부서 대신 과목명들이 들어가며, 각각의 점수들을 합한 합계금액이 출력된다.

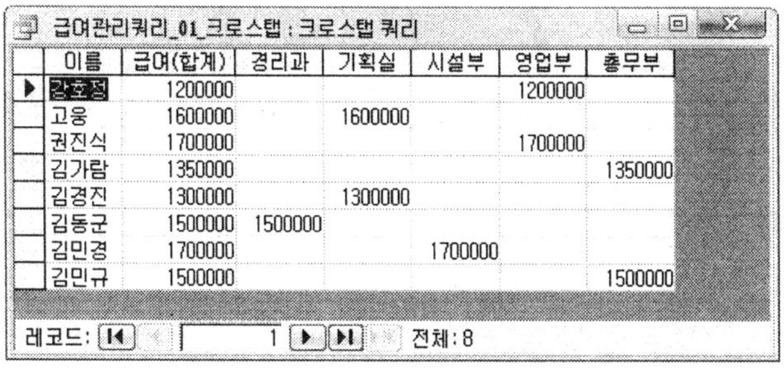

급여관리쿼리_01_크로스탭 : 크로스탭 쿼리

이름	급여(합계)	경리과	기획실	시설부	영업부	총무부
강호정	1200000				1200000	
고웅	1600000		1600000			
권진식	1700000				1700000	
김가람	1350000					1350000
김경진	1300000		1300000			
김동군	1500000	1500000				
김민경	1700000			1700000		
김민규	1500000					1500000

레코드: 1 전체: 8

⑩ 도구모음의 저장 버튼을 선택하여 "급여관리쿼리_01_크로스탭" 쿼리를 저장한다.

(4) 중복 데이터 검색 쿼리 마법사

중복 데이터 검색 쿼리는 테이블 또는 쿼리 중에 중복되는 레코드들을 정리하여 추출한 결과를 보여준다.

① [새 쿼리] 대화상자에서 [중복 데이터 검색 쿼리 마법사]를 선택한 다음 [확인] 버튼을 선택한다.

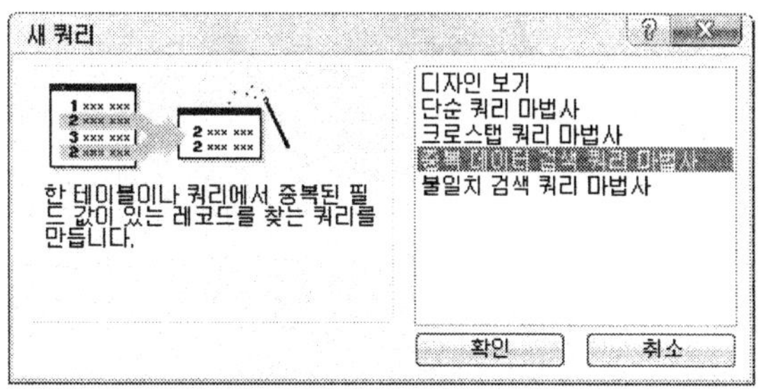

② [중복 데이터 검색 쿼리 마법사] 대화상자에서 [보기]에 있는 [쿼리]를 선택한다. "급여관리쿼리_01"를 선택한 후 [다음] 버튼을 선택한다.

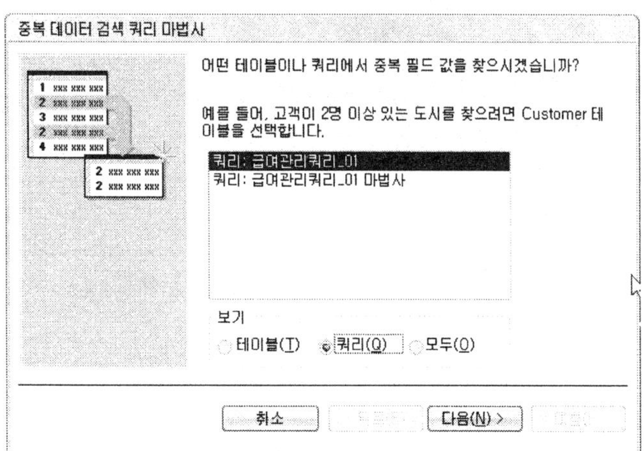

③ 중복 값을 조사하는 필드로 “부서”를 선택하고 [다음] 버튼을 선택한다. 아래의 “부서”를 선택한 경우 흩어져 있는 동일 부서값들을 군 단위로 모아서 표현함을 의미한다.

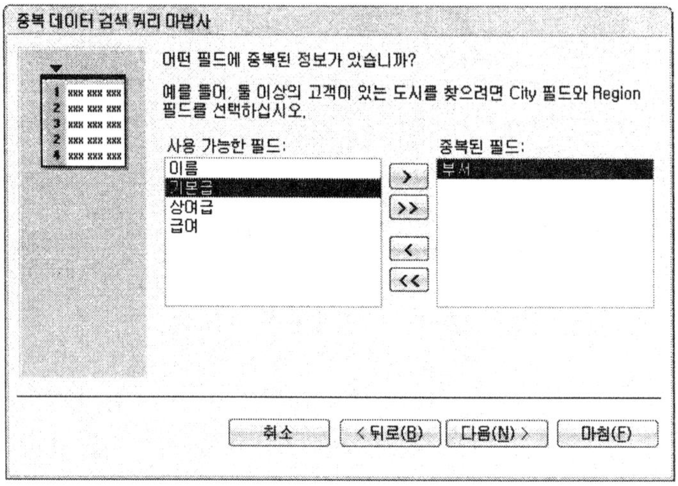

④ 중복된 필드와 더불어 함께 표시되는 필드로 “이름”, “기본급”, “상여금”, “급여”를 모두 선택한다. 그리고, [다음] 버튼을 선택한다.

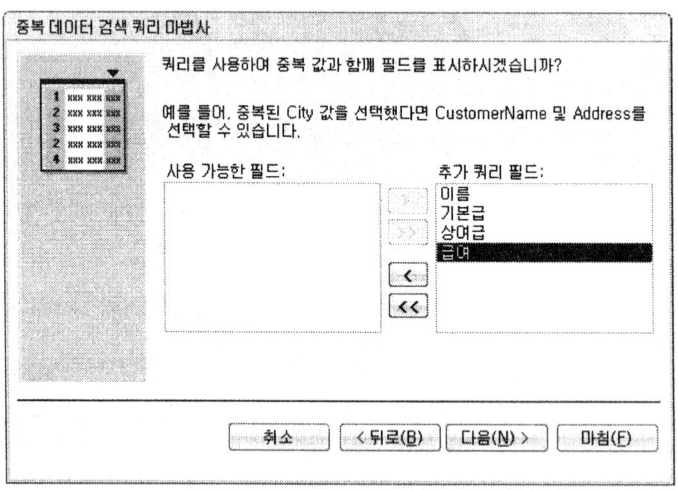

⑤ 쿼리 이름의 문자열 상자에 “급여관리쿼리_중복데이터”라고 입력한 후 [마침] 버튼을 선택한다.

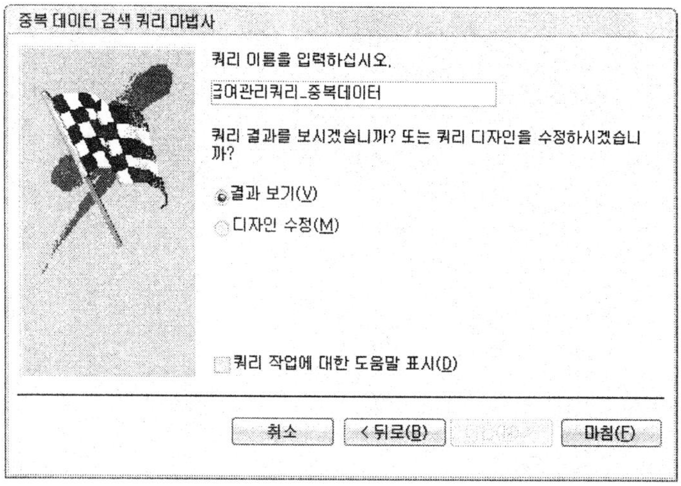

⑥ 각각의 부서인 “기획실”, “영업부”, “총무부”의 군을 통한 정렬형태를 아래의 결과에서 볼 수 있다.

급여관리쿼리_중복데이터 :...

부서	이름	기본급	상여금	급여
기획실	김경진	900000	400000	1300000
기획실	고웅	1100000	500000	1600000
영업부	권진식	1200000	500000	1700000
영업부	강호정	900000	300000	1200000
총무부	김민규	1000000	500000	1500000
총무부	김가람	950000	400000	1350000
*		0	0	

레코드: 1 전체: 6

⑦ 급여의 내용을 큰 순에서 작은 순인 [내림차순]으로 보고자 하는 경우 ⑤에서 [디자인 수정(M)]을 선택한 후 디자인에서 “급여”의 필드를 [내림차순]으로 선택한다.

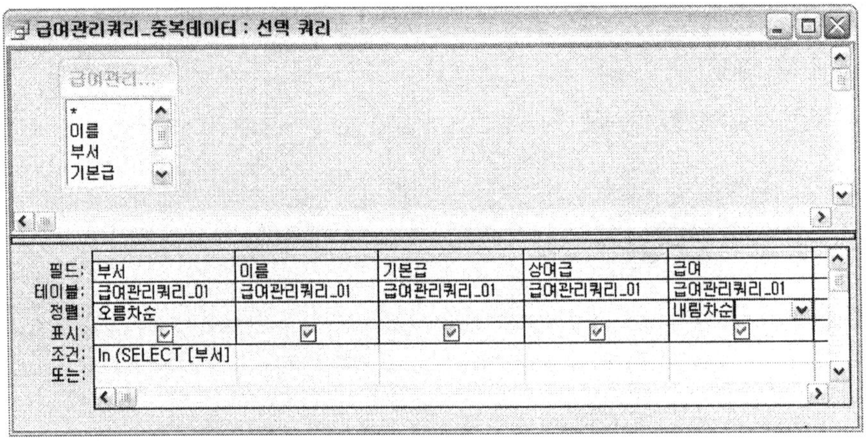

⑧ [데이터시트 보기]를 선택한 후 "급여" 필드의 값이 [내림차순]으로 정렬된 결과를 볼 수 있다.

⑨ [저장] 버튼을 선택하여 위의 과정을 통한 결과값을 저장한다.

(5) 불일치 검색 쿼리 마법사

불일치 검색 쿼리는 두 개의 테이블 또는 쿼리에 대하여 서로 일치하지 않는 레코드들을 정리하여 추출한다.

『급여 관리』 테이블과 『급여_사본』 테이블을 이용하여 『급여 관리』 테이블을 기준으로 일치하지 않는 레코드값을 출력한다.

① 기존의 『급여 관리』 테이블을 이용해 『급여_사본』 테이블을 디자인 한 후 레코드값을 입력한다.

② [새 쿼리] 대화상자에서 [불일치 검색 쿼리 마법사]를 선택한 후 [확인] 버튼을 선택한다.

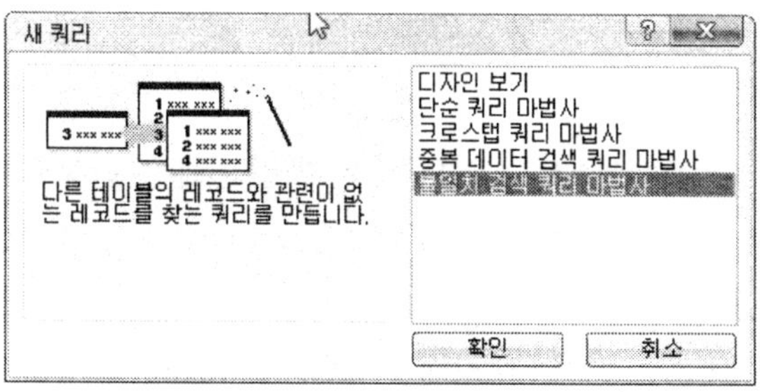

③ [불일치 검색 쿼리 마법사] 대화상자에서 먼저, 결과가 출력될 테이블인 『급여 관리』 테이블을 선택한 후 [다음] 버튼을 선택한다.

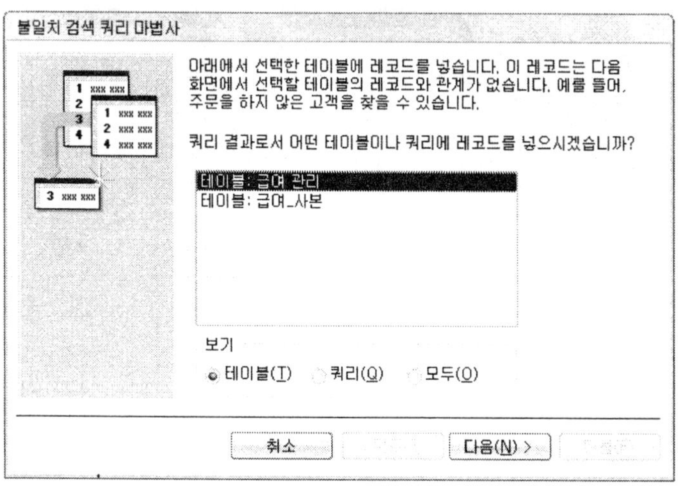

④ 불일치 검색 쿼리를 수행 할 다른 테이블인『급여_사본』을 선택한 후 [다음] 버튼을 선택한다.

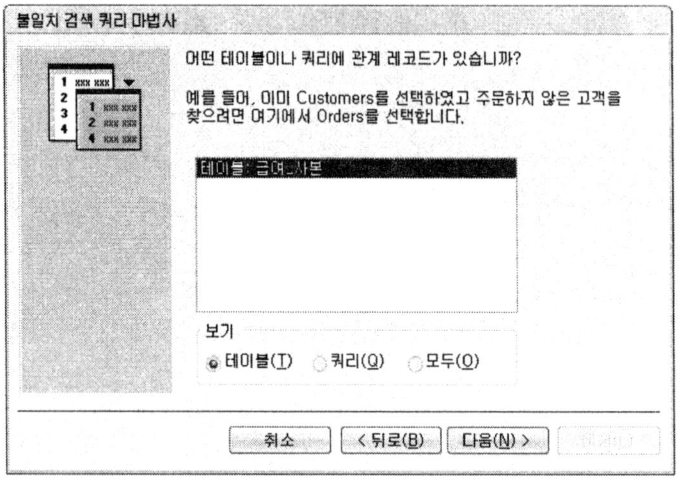

⑤ 일치하는 필드 지정에 "이름" 필드를 두 테이블에서 선택한 후 [⇔]을 선택한다. 아래의 그림은 "일치 필드"란에 "이름 ⇔ 이름"이 선정된 결과이며, [다음] 버튼을 선택한다.

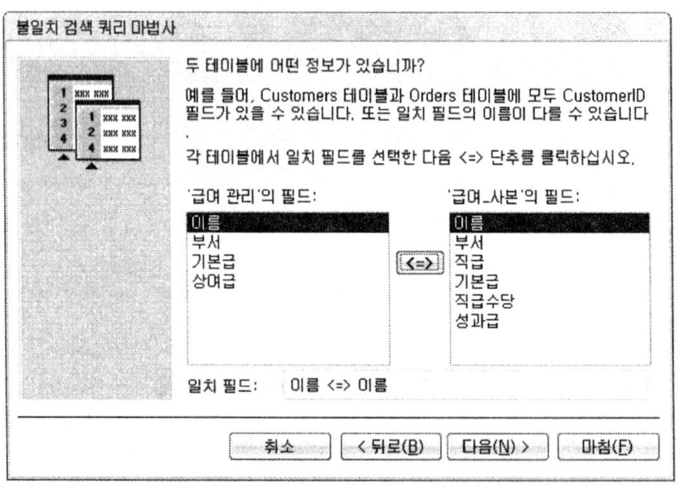

⑥ 『급여_사본』 테이블의 사용 가능한 필드의 모든 내용을 선택한 필드로 이동한다.

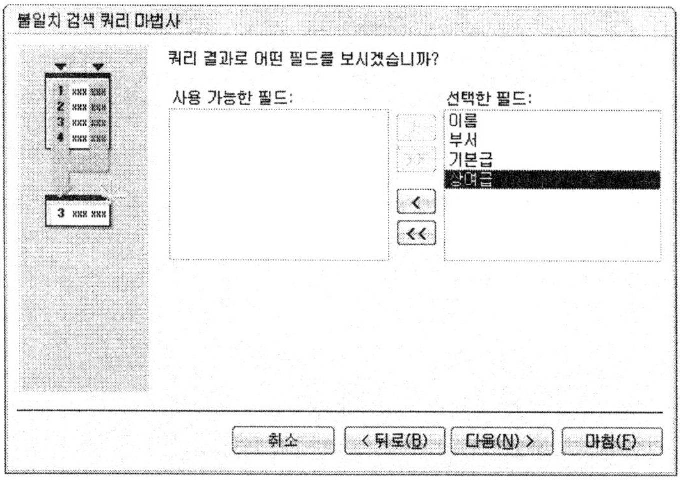

⑦ 쿼리 이름의 문자열 상자에 "급여_불일치테이블"이라고 입력한 후 [다음] 버튼을 선택한다.

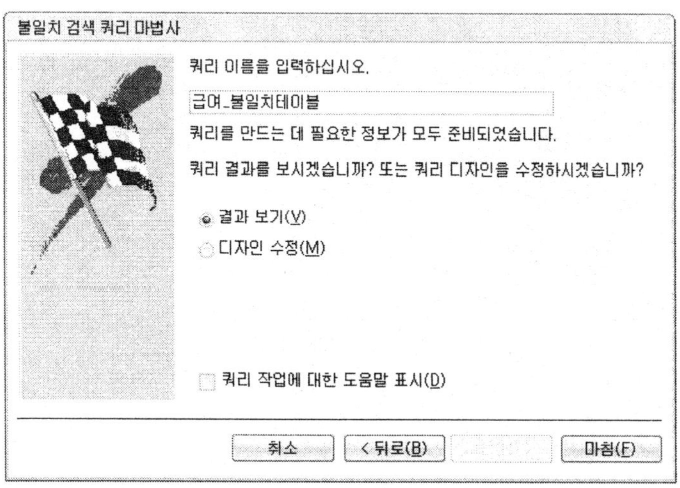

⑧ 『급여 관리』 테이블과 『급여_사본』 테이블에서 겹치지 않는 『급여 관리』 테이블의 값을 결과 값으로 출력된다.

✎ 따라해보기

「비디오 대여」 데이터베이스를 이용해 아래의 선택 쿼리를 만들어보자.

1 『고객』, 『대여』, 『비디오』 테이블을 이용해 "고객코드", "이름", "반납일", "제목" 필드 순으로 출력하는 쿼리를 만들어보자.

① [쿼리]에서 [디자인 보기에서 새 쿼리 만들기]를 선택한 후 [디자인]을 선택하면 선택 쿼리를 작성하는 화면으로 이동한다.

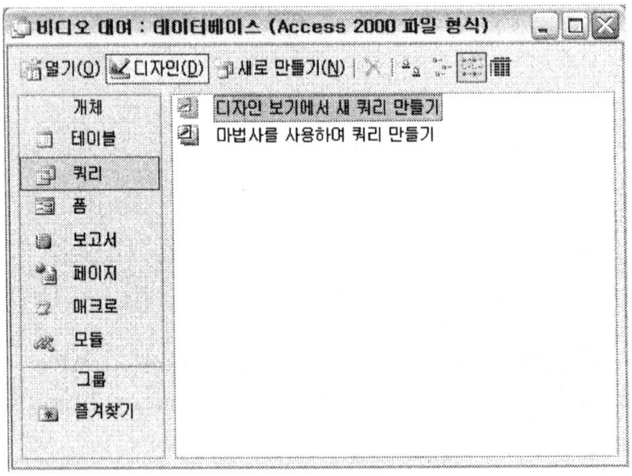

② [테이블 표시] 대화상자에서『고객』, 『대여』, 『비디오』 테이블을 선택한 후 [추가] 버튼을 선택하여 『고객』, 『대여』, 『비디오』 테이블을 [Query1 : 선택 쿼리] 대화상자에 추가한 후, [닫기] 버튼을 선택해 [테이블 표시] 대화상자를 닫는다.

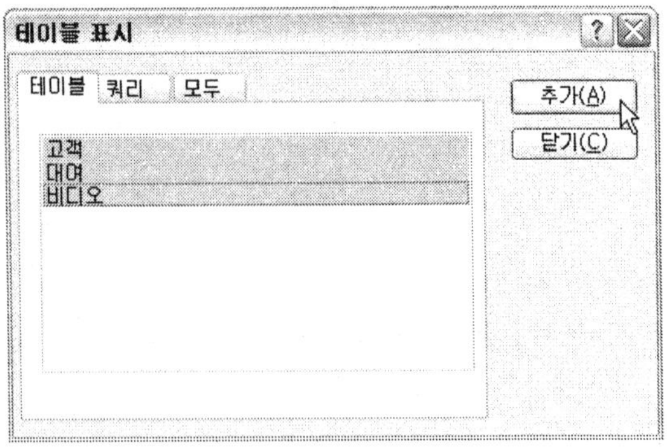

③ 『고객』 테이블에서 “고객코드”, “이름” 필드를 선택하고,『대여』 테이블에서 “반납일” 필드를 선택하고, 『비디오』 테이블에서 “제목” 필드를 선택한다.

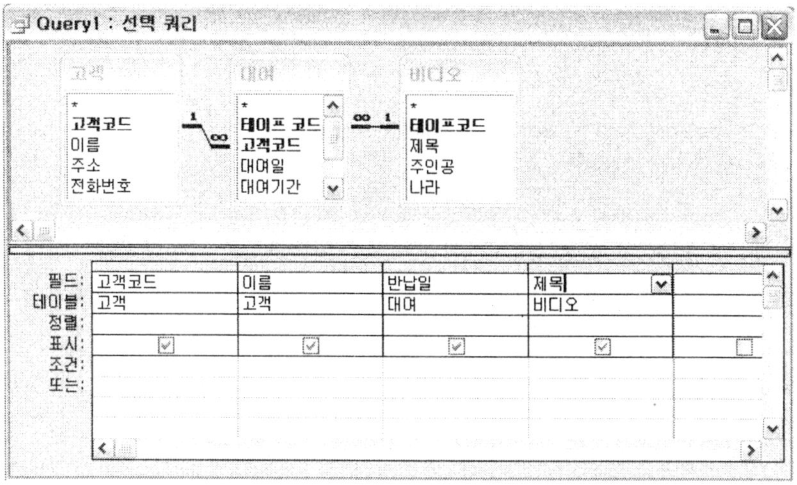

④ 쿼리 이름을 “반납일확인”으로 입력한 후 [확인] 버튼을 선택하여 저장한다.

⑤ “반납일확인” 쿼리를 실행해보자.

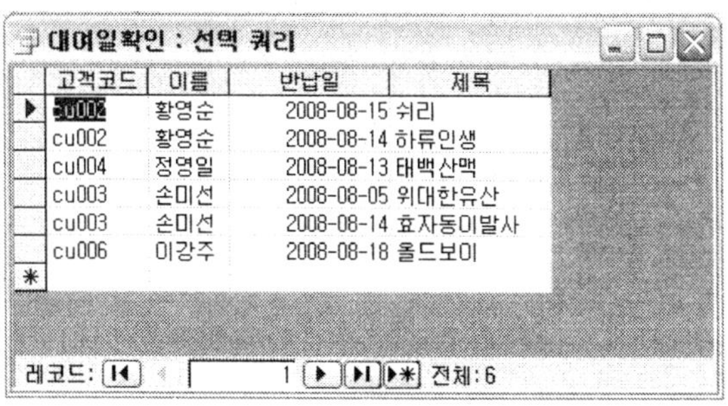

⑥ 실행결과를 "반납일" 기준으로 오름차순으로 정렬해 출력하려면 "반납일확인" 쿼리 대화상자에서 "반납일" 필드의 정렬을 "오름차순"으로 선택해주면 된다.

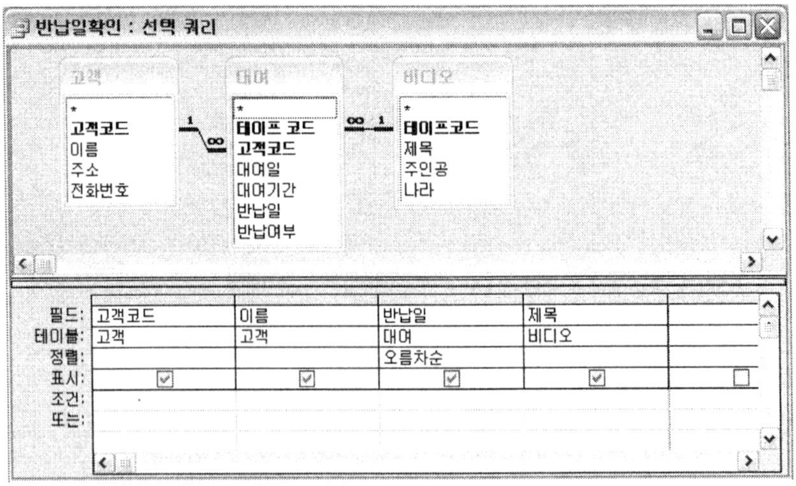

⑦ 쿼리 결과가 "반납일" 필드 기준으로 정렬되었는지 확인해보자.

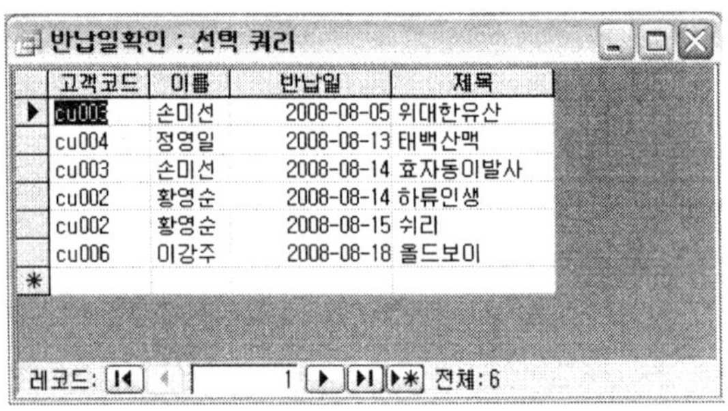

2 **『고객』, 『대여』, 『비디오』 테이블을 이용해 반납이 되지 않은 비디오에 대한 "고객코드", "이름", "반납일", "제목" 필드순으로 출력하는 쿼리를 만들어보자.**

① [쿼리] 대화상자에서 [디자인]을 선택한 후 『고객』, 『대여』, 『비디오』 테이블을 [Query1 : 선택 쿼리] 대화상자에 추가하고, 『고객』 테이블에서 "고객 코드", "이름" 필드를 선택하고, 『대여』 테이블에서 "반납일", "반납여부" 필드를 선택하고, 『비디오』 테이블에서 "제목" 필드를 선택한다.

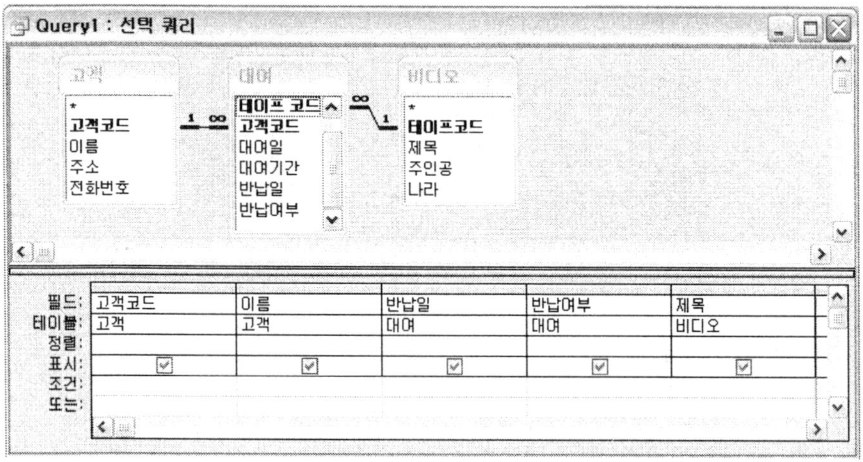

② "반납여부" 필드값이 "No"인 것만 화면에 출력하면 되므로, "반납여부" 필드의 조건에 "No"를 입력하고, 반납여부는 출력할 필요가 없으므로 표시의 ☑를 해제한다.

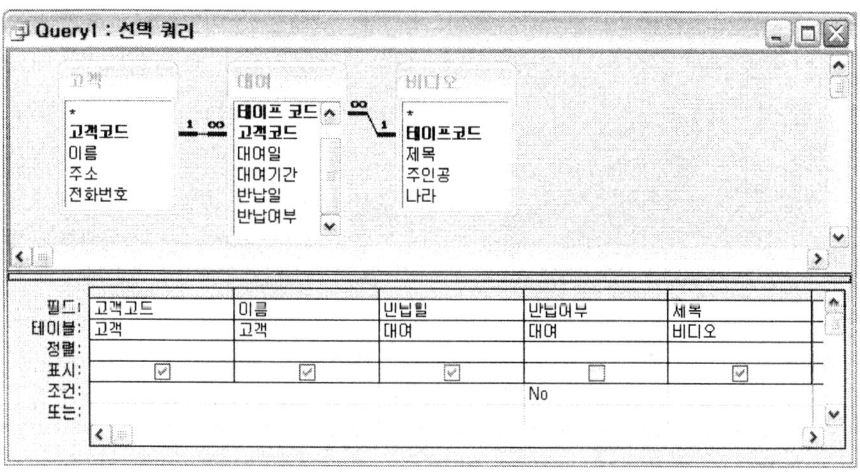

③ 쿼리 이름을 "연체비디오"로 저장한다.

④ "연체비디오" 쿼리를 실행해보자.

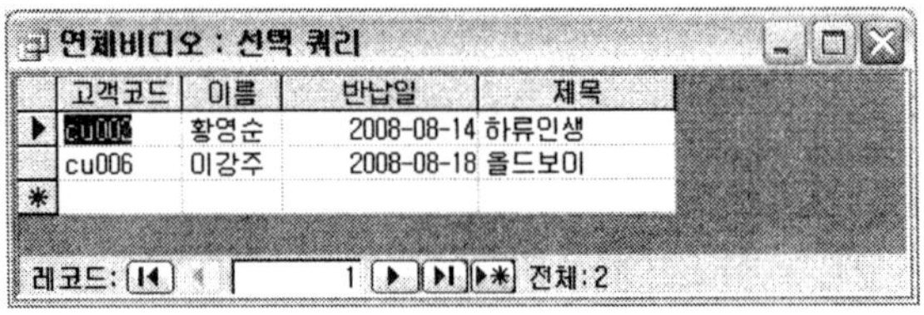

연체비디오 : 선택 쿼리

고객코드	이름	반납일	제목
cu003	황영순	2008-08-14	하류인생
cu006	이강주	2008-08-18	올드보이

레코드: 1 전체: 2

3.2.3 실행 쿼리 만들기

선택 쿼리는 원하는 조건을 설정하여 그 조건에 맞는 데이터를 불러오는 역할을 하는 반면, 실행 쿼리는 조건에 맞는 데이터를 불러내는 것은 선택 쿼리와 일치하지만 불러낸 데이터를 가지고 자료를 업데이트, 삭제, 삽입할 수 있다는 점과 불러낸 데이터를 새로운 테이블로 저장할 수 있다는 점이 다르다.

실행 쿼리는 일반 선택 쿼리와 구별하기 위해 화면상에서도 아이콘이 선택 쿼리와 다르게 표시된다. 그리고 만들어진 실행 쿼리를 더블클릭하면 바로 실행되며, 한번 데이터를 변경하면 다시 되돌릴 수 없기 때문에 항상 주의해야 한다.

실행 쿼리는 테이블 만들기 쿼리, 추가 쿼리, 업데이트 쿼리, 삭제 쿼리 등의 4가지 종류가 있다.

다음의 "급여관리쿼리_01" 쿼리를 이용하여 종류별 실행 쿼리의 기능을 보기로 하자.

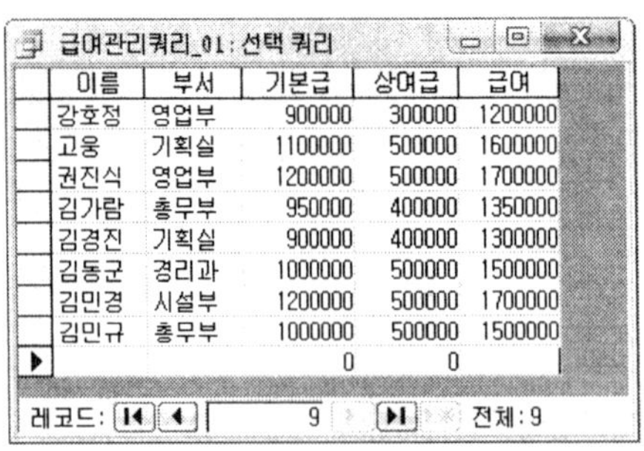

급여관리쿼리_01 : 선택 쿼리

이름	부서	기본급	상여급	급여
강호정	영업부	900000	300000	1200000
고웅	기획실	1100000	500000	1600000
권진식	영업부	1200000	500000	1700000
김가람	총무부	950000	400000	1350000
김경진	기획실	900000	400000	1300000
김동군	경리과	1000000	500000	1500000
김민경	시설부	1200000	500000	1700000
김민규	총무부	1000000	500000	1500000
		0	0	

레코드: 9 전체: 9

(1) 테이블 작성 쿼리

기존의 쿼리를 통하여 제작된 결과나 테이블의 필드들을 조합하여 테이블로 재구성하는 쿼리이다.

① [새 쿼리] 대화상자에서 [디자인 보기]를 선택한 후 [확인] 버튼을 선택한다.

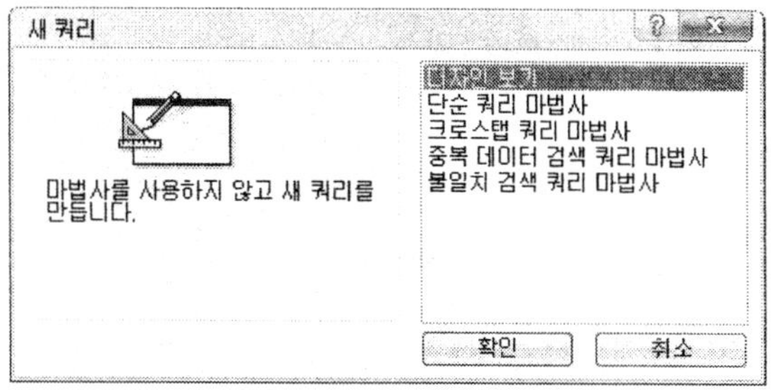

② [쿼리] 탭에 있는 "급여관리쿼리_01"쿼리를 선택한 후 [추가] 버튼을 선택한다. [선택 쿼리] 화면에 선택한 쿼리가 나타나면 [테이블 표시] 대화상자를 [닫기] 버튼을 선택하여 닫아 준다.

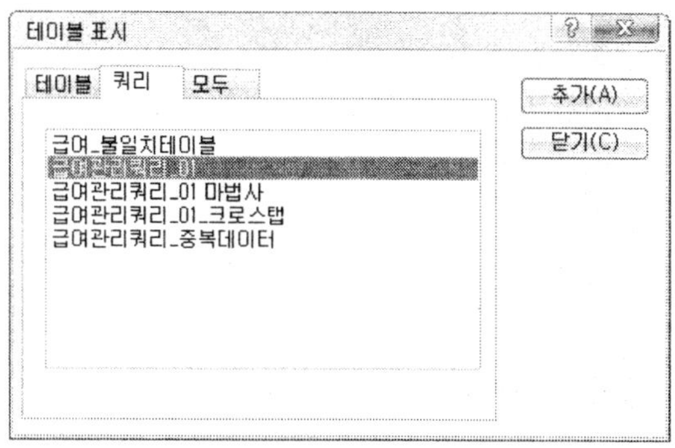

③ 선택한 필드(*) 위에서 마우스 왼쪽 버튼을 더블클릭하여 모든 필드를 한 번에 선택하는 경우와 모든 필드의 내용을 하나씩 쿼리 디자인 필드에 드래그 앤 드롭하는 방법이 있다.

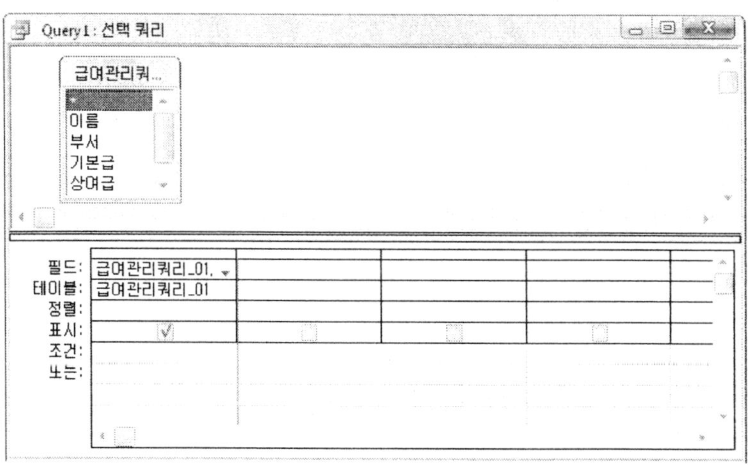

④ [쿼리] 메뉴에 있는 [테이블 만들기 쿼리] 메뉴를 선택한다.

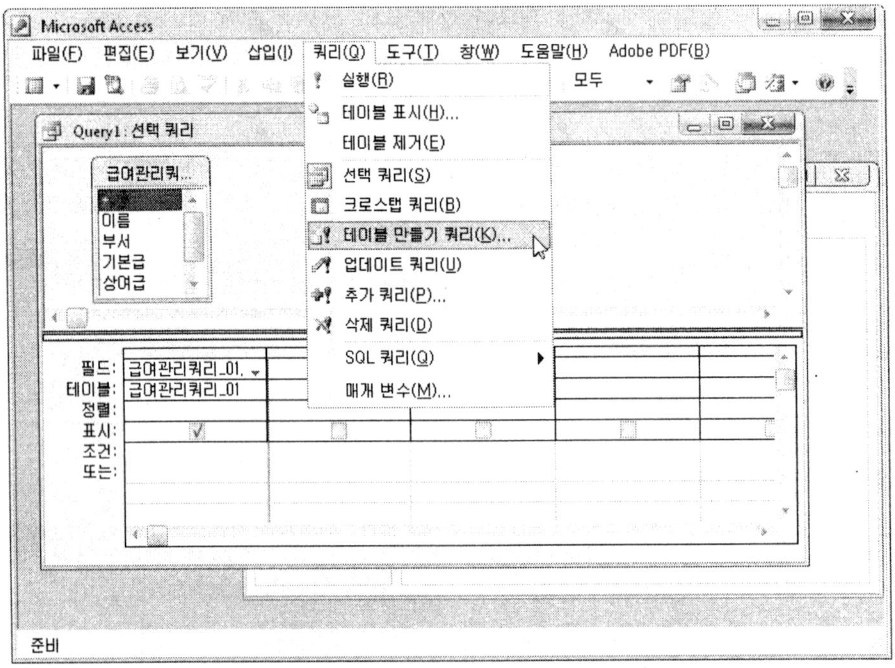

⑤ [테이블 이름]의 대화상자에 "급여관리-테이블"을 선택하고, [현재 데이터베이스(C)]를 선택한 후 [확인] 버튼을 선택한다. 만약, [다른 데이터베이스(A)]를 선택할 경우에는 현재의 데이터베이스가 아닌 다른 데이터베이스에 저장된다.

⑥ [쿼리] 메뉴에 있는 [실행] 메뉴를 선택하거나 도구 모음에 있는 ! 을 선택한다. 실행 여부를 묻는 대화상자에서 [예] 버튼을 선택한다.

⑦ 도구모음에 있는 데이터베이스 창에서 [테이블]의 "급여관리-테이블"을 선택한다.

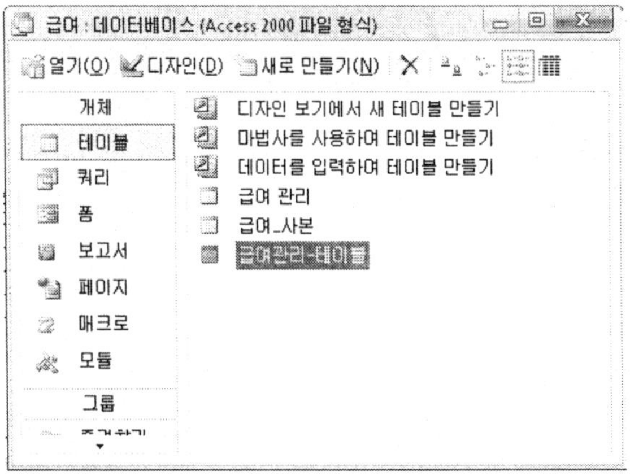

⑧ "급여 관리-테이블"을 [실행 쿼리]의 [테이블 만들기 쿼리]과정을 수행한 후 결과가 다음의 그림과 같다.

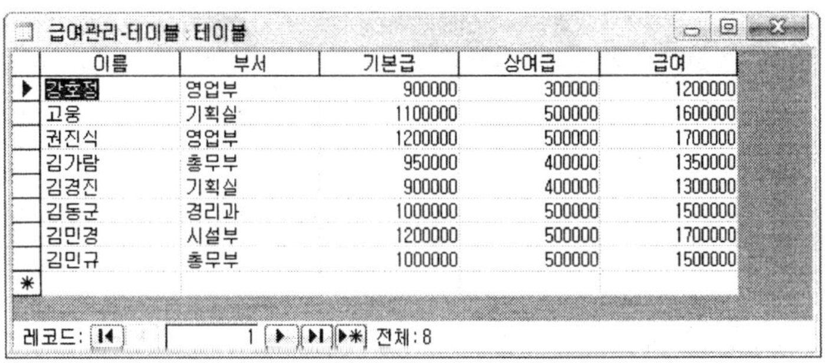
급여관리-테이블 : 테이블

이름	부서	기본급	상여급	급여
강호정	영업부	900000	300000	1200000
고웅	기획실	1100000	500000	1600000
권진식	영업부	1200000	500000	1700000
김가람	총무부	950000	400000	1350000
김경진	기획실	900000	400000	1300000
김동군	경리과	1000000	500000	1500000
김민경	시설부	1200000	500000	1700000
김민규	총무부	1000000	500000	1500000

레코드: 1 전체: 8

❖ 예를 들어, 테이블에서 "작성마법사"를 통해 "급여 : 기본급 + 상여급"의 경우에는 "기본급"항과 "상여급"항의 값이 수정되는 결과에 따라 "급여" 필드가 자동으로 바뀌지만, 실행쿼리를 거쳐 저장된 테이블의 경우에는 "기본급"과 "상여급" 필드의 값을 변경하더라도 "급여" 필드의 값은 바뀌지 않는다. 따라서 테이블을 최초에 디자인과정을 통해 함수를 설정한 값과 쿼리를 통해 변환을 통한 필드의 값은 수동적 차이점이 있다.

(2) 추가 쿼리

추가 쿼리는 테이블에 또 다른 테이블을 결합할 때 사용하는 방법이다. 테이블을 만든 후 엑셀이나 텍스트 파일을 가져와 테이블에 추가하여 관리하는 경우에도 많이 사용하고 있다.

추가 쿼리를 실행하기 전에 다음과 같이 『급여 관리-추가』 테이블을 먼저 만든다. 『급여 관리』 라는 기존의 테이블에 『급여 관리-추가』 라는 테이블의 레코드를 추가해보자.

① 『급여 관리-추가』 테이블 디자인은 『급여 관리』 테이블과 같은 디자인을 수행한다. 『급여 관리-추가』 테이블을 『급여 관리』 테이블과 동일하게 새로 작성하지 말고 도구모음의 "테이블"항에서 기존의 『급여 관리』 테이블을 복사(Crtl+C)하여 복사한 후 같은 환경에 붙여넣기(Ctrl+V)하여 테이블 이름을 "급여 관리-추가"로만 저장하면 된다.

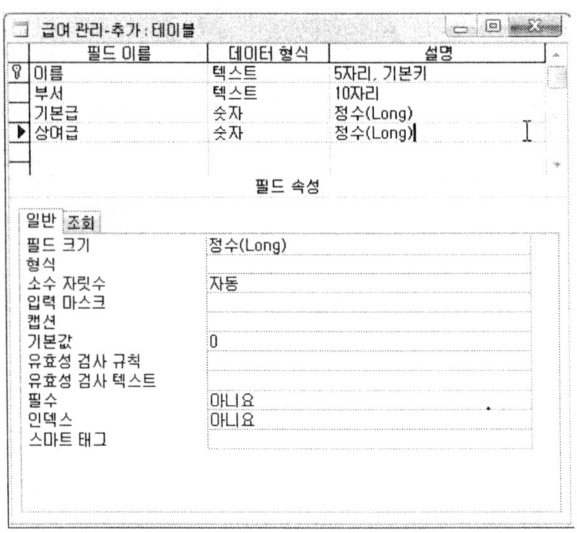

② 새로 생성한 『급여 관리-추가』 테이블의 디자인을 열기한 후 레코드의 값을 추가될 데이터로 수정한다.

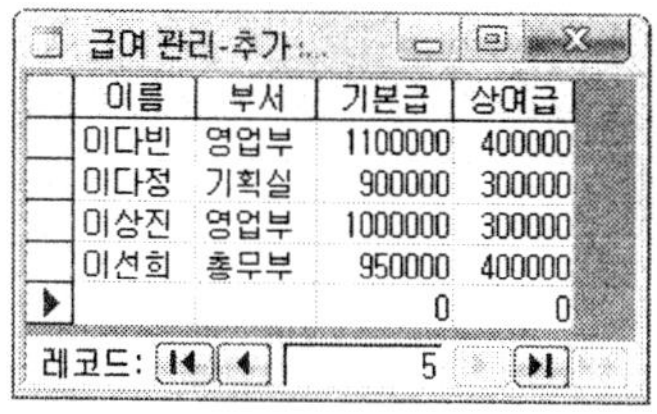

③ 이와 같이 추가할 데이터를 작성한 후 [추가 쿼리] 단계를 수행하는데, 먼저 아래와 같이 [새 쿼리] 대화상자에서 [디자인 보기]를 선택한 후 [확인] 버튼을 선택한다.

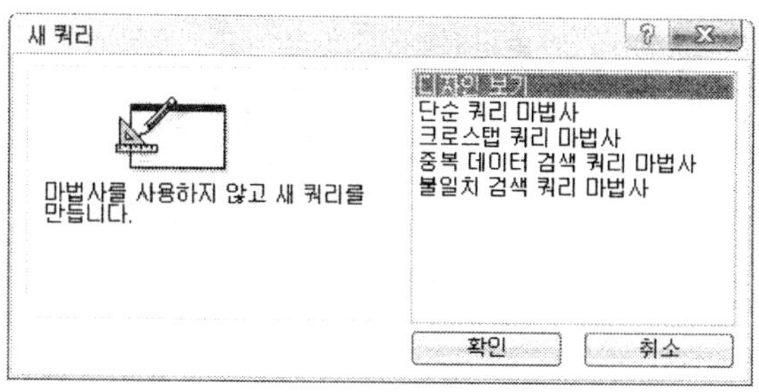

④ 추가할 "급여 관리-추가" 테이블을 선택한 후 [추가] 버튼을 선택한다. [선택 쿼리] 화면에 선택한 테이블이 나타나면 [테이블 표시] 대화상자를 [닫기]를 선택하여 종료한다.

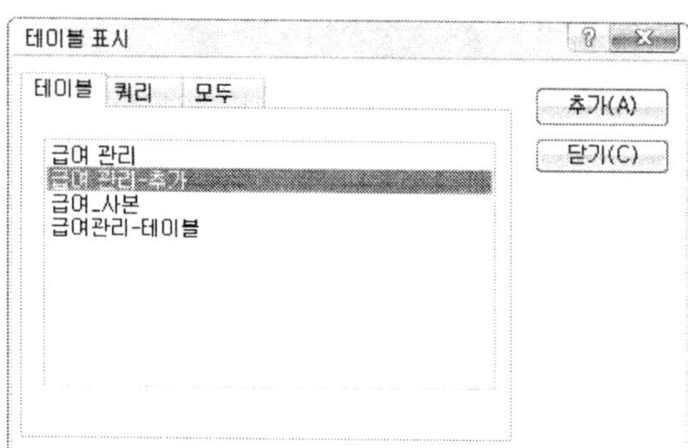

⑤ 모든 필드를 각각의 쿼리 디자인 셀에 선택하여 등록한다.

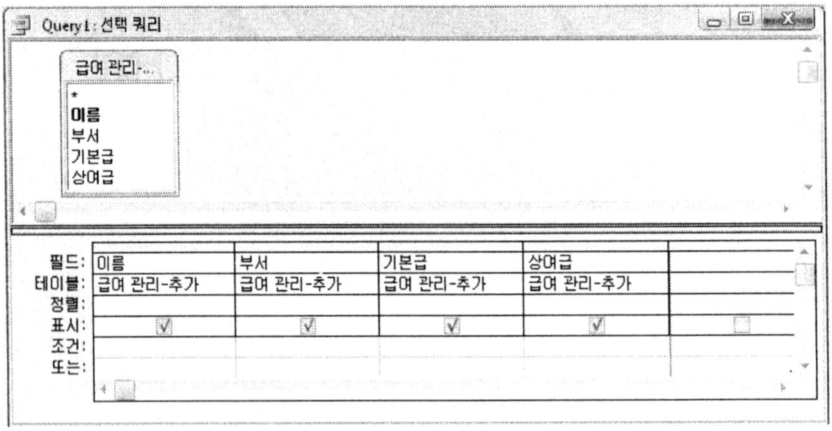

⑥ [쿼리] 메뉴의 [추가 쿼리(P)]를 선택한다.

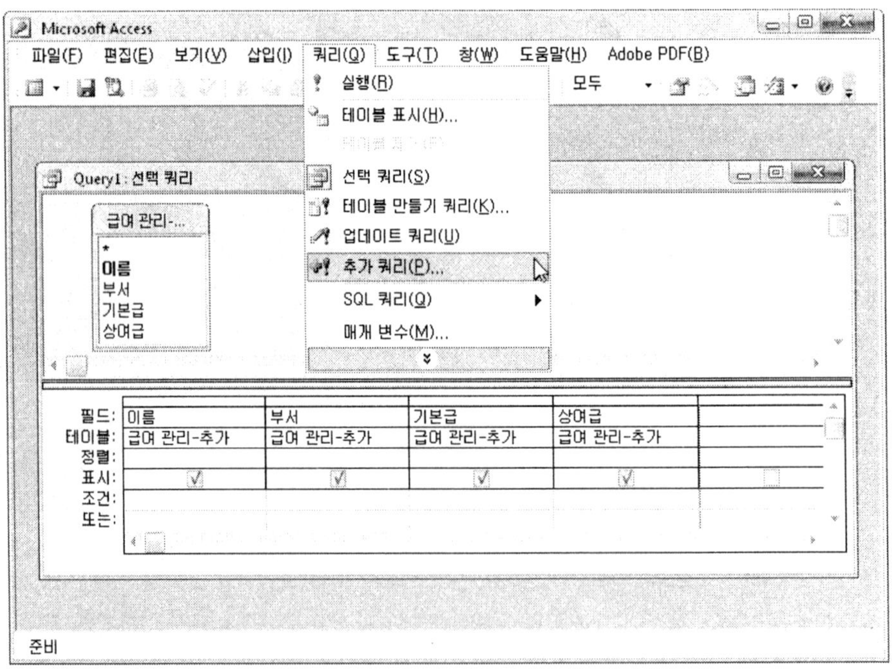

⑦ 추가하고자 하는 기본 테이블의 이름인 "급여 관리"테이블을 [테이블 이름]항에서 선택한 후 [확인] 버튼을 선택한다.

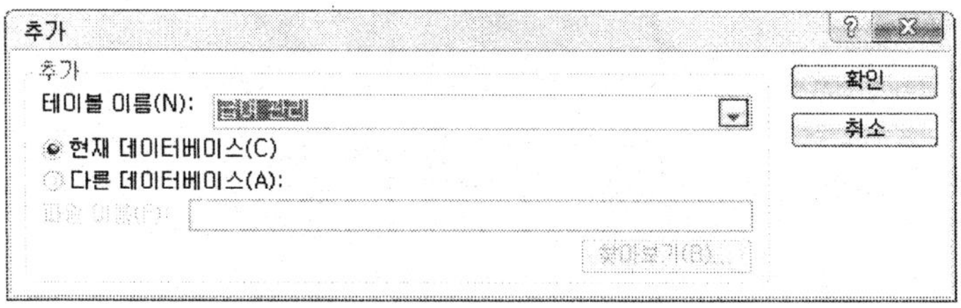

⑧ 위의 단계를 통해 "추가" 항목에 "급여 관리"의 필드들이 적용된 것을 확인할 수 있다.

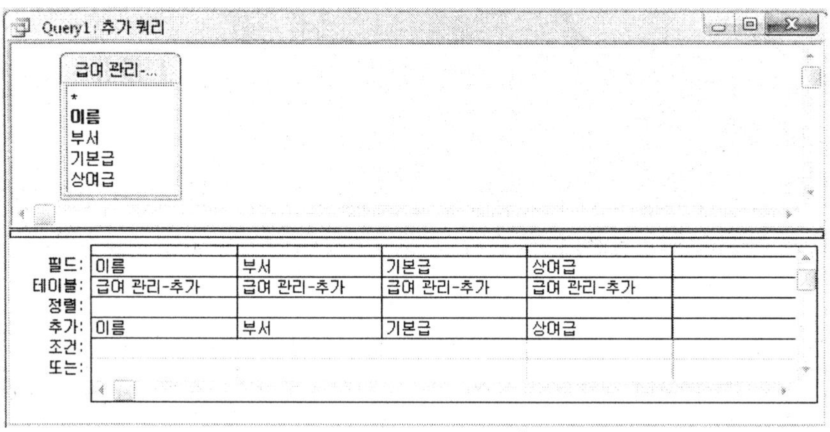

⑨ 디자인을 마친 후에는 "급여관리-추가쿼리"라는 이름으로 현재 쿼리를 저장한다.

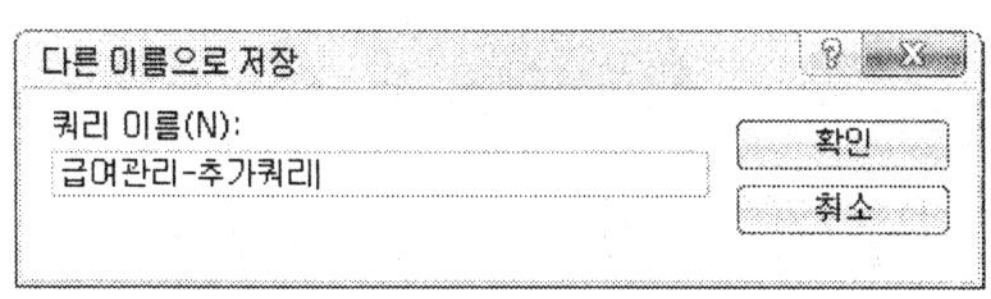

⑩ 도구모음에 있는 ! 버튼을 선택하면 다음과 같은 실행 여부를 묻는 대화상자가 나타나며, [예]를 선택하여 "급여 관리-추가"에서 등록한 4개의 레코드를『급여 관리』테이블에 추가로 등록한다.

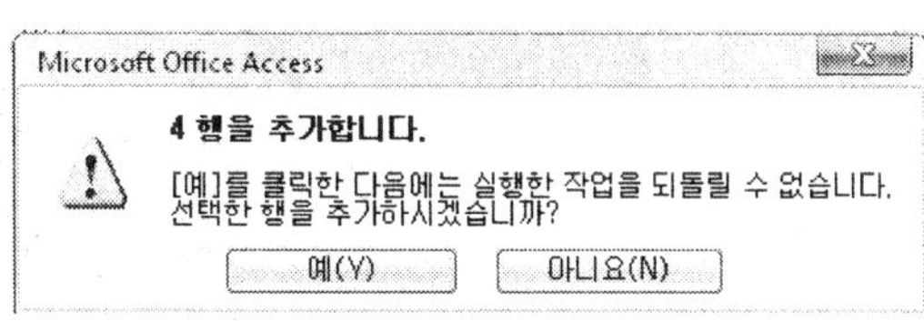

⑪ 모든 단계를 마친 후에는 데이터베이스 창에서 "테이블"의 『급여 관리』 테이블에서 "열기"를 선택한다. 그리고, 4명의 추가된 결과를 아래의 그림에서 확인할 수 있다.

급여 관리 : 테이블

이름	부서	기본급	상여급
강호정	영업부	900000	300000
고웅	기획실	1100000	500000
권진식	영업부	1200000	500000
김가람	총무부	950000	400000
김경진	기획실	900000	400000
김동군	경리과	1000000	500000
김민경	시설부	1200000	500000
김민규	총무부	1000000	500000
이다빈	영업부	1100000	400000
이다정	기획실	900000	300000
이상진	영업부	1000000	300000
이선희	총무부	950000	400000
		0	0

레코드: 1 전

(3) **삭제 쿼리**

특정한 조건에 해당하는 레코드를 조건식을 이용해 삭제하는 쿼리이며, 삭제할 때는 정해진 특정 필드만을 삭제할 수 없고 조건에 만족하는 레코드는 전체가 한 번에 삭제되므로 조건식 작성에 유의하여야 한다.

『급여-사본』 테이블을 기준으로 직급이 부장이거나, 기본급이 900,000원 이하의 대상을 삭제하는 쿼리로, 결과값은 기존의 테이블에서 부장인 고웅과 기본급이 900,000원 이하에 만족하는 김경진, 강호정이 삭제된다. 이때 주의할 점은 OR(또는)과 AND(그리고)로 조건식에 OR를 선택한 경우에는 두 조건 중 한 가지만 일치하면 결과를 실행하며, AND는 두 조건 모두 일치해야만 결과를 수행한다는 차이점이 있다.

① 『급여-사본』 테이블로 삭제조건에 만족하는 "강호정", "고웅", "김경진"이 삭제되기 전이다.

급여_사본 : 테이블

이름	부서	직급	기본급	직급수당	성과급
강호정	영업부	과장	900000	200000	200000
고웅	기획실	부장	1100000	200000	200000
김경진	기획실	사원	900000	50000	100000
김나리	총무과	과장	1200000	100000	200000
김동군	경리과	사원	1000000	50000	100000
김민규	총무과	사원	1000000	50000	100000
김유미	기획실	사원	1000000	50000	100000
김진	시설부	과장	1200000	100000	200000
			0	0	0

레코드: 2 전체: 8

② [새 쿼리] 대화상자에서 [디자인 보기]를 선택한 후 [확인] 버튼을 선택한다.

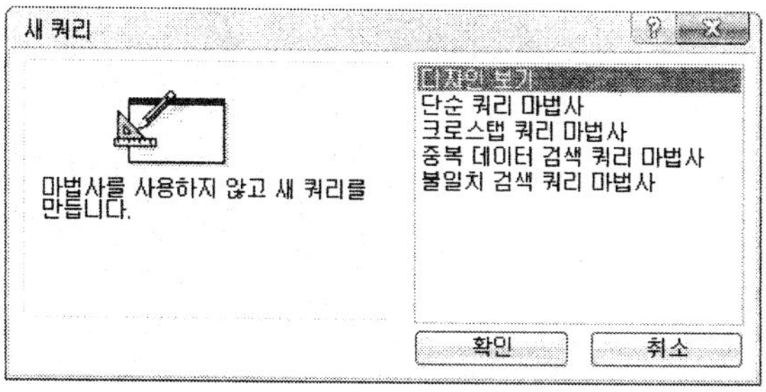

③ 삭제할 『급여-사본』 테이블을 선택한 후 [추가] 버튼을 선택한다. [선택 쿼리] 화면에 선택할 테이블이 나타나면 [테이블 표시] 대화상자는 [닫기] 버튼을 선택하여 닫는다.

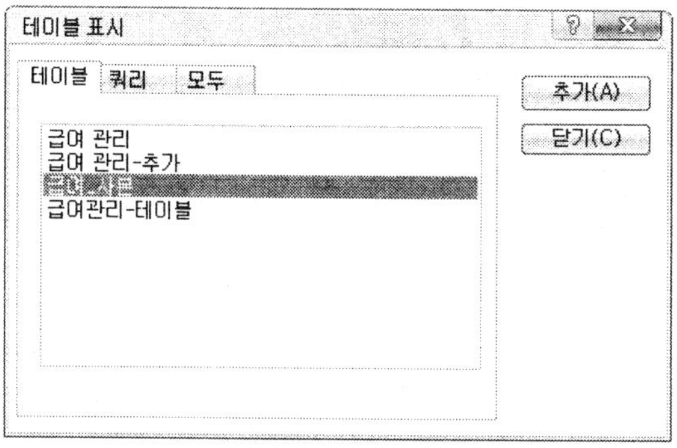

④ "급여_사본" 테이블의 모든 필드의 값을 각각의 조건식 필드에 등록한다.

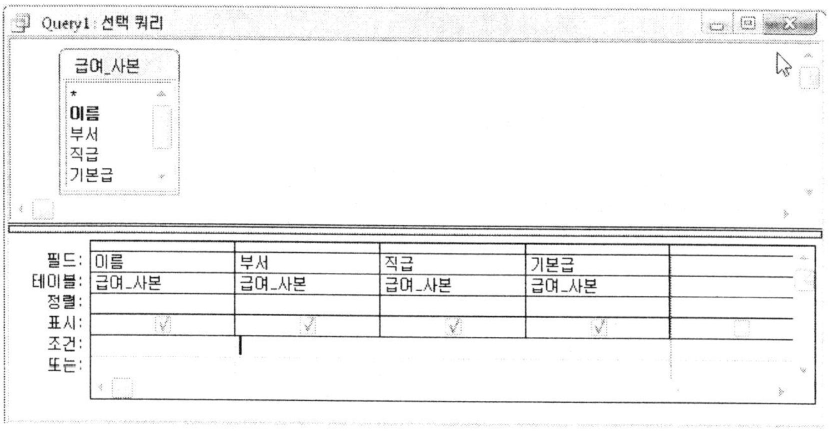

⑤ “쿼리” 메뉴의 [삭제 쿼리]를 선택하면, 아래의 그림과 같이 조건에 [삭제]항이 추가된다. 삭제 조건인 “직급”에는 “부장”을 입력하고, 추가로 “기본급”에 “<=900000”을 입력하여 900000이하의 조건식을 입력한다. 이때, 직급의 “부장‘을 선택하는 방법 중“Like 부*”를 입력하면 “부”자로 시작되는 모든 직급을 선택하는 데 직급의 경우 부장, 과장, 사원으로만 구성되어 있으므로 “부장”과 같은 결과를 얻을 수 있다.

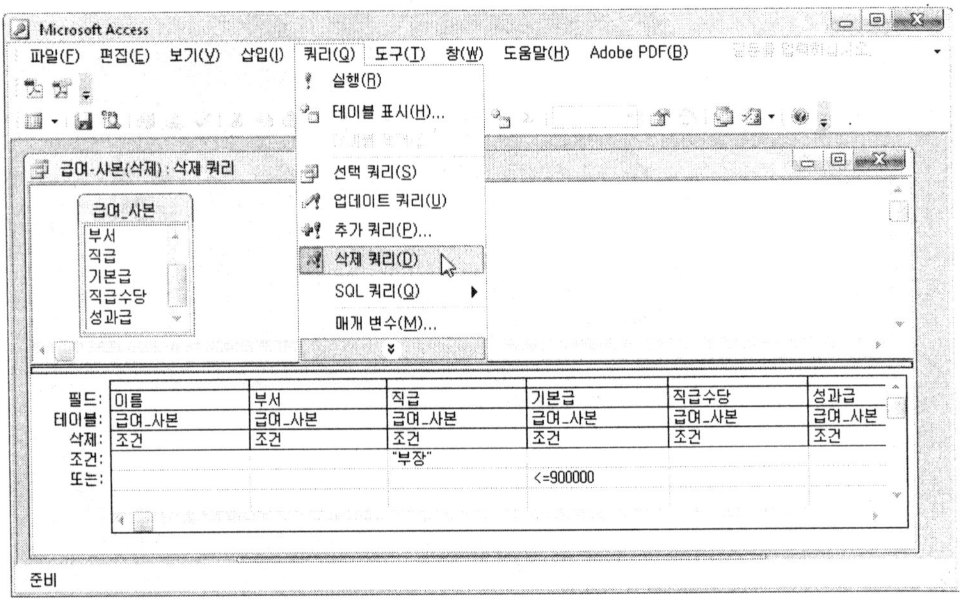

⑥ 도구모음에 있는 ! 버튼을 선택하면 다음과 같은 실행 여부를 묻는 대화상자가 나타나며, [예]를 선택하여『급여_사본』테이블에 등록한 3개의 레코드를 삭제한다는 메시지가 출력된다.

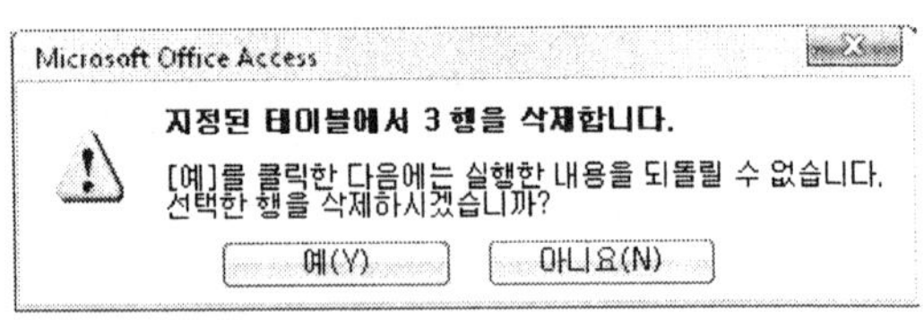

⑦ 작성한 쿼리를 “급여-사본(삭제)” 이름으로 저장한다.

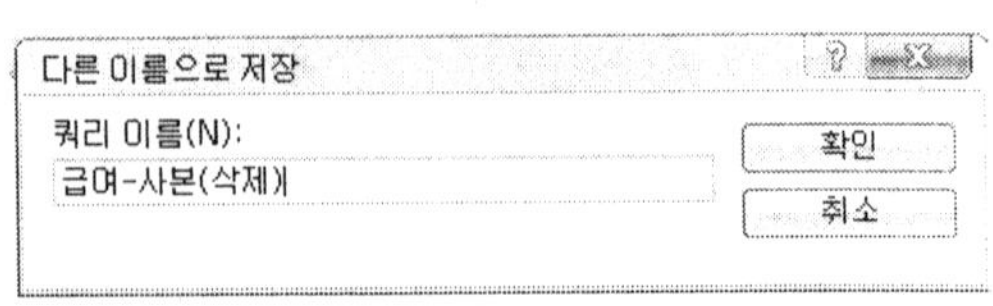

⑧ [테이블]의 『급여_사본』 테이블을 열기하면, 아래와 같이 총 9명 중 3명이 조건에 만족하여 삭제되었으며, 6명만 출력되는 결과를 얻을 수 있다.

(4) 업데이트 쿼리

기존에 입력된 테이블의 데이터를 일괄 변경하는 경우에 사용하는 방법으로서 특정 필드를 선택한 후 업데이트 조건을 입력하여 한꺼번에 변경이 가능하므로, 성적 업데이트나 급여 인상률에 의한 업데이트 등 유용하게 사용되는 기능 중에 하나이다.

『급여_사본』 테이블을 이용하여 “성과급” 필드의 모든 값을 일괄적으로 “50000” 추가해보자.

① 먼저, 업데이트 하기전의 『급여_사본』 테이블의 “성과급”의 항목을 확인한다.

② [새 쿼리] 대화상자에서 [디자인 보기]를 선택한 후 [확인] 버튼을 선택한다.

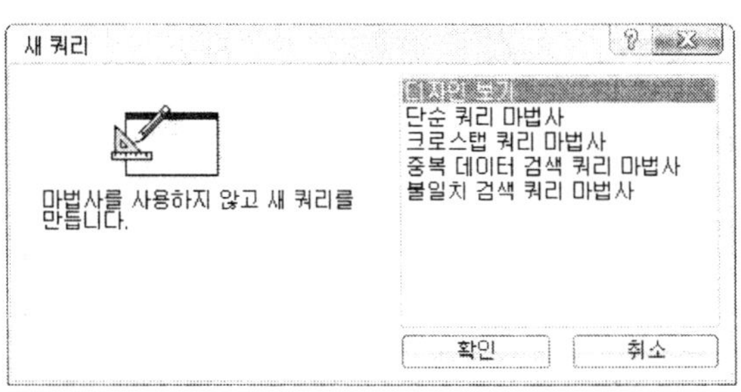

③ 업데이트할 『급여_사본』 테이블을 선택한 후 [추가] 버튼을 선택한다. [선택 쿼리] 화면에 선택할 테이블이 나타나면 [테이블 표시] 대화상자는 [닫기] 버튼을 선택하여 닫는다.

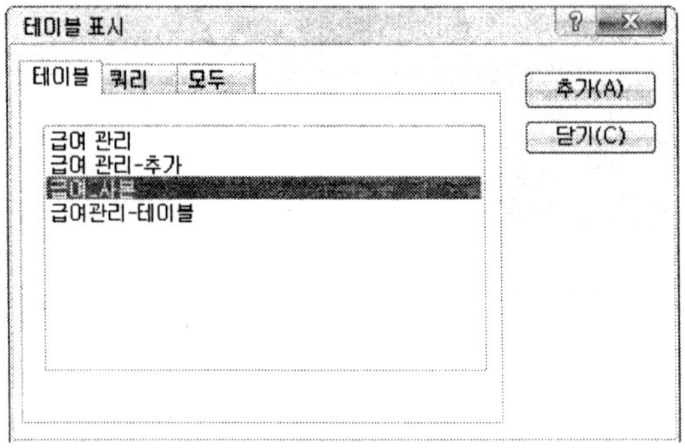

④ 『급여_사본』 테이블의 모든 필드의 값을 각각의 조건식 필드에 등록한다.

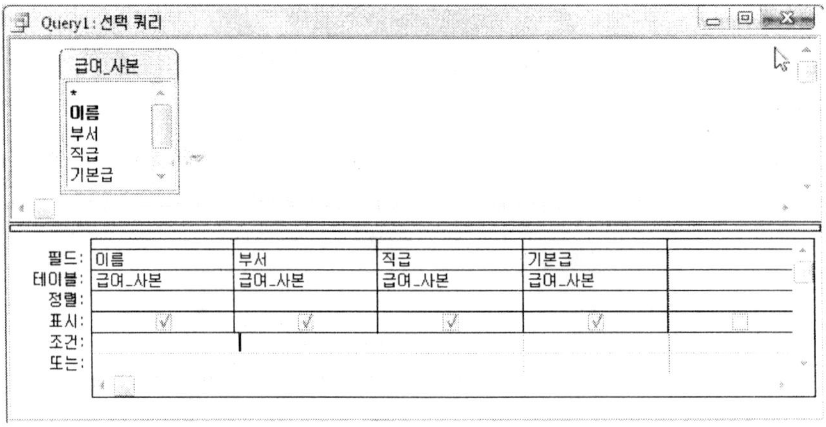

⑤ [쿼리] 메뉴의 [업데이트 쿼리]를 선택한다.

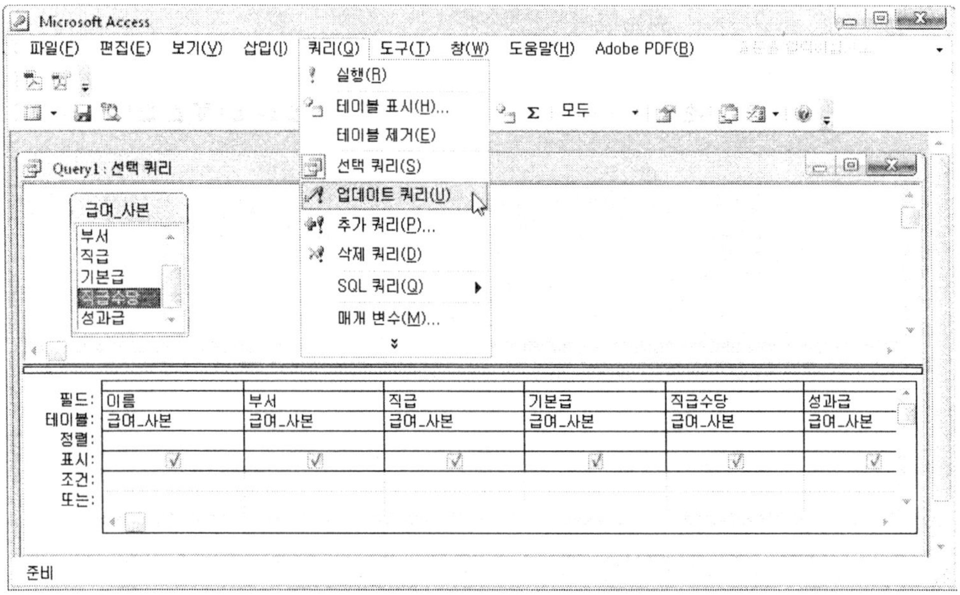

⑥ "성과급" 필드의 값을 일괄적으로 "50000" 업데이트하기 위하여 "성과급" 필드의 업데이트 속성에서 오른쪽 마우스를 선택한 후 [작성] 메뉴를 선택한다.

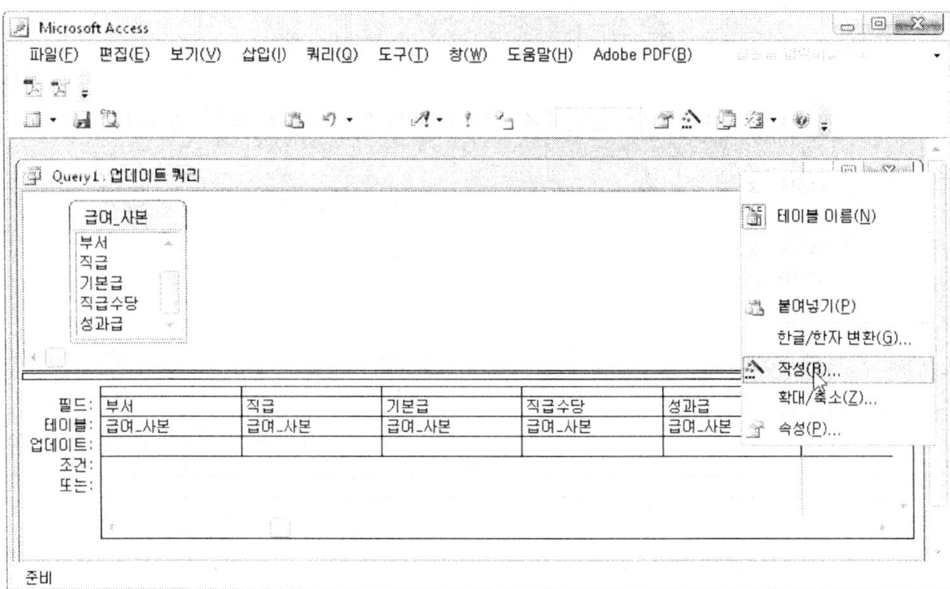

⑦ [식 작성기] 대화상자에서 "급여_사본"테이블의 "성과급" 항목을 선택한 후 "+ 50000"을 수식 입력창에 입력한다.

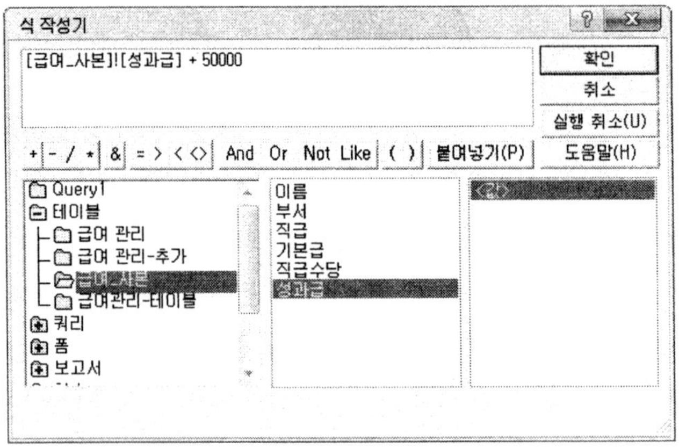

⑧ 쿼리를 "급여_사본(업데이트)"로 저장한다.

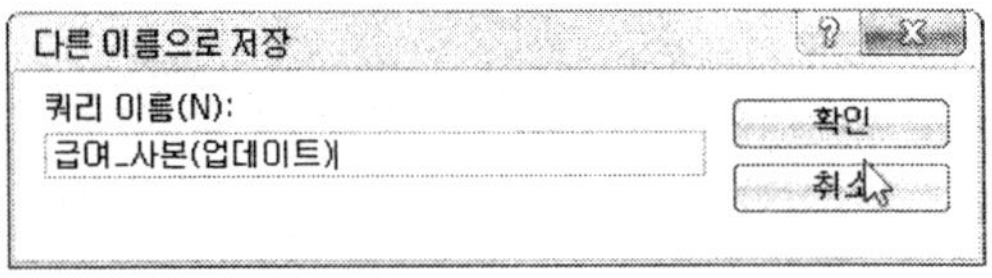

⑨ 도구모음의 실행 버튼을 선택하면 아래와 같이 전체 레코드의 숫자 만큼인 "5 행을 새로 고칩니다."라는 메시지가 출력되며,

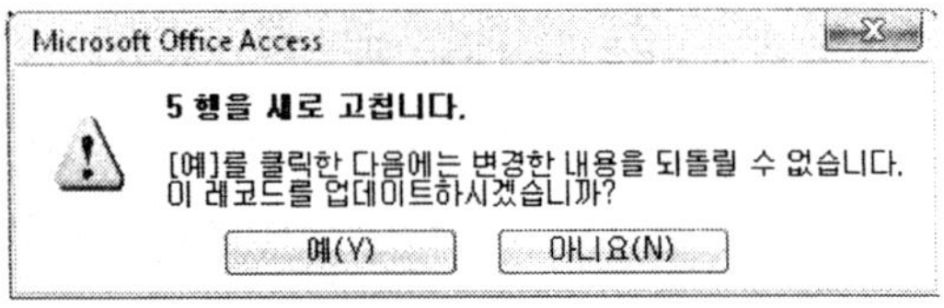

[예]를 선택하면 "성과급"의 필드값이 일괄적으로 업데이트된다.

⑩ 업데이트 쿼리의 결과로 "성과급" 필드의 값이 "50000"씩 업데이트된 결과를 볼 수 있다. 주의할 점은, 실행 버튼을 선택할 때마다 조건식에서 입력한 값을 반복 업데이트하므로, 조건식을 설정한 후에는 한 번만 선택하여 원하는 결과 값을 출력하여야 한다.

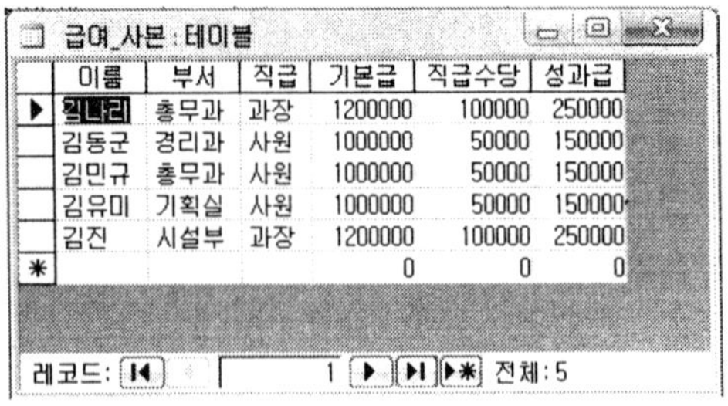

✎ 따라해보기

「비디오 대여」 데이터베이스를 이용해 아래의 실행 쿼리를 만들어보자.

1 『고객』 테이블의 고객코드가 "cu001"인 고객의 주소와 전화번호를 업데이트 쿼리를 이용해 수정해보자.

① [쿼리]에서 [디자인 보기에서 새 쿼리 만들기]를 선택한 후 [디자인]을 선택하면 선택 쿼리를 작성하는 화면으로 이동한다.

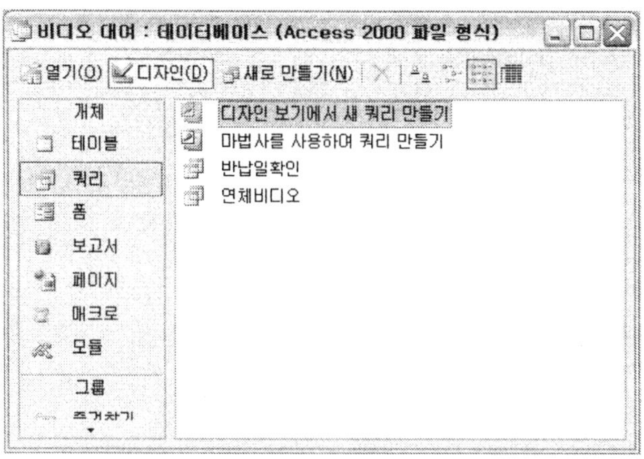

② [테이블 표시] 대화상자에서 『고객』 테이블만 [추가] 버튼을 선택해 [Query1 : 선택 쿼리] 대화상자에 추가한 후 [닫기] 버튼을 선택해 [테이블 표시] 대화상자를 닫는다.

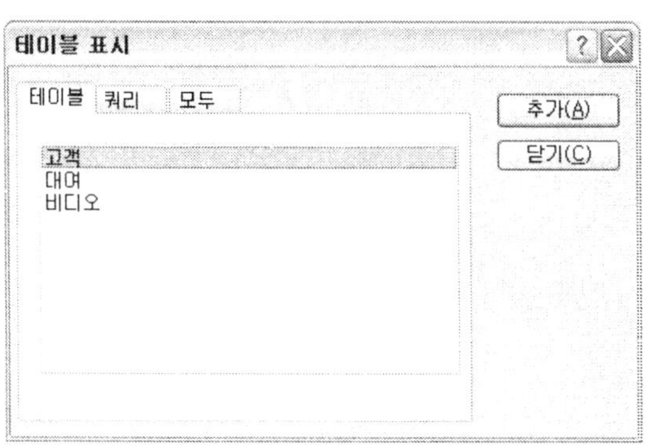

③ [쿼리] 메뉴에서 [업데이트 쿼리(U)]를 선택한다.

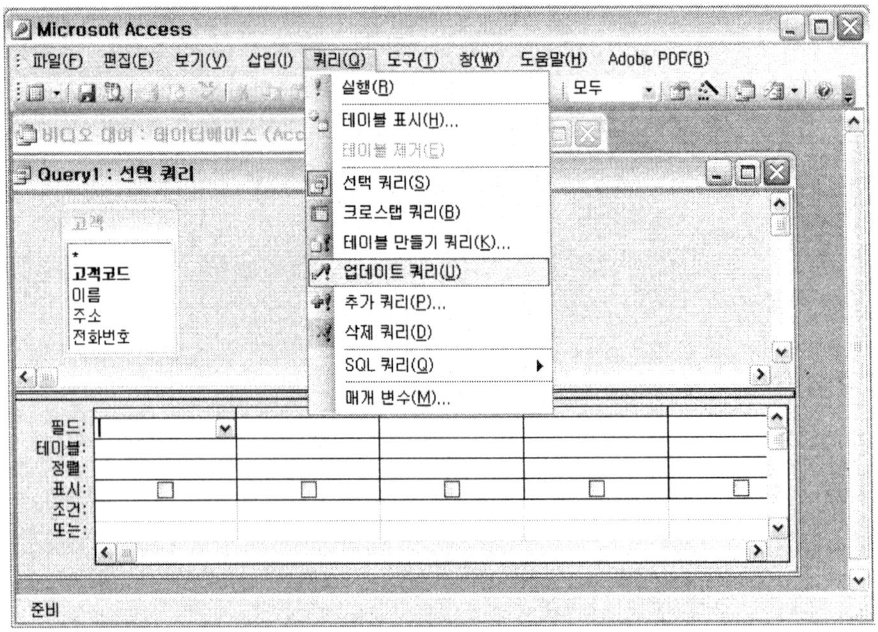

④ [필드]칸에 "고객코드", "주소", "전화번호" 필드를 선택한 후 "고객코드" [조건]칸에 "cu001"를 입력하고 "주소", "전화번호" 필드의 [업데이트]칸에 수정할 주소와 전화번호를 그림처럼 입력한다.

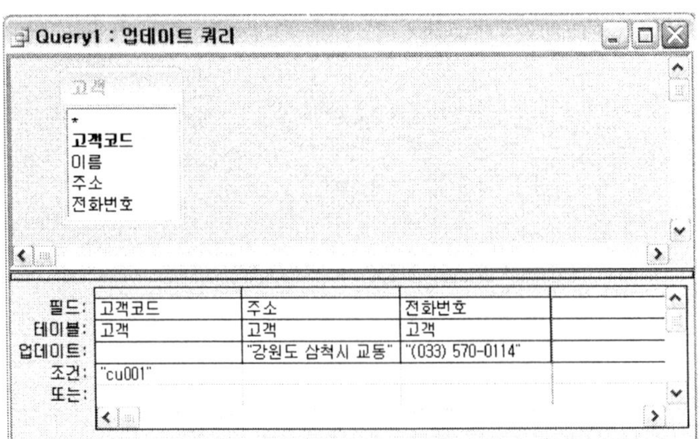

⑤ 쿼리 이름을 "고객정보수정"으로 저장한다.

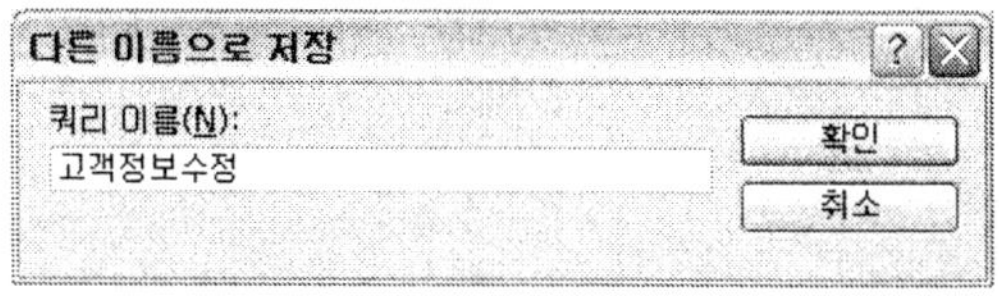

⑥ "고객정보수정" 업데이트 쿼리를 실행해보자. 업데이트 쿼리를 실행하겠느냐는 대화상자가 출력된다. 이때, [예]를 선택하면 고객코드가 "cu001"인 고객의 정보가 수정되고, [아니요]을 선택하면 [고객정보수정] 쿼리 화면으로 되돌아간다. [예]를 선택하여 "cu001"인 고객의 정보가 수정하자.

⑦ [테이블] 대화상자에서 『고객』 테이블의 레코드를 출력하여 고객정보가 수정되었는지 확인해보자.

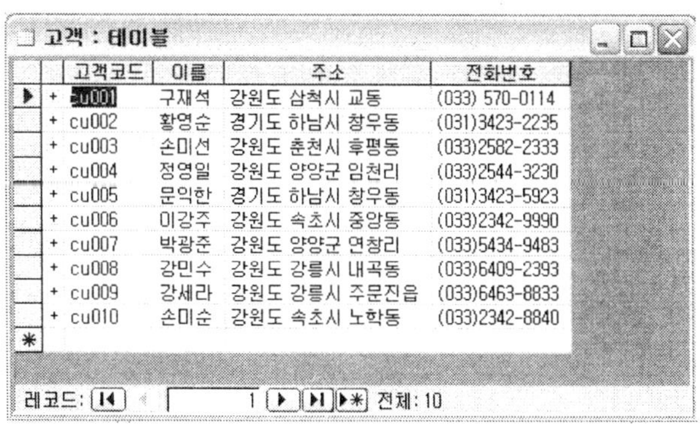
고객 : 테이블

고객코드	이름	주소	전화번호
cu001	구재석	강원도 삼척시 교동	(033) 570-0114
cu002	황영순	경기도 하남시 창우동	(031)3423-2235
cu003	손미선	강원도 춘천시 후평동	(033)2582-2333
cu004	정영일	강원도 양양군 임천리	(033)2544-3230
cu005	문익한	경기도 하남시 창우동	(031)3423-5923
cu006	이강주	강원도 속초시 중앙동	(033)2342-9990
cu007	박광준	강원도 양양군 연창리	(033)5434-9483
cu008	강민수	강원도 강릉시 내곡동	(033)6409-2393
cu009	강세라	강원도 강릉시 주문진읍	(033)6463-8833
cu010	손미순	강원도 속초시 노학동	(033)2342-8840

레코드: 1 전체: 10

2 『고객』 테이블의 "고객코드"가 "cu006"인 고객 정보를 삭제하는 쿼리를 작성해보자. 단, "고객코드"가 "cu006"인 고객의 정보는 『고객』 테이블뿐만 아니라 『대여』 테이블에서도 삭제되어야 한다.

① [관계] 대화상자를 열어『고객』테이블과『대여』테이블의 관계를 수정한다. [관계 편집] 대화상자의 [☑관련 레코드 모두 삭제]를 체크하여 관계가 매겨진 테이블의 내용이 삭제되도록 한다.

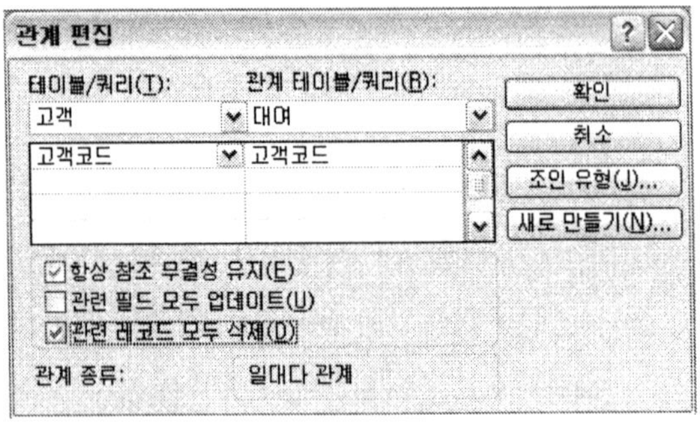

② [쿼리] 대화상자에서 [디자인]을 선택한 후『고객』테이블을 [Query1 : 선택 쿼리] 대화상자에 추가한다. [쿼리] 메뉴에서 [삭제 쿼리(D)]를 선택한다.

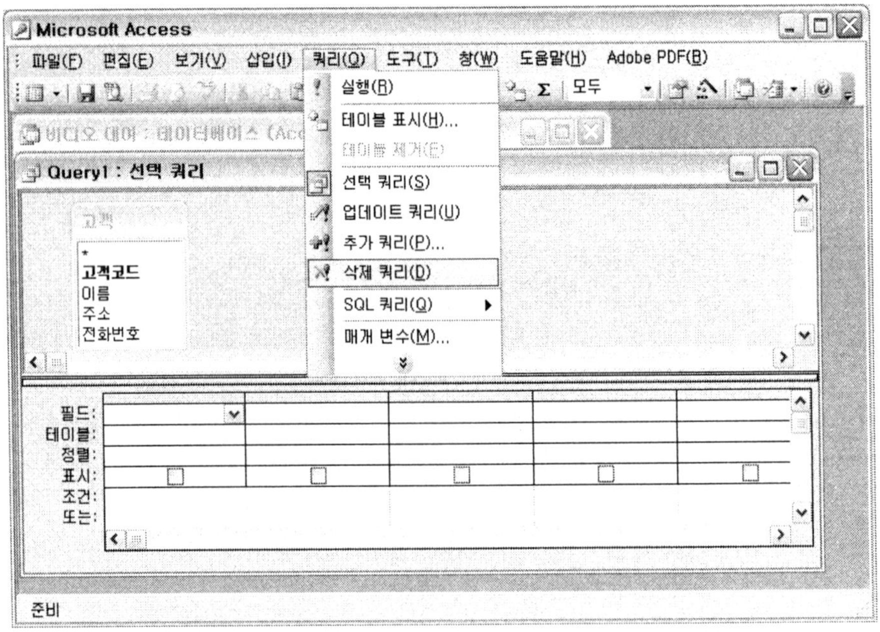

③ [Query1 : 삭제 쿼리] 대화상자의 [필드]에 "고객코드"를 선택하고 [조건]에 "cu006"을 입력한다.

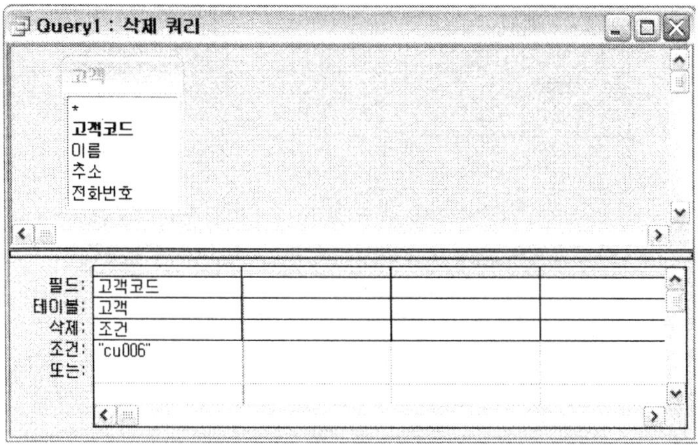

④ "고객정보삭제"라는 이름으로 쿼리를 저장한다.

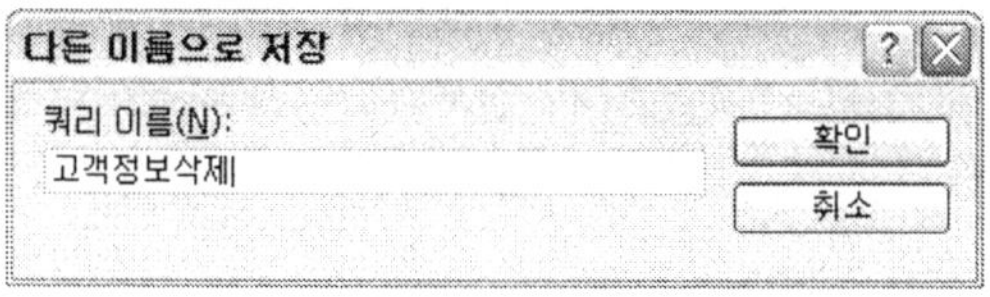

⑤ "고객정보삭제" 쿼리를 실행해보자. "지정된 테이블에서 1행을 삭제합니다."라는 메시지를 출력하는 대화상자에서 [예]를 선택하면 『고객』 테이블에서 레코드가 1개 삭제되고, [아니요]를 선택하면 [고객정보삭제 : 삭제 쿼리] 화면으로 되돌아 간다. [예]를 선택하여 레코드를 삭제하자.

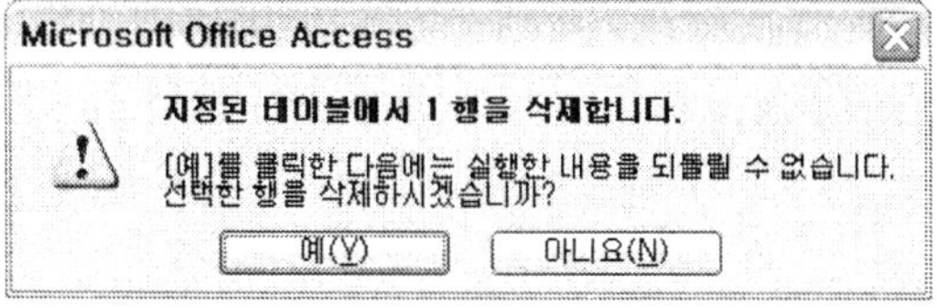

⑥ 『고객』 테이블과 『대여』 테이블에서 "고객번호"가 "cu006"인 레코드가 모두 삭제되었는지 확인해보자.

고객 : 테이블

고객코드	이름	주소	전화번호
cu001	구재석	강원도 삼척시 교동	(033) 570-0114
cu002	황영순	경기도 하남시 창우동	(031)3423-2235
cu003	손미선	강원도 춘천시 후평동	(033)2582-2333
cu004	정영일	강원도 양양군 임천리	(033)2544-3230
cu005	문익한	경기도 하남시 창우동	(031)3423-5923
cu007	박광준	강원도 양양군 연창리	(033)5434-9483
cu008	강민수	강원도 강릉시 내곡동	(033)6409-2393
cu009	강세라	강원도 강릉시 주문진읍	(033)6463-8833
cu010	손미순	강원도 속초시 노학동	(033)2342-8840

레코드: 1 전체: 9

대여 : 테이블

테이프 코드	고객코드	대여일	대여기간	반납일	반납여부
tap001	cu002	2008-08-12	3	2008-08-15	☑
tap002	cu002	2008-08-12	2	2008-08-14	☐
tap003	cu004	2008-08-10	3	2008-08-13	☑
tap004	cu003	2008-08-02	3	2008-08-05	☑
tap005	cu003	2008-08-11	3	2008-08-14	☑
			0		☐

레코드: 1 전체: 5

연습문제

1 「개인정보」 데이터베이스를 작성하고, 아래 테이블을 디자인하시오.

① 『가족』 테이블을 디자인하시오.

가족 : 테이블

필드 이름	데이터 형식	설명
학번	텍스트	10자리
가족순서	텍스트	5자리
가족명	텍스트	8자리
직업	텍스트	10자리

② 『학과정보』 테이블을 디자인하시오.

학과정보 : 테이블

필드 이름	데이터 형식	설명
계열코드	텍스트	기본키, 3자리
계열명	텍스트	10자리
계열책임자	텍스트	8자리
학과전화번호	텍스트	12자리

③ 『학생기본』 테이블을 디자인하시오.

학생기본 : 테이블

필드 이름	데이터 형식	설명
학번	텍스트	기본키, 10자리
성명	텍스트	8자리
성별	텍스트	4자리
계열코드	텍스트	3자리
주민등록번호	텍스트	14자리
주소	텍스트	50자리

2 『가족』, 『학과정보』, 『학생기본』 테이블을 아래와 같이 관계 설정하시오.

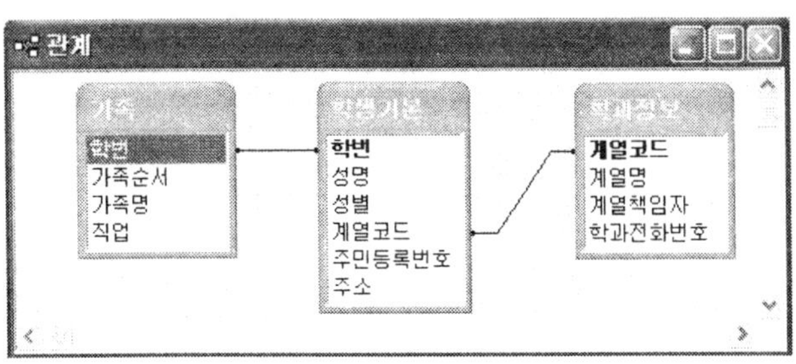

3 각각의 테이블에 다음의 레코드값을 입력하시오.

① 『가족』 테이블의 레코드값을 아래와 같이 입력하시오.

가족 : 테이블

학번	가족순서	가족명	직업
20061001	1	김성열	대학교
20061001	2	추성숙	가정주부
20061001	3	김성인	대학생
20061002	1	추일국	회사원
20061002	2	장소녀	회사원
20061002	3	추미순	고등학생
20052001	1	홍영민	회사원
20052001	2	김미순	회사원
20052002	1	전영권	사업
20062001	1	신현성	대학교

레코드: 1

② 『학과정보』 테이블을 아래와 같이 입력하시오.

학과정보 : 테이블

계열코드	계열명	계열책임자	학과전화번호
101	컴퓨터정보과	강문영	033-639-1001
102	보건행정과	이문세	033-639-1002
103	간호과	이선희	033-639-1003

레코드: 1 전체: 3

③ 『학생기본』 테이블을 아래와 같이 입력하시오.

학생기본 : 테이블

학번	성명	성별	계열코드	주민등록번호	주소
20052001	홍상철	남	102	750101-1942321	강원도 속초시 동명1동
20052002	전서욱	남	102	750112-1243221	강원도 강릉시 포남동
20061001	김성아	여	101	750321-2712721	부산시 동래구 사직1동
20061002	추선경	여	101	761212-2198421	부산시 영도구 청학1동
20062001	신현미	여	103	760221-1122312	강원도 속초시 교1동

레코드: 1 전체: 5

4 다음의 조건에 맞는 쿼리를 작성하시오.

① 김성아 학생의 가족의 이름, 직업과 계열책임자의 이름과 학과 전화번호를 보이시오.

② 『가족』 테이블에서 추일국의 직업을 "회사원"에서 "사업"으로 변경하는 쿼리를 작성하시오.

③ 『학과정보』 테이블에 아래의 테이블을 추가하는 쿼리를 작성하시오.

계열코드	계열명	계열책임자	학과 전화번호
104	지역경제학과	지과장	033-570-3333
105	영어영문과	어과장	033-570-4444

④ 『가족』 테이블에서 학번이 "20052002"이거나 "20052001"인 가족원을 삭제하는 쿼리를 작성하시오.

4장 폼 / 보고서 만들기

4.1 폼 만들기

테이블의 레코드를 직접 입력하거나 삭제할 경우 테이블 열기화면을 이용하여 해당 레코드에 값을 직접 입력할 수 있으며, 자주 처리하는 작업인 경우에는 쿼리를 이용하여 일괄적으로 쉽고 간단하게 조작할 수 있다. 하지만, 테이블이나 쿼리는 데이터의 입출력 방식이 "열기"이기 때문에 일상적인 업무처리인 경우에는 입력하는 관리자가 불편할 수 있다. 이를 해결하기 위한 방법이 폼이다. 즉, 폼은 사용자와 액세스간의 인터페이스 기능이라고 할 수 있다. 사용자가 손쉽게 필요한 데이터를 검색할 수 있고, 검색된 데이터를 변경이 가능하며, 변경된 데이터는 바로 해당 테이블의 레코드를 수정할 수 있으므로 필요시에는 이 폼을 통하여 데이터를 직접 입력할 수도 있다. 직접 입력한 데이터는 해당 테이블에 바로 업데이트되는 결과를 얻을 수 있다.

❑ 폼의 화면 구성

폼은 기본값으로 [본문]만 표현되어진다. 하지만, 폼의 [디자인 보기] 화면에서 [보기] 메뉴를 선택하면 [페이지 머리글/바닥글] 메뉴와 [폼 머리글/바닥글] 메뉴 및 [도구 상자]가 나타난다.

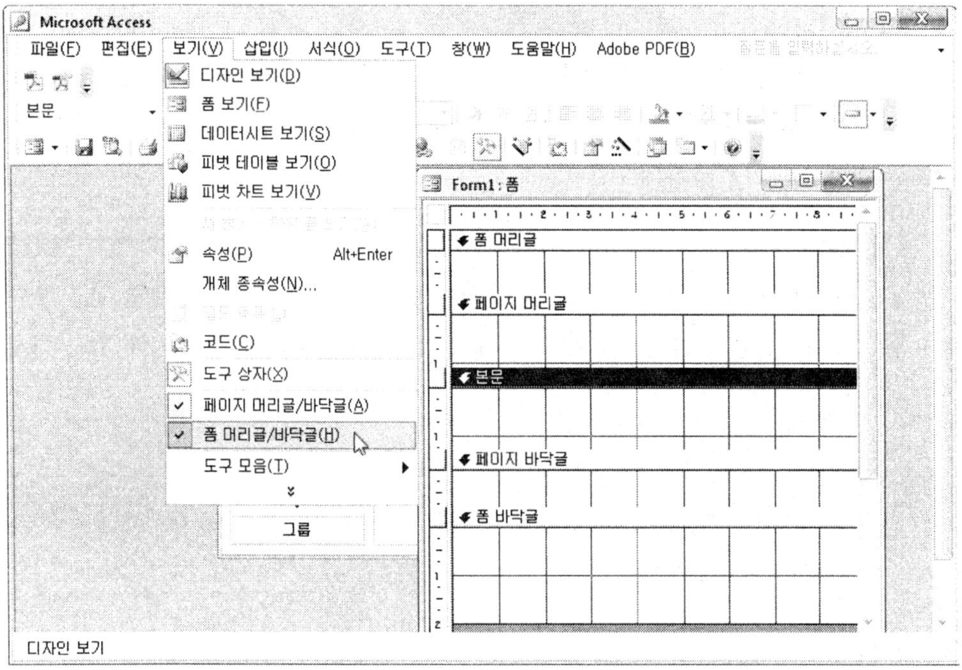

• 폼 디자인 보기

폼 디자인 보기에서 여러 종류의 폼 형식을 디자인할 수 있는 기본 환경을 보여준다.

• 폼 머리글

폼을 열거나 작업을 수행하는 명령 단추나 폼의 제목 등 모든 레코드에 나타낼 정보를 표시한다. 폼 머리글은 폼 보기의 화면 상단에 위치하며 인쇄할 때 첫 번째 페이지의 상단에 나타난다. 본문의 레코드를 이동할 때 폼 머리글은 고정되어 있어 항상 표시하는 컨트롤은 이 위치에 두는 것이 좋다.

• 페이지 머리글

인쇄된 모든 페이지 상단에 제목, 그래픽, 열 머리글과 다른 원하는 속성 등을 표시하며, 단지 폼 보기상태에서는 보이지 않고 미리보기를 선택하였을 경우에만 확인이 가능하며 출력 또한 가능하다.

• 본문

검색할 자료기 있는 레코드를 표시한다. 화면이나 페이지에서 하나의 레코드만 표시하거나 많은 레코드가 화면이나 페이지에 들어갈 수 있도록 표시한다.

• 페이지 바닥글

인쇄할 때 매 페이지 하단에 날짜, 페이지수, 원하는 출력 정보를 표시할 수 있다. 페이지 바닥글은 페이지 머리글과 같이 미리보기에서 확인할 수 있으며 인쇄할 때 나타난다.

• 폼 바닥글

폼 사용을 위한 지시나 명령 단추 같이 모든 레코드에 표시되는 정보를 표시한다. 폼 바닥글은 폼 보기의 화면 하단이나 인쇄할 때 마지막 페이지의 마지막 본문 다음에만 나타난다.

• 폼 선택기

폼 전체를 선택하는 것으로 이 부분에 마우스 오른쪽 버튼을 더블클릭하면 폼 속성 대화상자가 화면에 출력된다.

• 영역줄

폼을 구성하는 영역을 구분해 주는 부분으로 여기에 마우스 오른쪽 버튼을 더블클릭하면 해당 부분이 속성 대화상자가 화면에 출력된다.

• 도구 상자

폼을 구성하는 컨트롤들이 있는 상자로, 컨트롤에 대한 설명은 이 장의 예제를 통해 설명하기로 한다.

4.1.1 마법사를 이용한 폼 만들기

마법사를 이용하여 폼 만들기 방법은 사용자들이 폼을 쉽게 작성할 수 있도록 "테이블"이나 "쿼리"를 선택하고, 원하는 폼 형태를 지정하여 폼에 표현하고자 하는 필드들만 선택하면 폼 마법사가 폼을 자동으로 작성하여 준다.

① 『급여_사본』 테이블을 이용해 마법사를 이용한 폼 만들기를 실행해보자. 먼저, [폼]의 [디자인 보기에서 새 폼 만들기]의 [새로 만들기]를 선택한다.

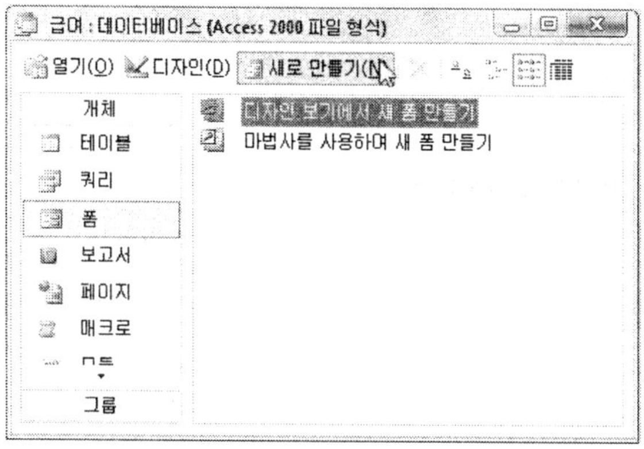

② [새 폼]에서 [폼 마법사]를 선택한 후 대상 테이블, 쿼리를 선택한다. 이 단계에서 『급여_사본』 테이블을 선택한다.

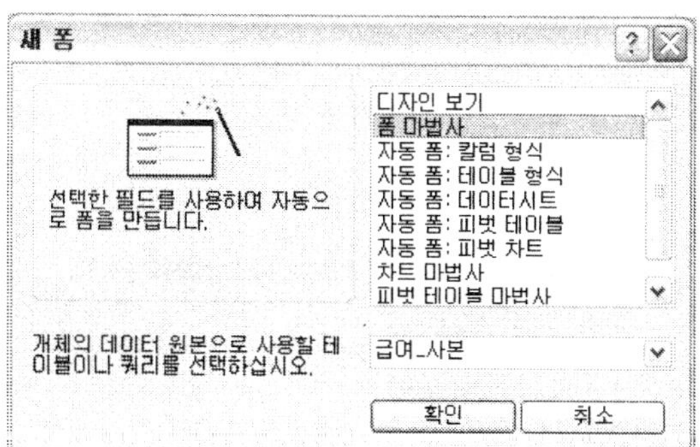

③ [폼 마법사] 대화상자의 [테이블/쿼리(T)]에 선택된 『급여-사본』 테이블이 출력되고, 『급여-사본』 테이블의 필드가 [사용 가능한 필드]에 출력된다. 폼 작성에 필요한 필드를 선택한 후 [>], [>>]를 이용해 [선택한 필드]로 옮긴 후 [다음] 버튼을 선택한다.

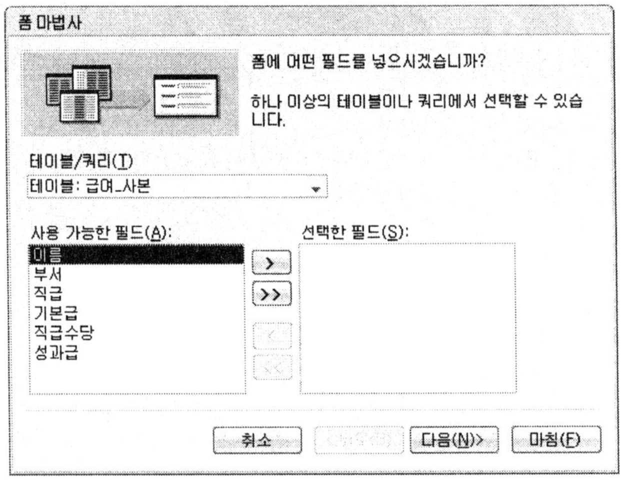

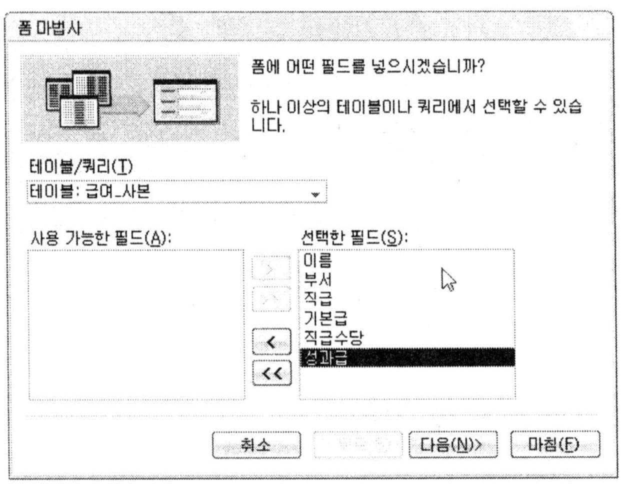

참고 : 필드 이동 단추
[>] 버튼 : 좌측의 필드들 중 선택 필드를 오른쪽의 선택한 필드란으로 이동
[>>] 버튼 : 모든 필드들을 한꺼번에 이동
[<] 버튼 : 선택한 필드들 중 해당 필드를 취소할 경우
[<<] 버튼 : 모든 선택 필드들을 한꺼번에 취소

④ 폼의 유형 중 [컬럼 형식]을 선택한 후 [다음] 버튼을 선택한다.

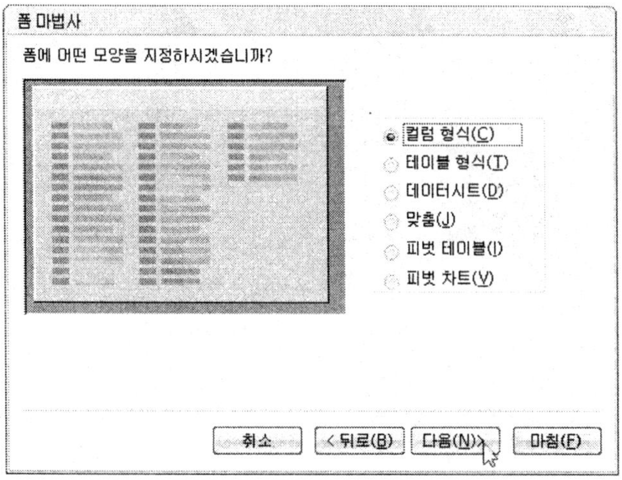

⑤ 폼의 스타일을 선택하는 단계로 작성자가 원하는 디자인을 자유롭게 선택할 수 있다. 폼의 스타일을 [스크래치]로 선택한 후 [다음] 버튼을 선택한다.

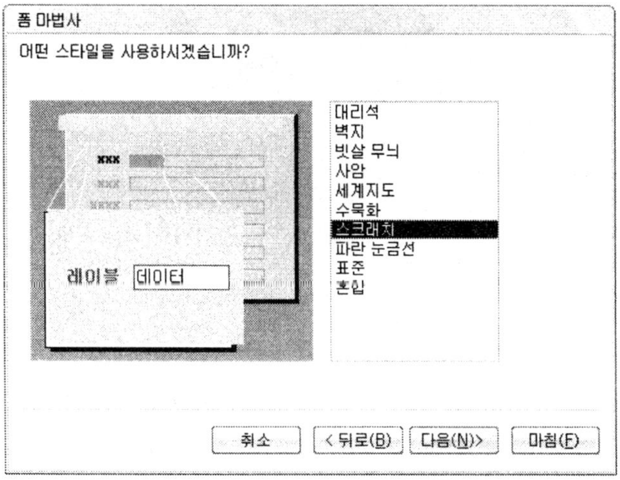

⑥ [폼 마법사]의 마지막 단계로 "급여_사본_폼마법사(01)"로 저장한 후 [마침] 버튼을 선택한다.

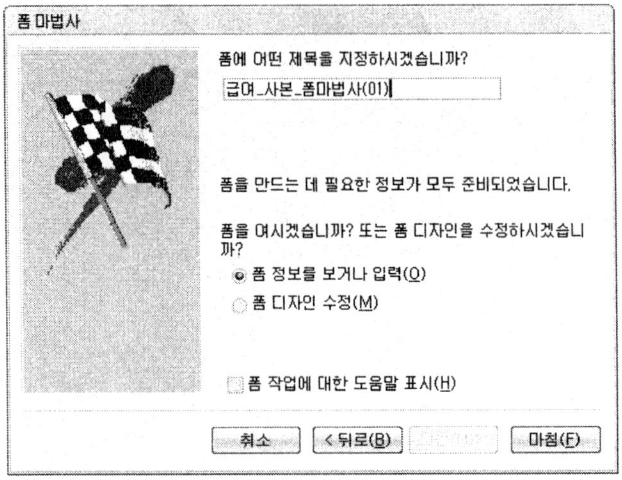

⑦ 완성된 폼의 결과가 화면에 출력된다.

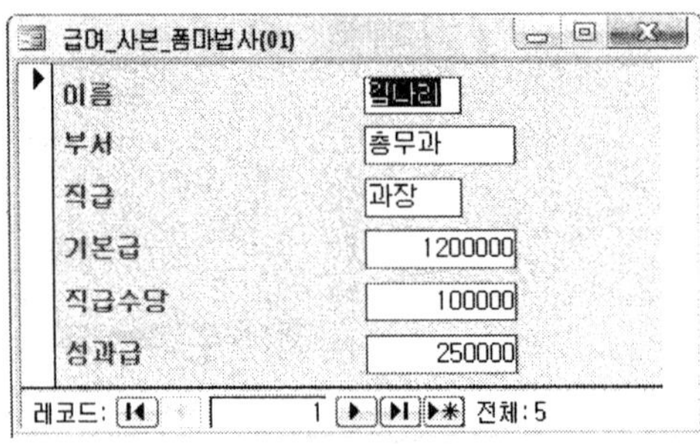

완성된 폼의 하단의 레코드: ⏮ ◀ 1 ▶ ⏭ ▶* 전체:5 에서 『급여-사본』 테이블의 전체 레코드 수가 5개이고, 현재 레코드 위치가 1임을 알 수 있다.

각각의 기능을 살펴보면 다음과 같다.

⏮ : 첫 번째 레코드로 이동

◀ : 이전 레코드로 이동

1 : 현재 레코드의 위치

▶ : 다음 레코드로 이동

▶| : 맨 마지막 레코드로 이동

▶* : 새 레코드 삽입

전체:5 : 테이블의 전체 레코드수

4.1.2 자동 폼 만들기

자동 폼은 특정 테이블이나 쿼리에서 모든 필드와 레코드를 가져와 화면에 출력하는 방법으로 가장 손쉽게 폼을 만들 수 있는 방법이다. 자동 폼 만들기의 종류는 "컬럼 형식", "테이블 형식", "데이터 시트", "피벗 테이블", "피벗 차트"로 구성되어 있다.

『급여_사본』 테이블을 이용해 자동폼을 만들어 보자.

(1) 컬럼 형식의 자동 폼 만들기

폼 화면 하나에 한 개의 레코드가 표시되는데, 각 필드가 각각 다른 줄에 필드 이름과 필드값으로 출력된다.

① [폼]의 [디자인 보기에서 새 폼 만들기]를 선택한 후 [새로 만들기]를 선택한다.

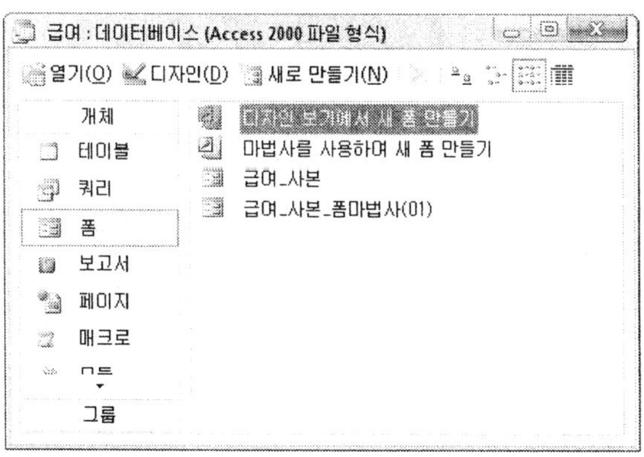

② [새 폼] 대화상자에서 [자동 폼 : 칼럼 형식]을 선택하고, "급여_사본" 테이블을 선택하고 [확인] 버튼을 선택한다.

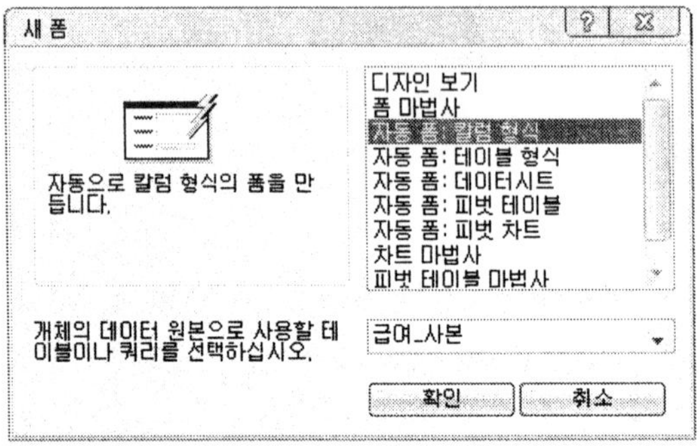

③ "급여_사본" 폼이 화면으로 출력된다.

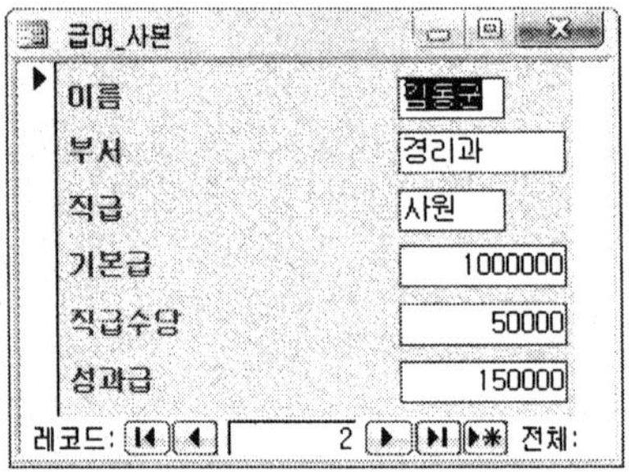

④ "급여_사본(칼럼)"으로 저장([확인])한다.

(2) **테이블 형식의 자동 폼 만들기**

한 개의 레코드가 한 줄에 나타내며, 필드 이름은 폼의 맨 위에 한 번 표시되는 형태로서 폼 화면 하나에 여러 레코드를 동시에 보여줄 수 있다.

① [새 폼] 대화상자에서 [자동 폼 : 테이블 형식]을 선택하고, "급여_사본" 테이블을 선택한다. 이후에 [확인] 버튼을 선택한다.

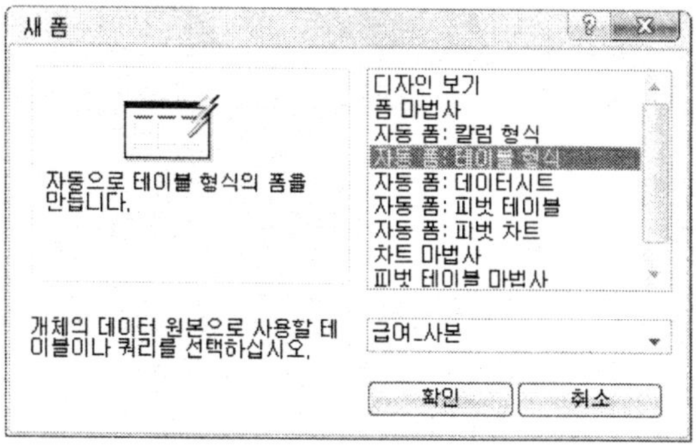

② 전체 레코드의 값을 한 화면에 출력된다.

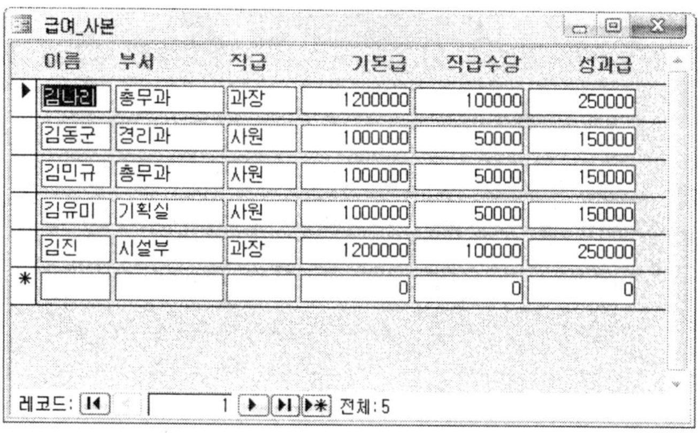

③ "급여_사본(테이블)"의 이름을 입력한 후 [확인] 버튼을 선택한다.

(3) 데이터 시트의 자동 폼 만들기

데이터 시트 형식의 자동 폼은 테이블 형식의 자동 폼과 비슷한 구성을 갖추고 있어서 폼 화면 하나에 여러 개의 레코드를 표시한다. 데이터 시트 형식의 폼은 주로 다른 폼에 포함되는 폼(하위 폼)으로 사용하는 용도로 사용되어진다.

① [새 폼] 대화상자에서 [자동 폼 : 데이터 시트]를 선택한 후 [급여_사본]을 테이블에서 선택한다. 이 후 [확인] 버튼을 선택하여 다음 단계로 이동한다.

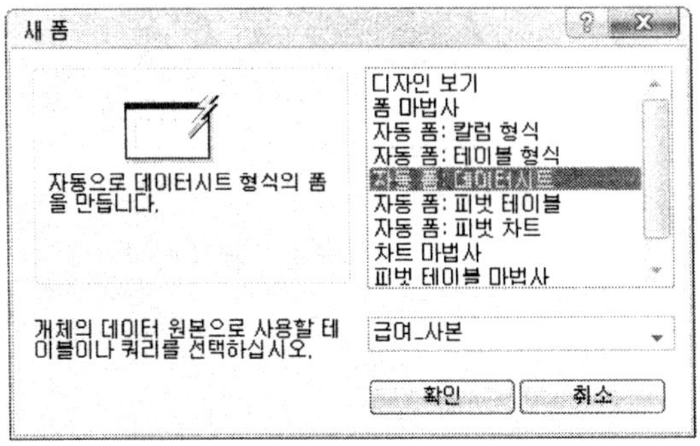

② [데이터 시트] 형태의 폼이 화면에 바로 출력된다.

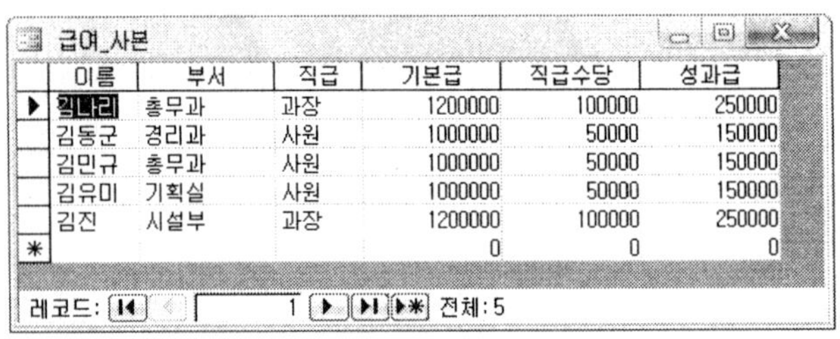
급여_사본

이름	부서	직급	기본급	직급수당	성과급
김나리	총무과	과장	1200000	100000	250000
김동군	경리과	사원	1000000	50000	150000
김민규	총무과	사원	1000000	50000	150000
김유미	기획실	사원	1000000	50000	150000
김진	시설부	과장	1200000	100000	250000
			0	0	0

레코드: 1 전체: 5

③ 위의 과정을 거쳐 작성된 결과를 "급여_사본(데이터 시트)"로 저장한 후 [확인]을 선택한다.

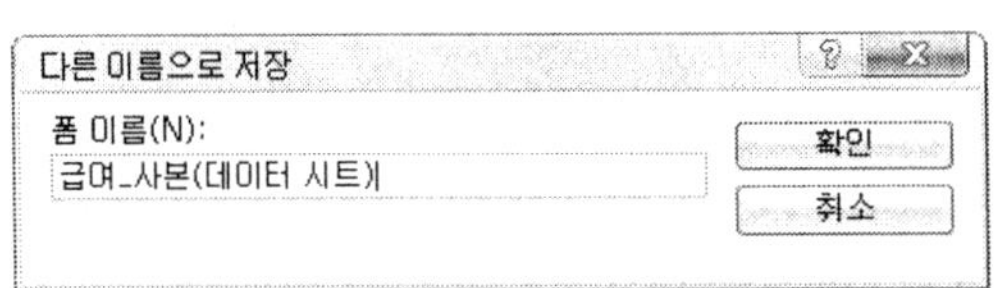

(4) 피벗 테이블의 자동 폼 만들기

수치적인 개념의 테이블을 한 눈에 정리할 수 있도록 도움을 주는 폼으로 필터나 행, 열, 세부 영역의 필드를 정렬하여 보여 주기 때문에 데이터를 쉽게 비교 및 분석할 수 있다. 또한, 데이터 원본으로 사용할 테이블이나 쿼리의 필드를 목록으로 보여주고, 피벗 테이블에 나타내고자 하는 필드를 필드 목록으로 끌어서 추가하는 방법으로 폼을 표현한다.

① [새 폼] 대화 상자에서 [자동 폼 : 피벗 테이블]을 선택하고, 테이블 이름에 "급여_사본"을 선택한다.

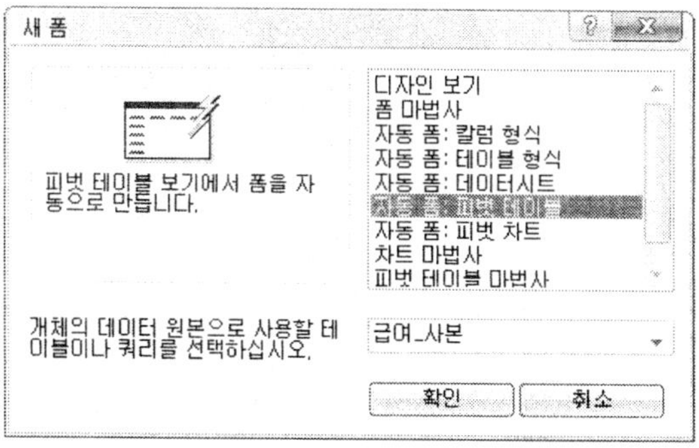

② "급여_사본" 테이블을 이용하여 [피벗 테이블 필드 목록] 대화상자에서 각각의 필드를 작업창에 등록할 수 있다.

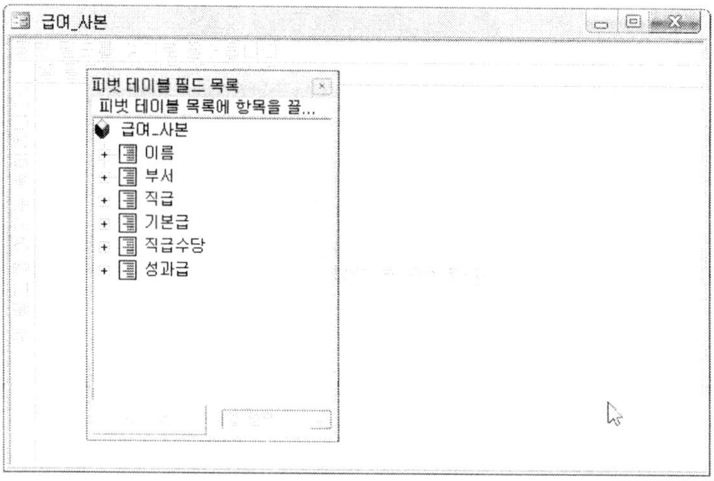

③ [행 필드] 항에 "이름" 필드를 드래그하여 옮겨 등록한다.

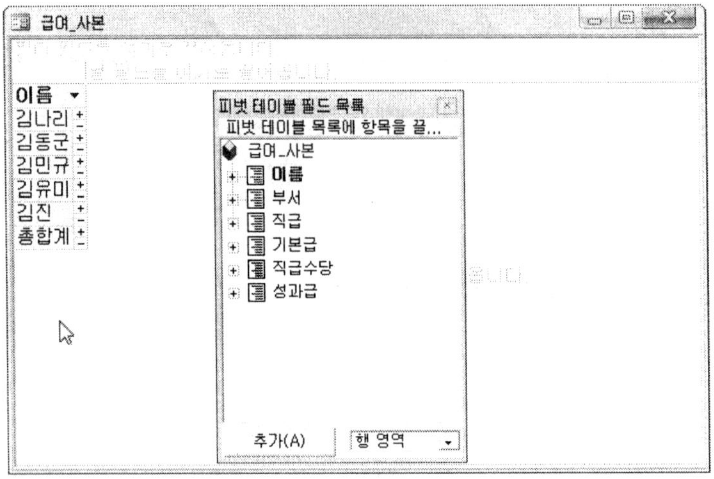

④ [피벗 테이블 필드 목록]에서 "기본급" 필드를 "작업창"의 "본문"에 드래그하여 등록한다.

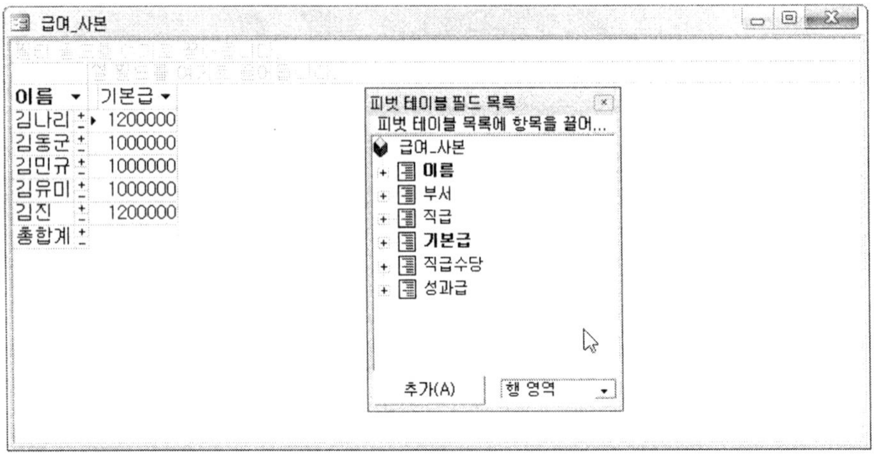

⑤ "직급수당"과 "성과급" 필드도 위와 같은 방법으로 드래그하여 작업창에 등록한다.

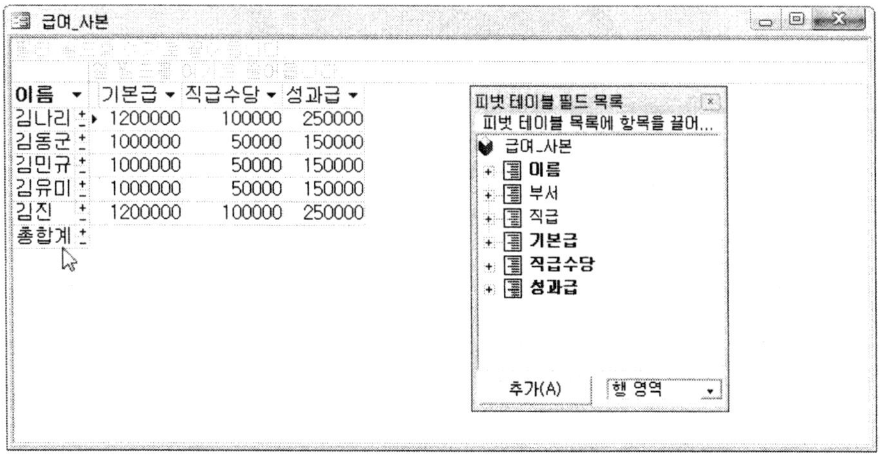

⑥ [폼 이름] 대화상자에 "급여_사본(피벗)"으로 등록한 후 [확인] 버튼을 선택한다.

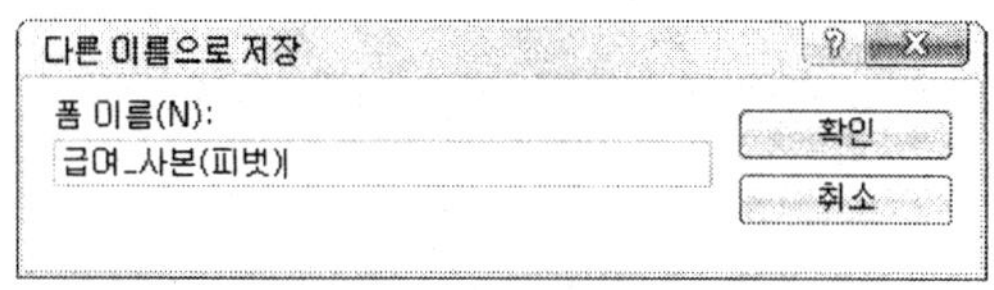

(5) 피벗 차트 자동 폼 만들기

피벗 차트 형식은 피벗 테이블 형식의 폼과 비슷한 기능을 수행한다. 데이터를 비교, 분석하기 위한 용도에 적합한데 필터나 계열, 범주, 데이터 영역의 필드를 정렬하여 차트 형태로 보여주므로 데이터를 시각적으로 표현이 가능하다.

① [새 폼]에서 [자동 폼 : 피벗 차트]를 선택하고, 테이블에서 "급여_사본"을 선택한 후 [확인] 버튼을 선택한다.

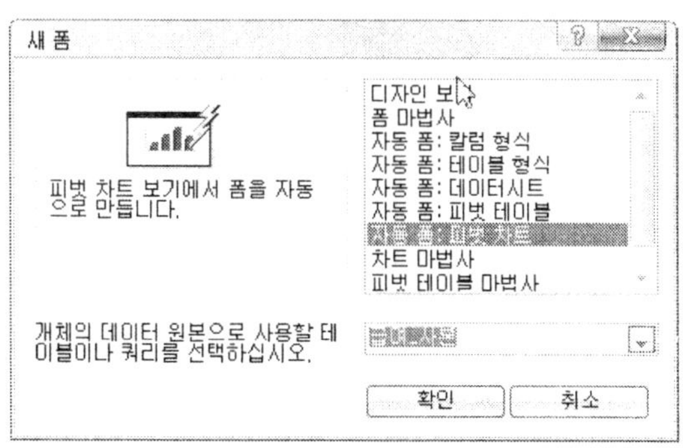

② [피벗 테이블] 작업창에서 [차트 필드 목록]의 "열 필드"에 이름을 드래그하여 등록한다.

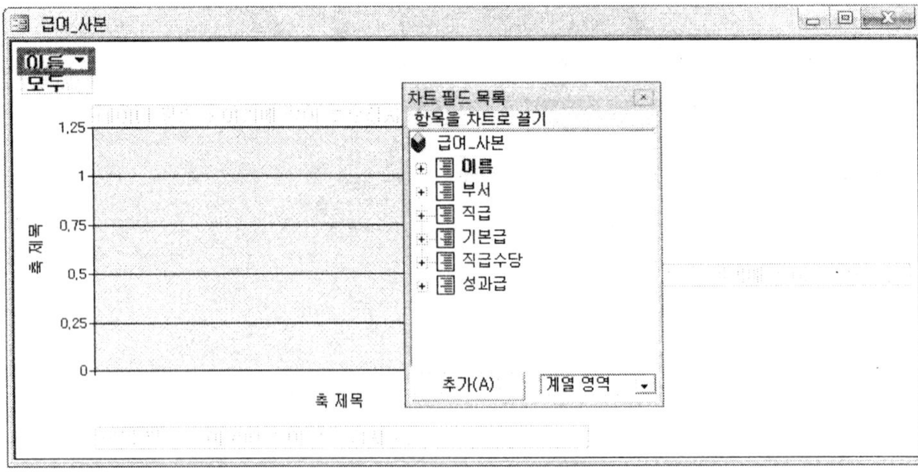

③ "Y축 제목"에 오른쪽 마우스를 선택한 후 [속성] 대화상자에서 [서식] 메뉴의 [캡션] 항목에 "금액"을 입력한다.

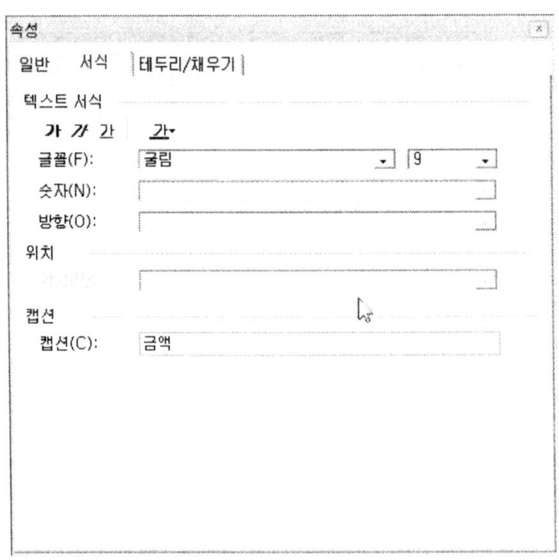

④ [데이터 필드] 영역에 [차트 필드 목록]의 "직급수당"과 "성과급"을 드래그하여 옮겨 놓는다.

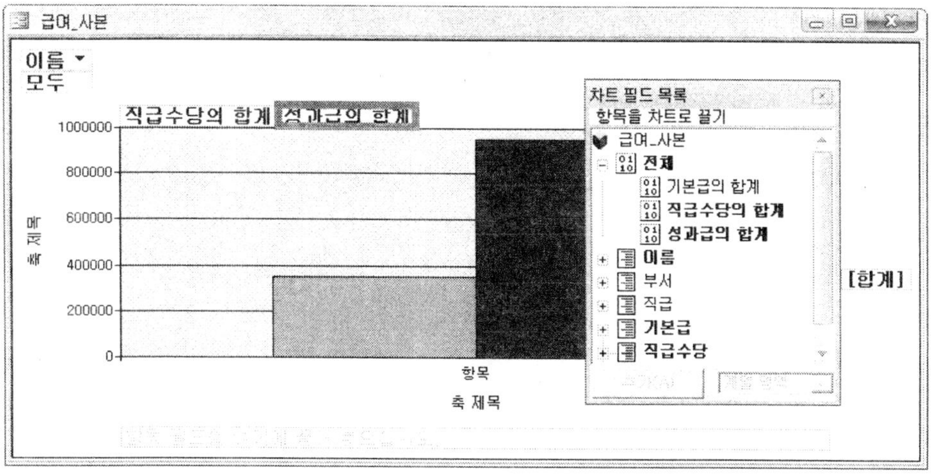

⑤ "X축 제목"에 오른쪽 마우스를 선택한 후 [속성] 대화상자를 선택한다.

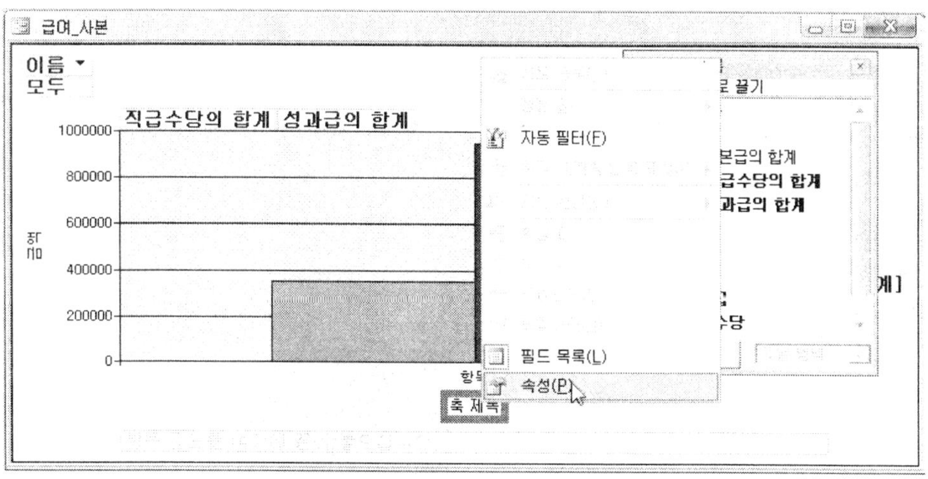

⑥ [속성] 메뉴에서 [서식] 메뉴의 [캡션] 항목에 "수당"을 입력한다.

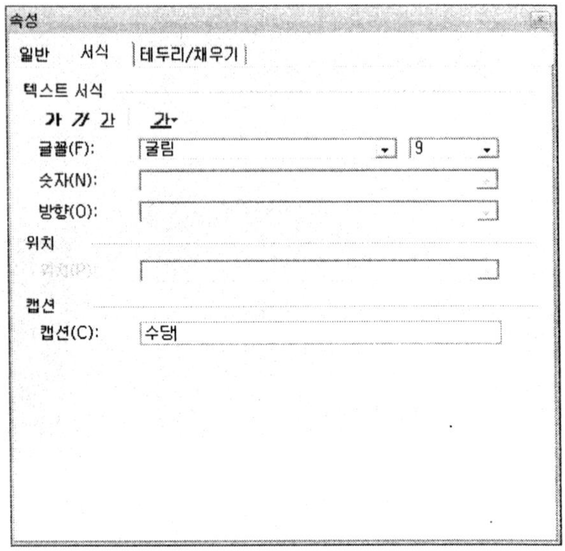

⑦ 위의 과정을 통하여 수정한 결과를 "급여_사본(피벗 차드)"로 저장한다.

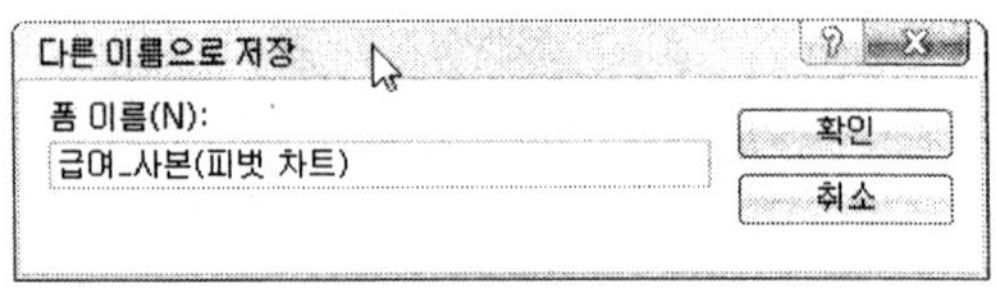

⑧ "급여_사본" 차트에서 "이름" 항목의 "김나리"를 선택하면 해당하는 레코드의 결과값만 화면에 출력된다.

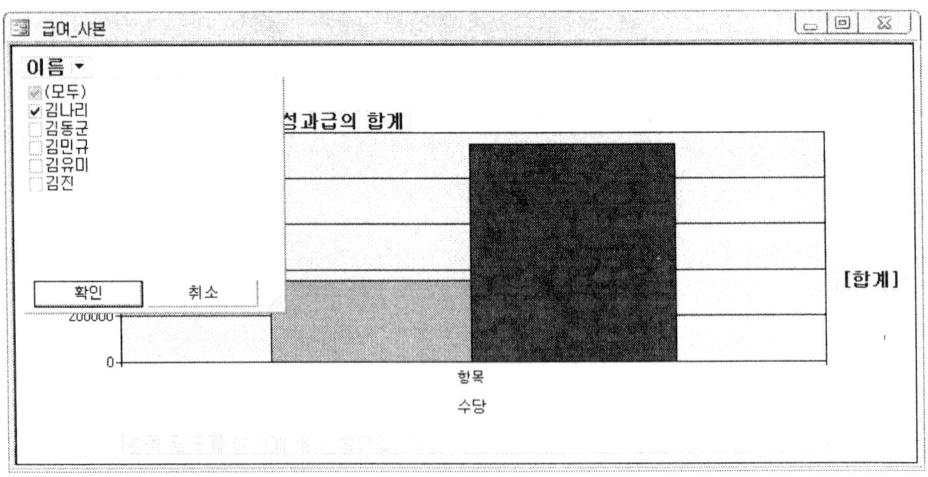

⑨ "급여_사본" 피벗 차드의 작업창에서 오른쪽 마우스를 선택하여 차트의 종류를 수정할 수도 있다.

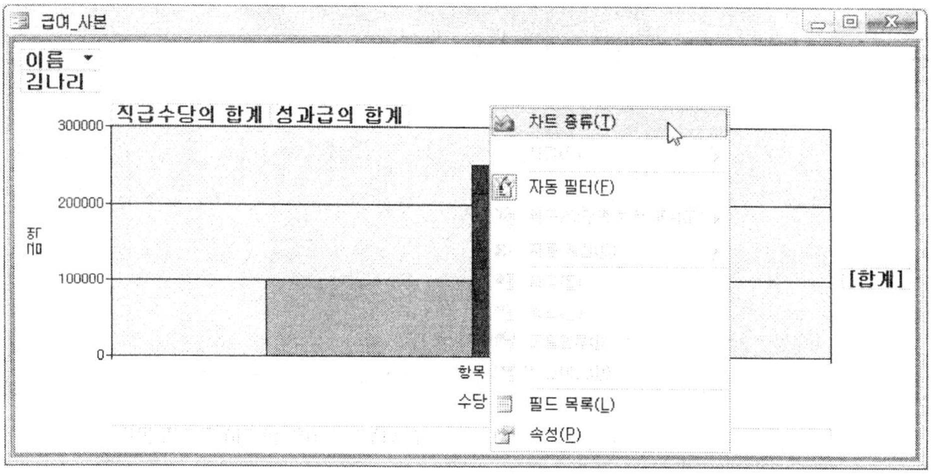

⑩ [속성] 메뉴에서 아래의 그림과 같은 항목을 이용해 차트를 디자인할 수 있다. 이 과정은 엑셀에서 다루는 [차트 마법사]와 동일한 과정을 거치게 된다.

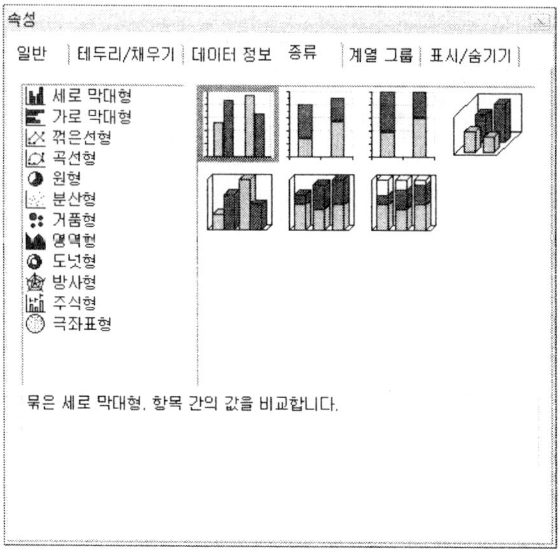

✎ 따라해보기

1 「비디오 대여」 데이터 베이스의 『고객』 테이블 입력 폼을 만들어보자.

① [폼]에서 [디자인 보기에서 새 폼 만들기]를 선택한 후 [새로 만들기(N)]을 선택한다. [새 폼] 대화상자에서 "폼 마법사"와 『고객』 테이블을 선택한 후 [확인] 버튼을 선택한다.

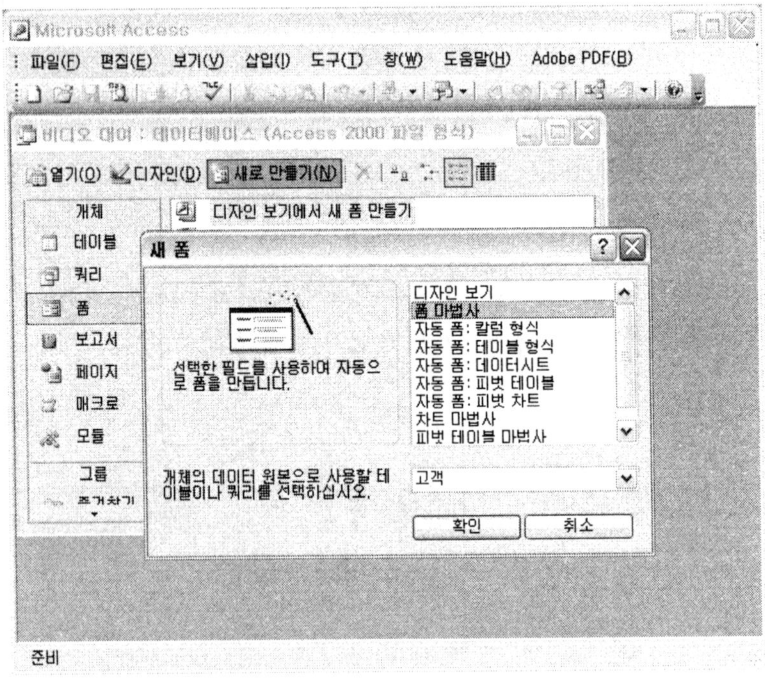

② [폼 마법사] 대화상자의 사용 가능한 필드의 전부를 [>>] 버튼을 클릭해 선택한 필드로 이동시킨 후 [다음] 버튼을 선택한다.

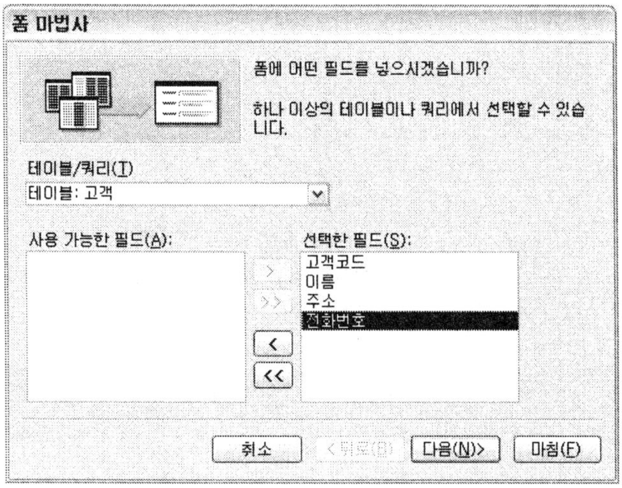

③ [폼 마법사] 대화상자에서 [◉ 컬럼 형식(C)]을 클릭한 후 [다음] 버튼을 선택한다.

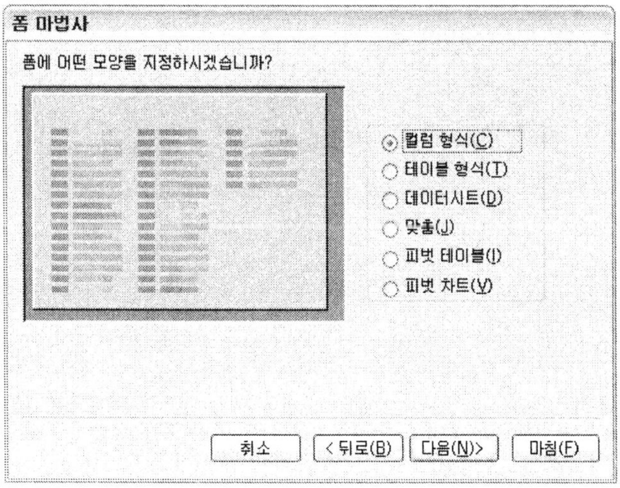

④ [폼 마법사] 대화상자에서 [표준]을 선택하고 [다음] 버튼을 선택한다.

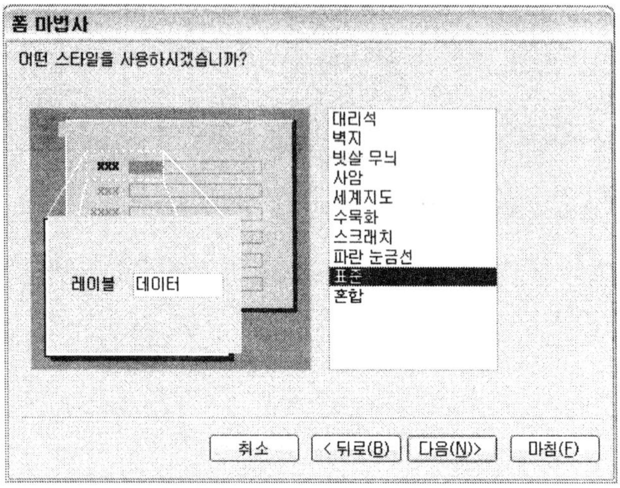

⑤ 폼에 대한 제목을 설정한 후 [마침]을 선택하여 『고객』 테이블의 폼 작성 작업을 마무리한다.

⑥ 『고객』 테이블의 폼을 확인해보자.

2 **『고객』 테이블과 『대여』 테이블을 관계를 이용하여 고객의 정보와 대여 정보를 동시에 입력할 수 있는 입력 폼을 만들어보자.**

① 『고객』 테이블과 『대여』 테이블의 모든 필드를 출력하는 선택 쿼리를 먼저 작성해야 한다. [쿼리]의 [디자인]을 선택하여 [테이블 표시] 대화상자에서 『고객』 테이블과 『대여』 테이블을 선택한 후 [추가] 버튼을 클릭하여 [Query1 : 선택 쿼리] 대화상자에 추가한 후 [닫기] 버튼을 클릭하여 [테이블 표시] 대화상자를 닫는다.

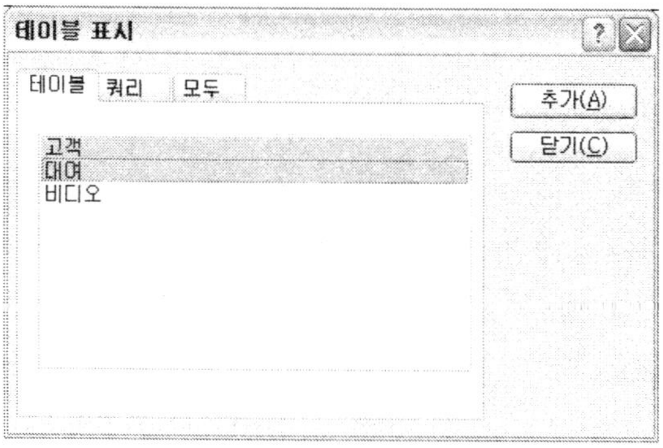

② [Query1 : 선택 쿼리] 대화상자의 [필드]에 『고객』 테이블과 『대여』 테이블의 필드를 선택한다. 이때 『대여』 테이블의 "고객코드" 필드는 『고객』 테이블의 "고객코드" 필드와 중복되므로 [Query1 : 선택 쿼리] 대화상자의 [필드]에 추가할 필요가 없다.

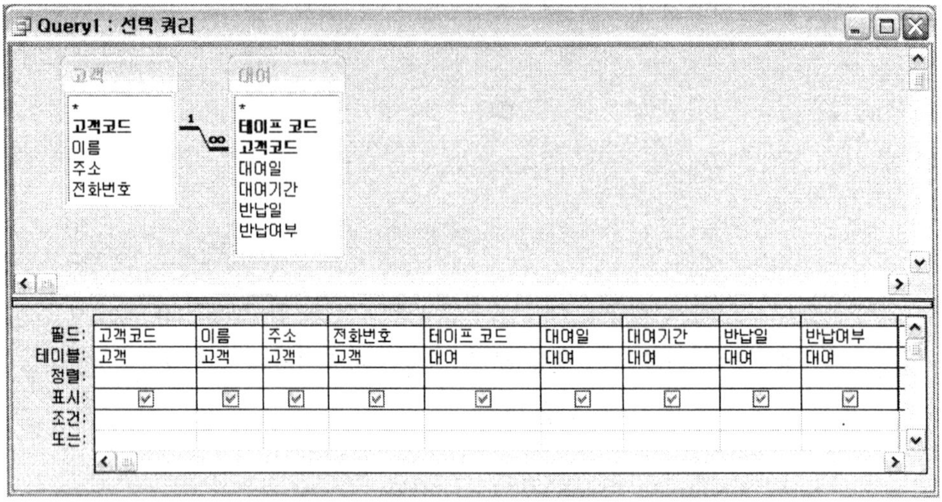

③ "고객대여"라는 이름으로 쿼리를 저장한다.

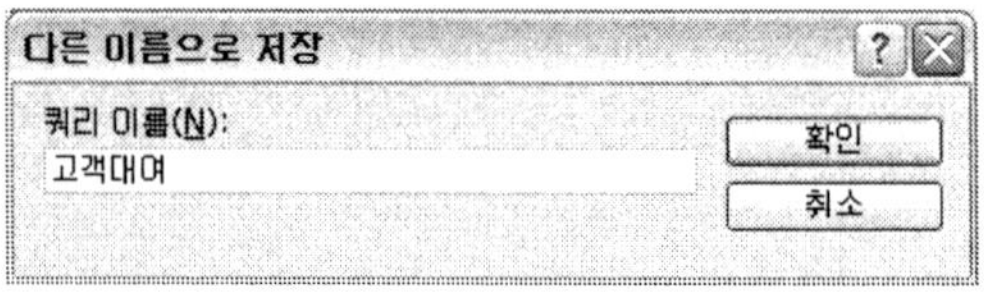

④ [폼]에서 [디자인 보기에서 새 폼 만들기]를 선택한 후 [새로 만들기(N)]을 선택하면 [새 폼] 대화상자가 출력된다. [새 폼] 대화상자에서 "폼 마법사"와 "고객대여" 쿼리를 선택한 후 [확인] 버튼을 선택한다.

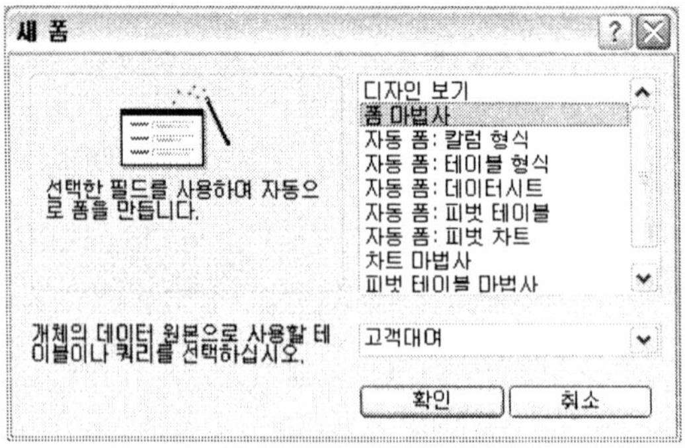

⑤ [폼 마법사] 대화상자에서 [사용 가능한 필드(A)]의 모든 필드를 [>>] 버튼을 클릭해 [선택한 필드(S)]로 이동시킨 후 [다음] 버튼을 선택한다.

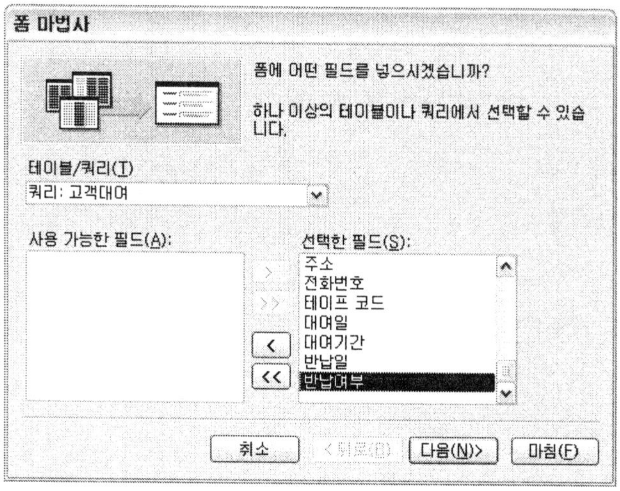

⑥ 두 개의 테이블을 연결한 쿼리로 폼을 디자인하므로 기준이 될 테이블을 선택해야 한다. [폼 마법사] 대화상자에서 [기준-고객]와 [◉ 하위 폼이 있는 폼(S)]를 선택한 후 [다음] 버튼을 클릭한다.

여기서 말하는 하위 폼은 대부분 두 개의 테이블을 연결하였을 경우에 사용하는 것으로 폼 안에 작은 폼을 말한다.

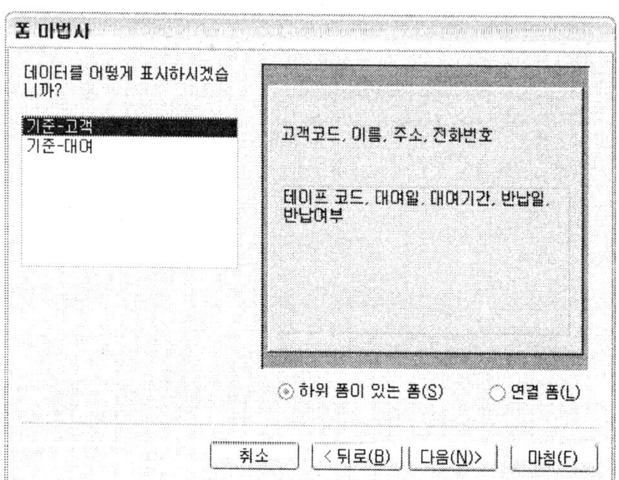

⑦ 대부분 하위 폼은 "데이터 시트"형식을 사용하므로 [폼 마법사] 대화상자에서 하위 폼을 [◉ 데이터 시트(D)]를 선택하고 [다음] 버튼 클릭한다.

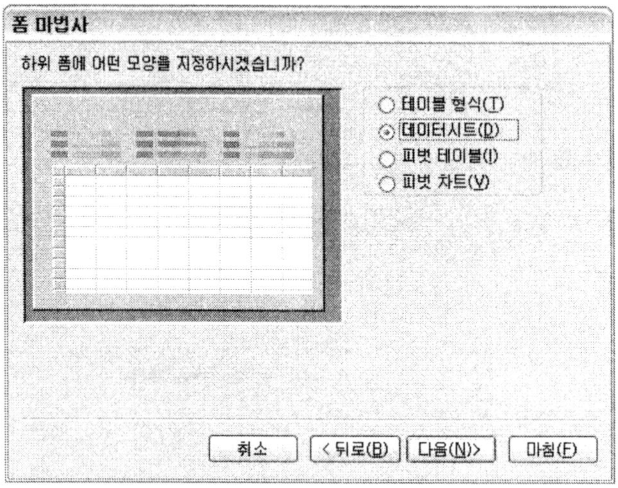

⑧ 폼의 형식을 [표준]으로 선택하고 [다음] 버튼을 클릭한다.

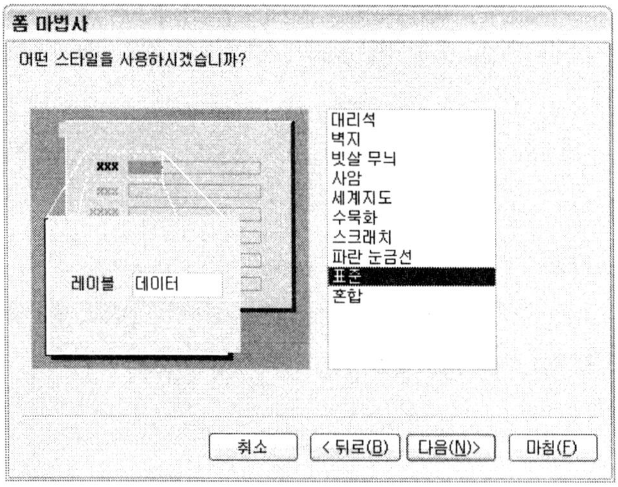

⑨ 작성한 폼을 저장할 이름으로 "고객대여", "대여하위폼"으로 입력하고, [마침] 버튼을 선택하여 "고객대여" 폼 작성을 마무리한다.

⑩ 작성된 "고객대여" 폼을 확인해보자. 『고객』 테이블과 『대여』 테이블의 내용을 동시에 볼 수 있으며, 기준을 『고객』 테이블로 하였기 때문에 『대여』 테이블이 하위 폼에 출력된다. 현재 고객코드가 "cu001"인 고객은 비디오를 대여하지 않기 때문에 하위 폼에 내용이 없다.

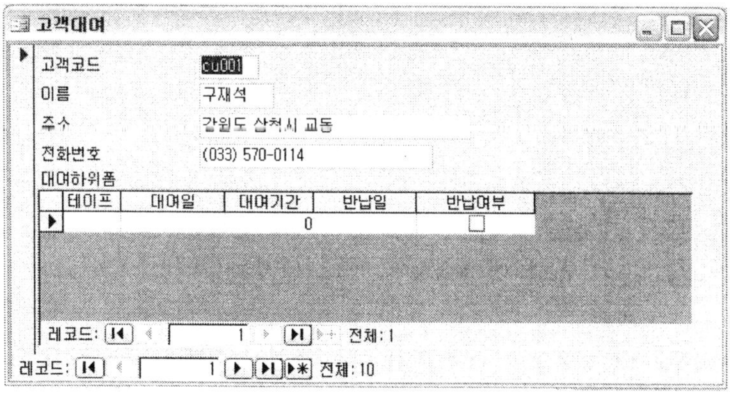

⑪ [고객대여] 대화상자의 맨 하단의 ▶ 버튼을 클릭해 고객코드가 "cu002"인 고객으로 이동해보면 하위폼에 "cu002"인 고객의 대여정보가 출력된다.

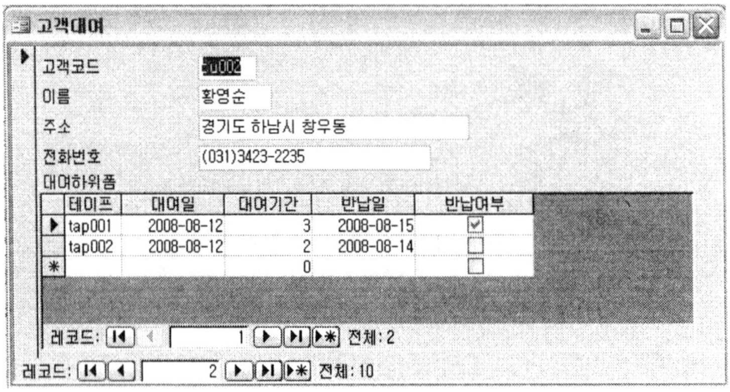

⑫ [고객대여] 대화상자의 맨 하단의 ▶* 을 클릭해 『고객』 테이블과 『대여』 테이블에 새 레코드를 추가해보자.

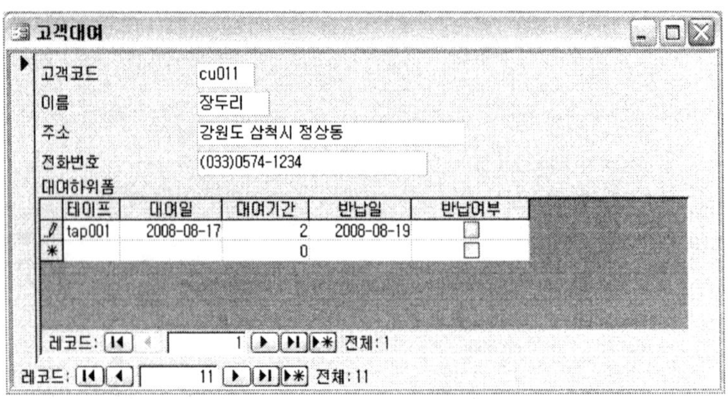

⑬ [테이블]의 『고객』 테이블을 더블클릭하여 『고객』 테이블의 레코드를 출력해 새 레코드 추가가 잘 되었는지 확인해보자. 맨 마지막에 고객코드가 "cu011"인 고객 정보가 입력되었음을 알 수 있으며, "cu011"의 앞 ⊞를 클릭해 『대여』 테이블에도 고객코드가 "cu011"인 고객의 대여 정보가 입력되었음을 알 수 있다.

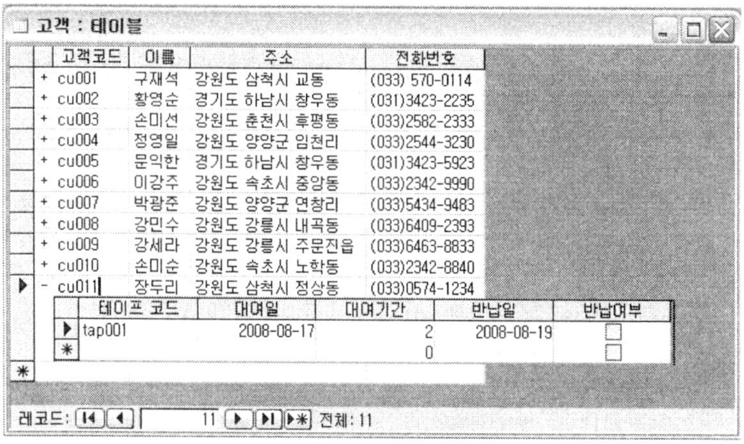

4.1.3 디자인 보기로 폼 만들기

자동 폼이나 마법사를 이용하는 방법은 사용자에게 편의성을 제공하지만 사용자가 직접 폼을 디자인할 수 없다. [디자인 보기]는 사용자가 직접 폼을 디자인할 때 사용하는 방법으로, 자동 폼이나 마법사를 이용하여 만들었을 때 폼을 사용자의 요구에 맞게 수정하기 위하여 사용하기도 한다.

Access를 이용하여 많은 프로그램을 완성한 중급 이상의 사용자라면 수동적 방법인 [디자인 보기]를 선택하는 편을 권장한다.

디자인 보기를 통한 폼을 제작하기 위한 [도구모음 옵션] 대화상자에 대한 도구의 설명은 다음과 같다.

컨트롤	이름	설 명
	개체 선택	개체를 선택할 때 사용한다.
	컨트롤 마법사	컨트롤을 새로 만들 때 마법사 기능을 이용할 수 있도록 한다.
가나	레이블	보통 제목을 작성할 때 사용하는 아이콘으로 고정되어 있는 텍스트, 즉 각종 제목이나 컨트롤 캡션을 만들 때 사용한다.
가나	텍스트 상자	하나의 검색된 데이터를 화면에 표시하거나, 데이터를 테이블에 입력하는데 사용하므로 사용자가 값을 직접 입력할 수 있는 공간으로 사용한다.

	옵션 그룹	공통 항목이 흩어져서 보이지 않도록 묶어서 보여주는 데 사용하며, 주로 옵션 버튼과 전환 버튼을 작성하는데 사용한다.
	토글 단추	2개 항목 중 한 가지를 선택하도록 하기 위해 사용한다.
	옵션 단추	여러 항목 중 한 가지를 선택하도록 하기 위해 사용한다.
	확인 단추	여러 항목 중 필요한 항목을 선택할 때 사용한다.
	콤보 상자	선택할 수 있는 목록을 보여줄 때 사용한다. 확장 버튼을 선택하기 전에는 기본값만 나타나기 때문에 폼 공간에 여유가 없는 경우 사용하면 편리하다.
	목록 상자	선택할 수 있는 목록을 보여주는 데 사용한다. 일정양의 항목을 보여주므로, 어느 정도 공간의 여유가 있을 때 사용한다.
	명령 단추	명령을 수행할 수 있도록 한다. 예, 아니오, 취소 등의 명령을 수행시킬 때 사용한다.
	이미지	이미지를 불러와 화면에 출력할 수 있도록 한다.
	독립 개체 틀	다른 응용 프로그램의 OLE 개체를 불러와 사용할 수 있도록 한다. 단, 테이블의 필드와 연결되어 있지 않으므로 레이아웃용으로만 사용 가능하다.
	연결 개체 틀	테이블에 저장된 OLE 데이터를 사용할 수 있도록 한다.
	페이지 나누기	페이지를 나눌 때 사용한다.
	탭	탭 형식 폼이나 대화상자를 만들 때 사용한다. 또한, 노트보기라고도 정의한다.
	하위 폼/하위 보고서	폼에 다른 테이블 데이터를 하위 폼이나 보고서로 나타낼 때 사용한다.
	선	선을 그릴 때 사용한다.
	직사각형	직사각형을 그릴 때 사용한다.
	기타 컨트롤	기본 컨트롤 이외의 다른 컨텐츠를 사용할 수 있도록 지원해 준다.

『급여 관리』 테이블을 이용하여 위의 컨트롤 도구를 이용하여 [회사 급여 관리]폼을 완성해 보자.

① 폼 메뉴에서 [디자인 보기]를 선택한 후 『급여 관리』 테이블을 선택하고 [확인] 버튼을 클릭한다. 이때, 『급여 관리』 테이블을 선택하지 않은 경우에는 다음 단계에 『급여 관리』 테이블이 화면에 나타나지 않으므로 반드시 해당 테이블이나 쿼리 테이블을 선택해야 한다.

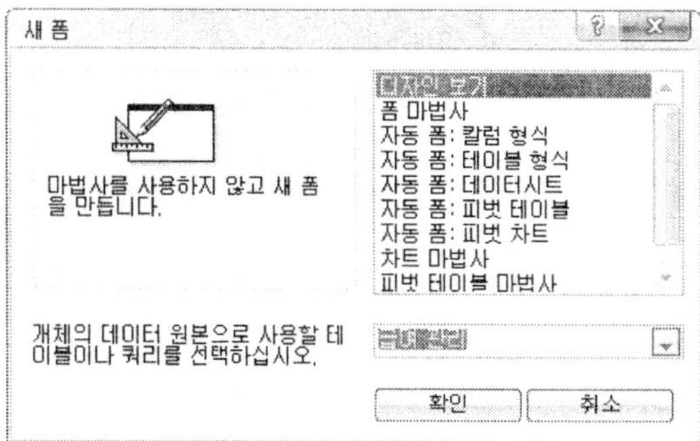

② [폼]의 [디자인 보기]는 [폼 편집] 대화상자와 [테이블] 대화상자, [도구모음 옵션] 대화상자가 기본적으로 나타나게 된다.

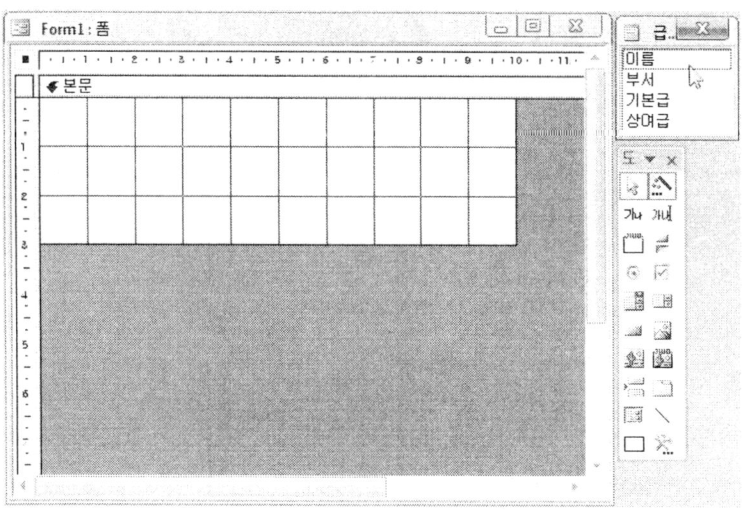

③ [본문] 작업창이 작거나 큰 경우 마우스로 좌측아래를 드래그하여 확장 및 축소가 가능하다.

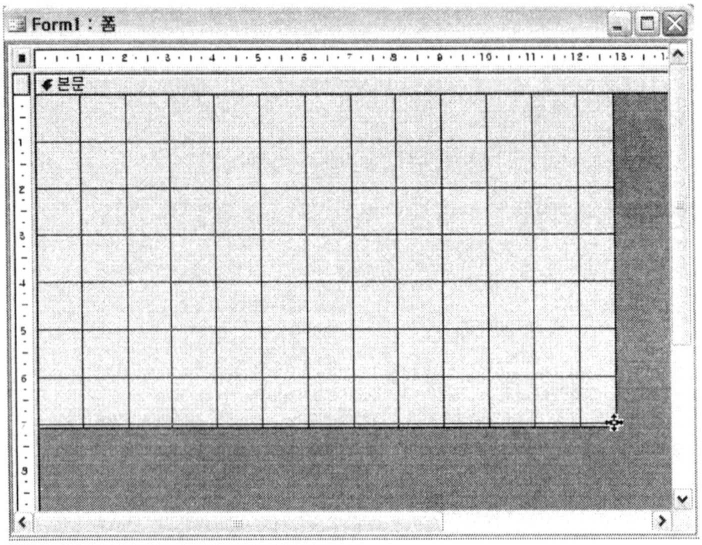

④ [보기] 메뉴에서 [페이지 머리글/바닥글(A)]를 선택하여 페이지 머리글이나 페이지 바닥글을 폼에 추가한다. 페이지 머리글과 페이지 바닥글은 폼을 인쇄할 경우에만 볼 수 있다.

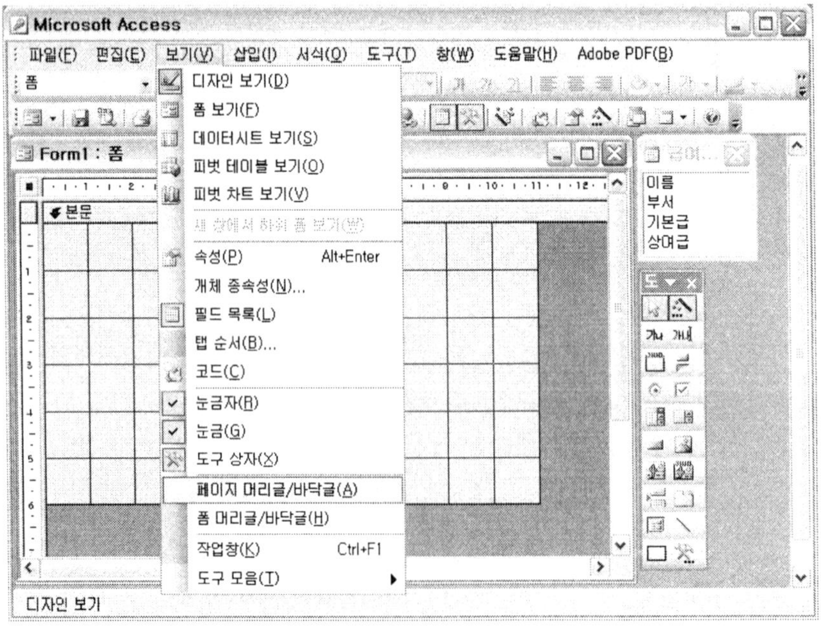

⑤ [페이지 머리글/바닥글(A)]을 선택하면 [Form1 : 폼] 대화상자에 페이지 머리글/바닥글이 추가된다.

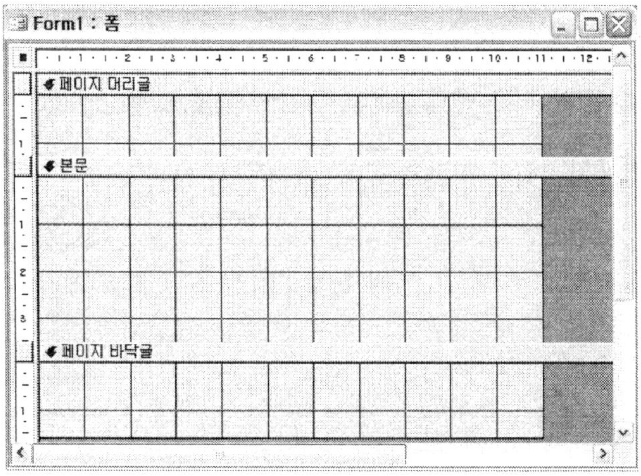

⑥ [보기] 메뉴에서 [폼 머리글/바닥글(H)]을 선택한다. 폼 머리글과 바닥글은 폼의 본문과 또 다른 역할을 수행한다. 예를 들어, 날짜 및 시간을 화면에 출력하기도 하지만 폼의 제목, 테이블과 관련된 저장, 취소, 삭제, 종료 등의 버튼 속성을 디자인할 수도 있으며, 사용자가 추가로 디자인하고자 하는 내용을 입력할 수 있는 환경을 제공해 준다.

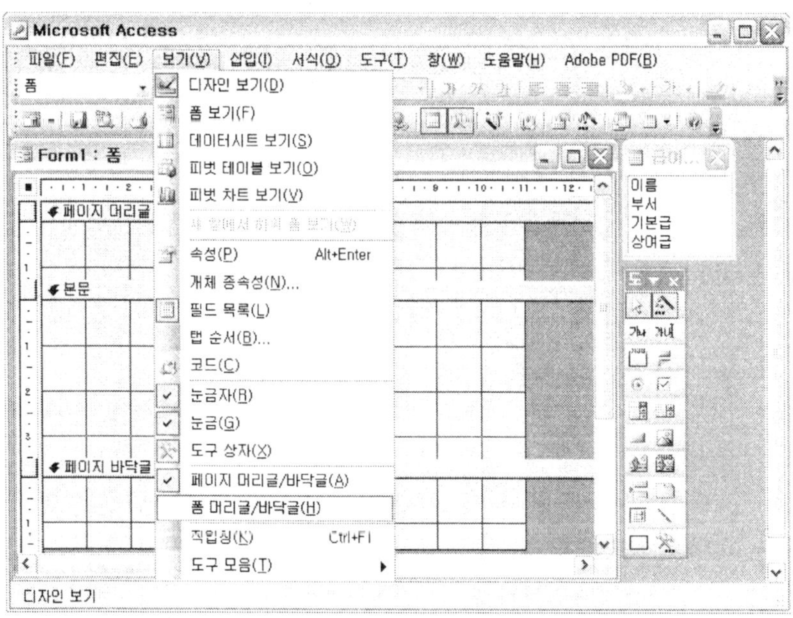

⑦ [보기] 메뉴에서 [폼 머리글/바닥글(H)]을 선택하면 [Form1 : 폼] 대화상자에 폼 머리글/바닥글이 추가된다.

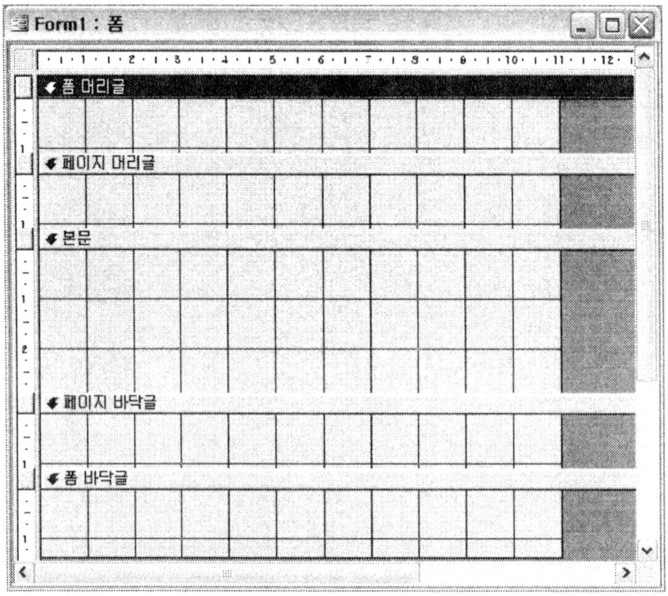

⑧ [도구모음 옵션]을 이용하여 [레이블(가나)]을 이용하여 [폼 머리글] 영역에 드래그한다.

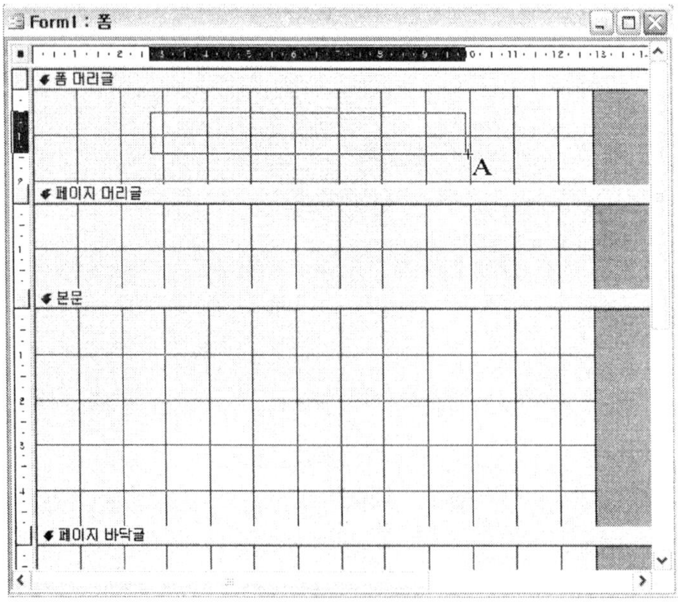

⑨ "회사 급여 관리"라고 텍스트를 입력한다.

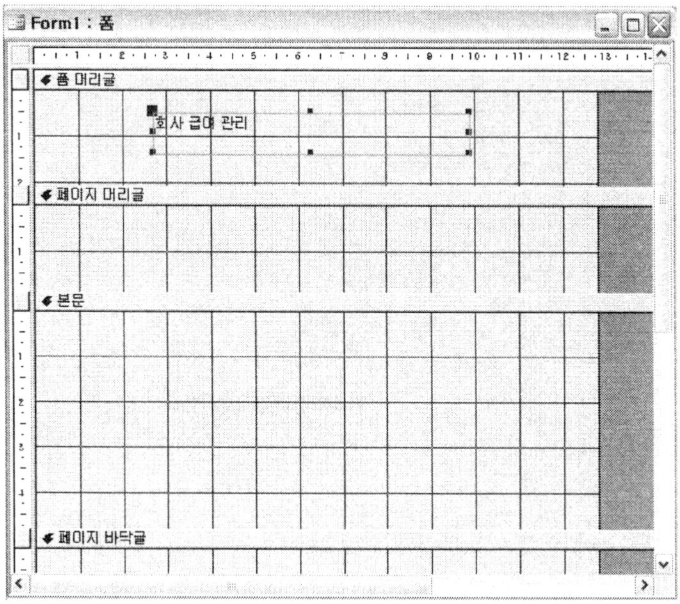

⑩ Access 서식(폼/보고서) 메뉴에서 을 선택하여 [레이블] 속성 대화상자에서 "문자색", "글꼴 크기", "텍스트 맞춤" 등을 아래의 그림과 같이 조정한다.

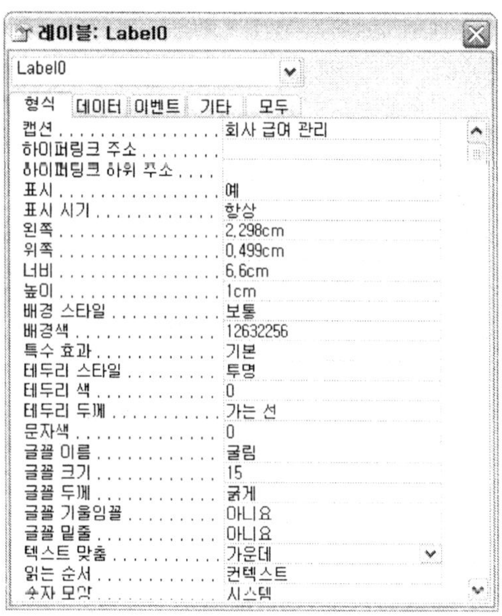

⑪ "특수 효과"를 [오목]으로 지정함으로써 레이블의 스타일을 정의한다.

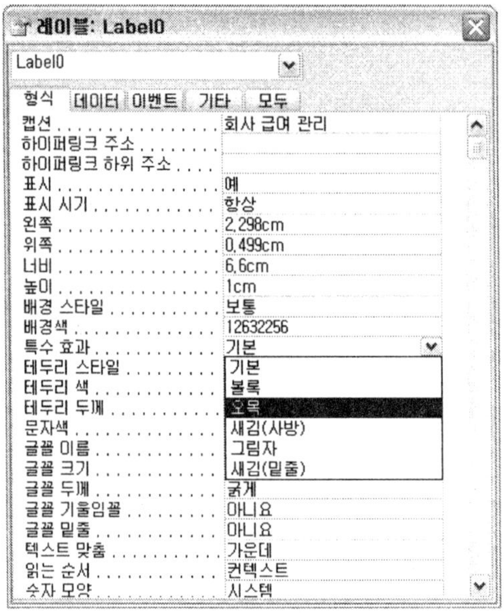

⑫ 레이블의 [배경색]을 아래와 같이 설정함으로써 [폼 머리글]의 레이블의 디자인을 마친다. 현재는 간단한 예를 중심으로 디자인하지만, Access에 대하여 많은 학습을 통한 후에는 [도구모음 옵션]의 많은 속성을 이용하여 최적화된 디자인을 만들 수 있다.

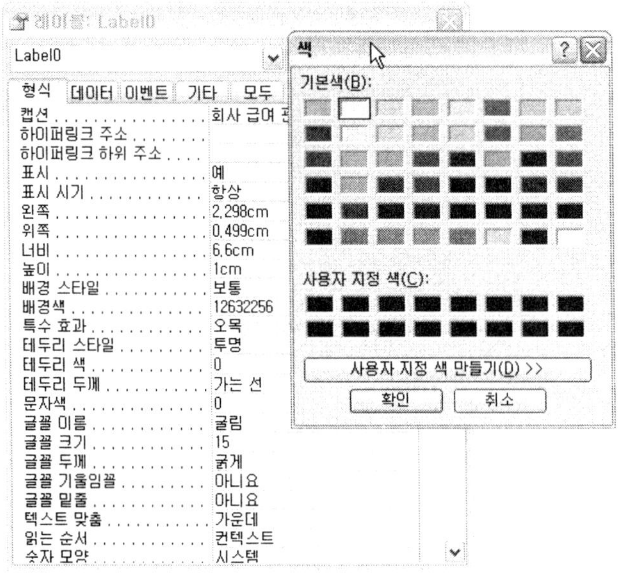

⑬ [폼 머리글]에 "회사 급여 관리"로 폼 디자인한 결과를 확인해보자.

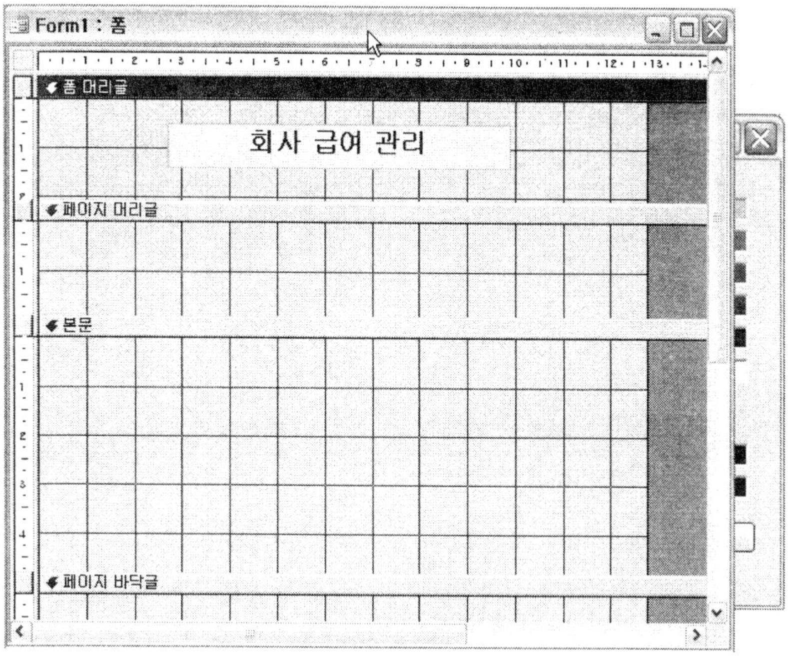

⑭ 폼 디자인을 "회사 급여 관리"로 저장한다.

⑮ [회사 급여 관리 : 폼]의 페이지 머리글에 페이지 번호를 삽입해보자. [삽입] 메뉴에서 [페이지 머리글]에 입력하기 위한 "페이지 번호(U)]를 선택한다.

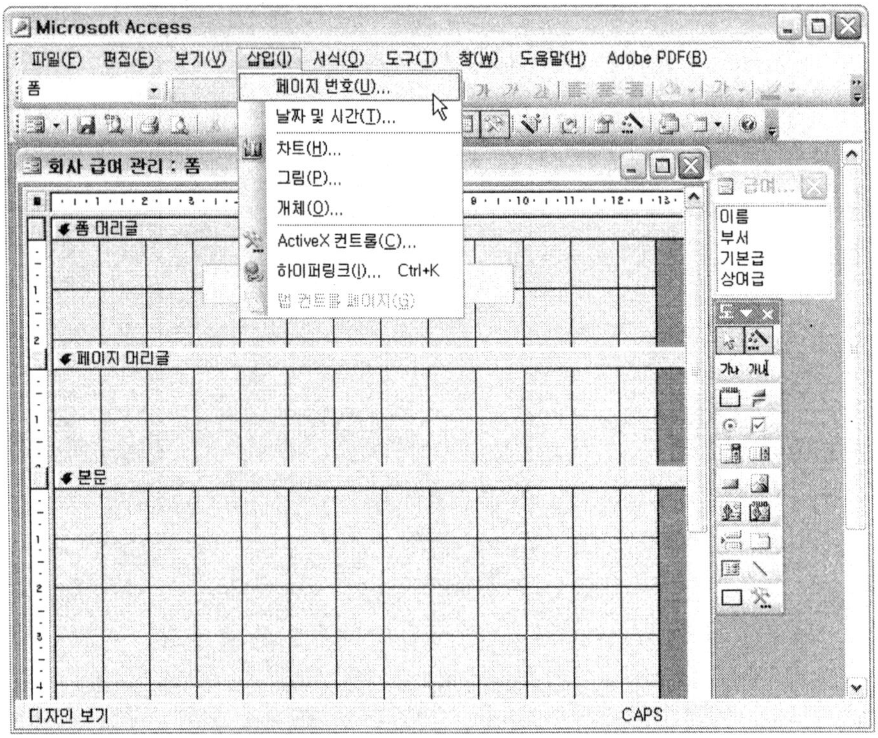

⑯ [페이지 번호] 대화상자에서 형식의 항에는 "N 페이지(N)", 위치 항에는 "페이지 위쪽[머리글](T)"을 선택, 맞춤은 [오른쪽]으로 선택한 후 [확인] 버튼을 선택하여 [페이지 머리글]에 페이지 번호를 삽입한다.

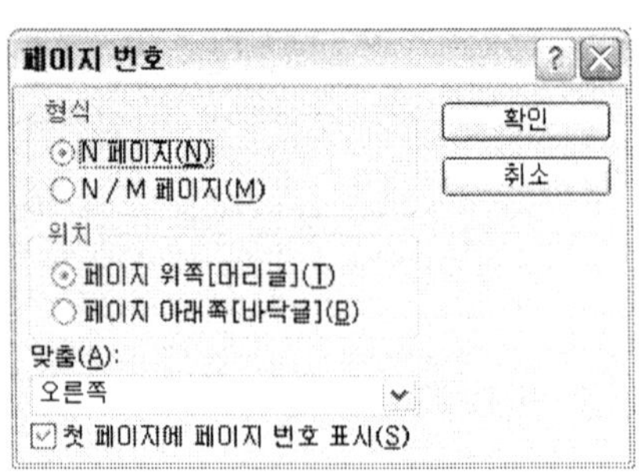

⑰ [페이지 머리글]에 페이지 번호가 등록된 것을 확인해보자.

⑱ 대체적으로 [폼 바닥글]에는 [날짜 및 시간(T)]을 설정한다. [삽입] 메뉴의 [날짜 및 시간(T)]을 선택하여 [폼 바닥글]에 [날짜 및 시간(T)]을 삽입해보자.

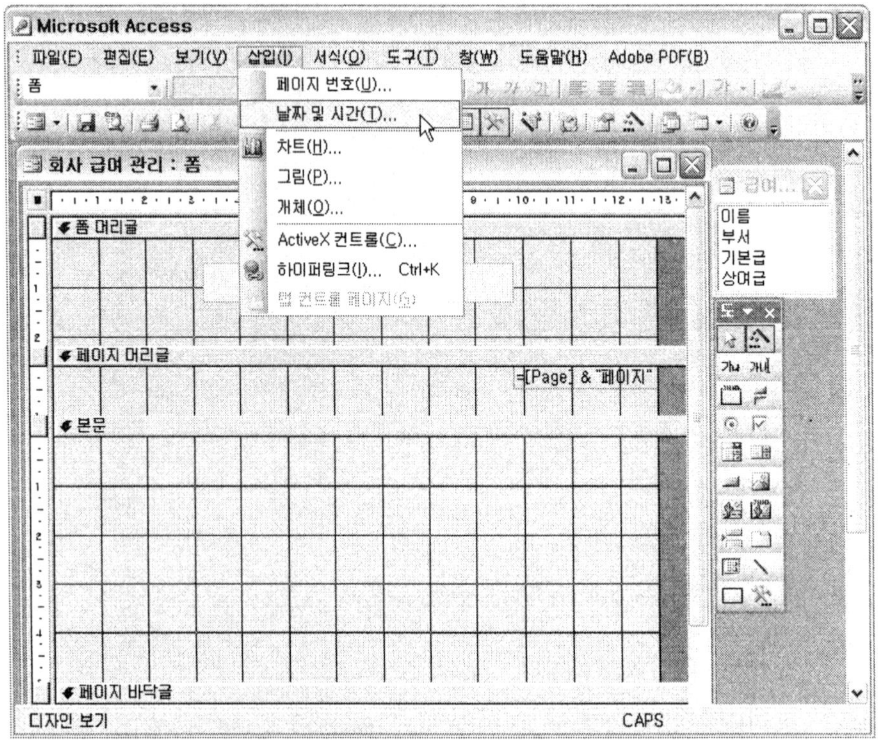

⑲ [날짜 및 시간] 대화상자를 통하여 아래와 같은 옵션을 선택한 후 [확인] 버튼을 선택한다.

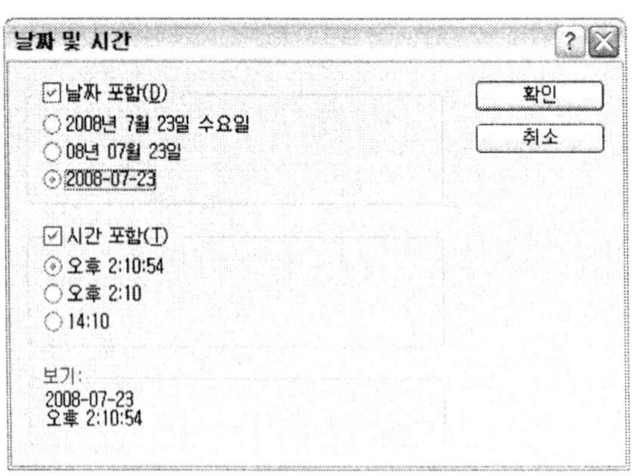

⑳ [페이지 머리글]에 [날짜 및 시간]이 등록되므로 날짜와 시간을 드래그하여 [폼 바닥글]로 이동시킨다.

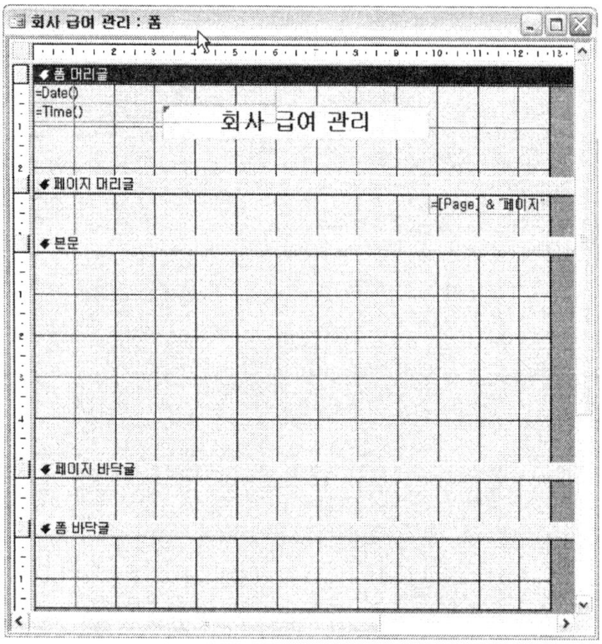

㉑ [폼 바닥글]에 날짜와 시간이 잘 옮겨졌는지 확인해보자.

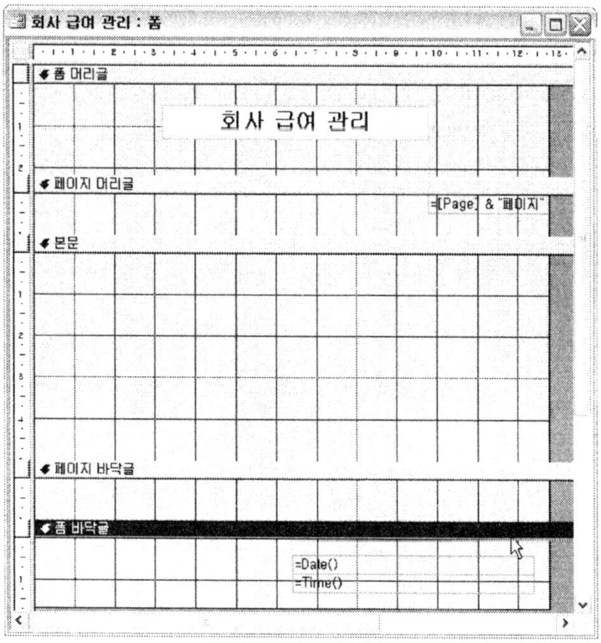

㉒ [폼 바닥글]에 삽입한 날짜와 시간의 글자색을 파란색으로 지정해보자. 이 단계 역시 사용자의 취향에 따라 원하는 속성을 정의할 수 있다.

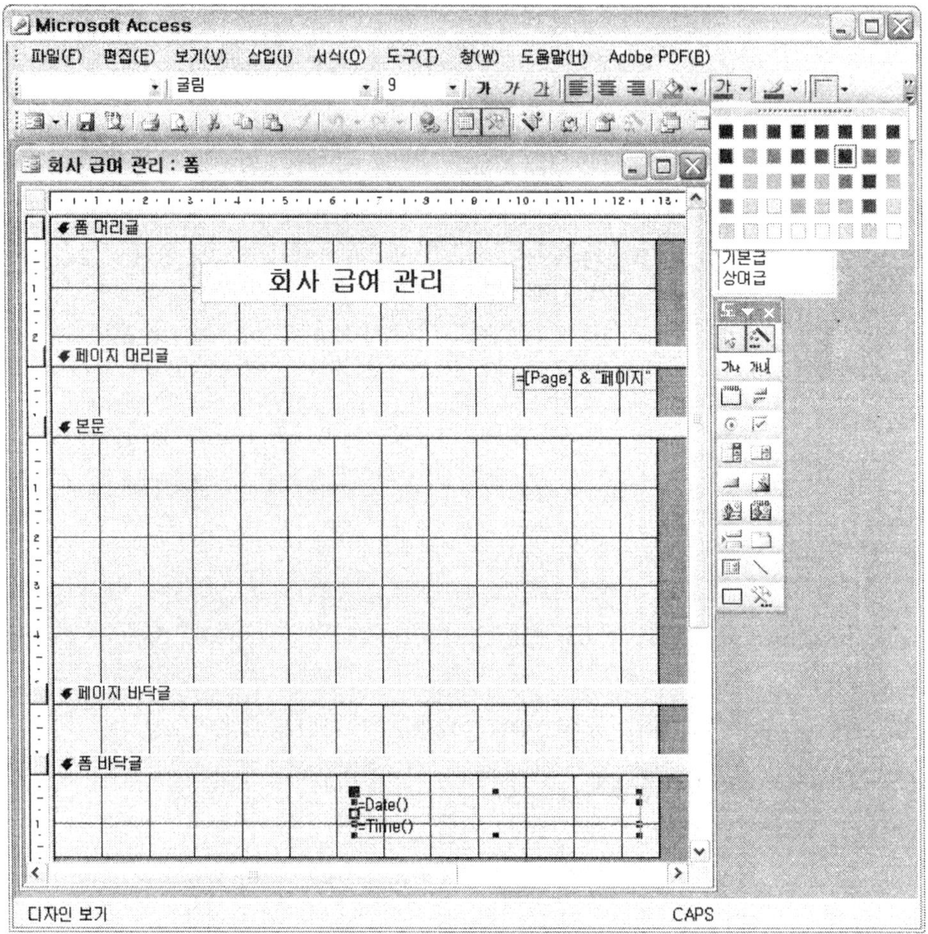

㉓ 『급여 관리』 테이블의 필드들을 모두 선택하여 [본문] 편집창에 드래그하여 『급여 관리』 테이블의 모든 필드들을 [본문] 편집창에 추가시킨다.

㉔ 현재의 단계에서 [폼 보기]메뉴를 선택하여도 필드마다의 레코드 데이터 열람이 가능하다. [마법사]를 이용하는 경우에는 모든 폼 디자인이 자동으로 작성되므로 사용자가 필요할 때마다 해당 필드를 선택하여 편집할 수 있다.

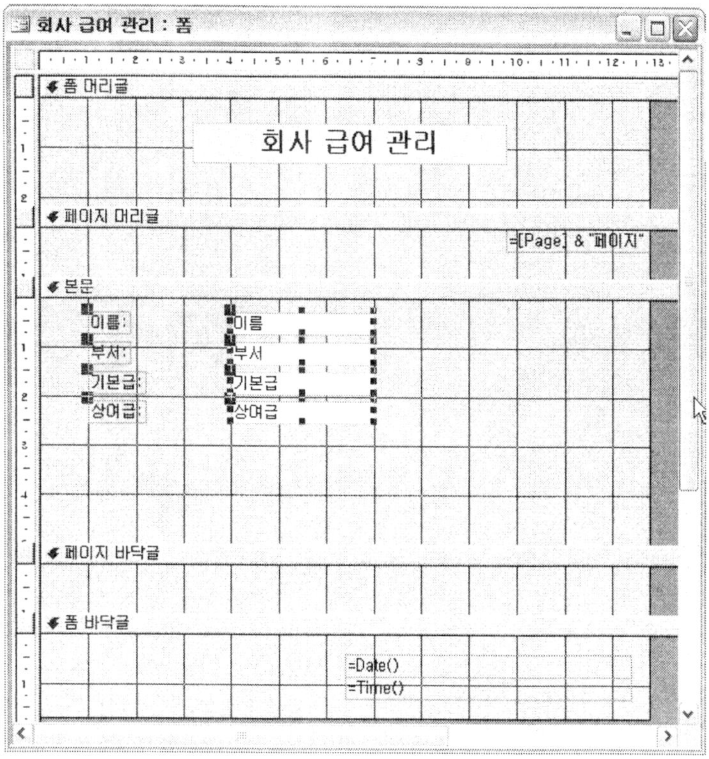

㉕ [도구모음 옵션]에서 "명령 단추" 속성을 이용하여 레코드의 이동 및 편집할 수 있는 명령 단추를 [회사 급여 관리 : 폼] 본문에 추가할 수 있다. [회사 급여 관리 : 폼] 대화상자의 [본문]에 레코드 탐색 명령 단추를 추가해보자. [도구모음 옵션]에서 [명령 단추]를 선택한 후 [본문]의 적당한 위치에서 드래그하여 명령 단추를 생성한다.

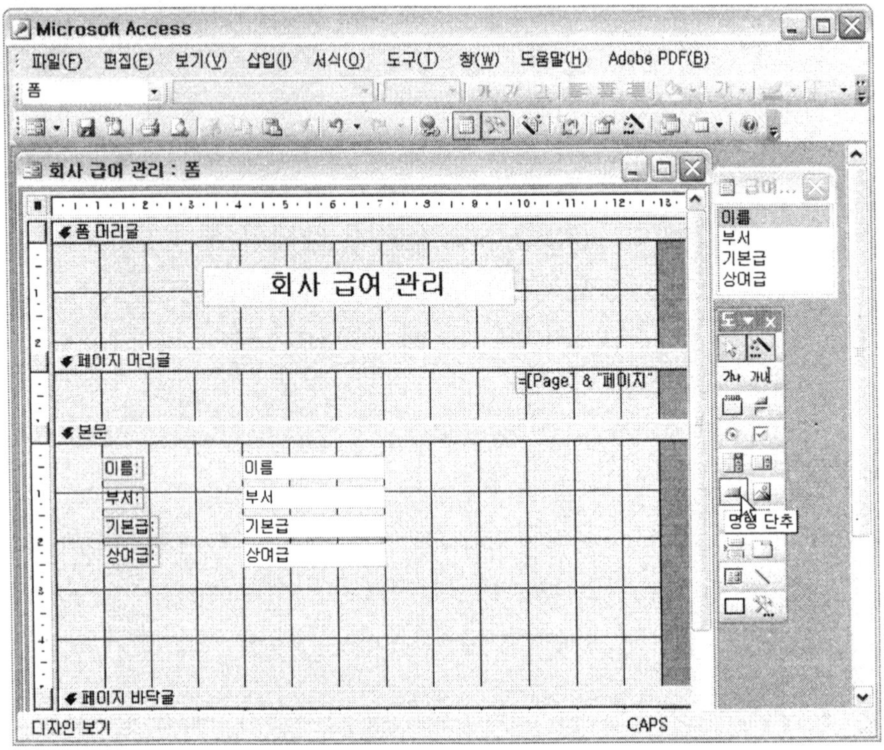

㉖ [명령 단추 마법사] 대화상자의 "종류"에서 [레코드 탐색]을 선택하고 [매크로 함수(A)]에서 "첫 레코드로 이동"을 선택한 후 [다음] 버튼을 클릭하여 다음 단계로 이동한다.

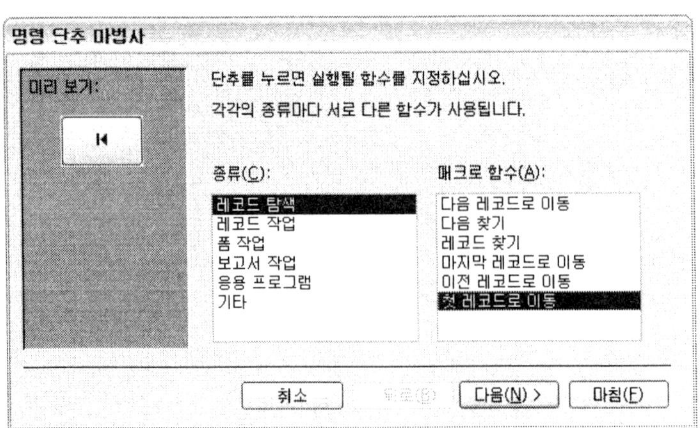

㉗ [텍스트(T)]를 선택하여 명령 단추에 원하는 문자를 사용자가 직접 입력하거나, [그림(P)]을 선택하여 리스트 중에서 원하는 리스트를 선택하여 명령 단추에 그림을 추가할 수 있다. 그림을 선택할 경우 [미리 보기] 대화상자의 이미지를 보며 판단할 수 있다. [그림(P)]를 선택하고 리스트 중에서 "처음으로 이동 2"를 선택한 후 [다음] 버튼을 클릭하여 [명령 단추 마법사]의 마지막 단계로 이동한다.

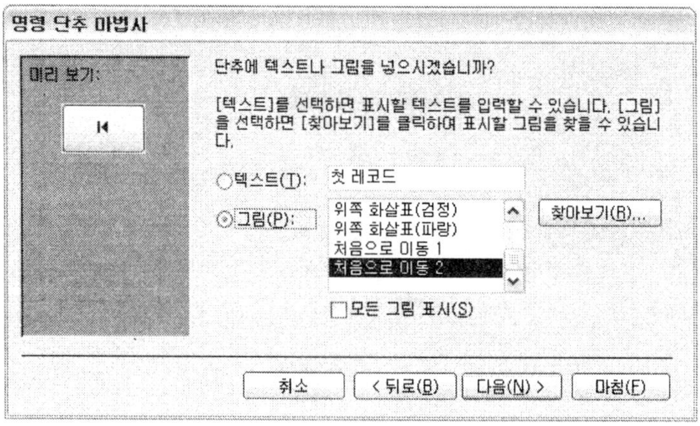

㉘ 명령 단추의 이름을 지정하고 [마침(F)]을 선택하여 [명령 단추 마법사] 대화상자를 닫는다.

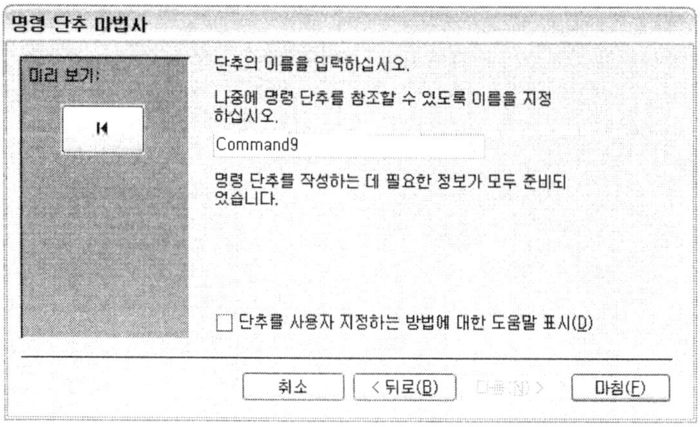

㉙ [명령 단추 마법사]의 [종류(C)]에서 [레코드 탐색]을 선택하고, [매크로 함수(A)]에서 [이전 레코드로 이동]을 선택하여 이전 레코드로 이동시킬 수 있는 명령 단추를 [본문]에 추가한다.

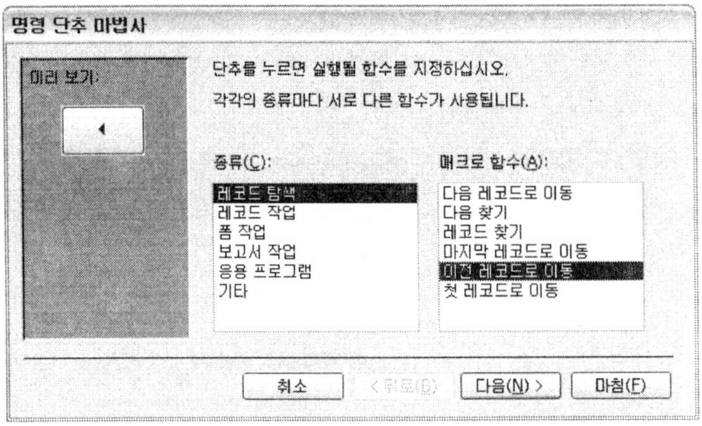

㉚ [명령 단추 마법사]의 [종류(C)]에서 [레코드 탐색]을 선택하고, [매크로 함수(A)]에서 [레코드 찾기]를 선택하여 레코드를 검색할 수 있는 명령 단추를 [본문]에 추가한다.

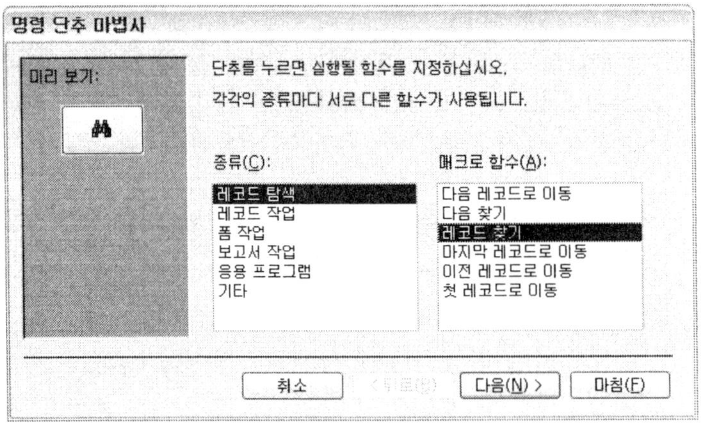

㉛ [명령 단추 마법사]의 [종류(C)]에서 [레코드 탐색]을 선택하고, [매크로 함수(A)]에서 [다음 레코드로 이동]를 선택하여 다음 레코드로 이동할 수 있는 명령 단추를 [본문]에 추가한다.

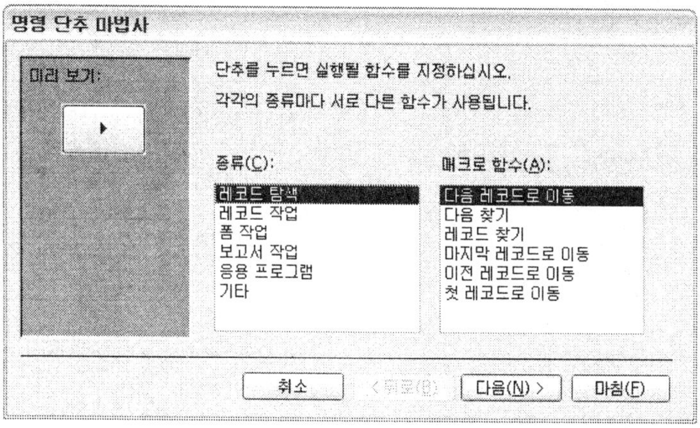

㉜ [명령 단추 마법사]의 [종류(C)]에서 [레코드 탐색]을 선택하고, [매크로 함수(A)]에서 [마지막 레코드로 이동]를 선택하여 마지막 레코드로 이동할 수 있는 명령 단추를 [본문]에 추가한다.

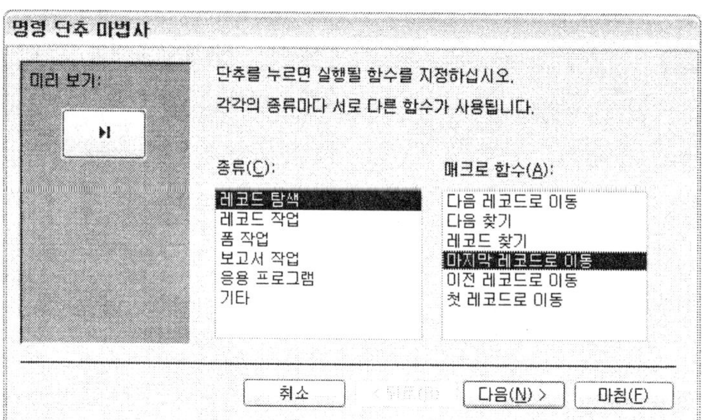

㉝ 생성된 명령 단추의 크기가 같지 않고 위치가 정렬되어 있지 않으므로, 명령 단추의 크기 조정 및 위치를 정렬을 수행할 수 있다. 모든 버튼을 마우스로 드래그하거나 Shift와 원하는 버튼을 선택한 후에 오른쪽 마우스의 [크기] 메뉴의 [눈금에 맞춤]을 선택하여 일정한 크기로 버튼의 크기를 조정한다.

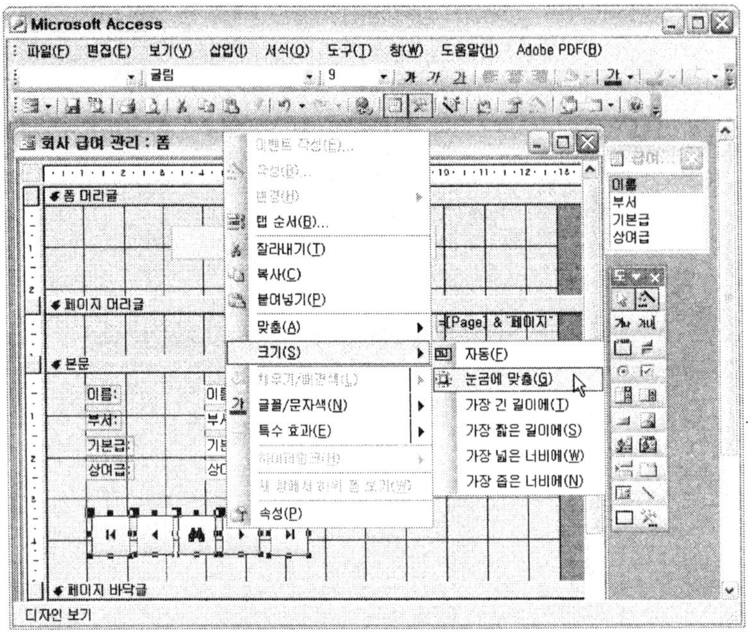

㉞ 모든 버튼을 마우스로 드래그하거나 Shift와 원하는 버튼을 선택한 후에 오른쪽 마우스의 [맞춤] 메뉴의 [왼쪽]을 선택하여 명령 단추의 위치를 조정한다.

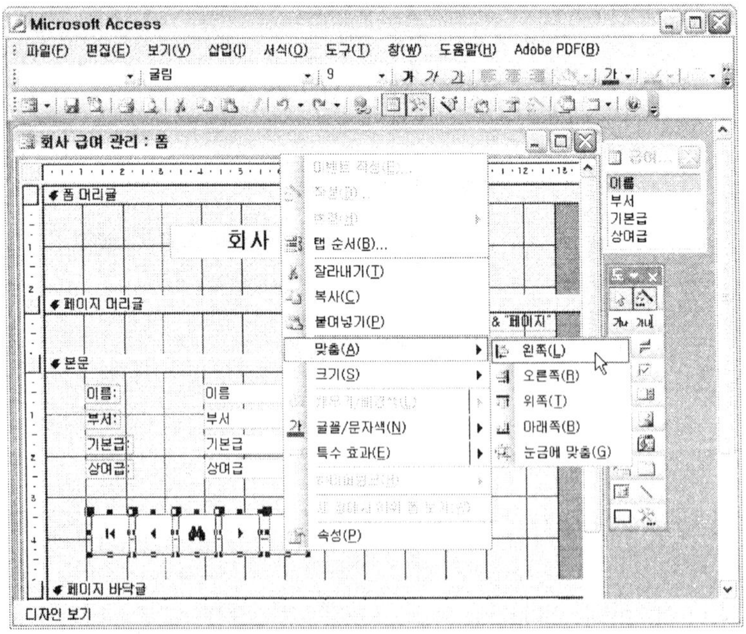

㉟ [본문]에 추가된 명령 단추들을 특성에 따라 [도구모음 옵션]의 "옵션 그룹"을 이용해 묶을 수 있다. 먼저 [도구모음 옵션]에서 [옵션 그룹]을 선택한 후, [본문]의 명령 단추를 모두 포함하도록 드래그하여 [본문]에 추가된 명령 단추를 "옵션 그룹"으로 묶는다.

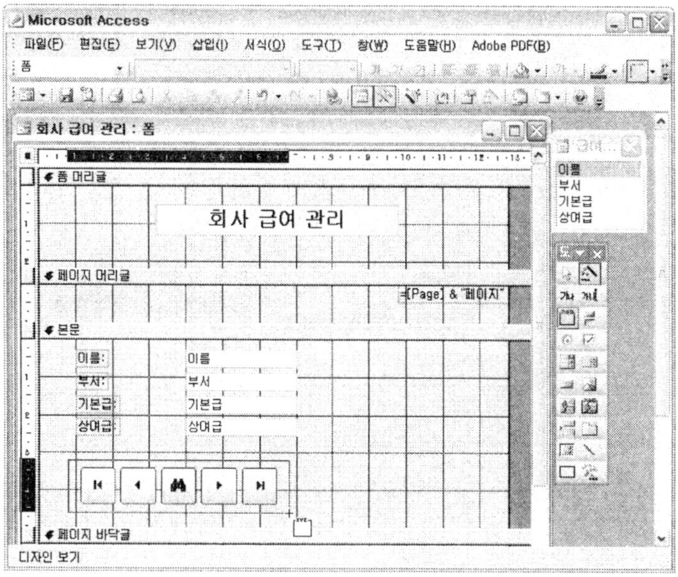

㊱ [프레임]의 이름을 "레코드 검색"로 입력한다.

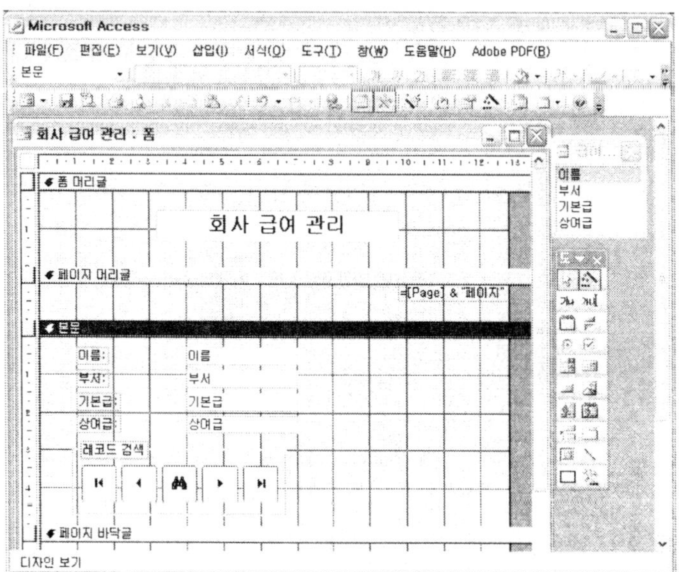

㊲ "레코드 삭제, 레코드 인쇄, 레코드 취소, 응용 프로그램 닫기" 명령 단추를 묶어 놓은 "편집도구" 옵션 그룹을 [본문]에 추가해보자. 먼저, 명령 단추를 선택하여 [회사 급여 관리 : 폼] 대화상자의 [본문]의 적당한 위치에 드래그하여 [명령 단추 마법사]를 실행한다. [명령 단추 마법사] 대화상자의 [종류(C)]에서 [레코드 작업]을 선택하고 [매크로 함수(A)]에서 [레코드 삭제]를 선택하고 [마침] 버튼을 클릭하여 레코드를 삭제할 수 있는 명령 단추를 [본문]에 추가한다.

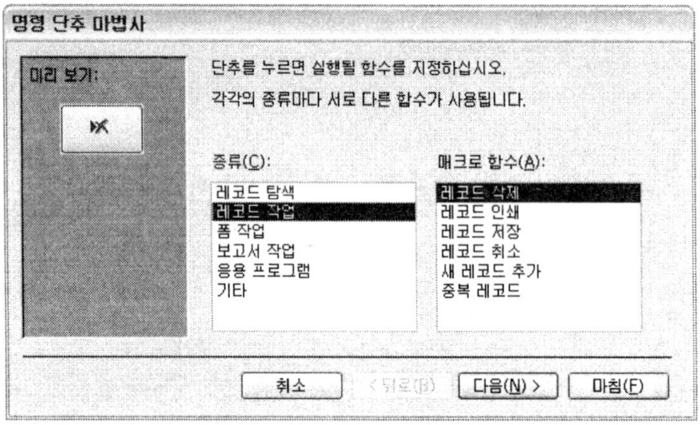

㊳ [명령 단추 마법사] 대화상자의 [종류(C)]에서 [레코드 작업]을 선택하고 [매크로 함수(A)]에서 [레코드 인쇄]를 선택하고 [마침] 버튼을 클릭하여 레코드를 인쇄할 수 있는 명령 단추를 [본문]에 추가한다.

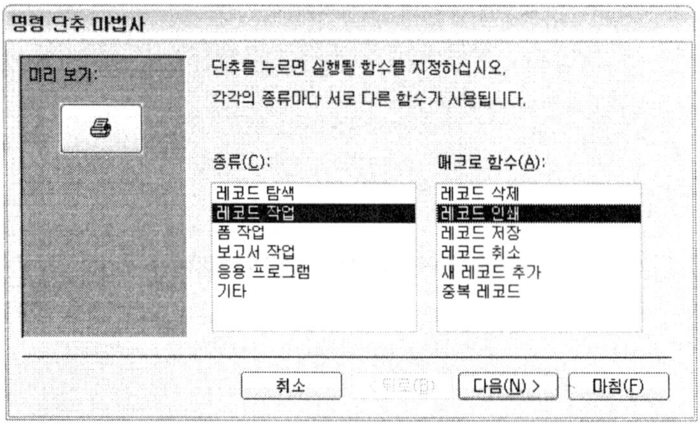

㊴ [명령 단추 마법사] 대화상자의 [종류(C)]에서 [레코드 작업]을 선택하고 [매크로 함수(A)]에서 [레코드 저장]을 선택하고 [마침] 버튼을 클릭하여 레코드를 저장할 수 있는 명령 단추를 [본문]에 추가한다.

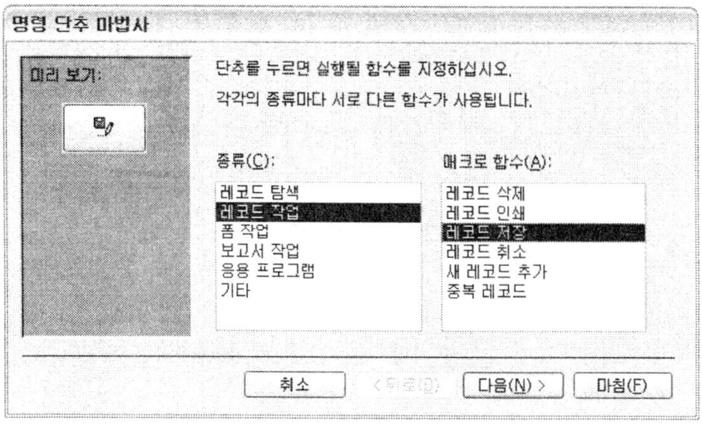

㊵ [명령 단추 마법사] 대화상자의 [종류(C)]에서 [레코드 작업]을 선택하고 [매크로 함수(A)]에서 [레코드 취소]를 선택하고 [마침] 버튼을 클릭하여 레코드를 취소할 수 있는 명령 단추를 [본문]에 추가한다.

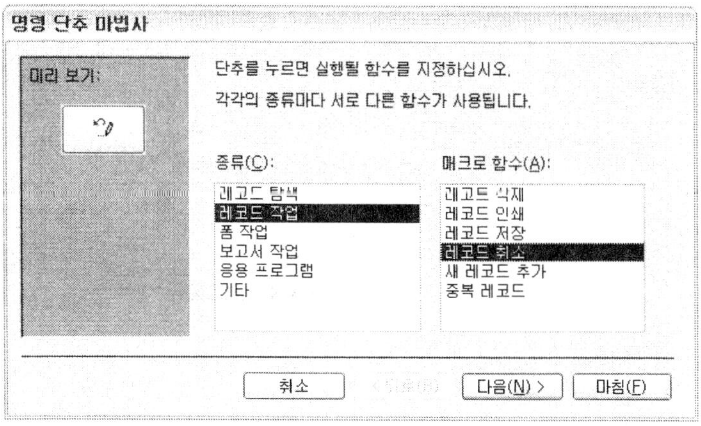

㊶ [명령 단추 마법사] 대화상자의 [종류(C)]에서 [응용 프로그램]을 선택하고 [매크로 함수(A)]에서 [응용 프로그램 끝내기]를 선택하고 [다음] 버튼을 클릭한다.

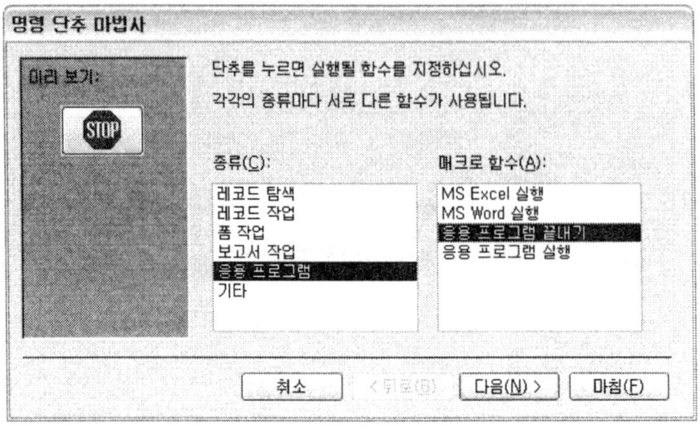

㊷ [명령 단추 마법사]의 대화 상자의 [그림]에서 [종료] 이미지를 선택하여 [마침] 버튼을 선택하여, 응용 프로그램을 종료할 수 있는 명령 단추를 [본문]에 추가한다. "응용 프로그램 끝내기" 명령 단추를 클릭하면 [회사 급여 관리 : 폼] 실행창이 종료된다.

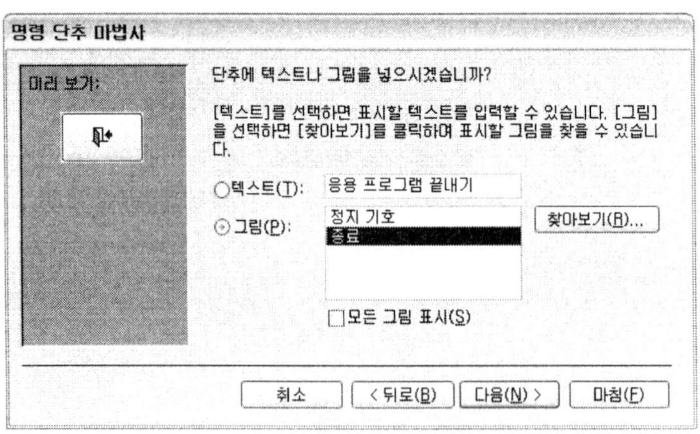

㊸ [옵션 그룹] 도구를 선택하여 "편집 도구"를 입력한 결과를 표현한 것이다.

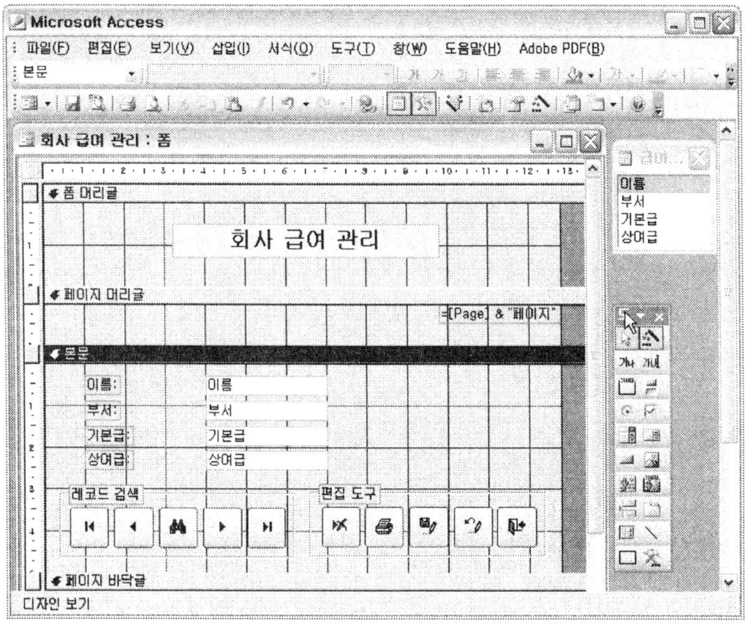

㊹ [회사 급여 관리 : 폼]을 저장하고 [서식(폼/보고서)] 메뉴에서 을 클릭하여 [회사 급여 관리 : 폼]을 실행해보자.

레코드 검색의 을 이용해 레코드 이동을 할 수 있다.

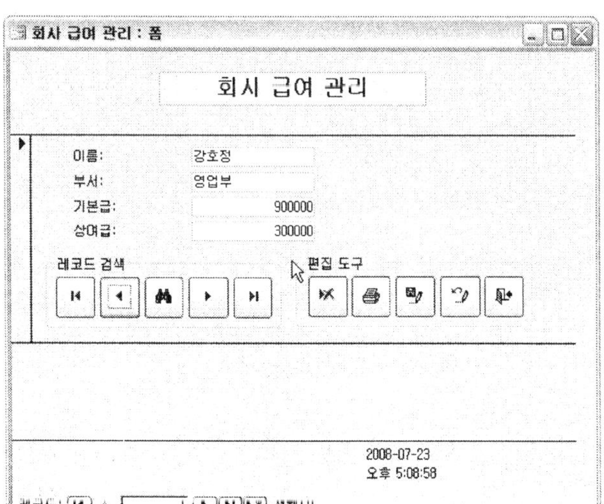

㊺ [레코드 검색]에서 를 이용해 원하는 레코드를 검색할 수 있다. [찾을 내용]에 "김민경"을 입력하고 [다음 찾기] 버튼을 클릭하면 [회사 급여 관리 : 폼]에 "김민경" 레코드가 출력된다.

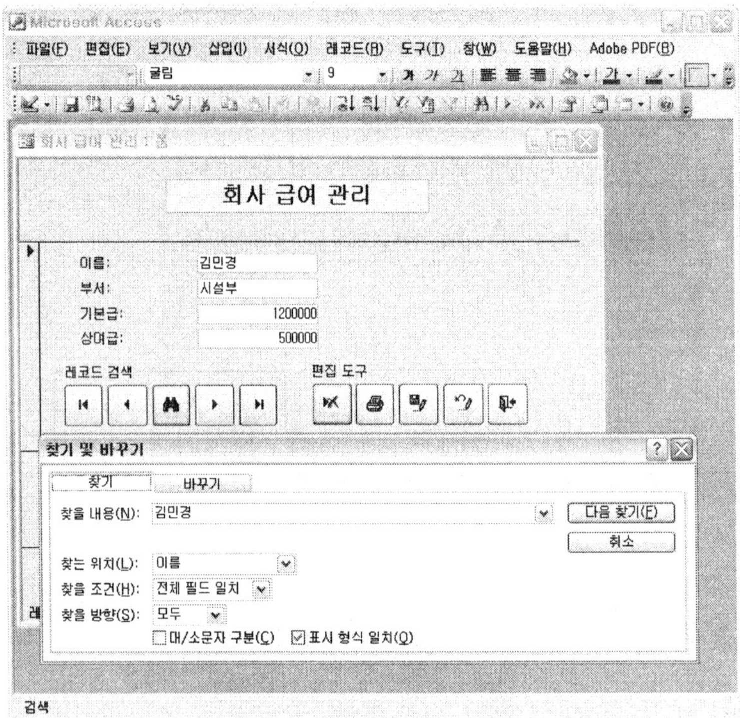

㊻ [편집 도구]의 [레코드 삭제] 버튼을 선택한 경우 "1개의 레코드를 삭제합니다"라는 대화상자가 출력되며, [예]를 선택하면 하나의 레코드가 삭제되고, [아니오]를 선택하면 이전 화면으로 되돌아간다.

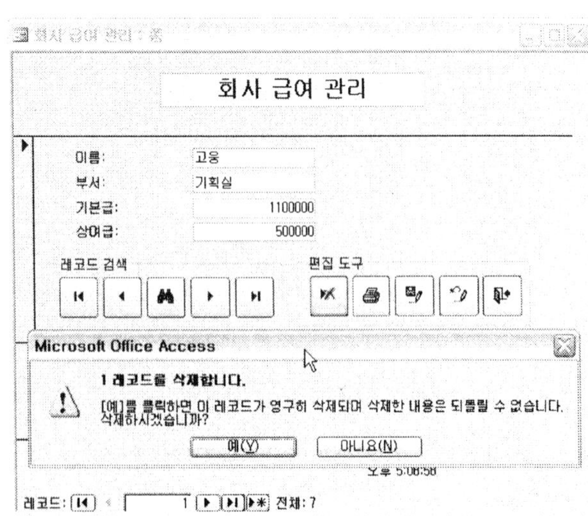

✎ 따라해보기

「비디오 대여」 데이터 베이스의 『비디오』 테이블의 입력 폼을 디자인해보자.

① [디자인 보기에서 새 폼 만들기]를 선택하고, [새로 만들기(N)]를 클릭하면 [새 폼] 대화상자가 출력된다. 아래의 그림처럼 [새 폼] 대화상자에서 [디자인 보기]를 선택한 후 반드시 "비디오" 테이블을 선택하여야 한다.

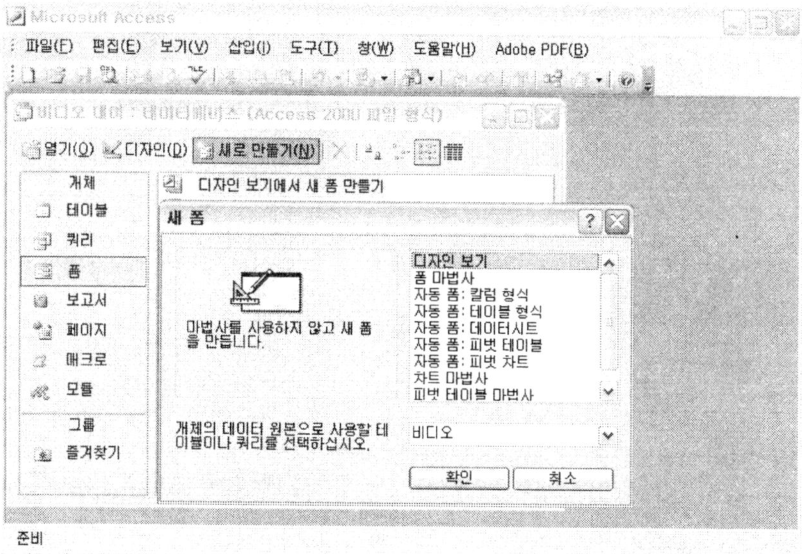

② [보기] 메뉴의 [폼 머리글/바닥글]을 [Form1 : 폼] 대화상자에 추가하고 [폼 머리글]에 "비디오 관리"라 입력한다.

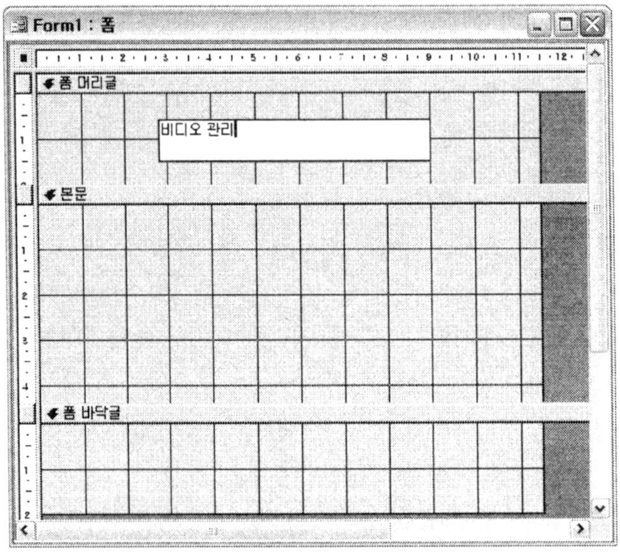

③ 『비디오』 테이블의 모든 필드를 선택한 후 [본문]에 드래그하여 필드들을 추가한다.

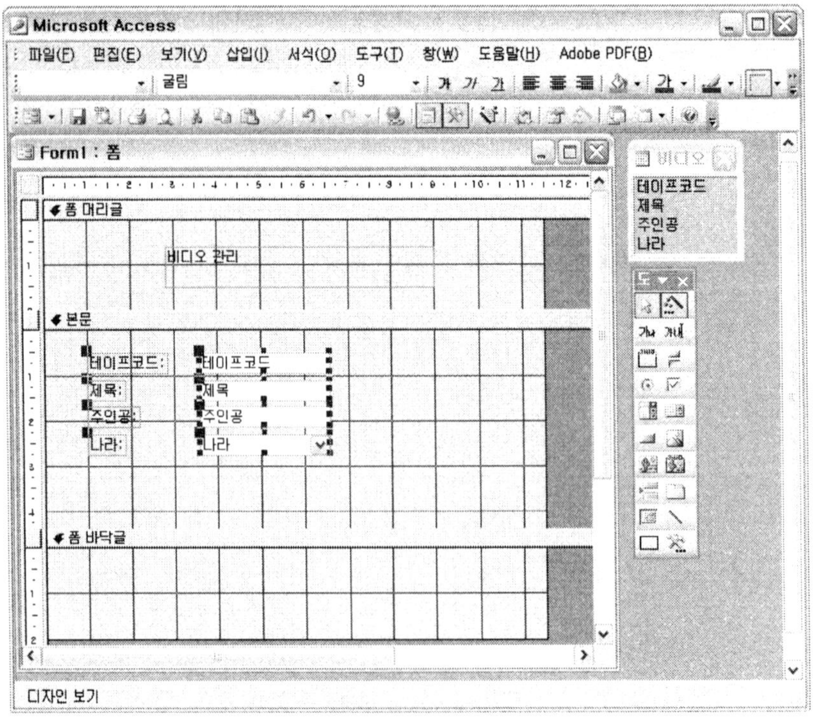

④ [본문]의 "제목" 필드의 텍스트 상자가 작으므로 제목 텍스트 상자를 선택한 후 드래그하여 크기를 적당히 조절한다. 나머지 필드도 같은 방법으로 텍스트 상자 크기를 조절하면 된다.

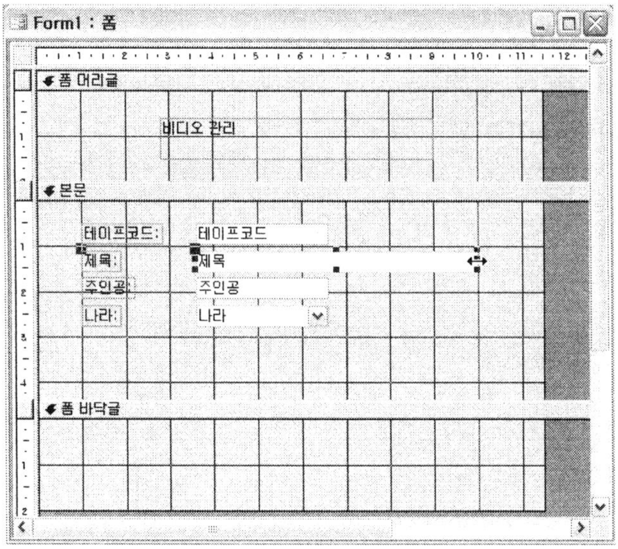

⑤ [본문]에 레코드 관리와 편집을 할 수 있는 명령 단추들을 아래 그림처럼 추가해보자.

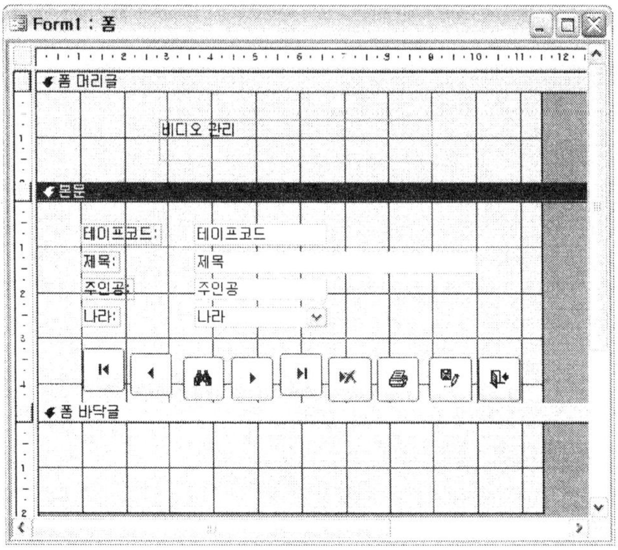

⑥ 추가한 명령 단추들을 맨 왼쪽의 "첫 레코드로 이동" 명령 단추를 기준으로 정렬해보자. 먼저, 명령 단추들을 드래그하여 모두 선택한 다음, 마우스 오른쪽 버튼을 클릭해 빠른 메뉴를 실행한다. 빠른 메뉴의 [맞춤(A)]를 선택한 후 [왼쪽(L)]을 클릭하여 맨 왼쪽 명령 단추와 두 번째 명령 단추 간격을 기준으로 명령 단추들간의 간격을 조정한다.

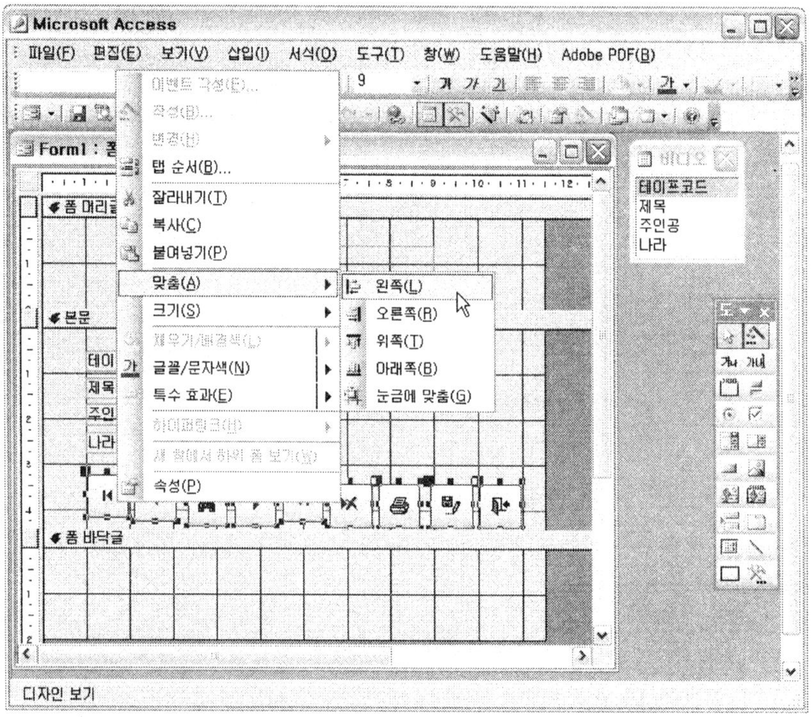

⑦ 이제 맨 왼쪽 명령단추를 기준으로 위쪽 맞춤을 하여 명령 단추들의 정리를 마무리한다.

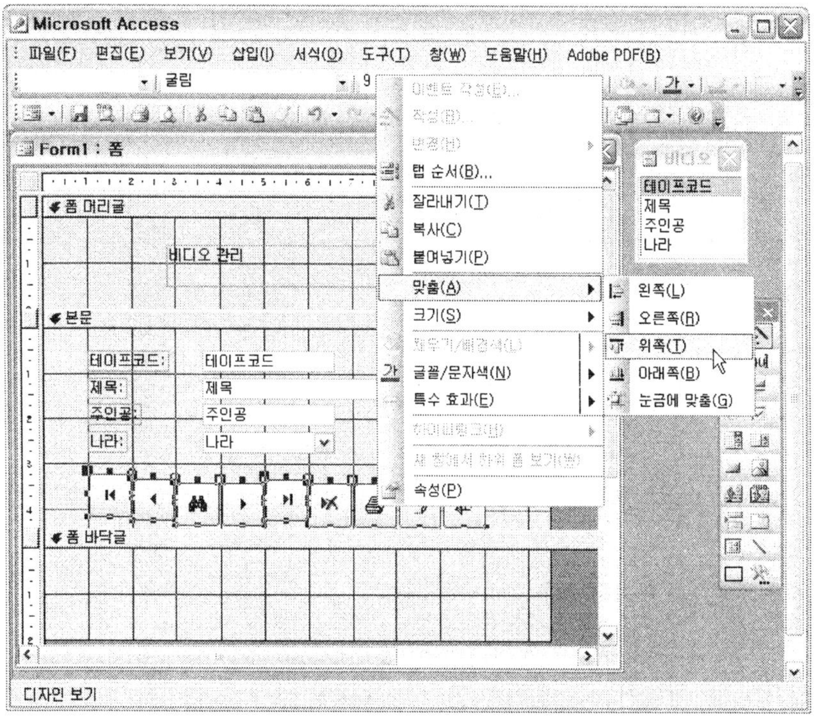

⑧ 명령 단추들의 정렬 결과를 확인해보자.

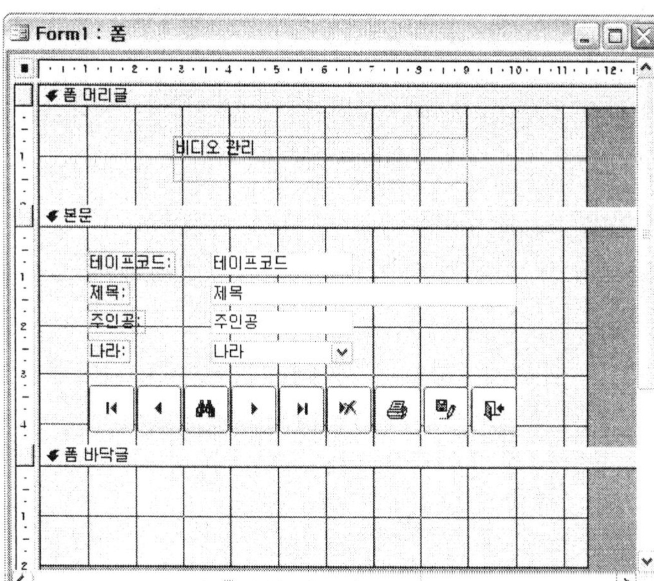

⑨ [도구 상자]의 레이블 가 을 이용해 [폼 바닥글]에 작성자를 직접 입력해보자.

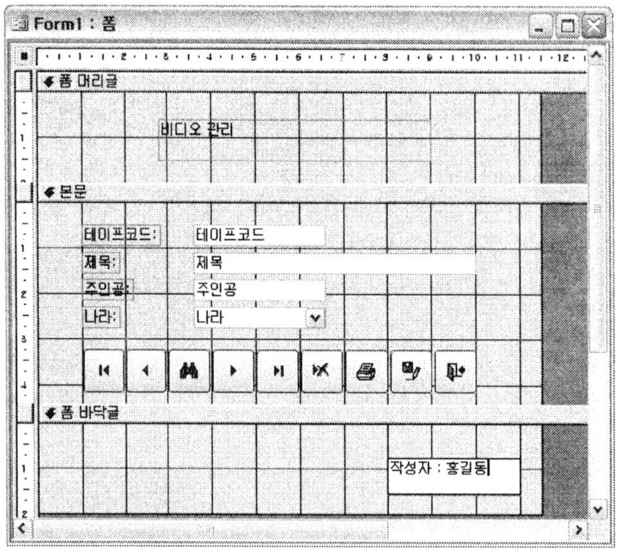

⑩ [Form1 : 폼]을 "비디오 관리"로 저장한다.

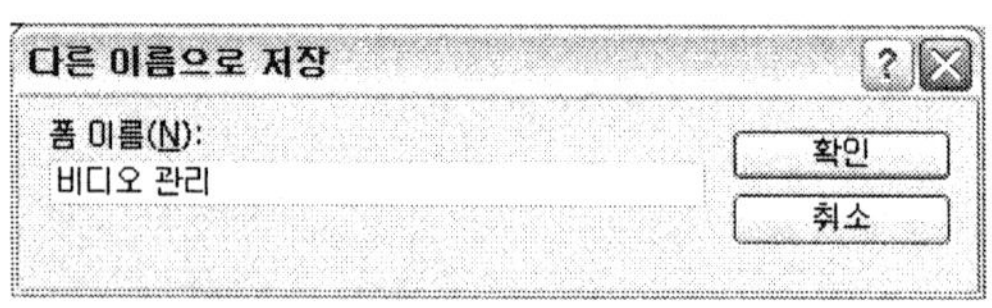

⑪ [서식(폼/보고서)] 메뉴에서 을 클릭해 "비디오 관리" 폼을 실행해보자.

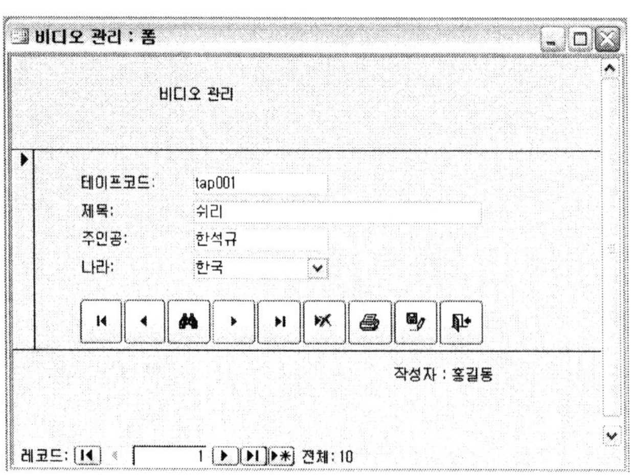

4.2 보고서 만들기

데이터베이스에는 수많은 형태의 데이터들이 있다. 이러한 데이터들을 사용자의 의도에 따라 프린트 형태로 표현하기 위한 것이 보고서이다. 폼 만들기를 통해서도 데이터를 검색 및 인쇄가 가능하나 사용자가 등록한 데이터가 많을수록 폼을 이용하여 출력하는 것은 문제가 된다. 따라서 데이터를 그룹화시켜 요약할 수 있고, 차트를 이용하여 요약된 데이터를 표시할 수 있는 보고서의 사용이 더 편리하다.

보고서를 만드는 방법은 크게 자동 보고서, 마법사, 디자인 보기를 통하여 디자인할 수 있으며, 방법은 폼 만들기와 유사한 방법을 이용할 수 있다.

4.2.1 자동 보고서 만들기

자동 보고서는 자동 폼 만들기처럼 단일 테이블이나 쿼리에서 모든 필드와 레코드를 가져와 화면에 출력시키는 방식으로 사용자가 만들기에 가장 쉬운 방법이다.

자동 보고서는 보고서 머리글과 페이지 바닥글이 자동으로 생성되는데, 보고서 머리글에는 보고서 제목, 페이지 바닥글에는 날짜와 페이지 번호가 각각 출력된다. 보고서 머리글은 전체 보고서의 첫 쪽에만 출력되며, 페이지 바닥글은 보고서의 매 페이지 하단에 반복하여 출력된다.

(1) 컬럼 형식

각 필드가 각각 다른 줄에 필드 이름에 따른 레코드값을 나타내는 형태의 보고서이다.

① 「급여」 데이터베이스에서 [보고서] 메뉴의 [디자인 보기에서 새 보고서 만들기]를 선택한 후 [새로 만들기(N)]을 선택한다. [새 보고서] 대화상자에서 [자동 보고서 : 칼럼 형식]을 선택한 후 원본 테이블에서는 『급여 관리』 테이블을 선택한 후 [확인] 버튼을 선택한다.

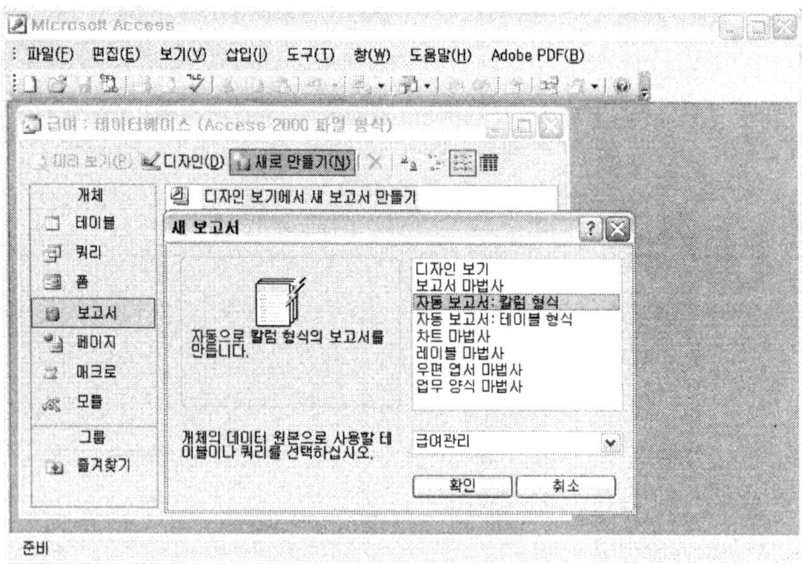

② 『급여 관리』 테이블의 보고서 결과가 화면이 출력되며, 프린트를 할 수도 있다.

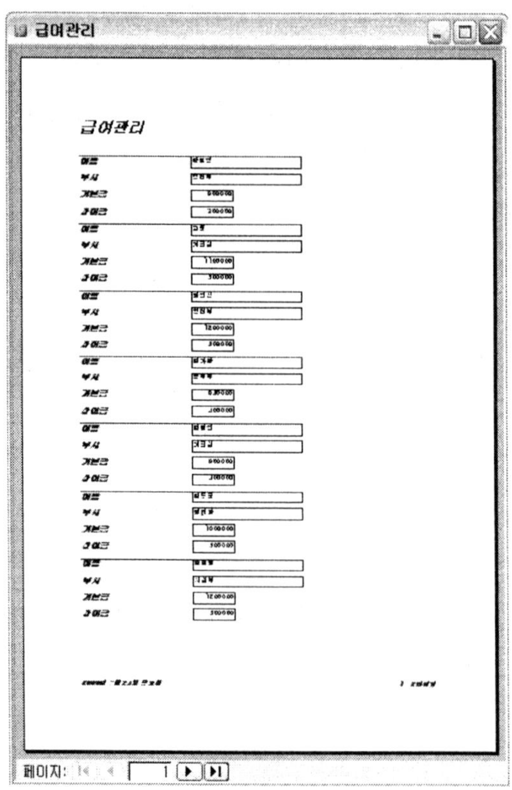

③ 『급여 관리』 테이블의 보고서 결과를 "급여 관리_컬럼형식"으로 저장한다.

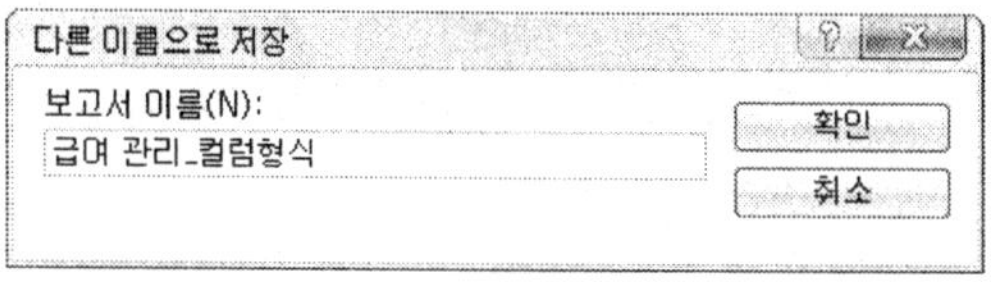

(2) 테이블 형식

테이블 형식에 맞춰 자동으로 디자인하는 것으로, 각 레코드가 한 줄에 나타나며, 필드 이름은 각 페이지의 맨 위에 한 번 표시되는 단순한 형태의 보고서이다.

① [새 보고서] 대화상자에서 [자동 보고서 : 테이블 형식]을 선택한 후 『급여 관리』 테이블을 선택한 후 [확인] 버튼을 선택한다.

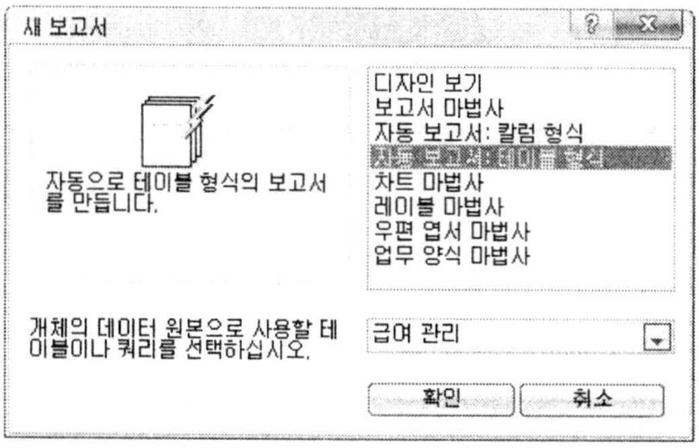

② [테이블 형식]의 보고서 결과 화면이 다음과 같이 출력된다.

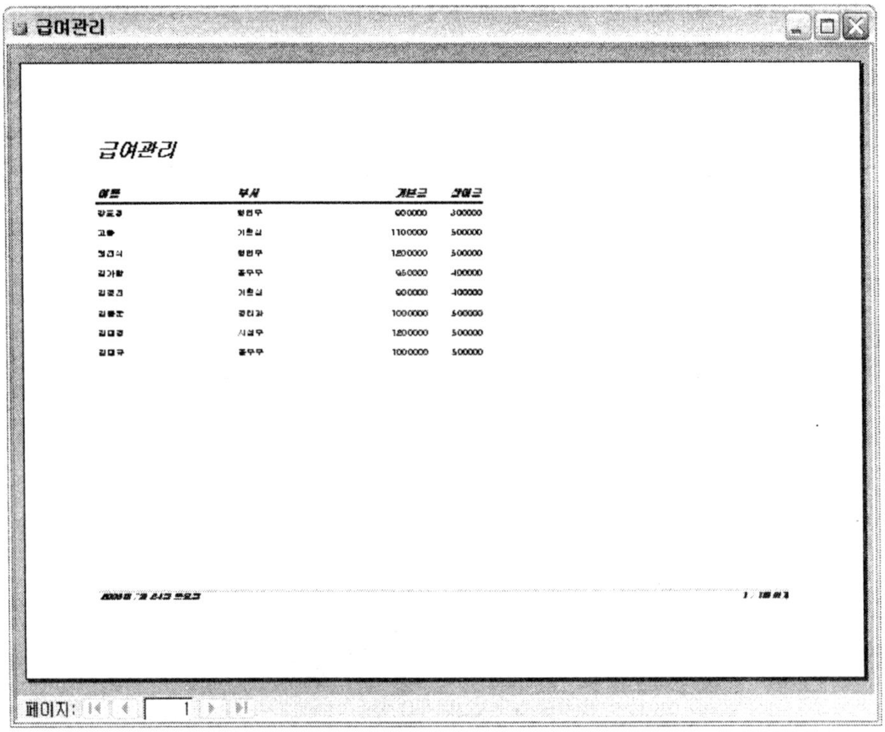

③ "급여 관리_테이블"로 저장한다.

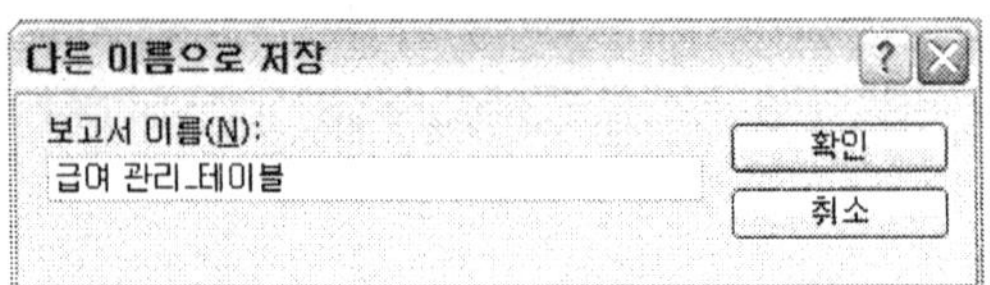

4.2.2 마법사를 이용한 보고서 만들기

마법사를 사용하면 하나 이상의 테이블이나 쿼리에서 데이터를 가져와 쉽게 보고서를 작성할 수 있도록 지원해 준다.

(1) 보고서 마법사

자동 보고서는 테이블이나 쿼리에서 레코드값을 가져와 보고서로 표현하는데, 마법사는 여러 테이블이나 쿼리의 정보를 하나의 보고서 형태로 출력이 가능하다. 특히,

일대다 관계의 테이블을 사용할 경우 하위 보고서 형식으로 내용을 표시할 수 있으며, 항목별로 그룹화하여 요약 정보를 표현할 수도 있다.

① [새 보고서] 대화상자에서 [보고서 마법사]를 선택하고 원본 데이터에 『급여 관리』 테이블을 선택한 후 [다음] 버튼을 선택한다.

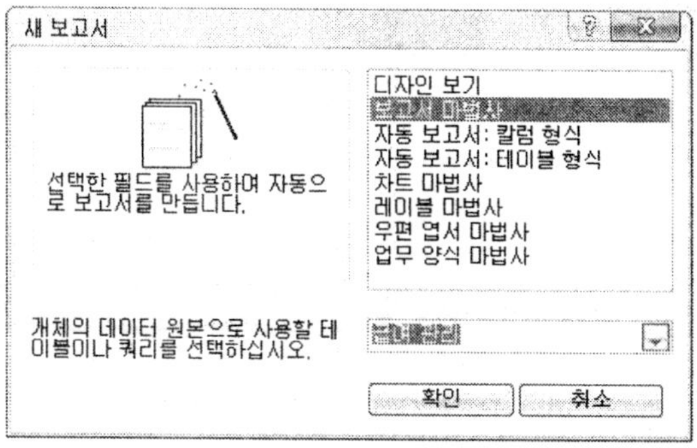

② [사용 가능한 필드(A)]의 내용 중 필요한 항목을 [선택한 필드(S)]로 [>], [>>]를 이용하여 전송하여 선택한 필드를 보고서 작성에 이용한다. 『급여 관리』 테이블의 모든 필드를 [>>]를 클릭해 [선택한 필드(S)]로 전송한 후 [다음] 버튼을 선택한다.

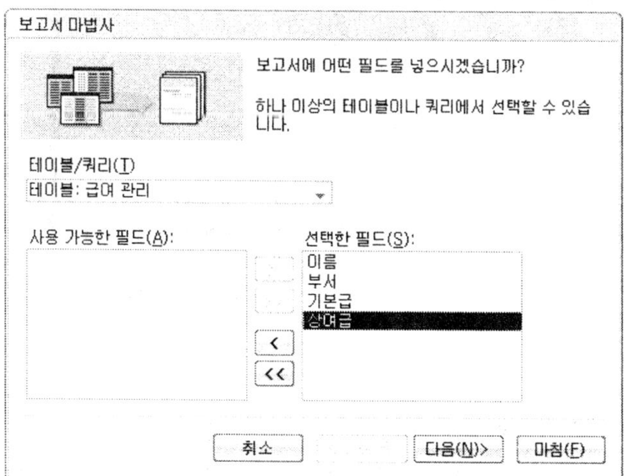

③ [보고서 마법사] 대화상자에서 그룹 수준을 지정한다. 상위 그룹을 "이름" 필드로 선택한 후 [다음] 버튼을 선택한다.

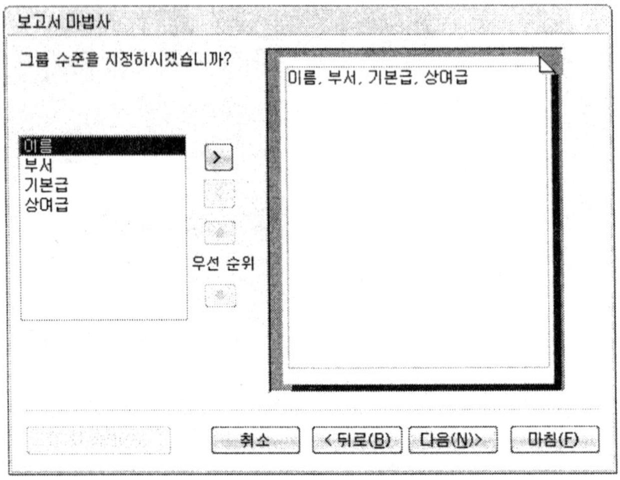

④ 하위 그룹 수준으로 [부서]를 선택한다.

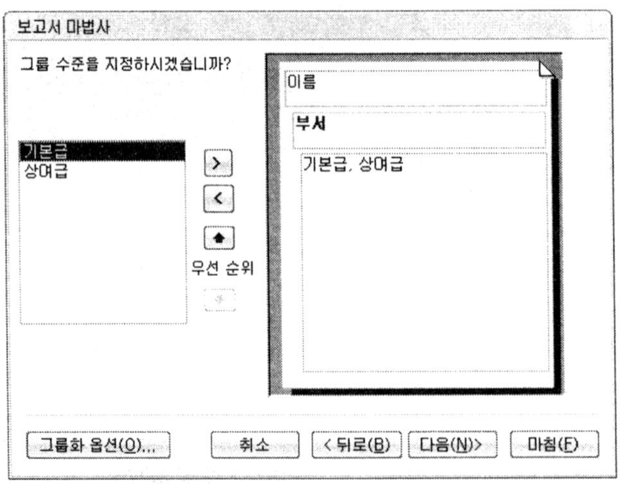

⑤ 데이터를 화면에 출력할 때 정렬 기준을 정할 수 있다. "기본급" 필드를 [오름차순] 정렬로 설정한 후 [다음] 버튼을 선택한다.

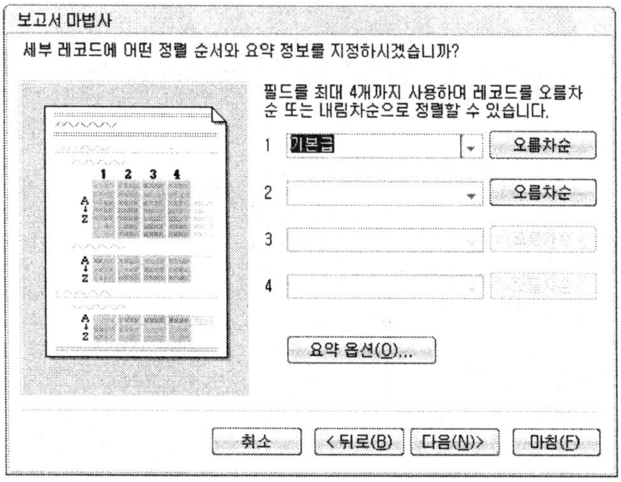

⑥ 보고서 모양과 용지 방향을 [왼쪽 맞춤]과 [가로]를 설정한 후 [다음]을 선택한다.

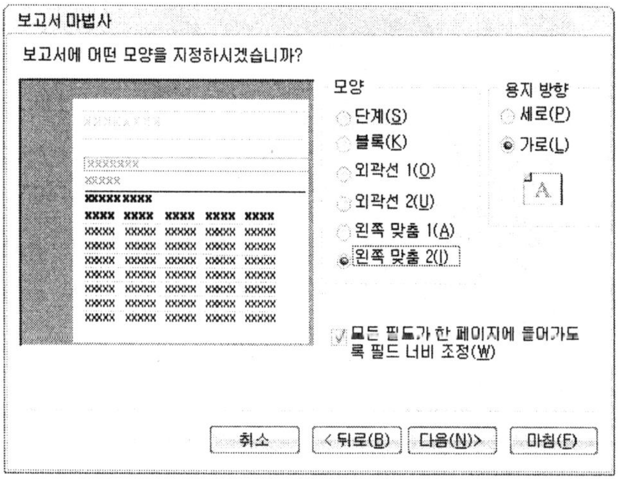

⑦ [제목 스타일]을 [굵게]를 선택한 후 [다음]을 선택한다.

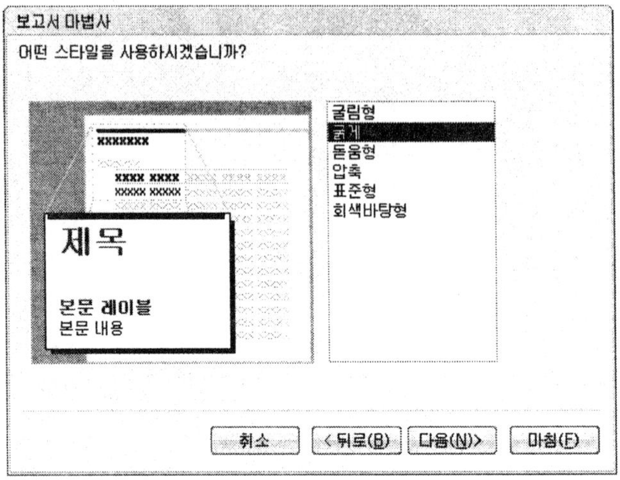

⑧ 보고서 제목을 "급여 관리_마법사"로 입력한 후 [마침] 버튼을 선택하여 [보고서 마법사] 대화상자를 닫는다.

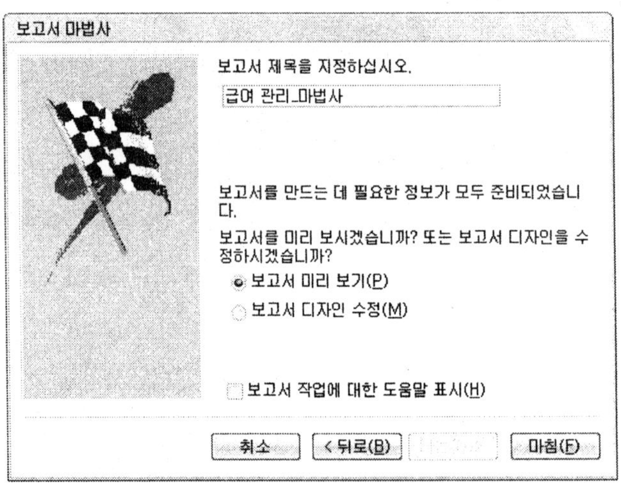

⑨ "급여 관리_마법사" 보고서의 결과 화면이다.

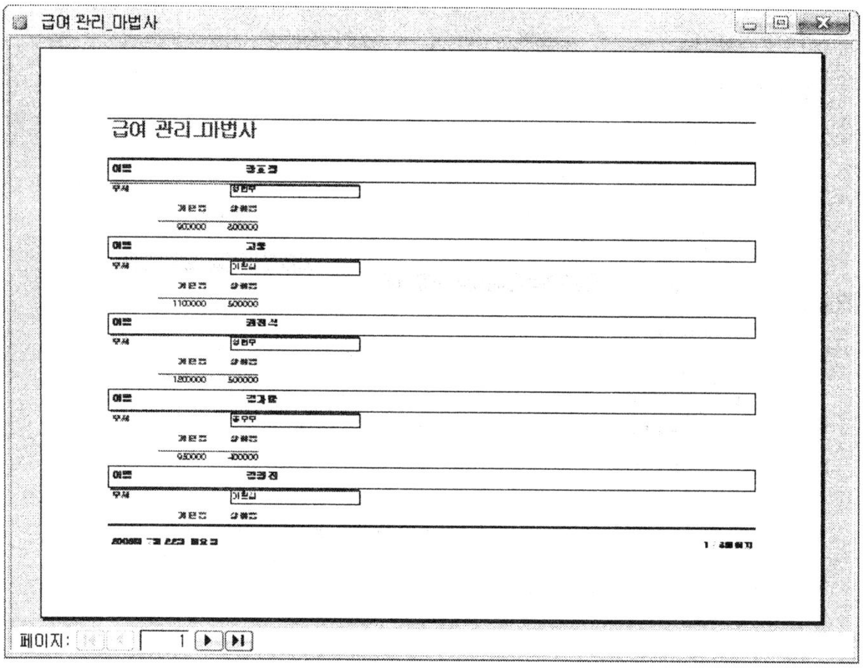

(2) **차트 마법사**

차트 마법사는 보고서에 표시하는 데이터를 그래프 형식인 차트로 표현하므로 내용을 한눈에 쉽게 파악할 수 있도록 사용자 편리성을 제공한다. 쿼리 폼에있는 "급여 관리 쿼리_01"을 이용하여 차트 보고서를 작성해보자.

① [새 보고서] 대화상자에서 [차트 마법사]를 선택한 후 원본에 "급여 관리 쿼리_01"을 선택한 후 [확인] 버튼을 클릭한다.

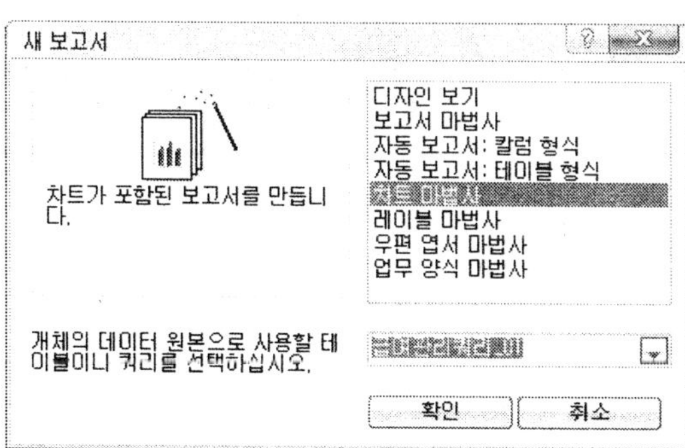

② 차트를 구성하는데 필요한 필드를 선택하는 단계로 [사용 가능한 필드 :]에서 "이름", "급여" 필드만 선택한 후 [>]을 클릭하여 [차트에 사용할 필드 :]에 등록한 후 [다음] 버튼을 선택한다.

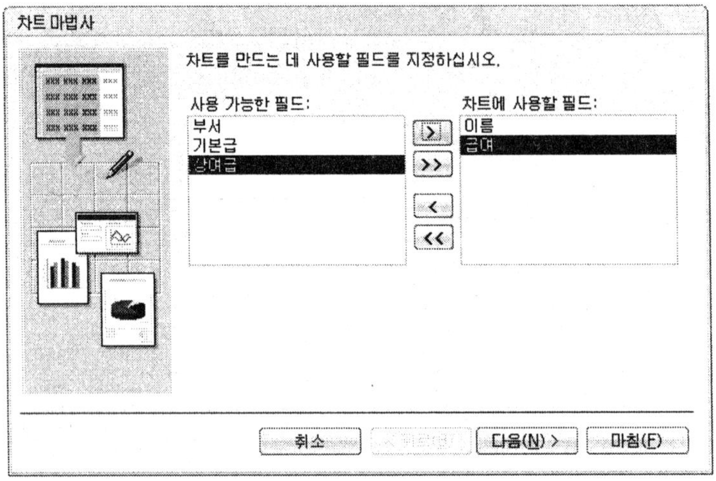

③ 차트 유형을 [3차원 원형 차트]로 설정한 후 [다음]을 선택한다.

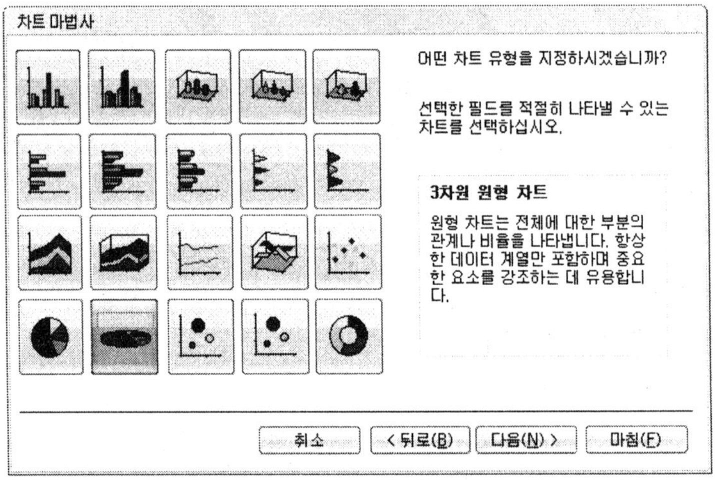

④ 차트에 표시할 데이터를 다음과 같이 배치하고 [SumOf급여]를 더블클릭한다.

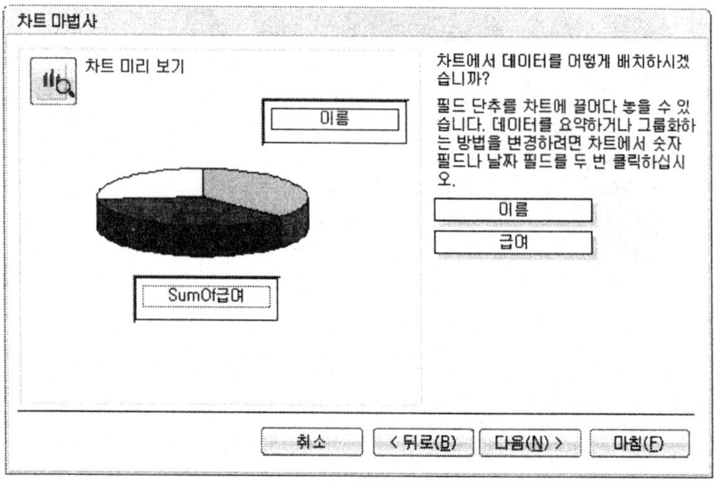

⑤ [요약] 메뉴에서 "합계"를 선택함으로써 한 사람당 금액의 합계를 기준으로 설정해준다.

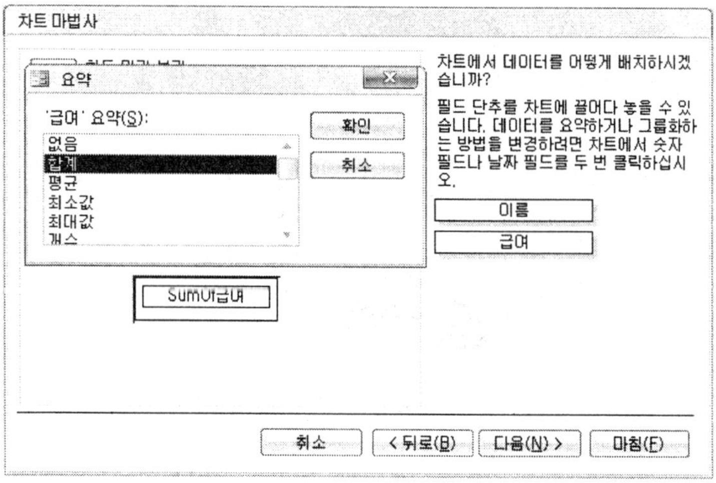

⑥ 차트 제목을 "급여관리_차트마법사"로 입력한 후 [마침]을 선택하여 [차트 마법사] 대화상자를 닫는다.

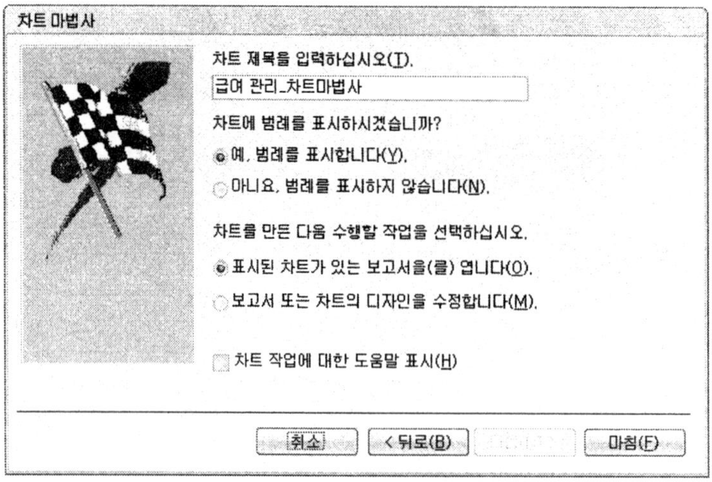

⑦ 완성된 차트 보고서를 미리보기로 확인할 수 있다.

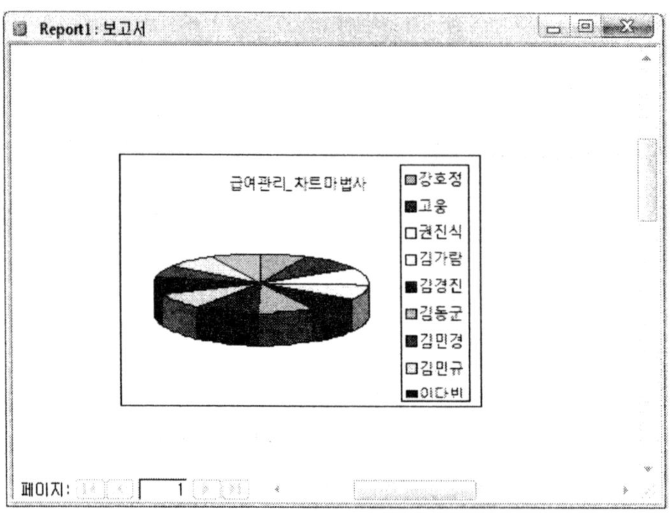

⑧ 차트 보고서를 "급여관리_차트마법사"로 저장한다.

4.2.3 디자인 보기로 보고서 만들기

자동 보고서나 마법사를 이용할 경우에는 인쇄하고자 하는 보고서를 빠르게 작성할 수 있는 장점이 있다. 하지만, 사용자의 요구 사항에 맞게 수정하거나, 자동 보고서와 마법사에서 제공되지 않는 양식의 보고서를 만들고자 할 때에는 디자인 보기를 이용하여 사용자가 직접 디자인하는 것이 올바른 방법이다.

『급여 관리』 테이블을 이용하여 [디자인 보기]를 디자인해보자.

① [새 보고서]에서 [디자인 보기]를 선택한다. 원본 데이터는 『급여 관리』를 선택한 후 [확인]을 선택한다.

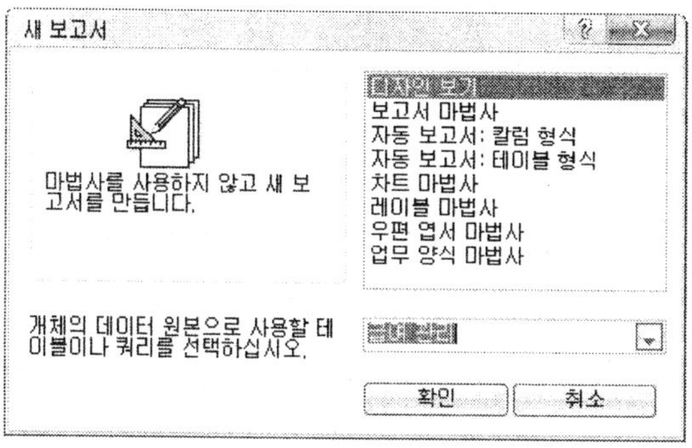

② 아래와 같은 기본 보고서 편집창이 나타난다. [Report1 : 보고서] 대화상자의 [페이지 머리글과 페이지 바닥글]은 보고서가 여러 페이지로 표현되어 있을 때 각 페이지의 시작과 끝에 나타나며, 본문에 나타날 데이터 필드의 레이블이나 페이지 번호 등을 표시할 때 사용한다. 그리고 [본문]은 테이블이나 쿼리 개체로부터 데이터를 가져와 표시한다.

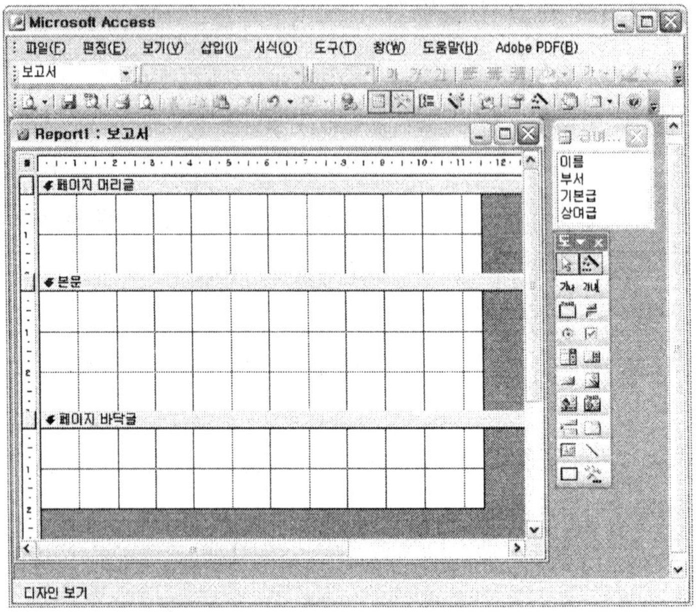

③ "기본급"을 대상으로 정렬하기 위해 [보기] 메뉴의 [정렬 및 그룹화]를 선택한다. 이때, [Report1 : 보고서] 대화상자에 출력되는 도서구분번호 머리글과 바닥글은 그룹 머리글로서, 도서구분별로 데이터를 그룹화하였을 때 본문 데이터에 대한 필드 이름을 표시하거나 요약 정보를 보여줄 때 사용한다.

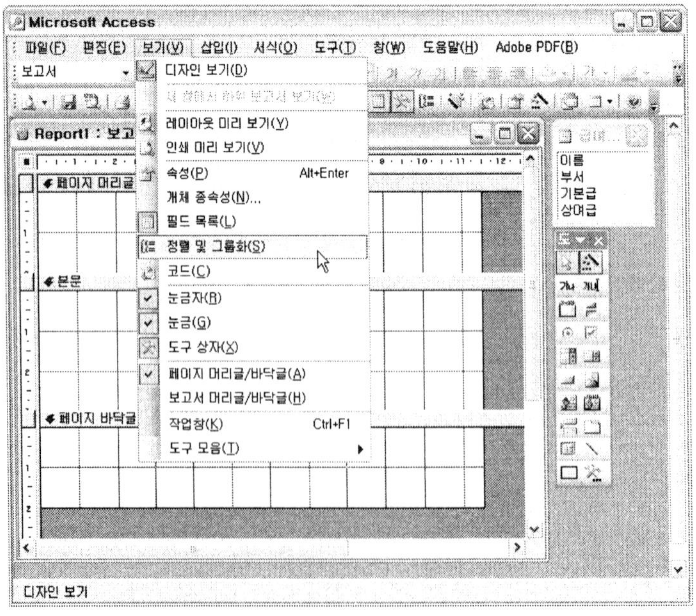

④ [정렬 및 그룹화] 대화상자의 [필드/식]에서 정렬 기준 필드를 선택하고, 정렬 방식을 "오름차순"혹은 "내림차순"으로 설정하는데, [필드/식]에 "기본급" 필드를 선택하고, 정렬 순서에 오름차순으로 설정한다. 그리고, [그룹 머리글]과 [그룹 바닥글]을 모두 "예"를 선택한 다음 [정렬 및 그룹화] 대화상자의 ☒를 클릭해 닫는다.

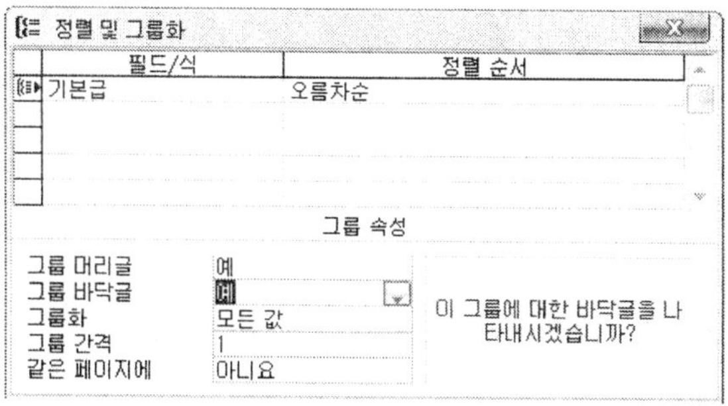

⑤ [페이지 머리글]은 필드의 레이블을 화면에 출력하고, [본문]에는 필드의 값이 출력되므로 [페이지 머리글]과 [본문]에 적당히 필드 레이블과 필드를 배치한다. 도구 상자의 레이블 가나을 [페이지 머리글]의 적당한 위치에 드래그하여 그린 후 필드 이름인 "이름", "기본급", "상여급"을 입력한다.

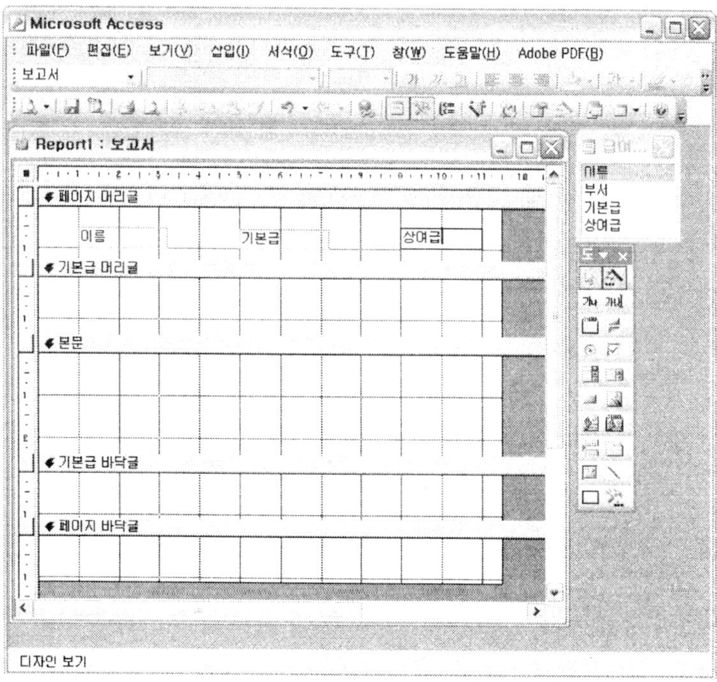

⑥ [페이지 머리글]의 레이블을 모두 선택한 후 폰트 크기는 10, 진하게 한다. 경우에 따라 글자색 및 스타일을 조정하는 방법도 있으니 사용자의 특성에 맞는 스타일 적용방법도 권유한다.

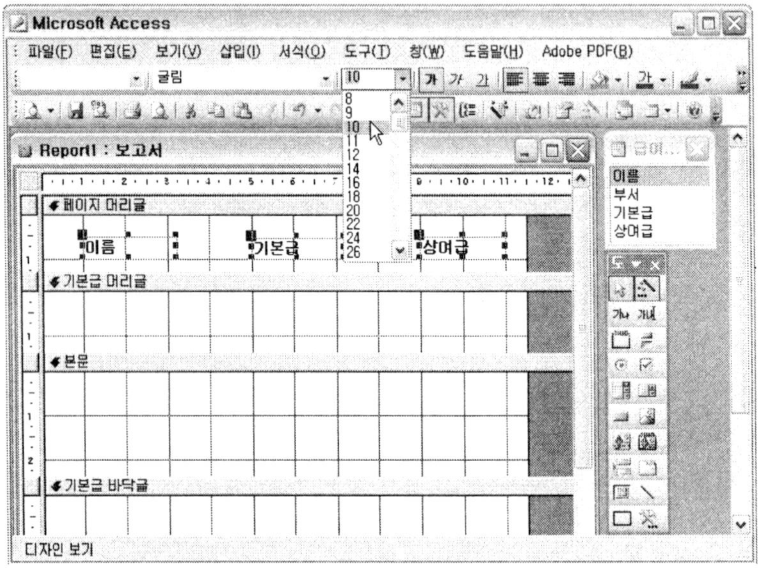

⑦ 『급여 관리』 테이블에서 "기본급" 필드를 드래그하여 [기본급 머리글]에 옮겨 놓는다.

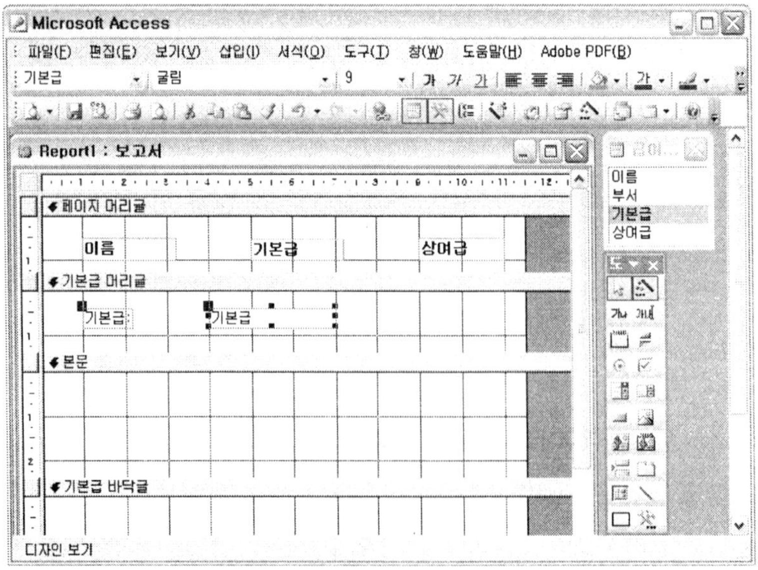

⑧ 『급여 관리』 테이블의 값인 "이름", "기본급", "상여급" 등을 [본문]의 작업창에 드래그하여 옮겨 놓는다.

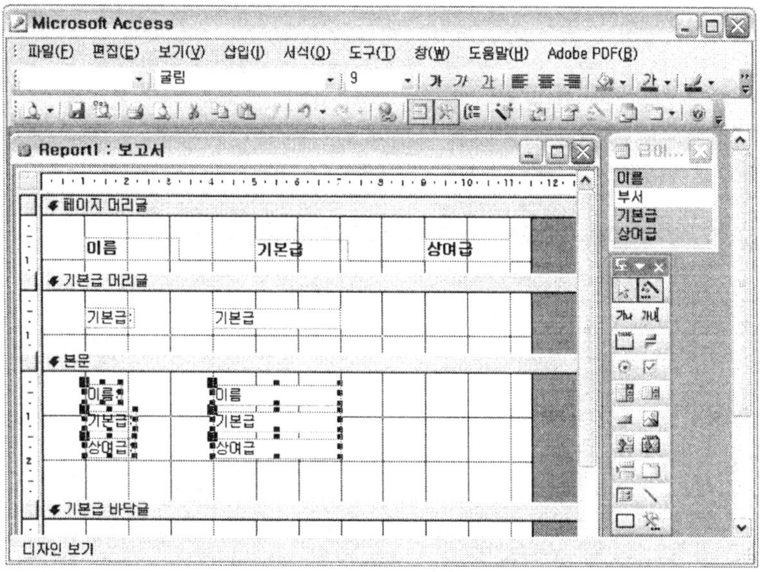

⑨ 해당 필드(이름 :)은 삭제하며, 실제의 레코드값(이름)은 [페이지 머리글]의 필드 이름과 비슷한 위치에 나열하도록 한다.

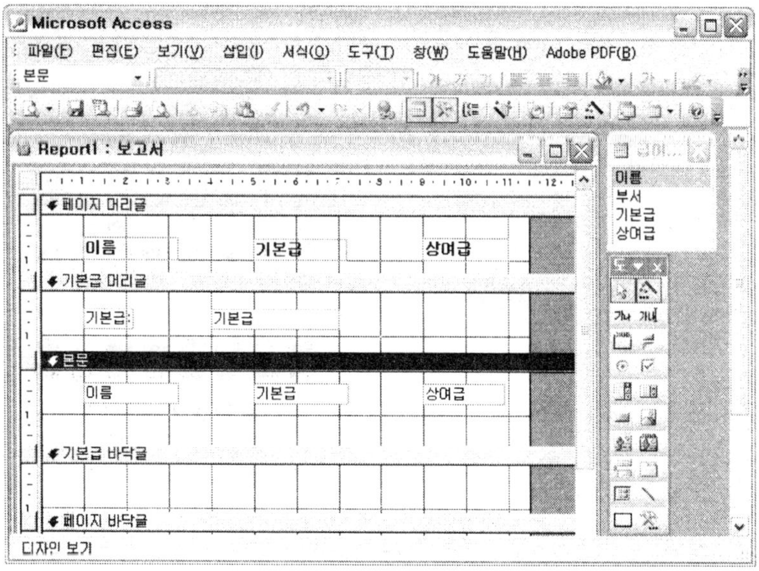

⑩ [페이지 머리글]의 바탕색을 지정하기 위하여 [페이지 머리글]의 빈 작업창에 오른쪽 마우스 선택을 통해 [속성] 메뉴를 선택한다.

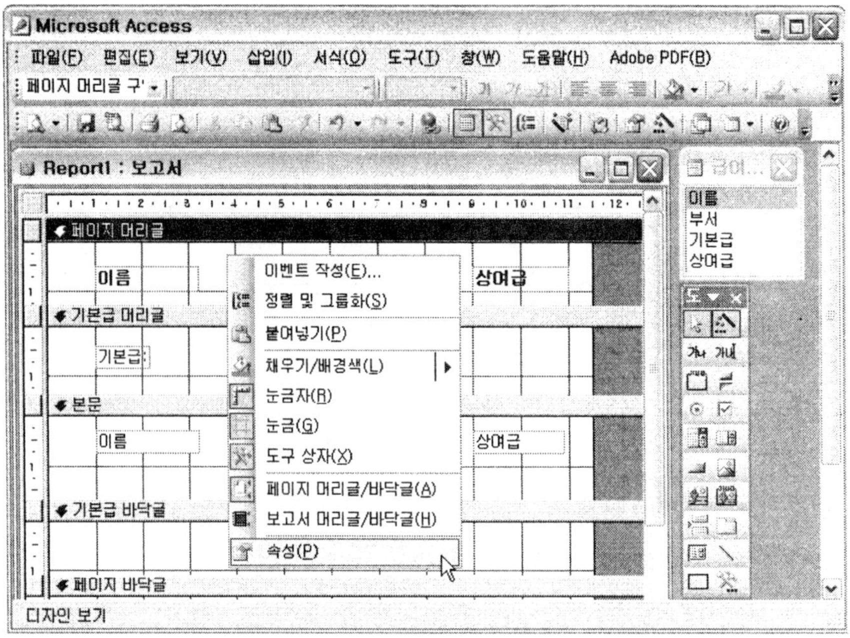

⑪ [배경색] 속성의 ⊡을 클릭하여 아래와 같은 컬러를 설정한 후 [확인]을 선택하여 [색] 대화상자를 닫는다.

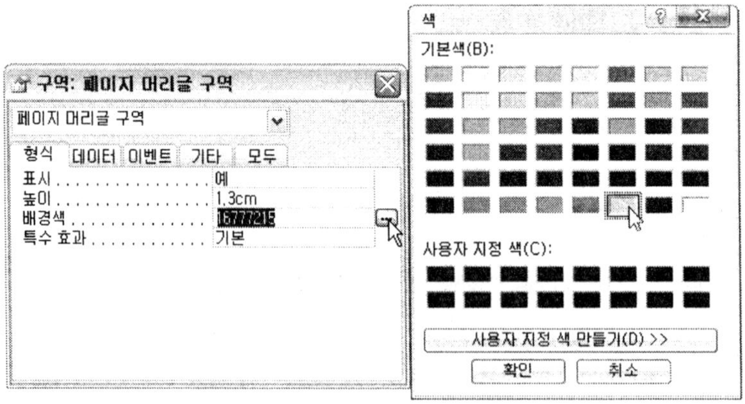

⑫ [페이지 머리글] 배경색이 지정한 색으로 변경된 것을 확인할 수 있다.

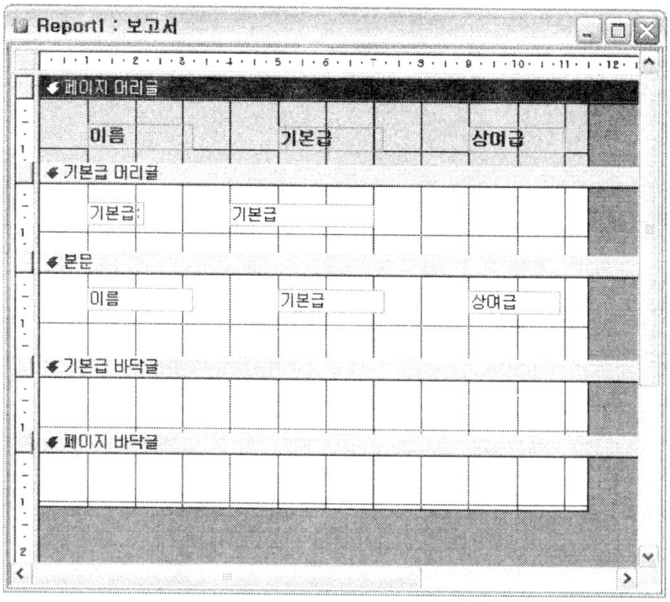

⑬ 보고서의 결과를 [보고서 디자인] 메뉴의 (보기)를 통해 확인해 보면 배경색이 설정된 영역이 [페이지 머리글]이며, [기본급 머리글]의 값이 일치하는 데이터들 단위로 그룹핑되어 있는 결과를 볼 수 있다.

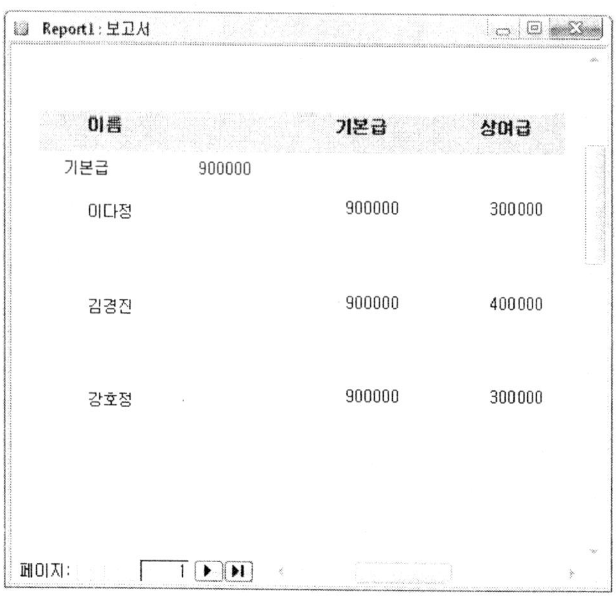

⑭ 페이지 번호 및 제목 문자를 등록하기 위하여 [보기] 메뉴의 [보고서 머리글/바닥글]을 선택한다. 보고서 머리글과 보고서 바닥글은 전체 보고서의 처음과 끝에 한 번씩 나타나는 부분으로 보고서의 제목이나 전체 보고서의 내용 요약을 표시하기에 알맞다.

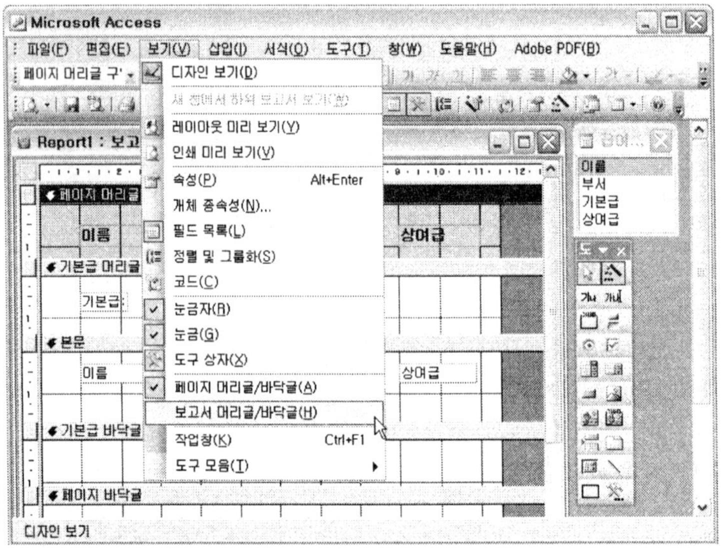

⑮ 보고서의 기존의 편집창에 [보고서 머리글/바닥글]이 추가된다.

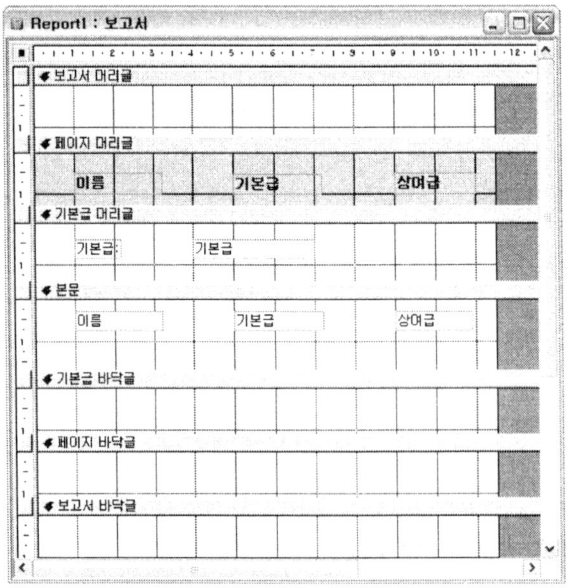

⑯ [보고서 머리글]에 제목을 정의하기 위하여 [도구모음 옵션] 상자의 레이블을 선택한 후 드래그하여 "직원 급여 장부"라고 입력한 후에 글자크기를 14, 가운데 정렬, 진하게 한다. 그 외의 별도의 디자인은 사용자가 추가로 작성해보자.

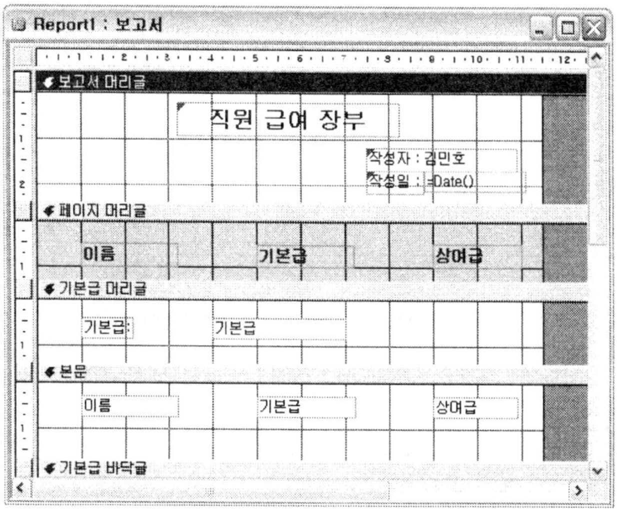

⑰ [페이지 바닥글]의 영역에 "♣직원의 노고에 감사드립니다."라는 메시지를 입력한다. 이때 "ㅁ"인 자음을 이용하여 특수문자를 출력시킬 수 있다. MicroSoft사에서 개발한 프로그램들은 한글의 자음과 한자 버튼을 통하여 특수문자를 삽입할 수 있다.

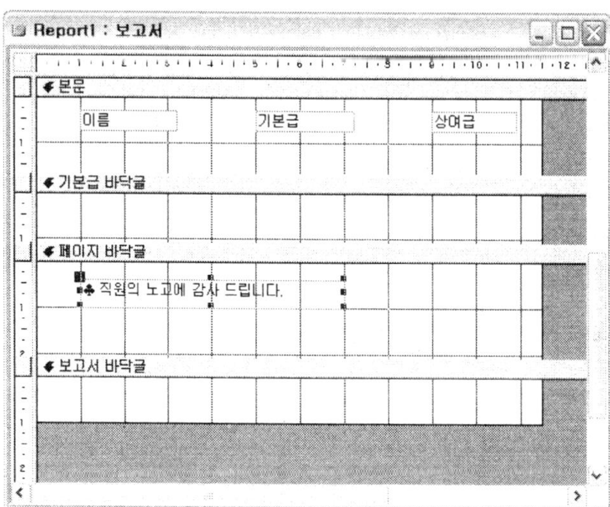

⑱ [페이지 바닥글]을 선택한 후 [삽입] 메뉴의 [페이지 번호(U)]를 선택한다.

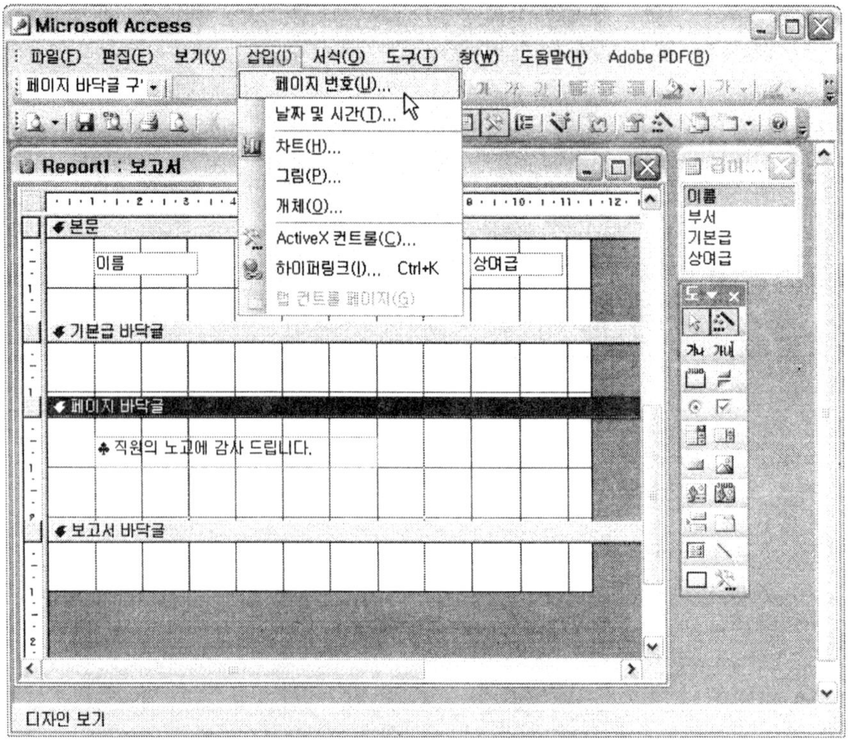

⑲ [페이지 번호] 대화상자에서 [형식]의 “N/M 페이지(M)”과 [위치]의 ”페이지 아래쪽[바닥글](B)”을 선택, [맞춤(A)]을 “오른쪽”으로 설정한 후 [확인] 버튼을 선택하여 [페이지 바닥글]에 페이지 번호를 삽입한다.

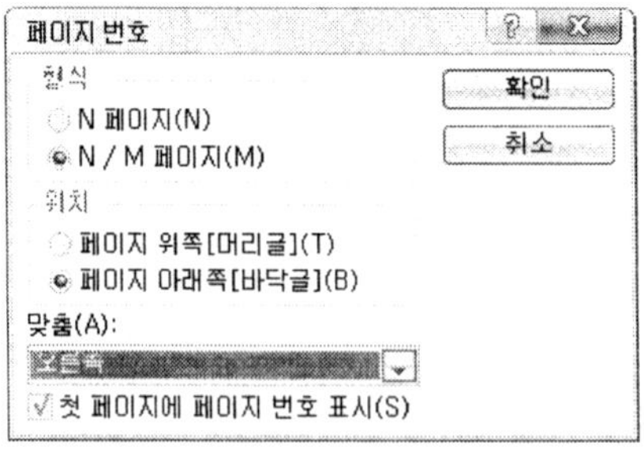

⑳ "페이지 번호"를 삽입한 디자인 결과이다.

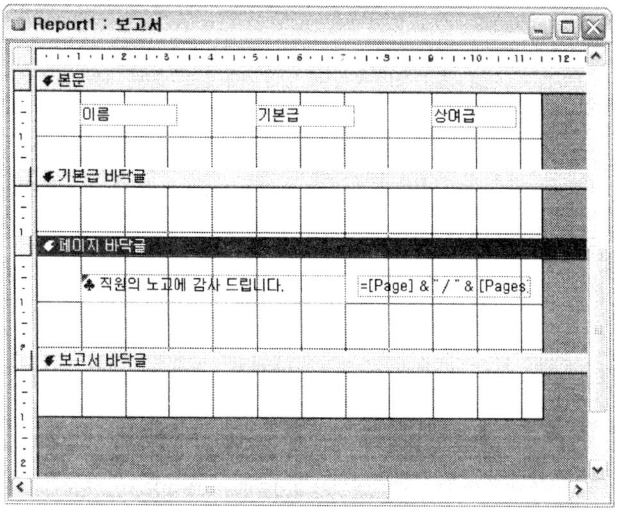

㉑ 지금까지의 결과를 확인하기 위하여 [미리보기] 메뉴를 선택하면 아래와 같은 결과를 얻을 수 있다.

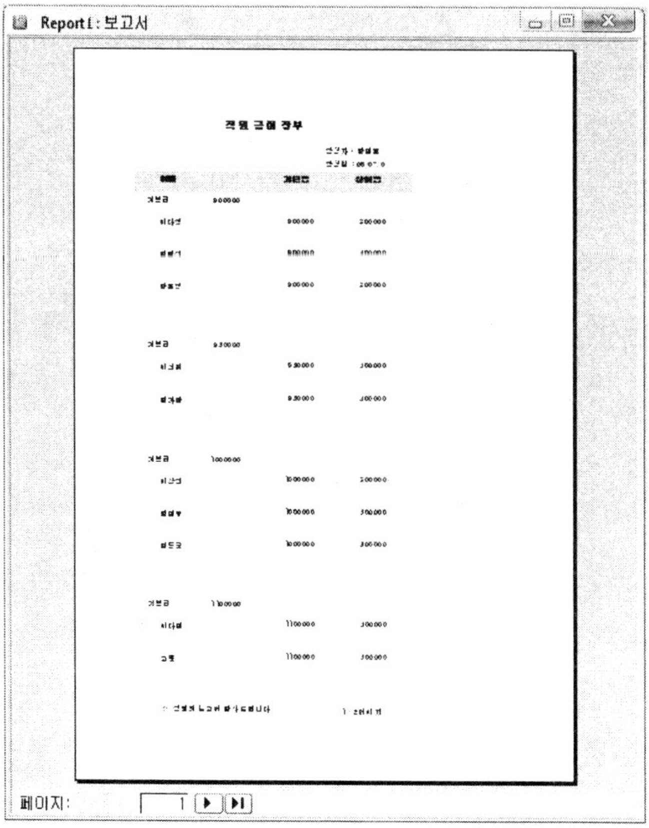

㉒ "직원 급여 장부" 보고서 이름으로 저장한다.

✎ 따라해보기

「비디오 대여」 데이터베이스의 "연체비디오" 쿼리를 이용해 보고서를 작성해보자.

① [비디오 대여 : 데이터베이스] 대화상자에서 [보고서]→[디자인 보기에서 새보고서 만들기]→[새로 만들기(N)] 순서로 클릭하여 [새 보고서] 대화상자를 화면에 출력시킨다. [새 보고서] 대화상자에서 "디자인 보기"를 선택한 후, 데이터 원본으로 "연체비디오" 쿼리를 선택하고 [확인] 버튼을 클릭한다.

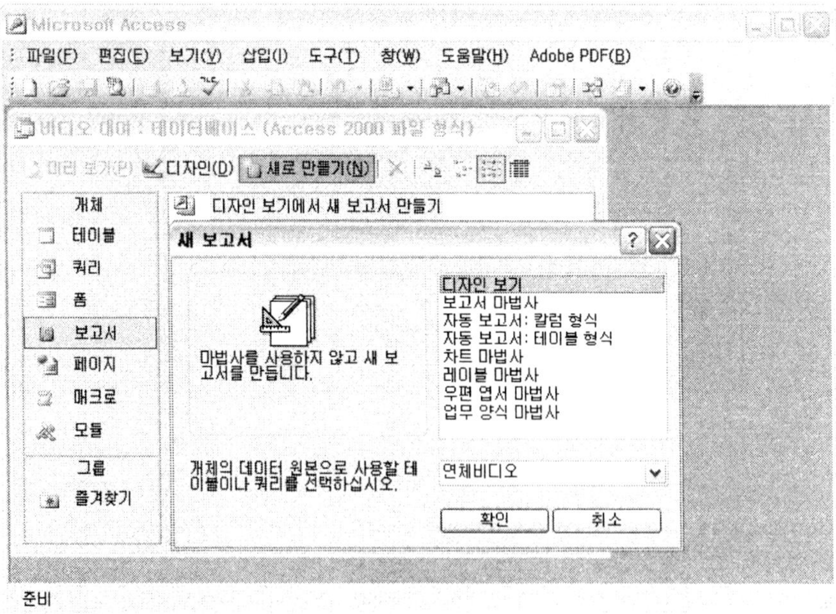

② 도구 상자의 레이블 가 을 이용해 [페이지 머리글]에 필드 제목을 입력한다.

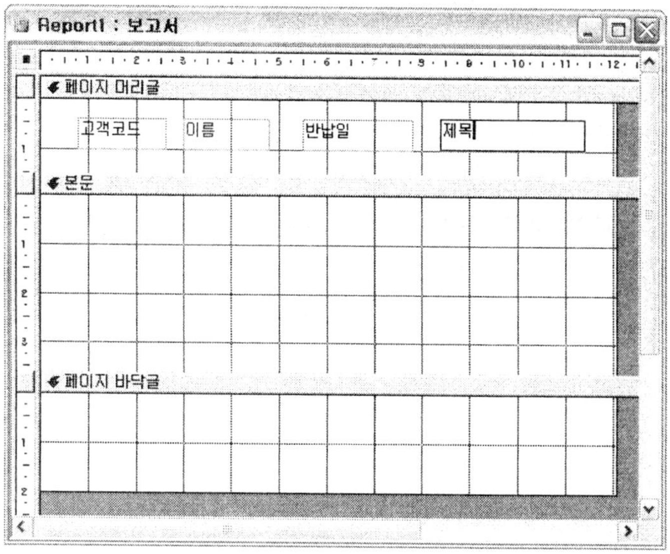

③ "연체비디오" 쿼리의 모든 필드를 선택하여 [본문]으로 드래그한다.

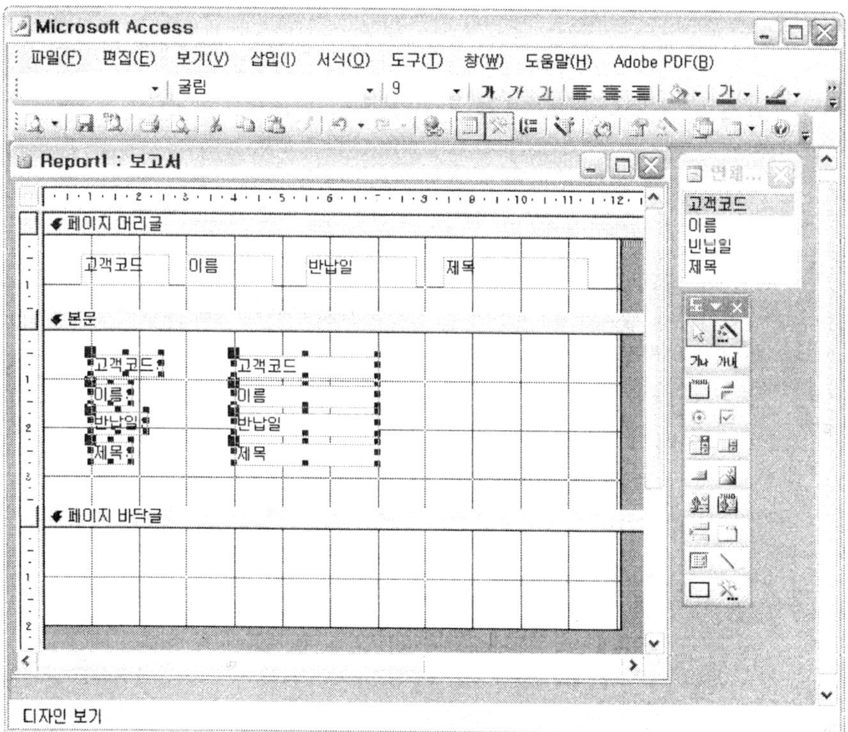

④ [본문]의 필드 이름은 삭제하고 실제 레코드값(이름)은 [페이지 머리글]의 필드 이름과 비슷한 위치에 나열한다.

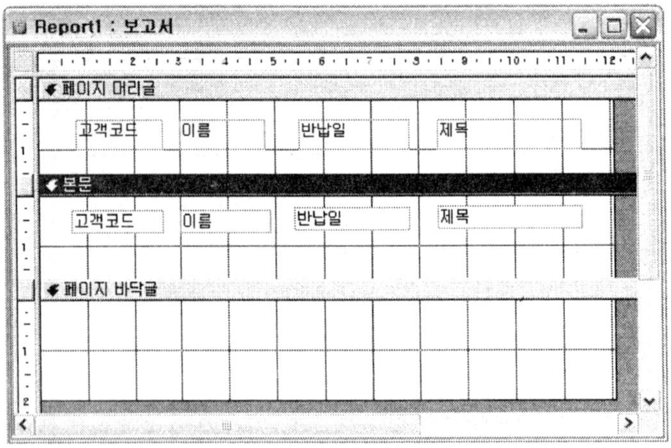

⑤ [보기] 메뉴에서 [보고서 머리글/바닥글]를 선택하여 [Report1 : 보고서] 대화상자에 보고서 머리글/바닥글을 추가한다.

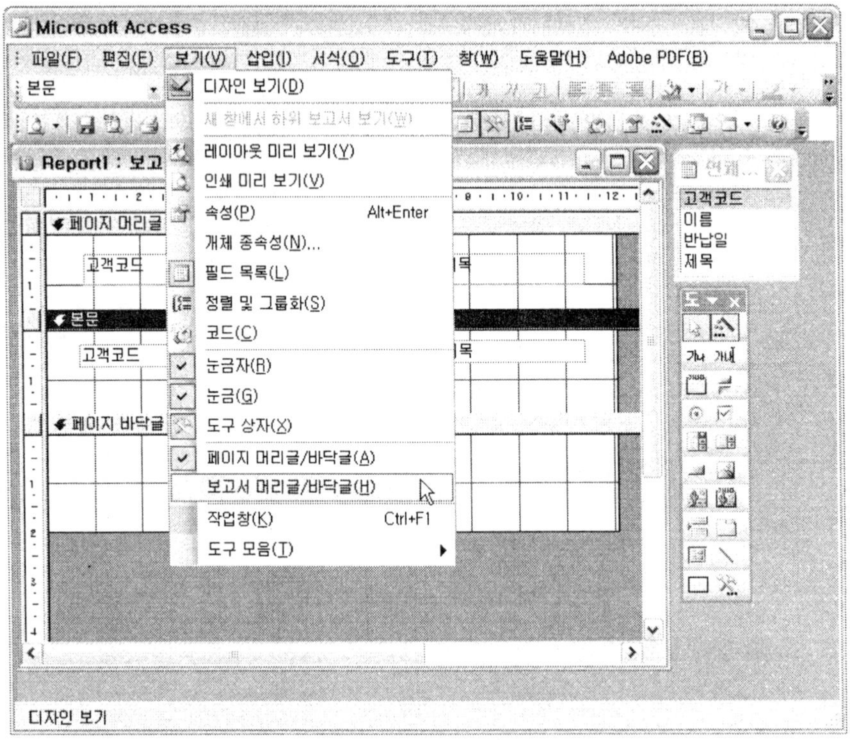

⑥ [보고서 머리글]에 보고서 제목으로 "연체 비디오 목록"을 입력하고 글꼴과 크기 등을 그림처럼 설정한다.

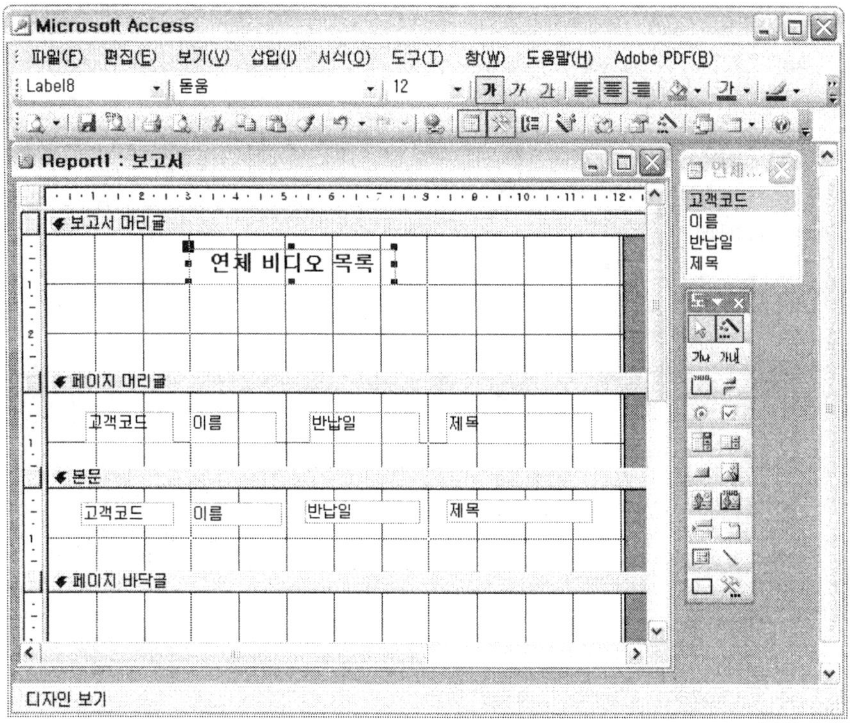

⑦ [삽입] 메뉴의 [날짜 및 시간(T)]을 이용해 작성날짜를 추가해보자. 작성날짜만 보고서 화면에 출력하므로 [시간 포함(T)]의 ☑를 해제한 후 [확인] 버튼을 선택하여 [보고서 머리글]에 작성날짜를 추가한다.

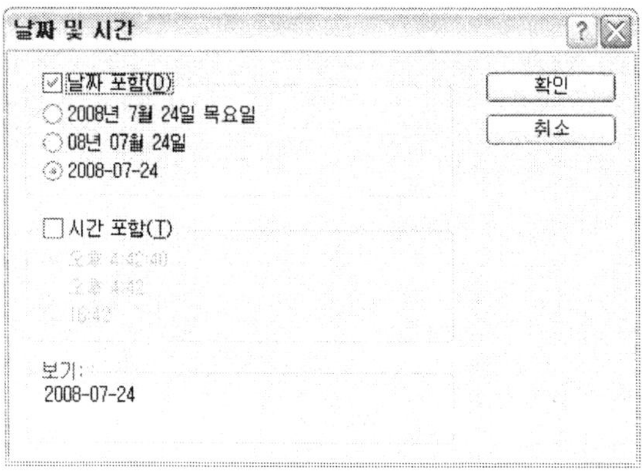

⑧ 삽입된 [페이지 번호]는 항상 [보고서 머리글]의 맨 왼쪽 상단에 위치하므로 드래그하여 적당한 위치로 이동시켜야만 한다.

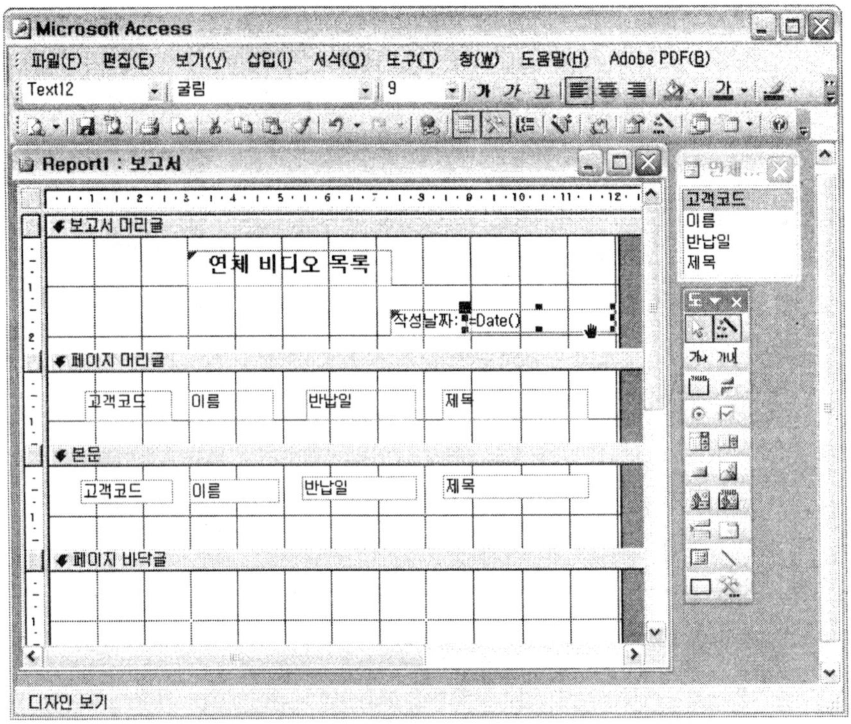

⑨ [삽입] 메뉴의 [페이지 번호(U)]를 이용해 [페이지 바닥글]에 페이지 번호를 추가해 보자.

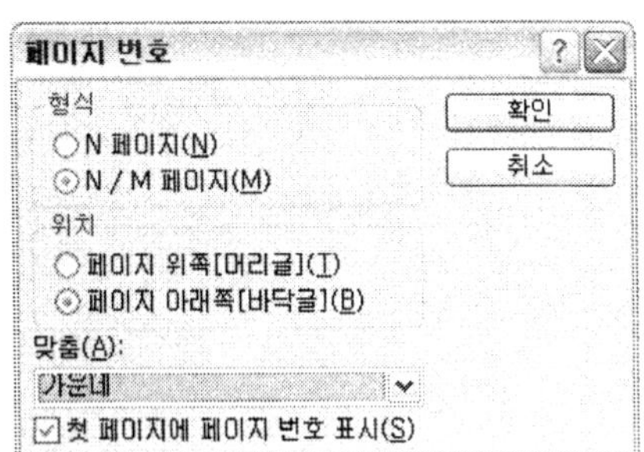

⑩ 작성한 "연체 비디오 목록" 보고서를 미리보기로 확인해보고, "연체비디오목록"으로 저장한다.

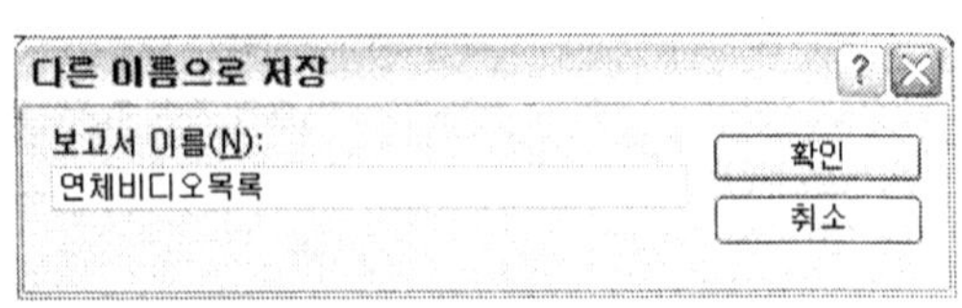

연습문제

1 「가족」 데이터베이스를 작성하고, 아래 테이블을 디자인하시오.

① 『학생기본』 테이블을 디자인하시오.

학생기본 : 테이블

필드 이름	데이터 형식	설명
학번	텍스트	기본키, 10자리
성명	텍스트	8자리
성별	예/아니오	예/아니오
주야	텍스트	조회마법사(주간,야간)
주민등록번호	텍스트	입력마스크(######-#######)
생년월일	날짜/시간	날짜/시간

② 『가족』 테이블을 디자인하시오.

가족 : 테이블

필드 이름	데이터 형식	설명
학번	텍스트	10자리, 기본키
가족명	텍스트	8자리
가족관계	텍스트	8자리
학력	텍스트	8자리
직업	텍스트	조회마법사(교육,서비스,가사,학생,공무원)

2 『학생기본』 테이블과 『가족』 테이블의 관계를 설정하시오.

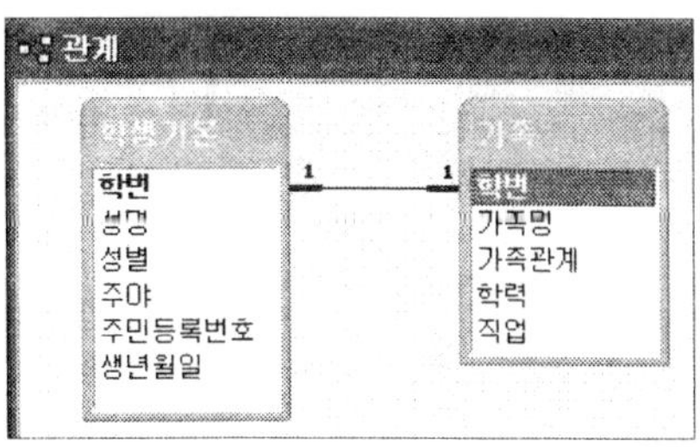

3 『학생기본』 테이블과 『가족』 테이블에 레코드를 입력하시오.

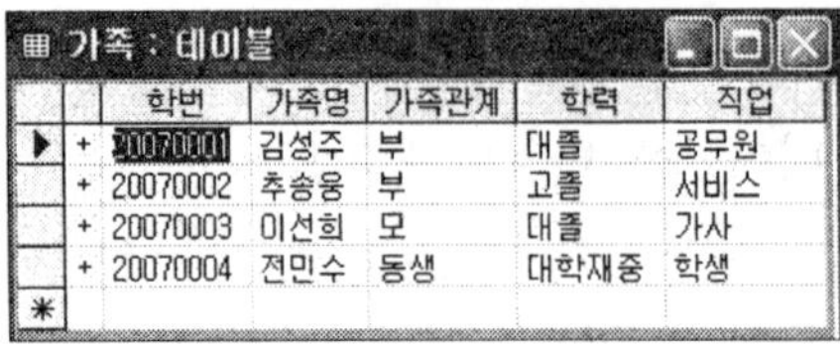
가족 : 테이블

학번	가족명	가족관계	학력	직업
20070001	김성주	부	대졸	공무원
20070002	추송웅	부	고졸	서비스
20070003	이선희	모	대졸	가사
20070004	전민수	동생	대학재중	학생

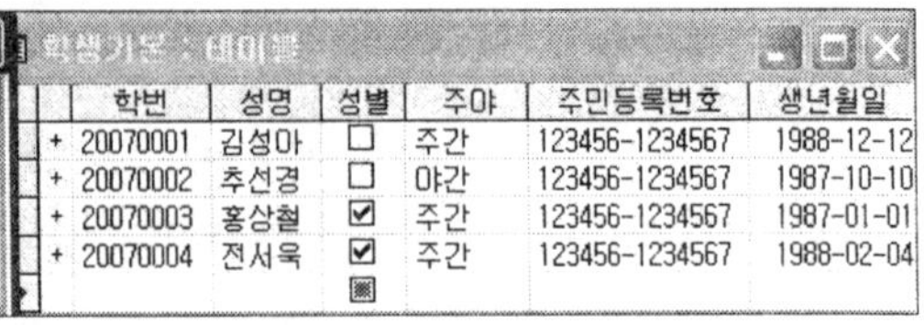
학생기본 : 테이블

학번	성명	성별	주야	주민등록번호	생년월일
20070001	김성아	☐	주간	123456-1234567	1988-12-12
20070002	추선경	☐	야간	123456-1234567	1987-10-10
20070003	홍상철	☑	주간	123456-1234567	1987-01-01
20070004	전서욱	☑	주간	123456-1234567	1988-02-04

4 『학생기본』 테이블을 이용해 "학생정보" Form을 디자인하시오.

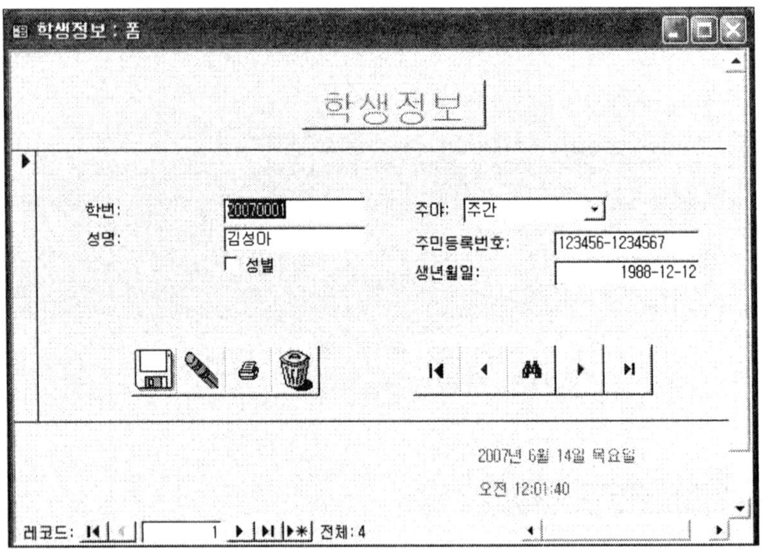

5 "자동 보고서 만들기"를 이용하여 『가족』 테이블의 보고서를 작성하시오.

MySQL 데이터베이스

5장 MySQL

5.1 MySQL 소개

(1) MySQL이란

MySQL은 표준 데이터베이스 질의 언어인 SQL(Structured Query Language)을 사용하는 개방 소스의 관계형 데이터베이스 관리 시스템(RDBMS)으로 매우 빠르고, 유연하며, 사용하기 쉬운 특징이 있다.

MySQL은 윈도우즈 XP/NT 2000 환경, UNIX, LINUX, 등의 다양한 플랫폼에서 사용할 수 있으며, 다중 사용자, 다중 쓰레드를 지원하고, C, C++, Java, Peal, PHP 등을 위한 응용 프로그램 인터페이스를 제공한다. 특히, LINUX 운영체제와 Apache 서버 프로그램, MySQL, PHP 스크립트 언어는 서로 연동이 잘되고 오픈 소스로 개발되는 무료 프로그램이어서 홈페이지나 쇼핑몰 등 일반적인 웹 개발에 널리 이용되고 있다.

MySQL은 3.23버전 이후부터는 매우 안정적이고 믿을 수 있게 출시되었고, 관련 매뉴얼은 MySQL 홈페이지에서 참고할 수 있으며, 프로그램 또한 MySQL 홈페이지에서 다운로드받을 수 있다. MySQL은 오픈 소스이기 때문에 소스가 공개되어 있고 무료이기 때문에 사용중에 발생하는 문제에 대해서는 MySQL을 사용하는 전 세계의 개발자로부터 도움을 받을 수 있다. 단, 상업적으로 사용할 때에는 상업용 라이선스를 구입해야 한다.

(2) MySQL을 선택하는 이유

MySQL를 제외한 무료로 제공하는 데이터베이스를 찾는다면 PostgreSQL, 상용벤더들이 제공하는 무료버전 제품들이 있지만, 다른 데이터베이스에 비해 MySQL은 다음과 같은 장점을 가지므로 다른 무료 제품들보다 MySQL을 선호한다.

MySQL 개발자들은 가장 빠른 데이터베이스라고 주장하고 있으며, MySQL은 상용 데이터베이스 시스템들의 거대한 크기에 비해 작은 크기로 되어 있다.

MySQL은 고성능이지만 상대적으로 단순한 데이터베이스 시스템이고, 대규모 시스템들에서 설정하고 관리하는 것이 훨씬 더 간단하다.

MySQL은 네트워크 연결을 지원하고 있으며, MySQL 데이터베이스는 어떠한 곳에서도 접근할 수 있으므로, 누구에게나, 어느 곳에서도 공유할 수 있으며, 접근을 제한할 수도 있다.

MySQL은 UNIX, LINUX, 그리고 Windows 운영체제에서도 실행된다. 따라서 MySQL은 가정용 PC에서부터 상업용 서버에서도 사용할 수 있다.

MySQL은 오픈 소스이므로 무료로 구할 수 있지만, 상업용으로 사용할 때는 라이선스를 구매해야 한다. 물론, 비상업용으로 사용할 때에는 무료이다.

5.2 MySQL 설치

(1) 윈도우용 MySQL 설치

MySQL은 리눅스 환경뿐만 아니라 윈도우즈 환경에도 설치할 수 있다. 먼저 윈도우용 MySQL을 http://www.mysql.com 사이트에서 MySQL을 다운로드받은 후 압축 파일을 임의의 폴더에 풀자.

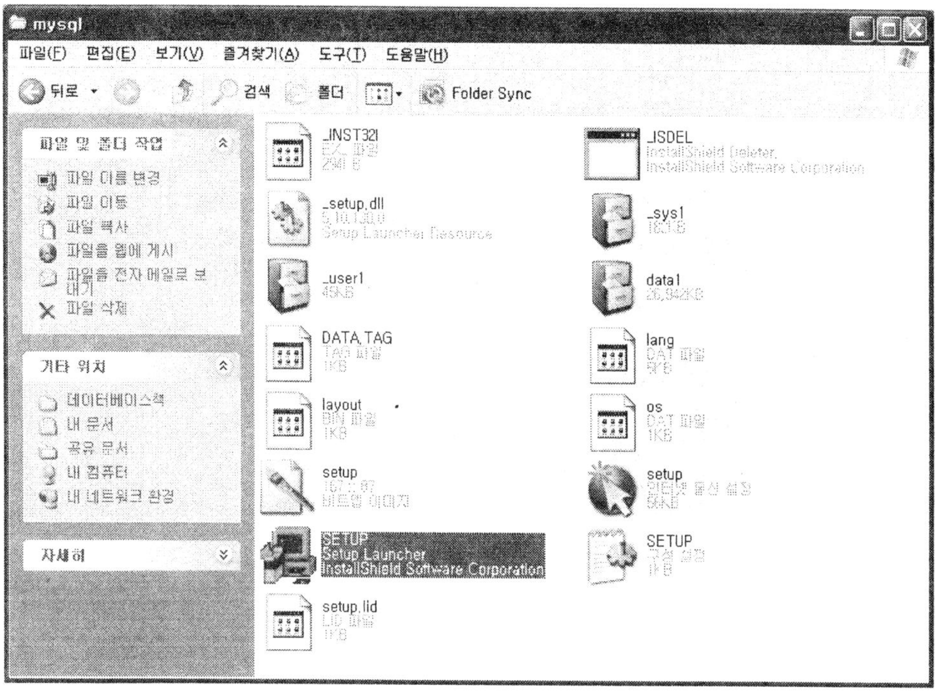

① 폴더내에서 MySQL을 설치하는 SETUP.EXE를 찾아 더블클릭을 하여 MySQL 설치를 시작한다. MySQL 설치 시작 화면이 나오면 "Next"를 클릭하여 다음 단계로 이동한다.

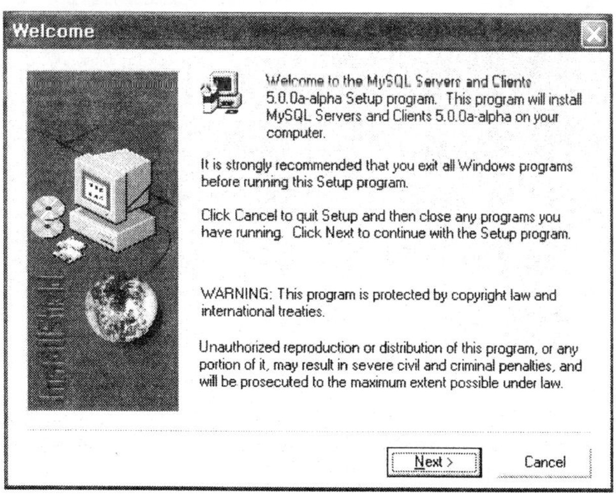

② MySQL 설치에 관한 정보를 설명하는 화면이 나오면 "Next"를 클릭하여 MySQL 설치를 진행한다.

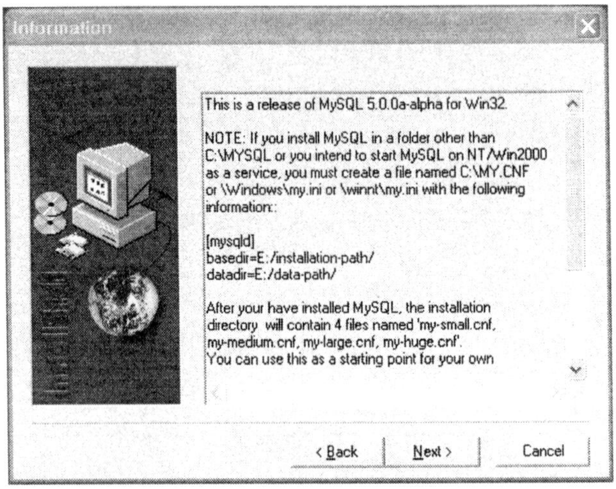

③ MySQL 설치 폴더를 선택하는 화면이 나온다. MySQL 설치 폴더는 기본적으로 정해지는 mysql폴더로 하는 것이 좋으므로 "Next"를 클릭한다. 만약에 MySQL 설치 폴더를 변경하고 싶으면 "Browse" 버튼을 클릭한 후 설치할 폴더를 선택하거나 폴더를 새로 생성하면 된다.

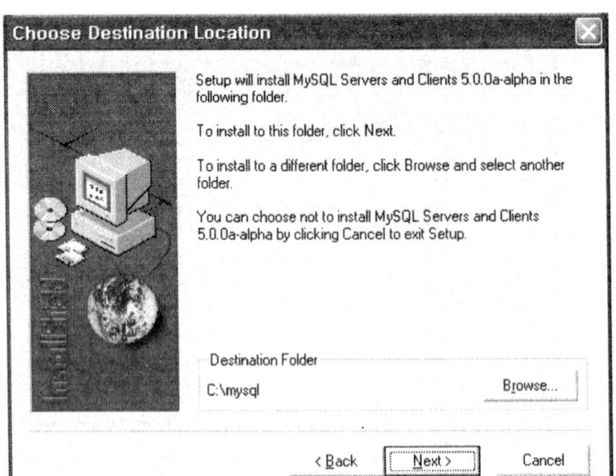

④ MySQL 설치 유형을 묻는 단계로 전체설치(Typical), 최소설치(Compact), 사용자 정의설치(Custom)로 세 가지 설치 유형이 있다. 여기서는 전체설치인 "Typical"을 선택한 후 "Next"를 클릭한다.

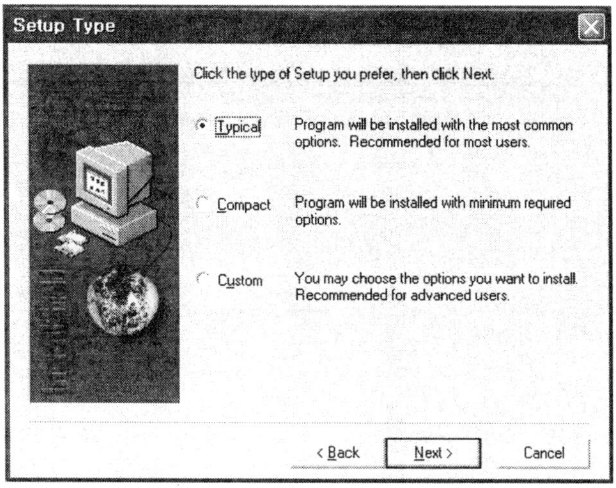

⑤ 설치가 진행중임을 보여주는 화면이 나오고, 진행이 끝나면 설치 종료 화면이 나온다. "Finish"를 클릭하여 MySQL 설치 작업을 종료한다.

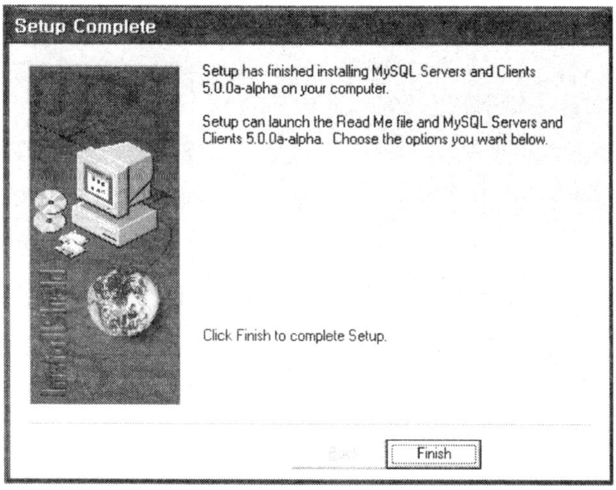

MySQL 설치가 완료되었으므로, MySQL을 실행해보자. 윈도우즈 환경에서 MySQL 서버를 기동하는 것은 WinMySQLadmin이라는 GUI 툴을 이용해 MySQL 서버 환경

및 실행, 종료를 할 수 있으므로 매우 간단하다. 이제, WinMySQLadmin를 실행해보자.

① C:\mysql\bin 디렉토리에서 WinMySQLadmin.exe 파일을 선택한 후 더블클릭 하여 실행한다.

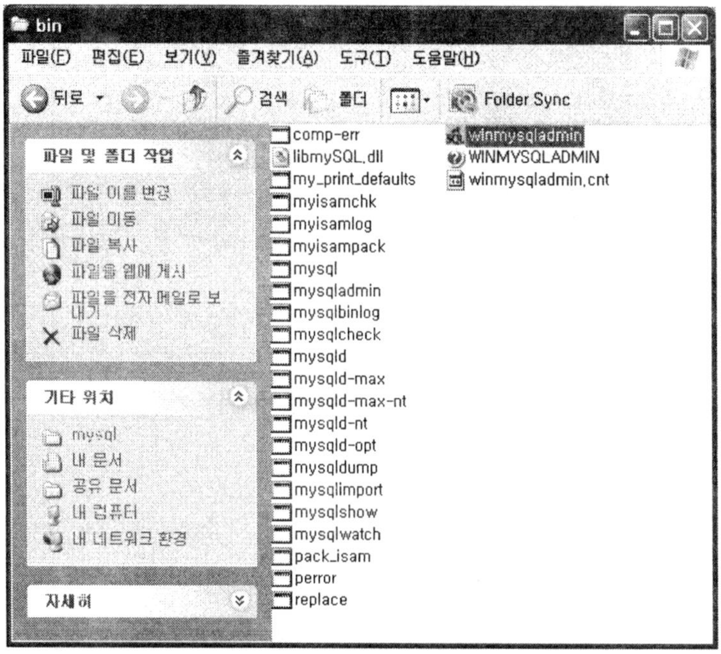

② WinMySQLadmin를 처음 실행하면 MySQL 환경을 설정할 수 있는 창이 나타나는데, 창 제목에서 알 수 있듯이 MySQL의 빠른 환경 설정이라고 보면 된다. User Name과 Password를 입력하면 MySQL의 새로운 사용자를 추가하게 된다. 만약에, X 버튼을 클릭하거나 Cancel을 선택하면 새로운 사용자 추가 없이 MySQL이 실행된다. MySQL의 환경 설정은 c:\window 폴더에 my.ini로 저장된다.

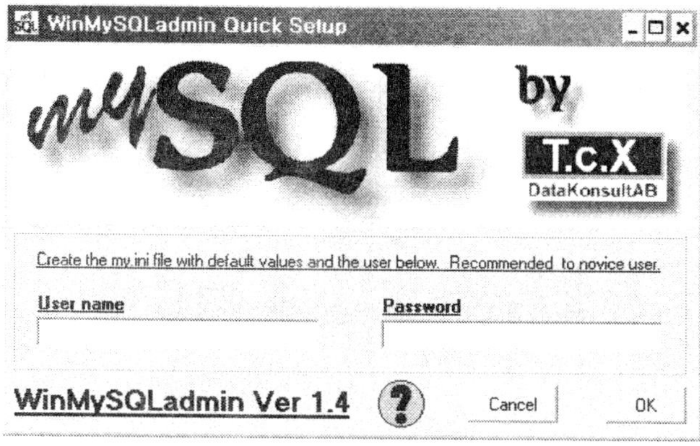

WinMySQLadmin Quick Setup에서 설정한 결과를 출력해주는 화면으로 한번이라도 WinMySQLadmin를 실행한 적이 있다면 WinMySQLadmin Quick Setup 화면은 나타나지 않고 WinMySQLadmin 1.4 화면이 출력된 후, 윈도우즈 화면 오른쪽 하단에  처럼 신호등 아이콘이 나타난다.

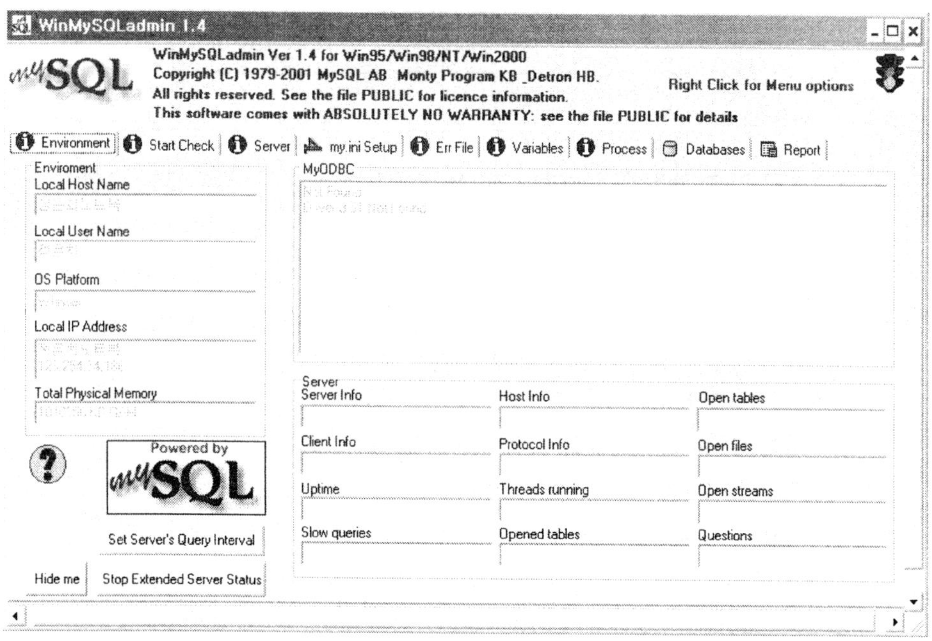

③ 신호등 아이콘을 클릭하여 “Win NT”를 선택하면 MySQL 서버를 구동 혹은 정지시킬 수 있는 메뉴가 나타난다. “Start the Service”를 선택하여 MySQL 서버를 구동시키자.

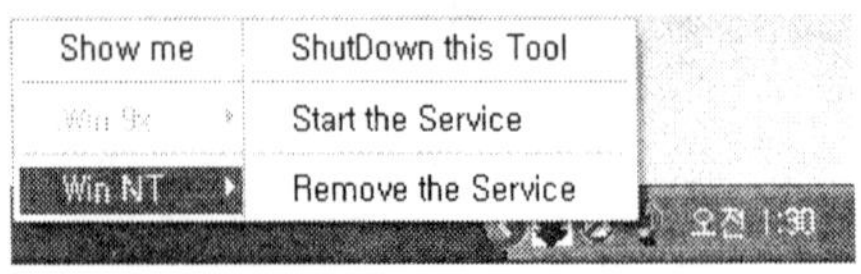

④ MySQL 서버를 구동하면 이제 MySQL 서버에 접속할 수 있다. 먼저, 윈도우즈의 “시작 → 실행”을 선택하여 도스 창을 열 수 있는 “cmd” 명령어를 입력한 후 확인 버튼을 클릭한다.

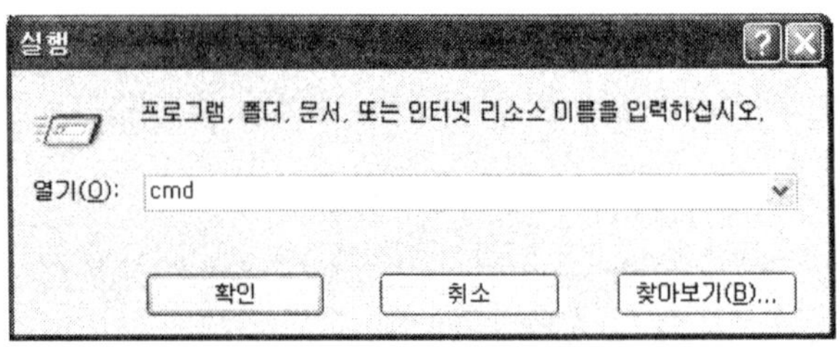

⑤ MS-DOS 창을 열은 후 “cd\mysql\bin” 명령어를 입력하여 MySQL의 bin 폴더로 이동한다.

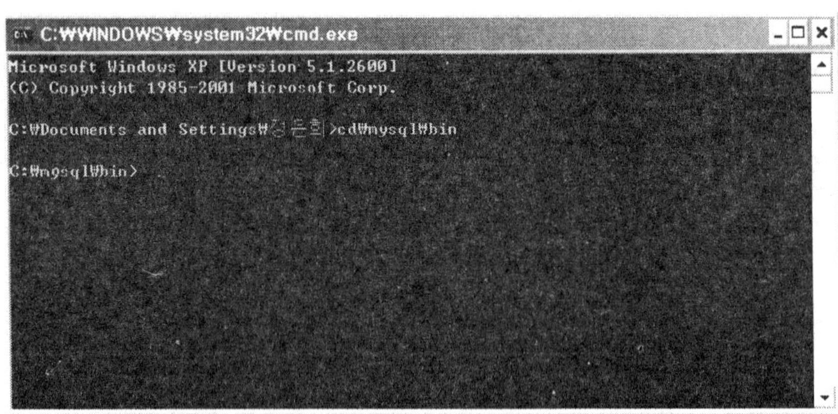

⑥ "mysql"을 입력하여 MySQL 서버에 접속하게 된다. MySQL 서버 접속을 종료하는 명령어는 "exit"이다.

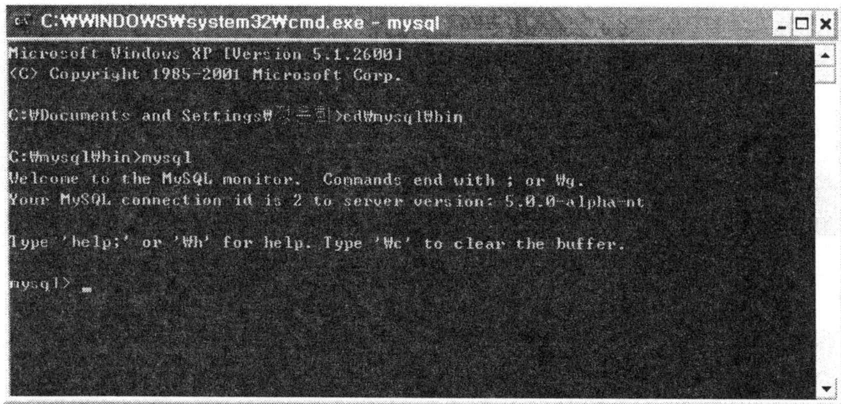

지금까지 윈도우용 MySQL 설치 과정을 살펴보았다. 만약에 MySQL과 PHP, Apache를 연동하여 웹 데이터베이스 서버로 사용하려면 PHP와 Apache도 각각 설치해주어야 한다.

(2) APM 설치

APM은 Apache, PHP MySQL을 한 번의 설치 작업으로 모두 설치할 수 있는 아주 편리한 프로그램으로 IIS가 설치되지 않은 Windows 98 또는 Windows Home Edition 운영체제를 사용하는 사용자들이 사용하기에 적합하다.

APM_SETUP은 설치하기 쉽게 실행 파일로 되어 있으므로, http://www.apmsetup.com 사이트에서 적당한 폴더에 다운로드를 받아서 설치하거나, "열기" 버튼을 클릭하여 다운로드하지 않고 직접 설치할 수도 있다.

① 먼저, http://www.apmsetup.com 사이트에서 APM_Setup5_2006_01_23.exe 파일을 내문서 폴더에 다운로드를 받는다.

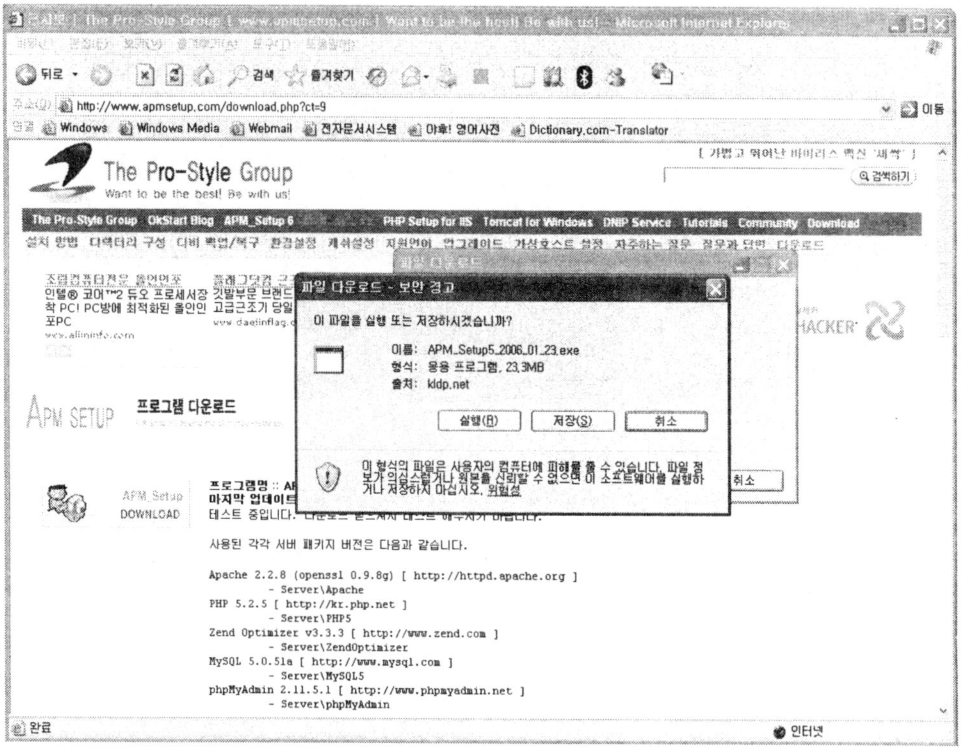

② 다운로드받은 내문서 폴더로 이동해 다운로드받은 파일을 확인한다.

③ APM_Setup5_2006_01_23.exe 파일을 더블 클릭하면 설치할 언어를 선택하는 대화창이 나오면 "Korean"을 선택한 후 "OK" 버튼을 클릭한다.

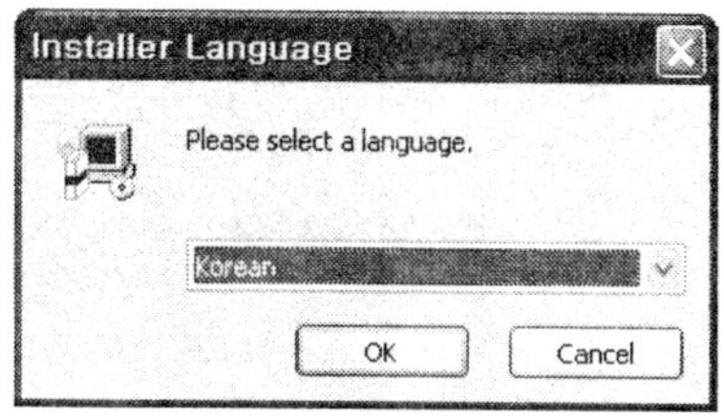

④ APM_Setup을 설치 시작하는 화면이 나오면 "다음" 버튼을 클릭하여 APM_Setup 설치를 시작한다.

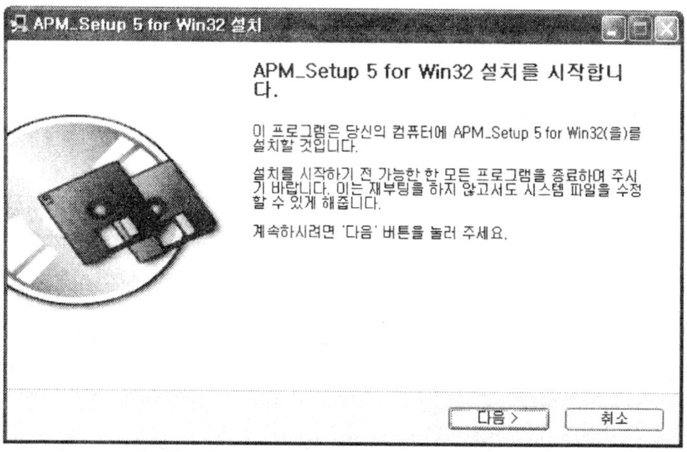

⑤ APM_Setup을 설치하기 전에 설치되는 Apache, PHP, MySQL 등의 버전에 대한 정보를 제공하는 대화창이 나오는데, 반드시 "동의함" 버튼을 클릭해야 APM을 설치할 수 있다. "동의함" 버튼을 클릭하여 다음 단계로 이동한다.

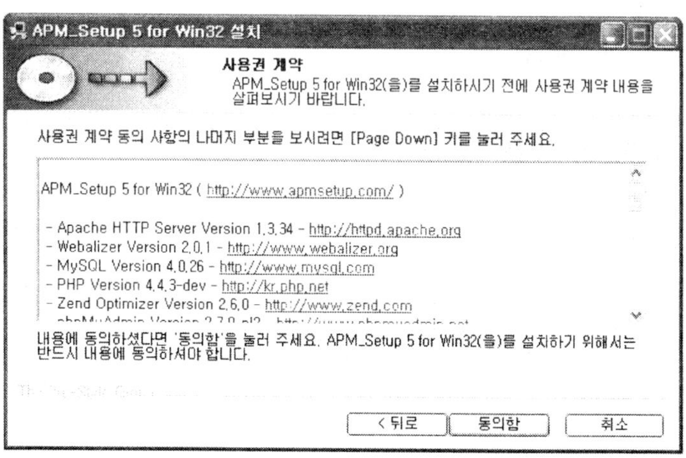

⑥ APM_Setup의 설치 형태를 선택한다. 처음에 설치할 때에는 기본적으로 선택되어 있는 Default MySQL DB & Homepage(First Setup Only)를 선택하면 된다.

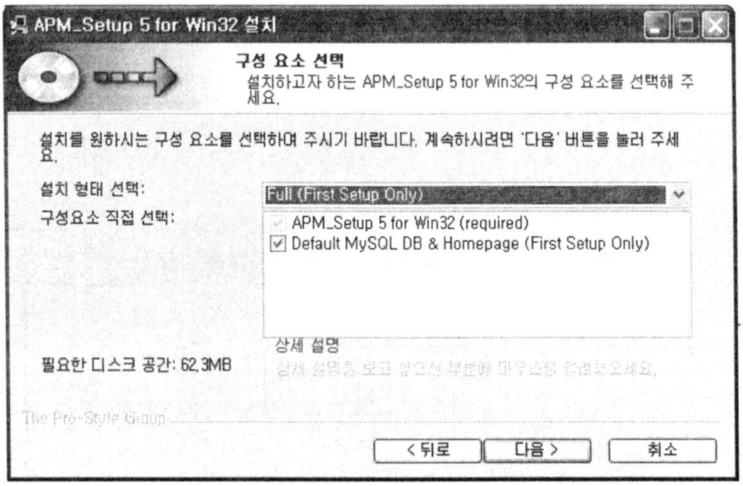

⑦ APM_Setup을 설치할 폴더를 지정하고, "설치" 버튼을 클릭한다. 만약, 다른 폴더에 설치하고 싶으면 "찾아보기" 버튼을 클릭하여 설치할 폴더를 지정하면 된다.

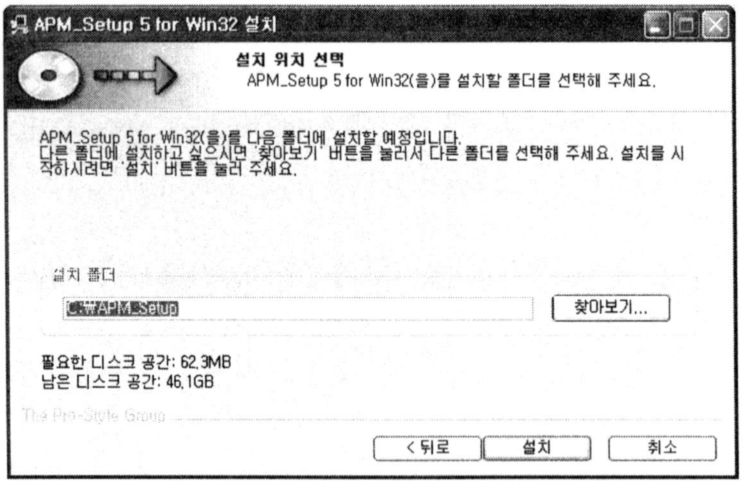

⑧ APM_Setup의 설치가 종료되면 APM_Setup 설치 완료 대화창이 나오는데, 이때 "마침" 버튼을 클릭하여 APM_Setup 설치를 종료한다.

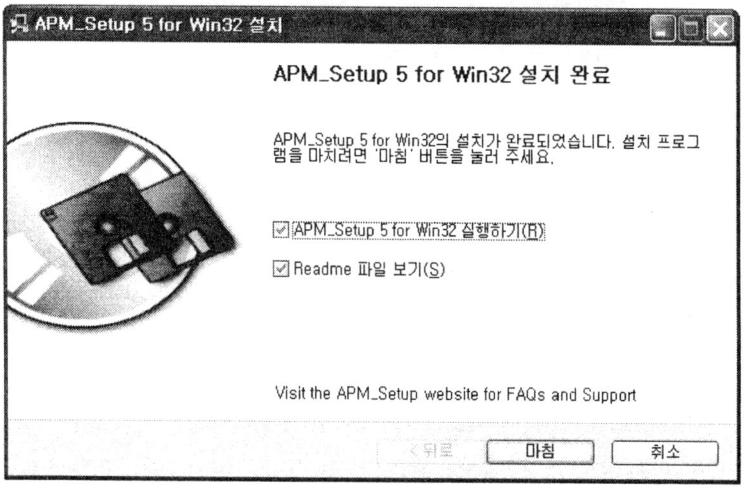

⑨ Windows XP Home Edition의 경우 Windows 방화벽에 의해 Apache, Mysqld-nt의 기능을 차단된다. 따라서 APM_Setup을 정상적으로 사용하려면 반드시 Apache, Mysqld-nt를 차단 해제를 하여야 한다.

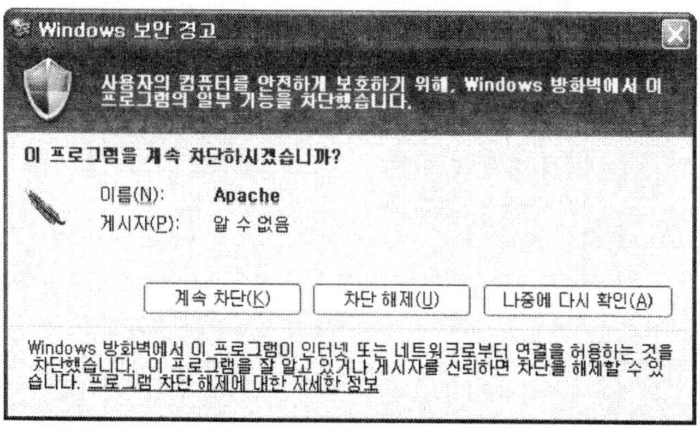

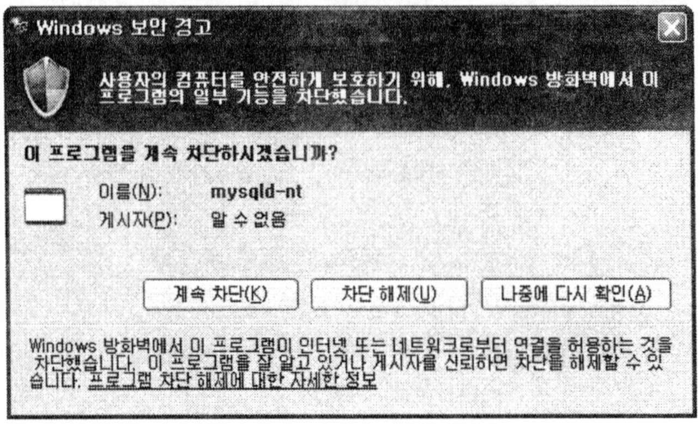

⑩ APM_Setup의 설치가 마무리되면 APM_Setup의 실행상황을 설명하는 대화창이 출력된다. Apache 서버와 MySQL 서버가 정상적으로 실행되고 있다면 "서버상태 : 서버 실행됨"으로 출력되고, 서버가 정상적으로 실행되지 않고 있다면, 방화벽 차단 해제가 제대로 되었는지 확인해보아야 한다.

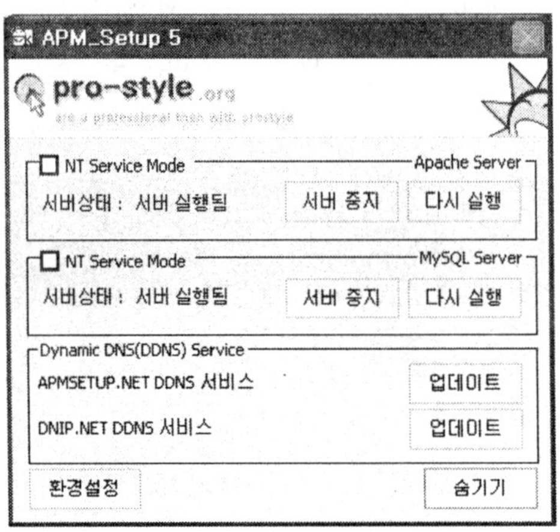

⑪ APM_Setup이 정상적으로 실행되고 있으면 Windows의 작업 표시줄 도구모음 칸에 APM_Setup 아이콘이 생성된다.

⑫ 에 마우스 커서를 위치시킨 후, 마우스 오른쪽 버튼을 클릭하여 빠른 메뉴를 출력시킨 후 작업할 메뉴를 선택하면 된다.

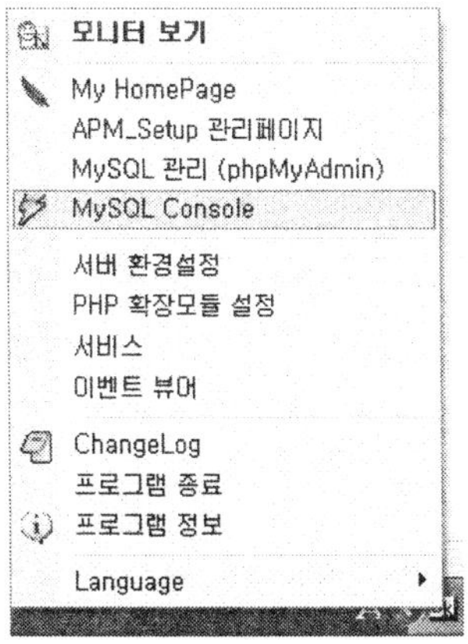

⑬ "MySQL Console"을 선택하면 MS-DOS창에 MySQL Console 창이 실행된다.

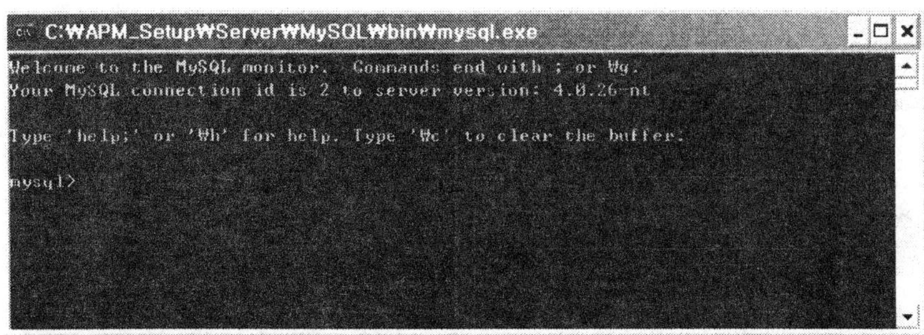

지금까지 APM_Setup 설치를 살펴보았다. 컴퓨터를 종료하면 APM_Setup이 자동으로 종료되므로 컴퓨터를 새로 부팅하였을 때 바탕화면의 APM_Setup 아이콘을 더블클릭하면 APM_Setup 화면이 실행되면서 Apache, MySQL 서버가 실행된다.

5.3 데이터베이스 만들기

MySQL를 설치하면 기본적으로 mysql, test인 두 개의 데이터베이스가 이미 생성되어 있다. 데이터베이스 mysql은 MySQL 서버를 관리해주는 데이터베이스로 root

권한을 가진 사용자만이 접속할 수 있고 데이터베이스 test는 누구나 접속이 가능한 데이터베이스이다.

데이터베이스는 c:\mysql\data 폴더에 저장되어 있고, 새로운 데이터베이스를 생성할 때마다 c:\mysql\data 폴더에 저장된다.

먼저 root 권한으로 MySQL 서버에 접속해보자. root 권한으로 MySQL 서버에 접속하는 명령어 형식은 다음과 같다.

형식

```
mysql -u root  // 패스워드를 정하지 않은 경우
mysql -u root -p  // 패스워드를 정한 경우
```

MySQL 설치할 때 root의 패스워드를 정하지 않았기 때문에 "mysql-u root"로 접속할 수 있다. 그리고, MySQL 서버 접속을 종료하고자 할 때에는 "quit" 명령어를 사용하면 된다.

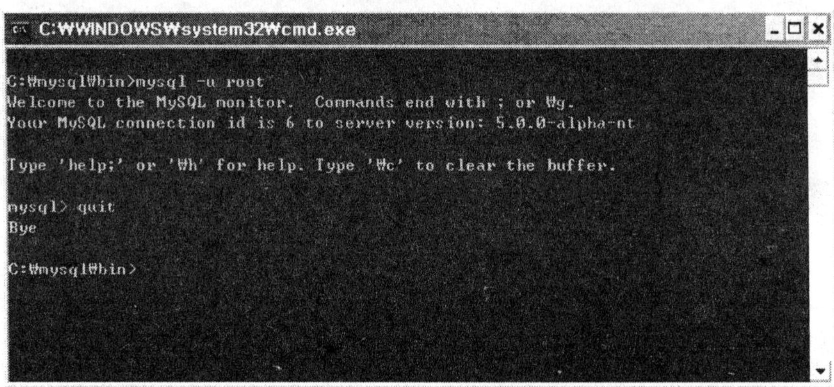

(1) SHOW

현재 생성되어 있는 데이터베이스와 테이블을 확인할 때 사용하는 명령어이다. 주의사항은 반드시 databases, tables처럼 복수형을 사용해야 하고 명령어 라인 맨 마지막에 세미콜론(;)을 붙여야 한다.

형식

```
SHOW databases; #데이터베이스 확인
SHOW tables; #테이블 확인
```

root 권한으로 MySQL 서버에 접속하였으므로 mysql, test 데이터베이스 모두 화면에 출력된다. 만약에 일반 사용자 권한으로 MySQL 서버에 접속하였다면 test 데이터베이스만 화면에 출력될 것이다.

(2) CREATE DATABASE

데이터베이스를 생성하는 명령어로 형식은 아래와 같다.

형식

```
CREATE DATABASE 데이터베이스 이름;
```

이제, sample 데이터베이스를 생성하고 USE 명령어를 이용해 데이터베이스 목록을 화면에 출력해보자.

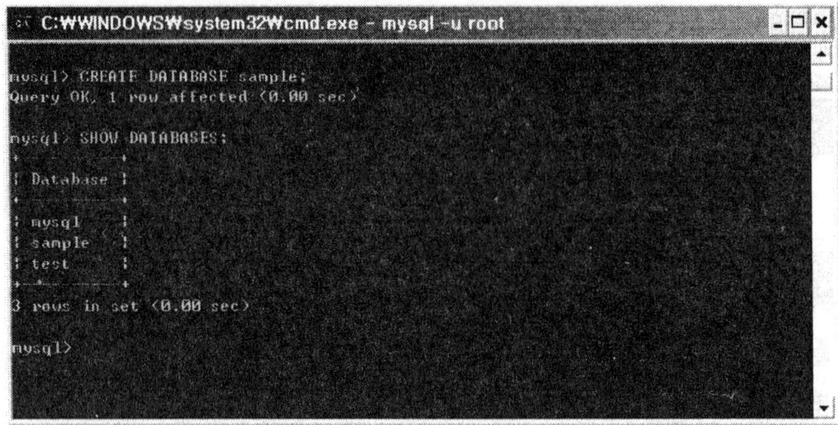

(3) USE

대부분의 문서 작업과 마찬가지로 MySQL에서도 반드시 작업하고자 하는 데이터베이스를 불러오기를 한 후에 그 데이터베이스 내에 테이블을 생성하고, 데이터를 입력하거나 수정 및 삭제할 수 있다. MySQL에서 데이터베이스를 불러오기 역할을 담당하는 명령어가 USE이다.

USE 명령어를 이용해 데이터베이스를 불러오지 않으면, 데이터에 접근할 수가 없으며 SELECT, INSERT 등의 명령어를 사용할 수 없다.

◎ 형식

```
USE 데이터베이스 이름;
```

sample 데이터베이스를 불러오기 해보자.

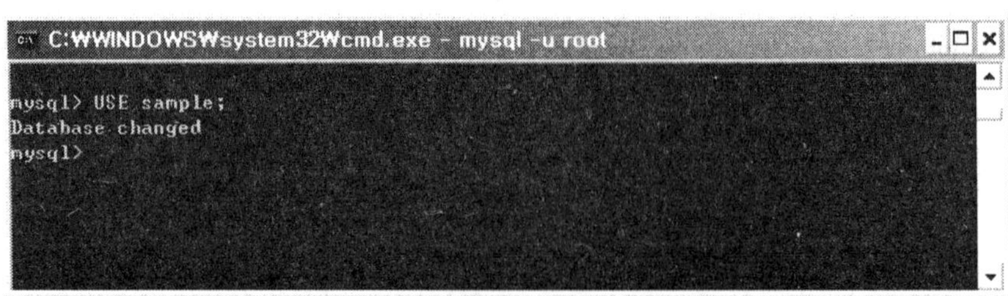

(4) DROP DATABASE

데이터베이스를 삭제하는 명령어이다. 한번 지운 데이터베이스는 복원이 불가능하므로 DROP 명령어를 실행하기 전에 반드시 한번더 확인해야 한다.

◎ 형식

```
DROP DATABASE 데이터베이스 이름;
```

sample 데이터베이스를 삭제해보자.

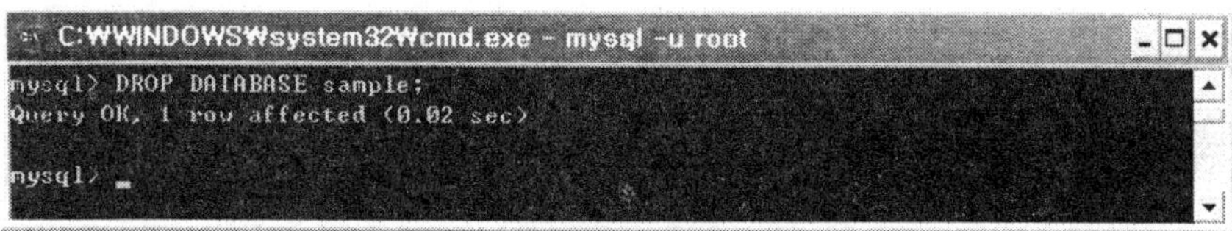

SHOW 질의문을 이용해 sample 데이터베이스가 삭제되었는지 확인해보자.

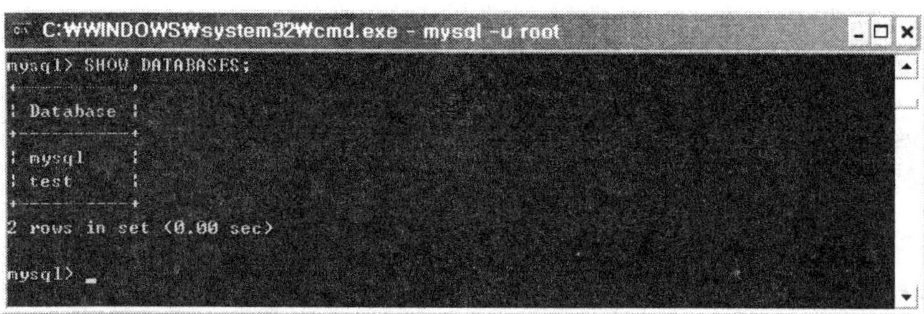

5.4 테이블 관리

(1) 테이블 생성

MySQL은 MySQL 서버에서 테이블을 생성하는 방법과 윈도우즈의 메모장을 이용해 테이블을 생성하는 방법이 있다. MySQL 서버에서 테이블을 생성할 경우에는 명령어 수정이 어렵지만, 윈도우즈의 메모장을 이용할 경우에는 별도의 sql 파일로 저장되므로 수정이 편리하며 재사용이 가능하다.

◎ **형식**

```
CREATE TABLE 테이블 이름(
  필드 이름  필드 유형[(길이)],
  필드 이름  필드 유형[(길이)],
             :
  [PRIMARY KEY (필드 이름)]
  [FOREIGN KEY (필드 이름) REFERENCE 테이블 이름(필드 이름)]
)[TYPE=테이블 유형];
```

MySQL 테이블의 필드 유형은 크게 숫자형 데이터를 저장하는 수치 필드, 문자형 데이터를 저장하는 문자열 필드, 날짜와 시간을 저장하는 날짜와 시간 필드로 나눌 수 있다.

테이블 생성을 하기 전에 각각의 데이터 타입에 대해서 좀 더 자세히 살펴보자.

① 숫자형

MySQL 숫자형은 1 혹은 2와 같이 소수점을 포함하지 않은 수를 정수라 하는데 주로 근사값 등을 표현하는 정수 타입과 3.14 또는 3.1E4와 같은 소수 형태를 가진 실수 형태로 정확성을 표현하는 과학 수식값에 사용되는 부동소수 타입이 있다.

MySQL에 숫자 데이터를 사용할 때에는 표현하고자 하는 데이터의 범위를 고려하고 데이터를 표현할 수 있는 범위를 갖는 가장 작은 타입을 사용하는 것이 하드디스크 공간의 낭비를 줄이고 데이터를 효율적으로 처리할 수 있다.

숫자 컬럼 타입의 유형은 [표 5-1]에서 설명한다.

[표 5-1] 숫자 컬럼 타입의 유형

타 입	의 미
TINYINT	매우 작은 정수
SMALLINT	작은 정수
MEDIUM	중간 크기의 정수
INT	표준 정수
BIGINT	큰 정수
FLOAT	단정도 부동소수
DOUBLE	배정도 부동소수
DECIMAL	부동소수

② 문자형

MySQL 문자형은 "안녕하십니까?"와 같이 문장으로 된 데이터값을 표현한다. 문자열 타입은 binary data, image, sound, zip 등을 표현하는데, 데이터 크기가 큰 경우에는 분할하여 사용하는 것이 가능하다.

문자 컬럼 타입의 유형은 [표 5-2]에서 설명한다.

[표 5-2] 문자형 타입의 유형

타 입	데이터 표현 범위
CHAR	고정길이 문자열
VARCHAR	가변길이 문자열
TINYBLOB	매우 작은 BLOB
BLOB,	작은 BLOB
MEDIUMBLOB	중간크기 BLOB
LONGBLOB,	큰 BLOB
TINYTEXT	매우 작은 텍스트 문자열
TEXT	작은 텍스트 문자열
MEDIUMTEXT	중간크기 텍스트 문자열
LONGTEXT	큰 텍스트 문자열
ENUM("vaule1", "value2", ...)	열거형으로 나열된 값들 중에서 하나만 대입한다.
SET("vaule1", "valuc2", ...)	집합형으로 여러 개의 값들을 대입할 수 있다.

• CHAR, VARCHAR 타입

문자열 데이터를 표현하는데 가장 많이 사용되는 타입으로 CHAR은 고정 길이 타입이고 VARCHAR은 가변 길이 타입이다. 예를 들면, CHAR(10)일 경우 10바이트의 하드디스크 공간을 확보하는데, 실제 데이터 길이가 7이라면 데이터를 저장하고 나머지 공간 3바이트는 공백으로 저장한다. VARCHAR(10)일 때 실제 데이터 길이가 7이라면 하드디스크 공간을 7바이트만 확보하므로 하드디스크 공간을 VARCHAR일 경우 더 효율적으로 사용할 수 있다.

• BLOB, TEXT

BLOB와 TEXT는 큰 데이터를 저장하는데 BLOB는 대·소문자를 구별하여 사용하고, TEXT는 대·소문자를 구별하지 않는다.

워드문서, 영상이미지, 소리, 압축데이터 등은 BLOB 타입을 사용한다.

• ENUM, SET

ENUM과 SET는 문자열의 고정된 집합에서 선택된 데이터값으로 구성되는 특수한 문자열 타입이다. ENUM은 데이터 집합을 멤버로 구성하고, SET은 집합의 모든 멤버를 구성한다. 즉, ENUM은 서로 상호간의 독립된 데이터에 사용되고 SET은 데이터 집합에서 목적에 의해 사용된다.

예 color ENUM("파랑", "빨강", "노랑")
SET("키보드", "마우스")

③ 날짜와 시간형

MySQL은 기간을 나타내는 값을 위해 DATE, TIME, DATETIME, TIMESTAMP, 그리고 YEAR 등을 제공하는데, 날짜와 시간에 대한 특별한 속성은 없다.

[표 5-3] 날짜와 시간형 타입의 유형

타 입	의 미
DATE	날짜값으로 CCYY-MM-DD 형식임
TIME	시간값으로 hh : mm : ss 형식임
DATETIME	날짜와 시간값으로 CCYY-MM-DD hh : mm : ss 형식임
TIMESTAMP	타임스탬프값으로 CCYYMMDDhhmmss 형식임
YEAR	연도값으로 CCYY 형식임

날짜와 시간에 대한 칼럼의 유형은 [표 5-3]에서 설명한다. 여기서 CC는 세기, YY는 년도 MM은 월, DD는 일을 의미하고, hh는 시, mm은 분, ss는 초를 의미한다.

MySQL은 항상 날짜를 표현할 때 년도가 먼저 오는 특징을 가지며, 각각의 날짜와 시간형 타입의 지원범위를 살펴보면 다음과 같다.

- DATE는 1000-01-01부터 9999-12-31까지의 범위 값을 지원한다.
- TIME은 -839 : 59 : 59부터 838 : 59 : 59까지의 범위 값을 지원하는데, 시간부분(hh)이 날의 시간을 나타내므로 DATATIME의 시간과 다르게 나타난다.
- DATETIME은 1000-01-01 00 : 00 : 00부터 9999-12-31 23 : 59 : 59까지 범위 값을 지원한다.
- TIMESTAMP는 1970101000000부터 2037년의 어느 시점까지 지원하는데, TIMESTAMP(길이)에서 길이에 따라 표시 형식이 달라진다. 예를 들어, TIMESTAMP(14)이면 1970101000000이지만, TIMESTAMP(6)이면 700101이 된다.
- YEAR는 YEAR(4)이면 1901부터 2155까지, YEAR(2)이면 1970부터 2069까지 지원한다.

MySQL 테이블은 MyISAM, ISAM, HEAP 등의 유형이 있으며 MySQL 3.23 부터는 MyISAM 유형이 기본으로 설정되어 있으므로, [TYPE=테이블 유형]을 생략하면 MyISAM 유형으로 설정된다.

• ISAM 유형

ISAM은 인덱스가 있는 순차 접근 방법을 사용하여 테이블을 관리한다. ISAM 저장 포맷은 MySQL 3.23 이전 버전까지는 MySQL의 고유의 테이블 타입이었다. 여전히 ISAM 유형을 사용할 수는 있지만 거의 사용하지 않는다고 보면 좋다.

• MyISAM 유형

운영체제 자체에서 커다란 파일 크기를 허용한다면 ISAM의 저장 방법에 비해서 더욱 큰 테이블을 가질 수 있으며, 테이블 내용은 하드웨어 독립적인 포맷으로 저장된다. 이로 인해 다른 아키텍처를 가진 시스템이라 하더라도 직접 하나의 시스템에서 다른 시스템으로 복사할 수도 있다.

MyISAM은 ISAM 포맷에서 가능한 키 압축보다 개선된 기능을 제공하고, 다른 테이블 타입에서 사용할 수 있는 AUTO_INCREMENT 처리보다 더 기능이 많은

AUTO_INCREMENT 처리 방법을 가지고 있다.

• HEAP 유형

HEAP 유형은 메모리 안에 저장되는 테이블을 사용하고, 고정 길이 열을 사용하는 등의 매우 고속으로 동작하게 하는 두 가지 특징을 가지고 있다. HEAP 유형 테이블은 서버가 종료할 때 사라진다는 점에서 임시적이지만 CREATE TEMPORARY TABLE로 만들어지는 임시 테이블과는 달리 다른 클라이언트도 볼 수 있다.

BLOB와 TEXT 칼럼은 사용할 수 없고 VARCHAR는 허용되지만 내부적으로는 CHAR 타입으로 처리된다.

• BDB 유형

Sleepycat이 개발한 Berkeley DB 핸들러로 커밋과 롤백 기능이 있는 트랜잭션에 안전한 테이블, 장애 후 자동 복구, 검색과 갱신 둘 다 포함하는 혼합된 쿼리 하에서 동시 수행력을 높이기 위한 페이지 수준의 잠금 기능을 제공한다.

• InnoDB 유형

InnoDB 테이블은 MySQL에서 가장 최근에 추가된 테이블 타입이다. InnoDB 핸들러는 커밋과 롤백 기능이 있는 트랜잭션에 안전한 테이블, 장애 후 자동복구, 연속삭제를 포함한 외부 키 지원, 검색과 갱신 둘 다 포함하는 혼합된 쿼리 하에서 동시 수행력을 높이기 위한 저수준 잠금 기능 등을 제공한다.

회원관리 테이블을 간단히 만들어 보자(테이블 이름 : member).

필드 이름	필드 유형	길이	비고
회원 ID(user_id)	VARCHAR	8	기본키
이름(name)	VARCHAR	30	
이메일(email)	VARCHAR	30	
주소(address)	VARCHAR	50	
전화번호(phone)	VARCHAR	20	
암호(password)	VARCHAR	8	
등록일(register)	DATE	–	

MySQL에서 테이블을 생성하는 방법은 두 가지가 있다.

첫째, MySQL 서버에서 직접 테이블을 생성하는 방법

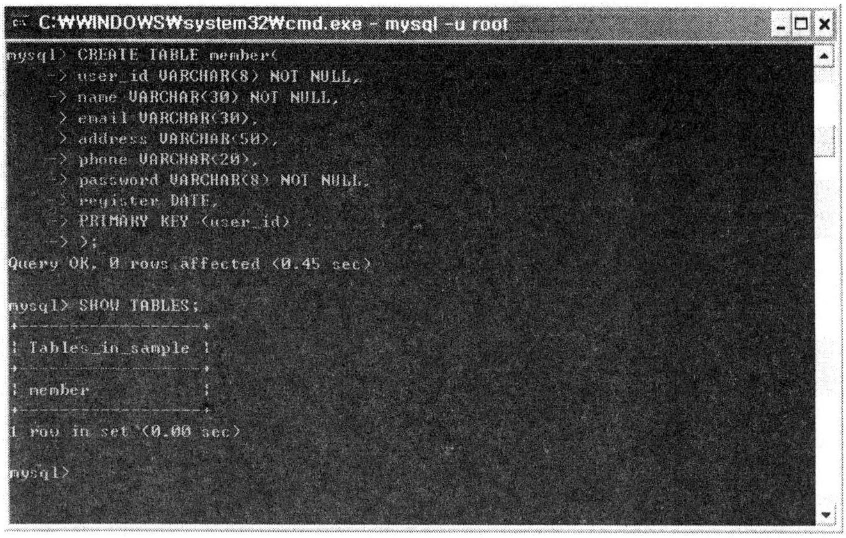

```
C:\WINDOWS\system32\cmd.exe - mysql -u root
mysql> CREATE TABLE member(
    -> user_id VARCHAR(8) NOT NULL,
    -> name VARCHAR(30) NOT NULL,
    -> email VARCHAR(30),
    -> address VARCHAR(50),
    -> phone VARCHAR(20),
    -> password VARCHAR(8) NOT NULL,
    -> register DATE,
    -> PRIMARY KEY (user_id)
    -> );
Query OK, 0 rows affected (0.45 sec)

mysql> SHOW TABLES;
+------------------+
| Tables_in_sample |
+------------------+
| member           |
+------------------+
1 row in set (0.00 sec)

mysql>
```

생성된 테이블의 구조를 확인하고 싶을 때에는 DESC 명령어를 사용하면 된다.

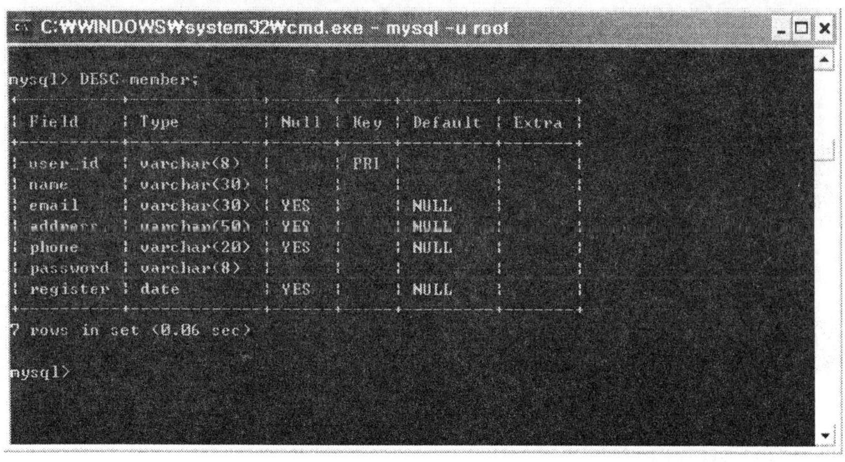

```
C:\WINDOWS\system32\cmd.exe - mysql -u root

mysql> DESC member;
+----------+-------------+------+-----+---------+-------+
| Field    | Type        | Null | Key | Default | Extra |
+----------+-------------+------+-----+---------+-------+
| user_id  | varchar(8)  |      | PRI |         |       |
| name     | varchar(30) |      |     |         |       |
| email    | varchar(30) | YES  |     | NULL    |       |
| address  | varchar(50) | YES  |     | NULL    |       |
| phone    | varchar(20) | YES  |     | NULL    |       |
| password | varchar(8)  |      |     |         |       |
| register | date        | YES  |     | NULL    |       |
+----------+-------------+------+-----+---------+-------+
7 rows in set (0.06 sec)

mysql>
```

둘째, 윈도우즈 메모장을 이용해 테이블을 생성하는 방법

윈도우즈 메모장을 실행한 후 테이블 생성 코드를 메모장에 작성한 후 c:\mysql\bin 폴더에 member.sql로 저장한다.

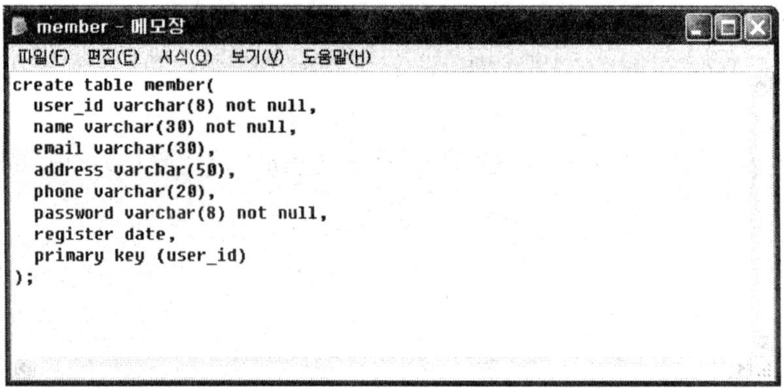

저장된 SQL 텍스트 파일을 SOURCE 질의문을 이용해 테이블을 생성한다. SOURCE 질의문 형식은 다음과 같다.

◎ 형식

```
SOURCE 파일 이름;
```

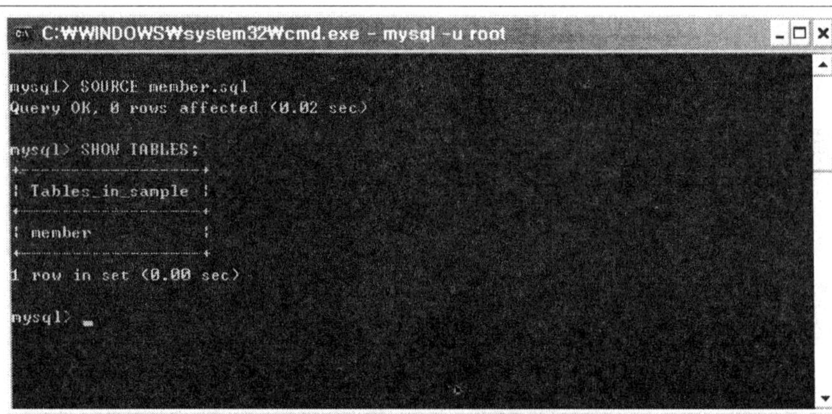

(2) 테이블 삭제하기

DROP TABLE은 테이블 구조 및 데이터까지 삭제하는 질의문이다. 한번 삭제한 테이블은 복원이 불가능하므로 DROP 명령어를 실행하기 전에 반드시 한번 더 확인해야 한다.

형식

```
DROP TABLE 테이블 이름;
```

member 테이블을 삭제해보자.

member 테이블이 삭제되었는지 SHOW TABLES 질의문을 이용해 확인해보자. sample 데이터베이스에는 member 테이블이 존재하지 않음을 알 수 있다.

(3) 테이블 구조 변경

ALTER TABLE 질의문은 MySQL에서 테이블의 구조를 변경하고자 할 때 사용하는 것으로, 필드를 새로 추가하거나 삭제할 수 있으며 필드 유형을 변경할 수도 있다. 또한, 테이블 이름도 변경할 수 있다.

① 새로운 필드 추가

테이블에 새로운 필드를 추가하는 형식으로 FRIST는 새로운 필드를 맨 처음에 위치시키는 것이고 AFTER는 지정한 필드의 뒤에 위치시키는 옵션이다. 만약에 FIRST 혹은 AFTER의 옵션을 사용하지 않으면 기본적으로 맨 마지막 필드로 추가된다.

형식

```
ALTER TABLE 테이블 이름 ADD COLUMN 필드 이름 필드 유형
[FIRST|AFTER 필드 이름]
```

member 테이블에 아래 필드를 추가해보자.

필드 이름	필드 유형	위치
age	INT(3)	name 필드 뒤에

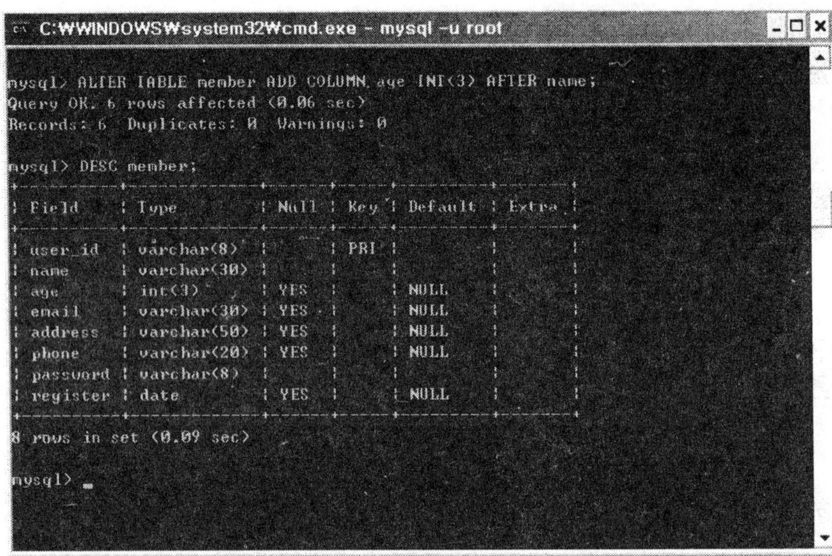

② 필드 삭제

테이블내의 필드를 삭제하는 형식이다. 필드가 삭제되면 필드 내에 저장되어 있던 데이터도 모두 삭제되므로 질의문을 실행하기 전에 주의를 기울여야 한다.

◎ 형식

```
ALTER TABLE 테이블 이름 DROP COLUMN 필드 이름
```

member 테이블의 나이(age) 필드를 삭제해보자.

```
C:\WINDOWS\system32\cmd.exe - mysql -u root

mysql> ALTER TABLE member DROP COLUMN age;
Query OK, 6 rows affected (0.52 sec)
Records: 6  Duplicates: 0  Warnings: 0

mysql> DESC member;
+----------+-------------+------+-----+---------+-------+
| Field    | Type        | Null | Key | Default | Extra |
+----------+-------------+------+-----+---------+-------+
| user_id  | varchar(8)  |      | PRI |         |       |
| name     | varchar(30) |      |     |         |       |
| email    | varchar(30) | YES  |     | NULL    |       |
| address  | varchar(50) | YES  |     | NULL    |       |
| phone    | varchar(20) | YES  |     | NULL    |       |
| password | varchar(8)  |      |     |         |       |
| register | date        | YES  |     | NULL    |       |
+----------+-------------+------+-----+---------+-------+
7 rows in set (0.00 sec)

mysql> _
```

③ 필드 이름 변경

테이블내의 필드 이름을 변경하거나 필드 유형을 변경하는 형식이다.

◎ 형식

```
ALTER TABLE 테이블 이름
CHANGE COLUMN 이전 필드 이름 새 필드 이름 새 필드 유형
```

member 테이블의 비밀번호 필드 이름을 password에서 pwd로 변경해보자.

```
C:\WINDOWS\system32\cmd.exe - mysql -u root
mysql> ALTER TABLE member CHANGE COLUMN password pwd VARCHAR(8);
Query OK, 6 rows affected (0.03 sec)
Records: 6  Duplicates: 0  Warnings: 0

mysql> DESC member;
+----------+-------------+------+-----+---------+-------+
| Field    | Type        | Null | Key | Default | Extra |
+----------+-------------+------+-----+---------+-------+
| user_id  | varchar(8)  |      | PRI |         |       |
| name     | varchar(30) |      |     |         |       |
| email    | varchar(30) | YES  |     | NULL    |       |
| address  | varchar(50) | YES  |     | NULL    |       |
| phone    | varchar(20) | YES  |     | NULL    |       |
| pwd      | varchar(8)  | YES  |     | NULL    |       |
| register | date        | YES  |     | NULL    |       |
+----------+-------------+------+-----+---------+-------+
7 rows in set (0.00 sec)

mysql> _
```

④ 테이블 이름 변경

테이블의 이름을 변경할 때 사용하는 형식이다.

형식

```
ALTER TABLE 이전 테이블 이름 RENAME AS 새 테이블 이름
```

회원정보를 저장한 테이블 이름인 member를 m로 변경해보자.

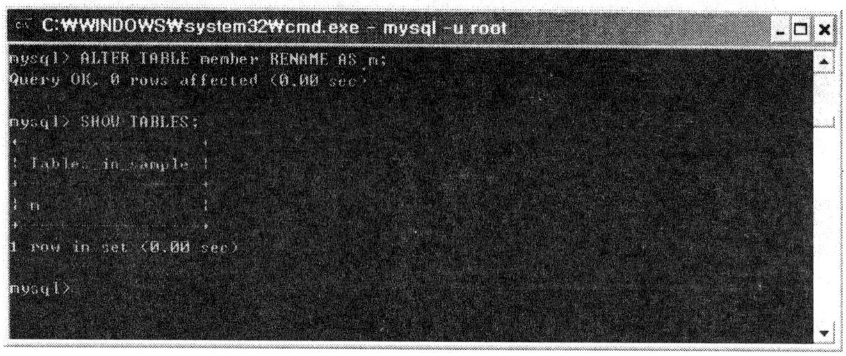

✎ 따라해보기

1 회원 테이블인 m을 member로 이름을 바꾸어보자.

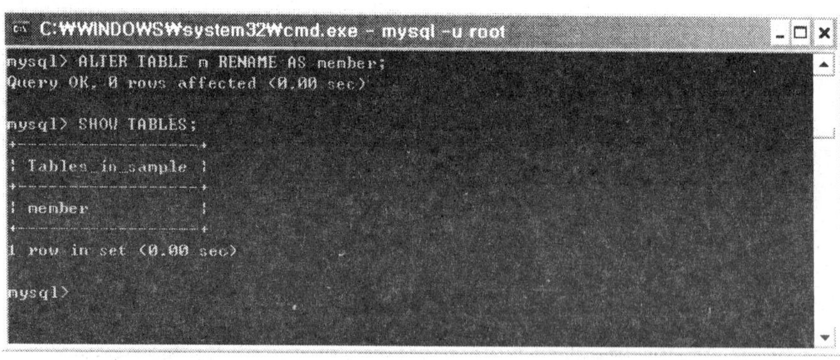

2 회원상세정보를 저장하는 다음과 같은 테이블을 만들어보자.

테이블 이름 : info

필드 이름	필드 유형	길이	비고
user_id	VARCHAR	8	기본키
sex	VARCHAR	5	
job	VARCHAR	30	

① 메모장을 이용해 테이블을 작성하는 명령문을 작성한 후 info.sql로 저장한다.

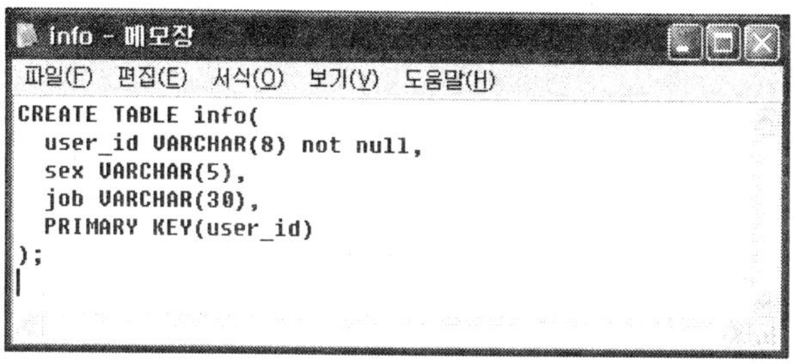

② SOURCE 명령문을 이용해 메모장에서 작성한 info.sql을 실행한다.

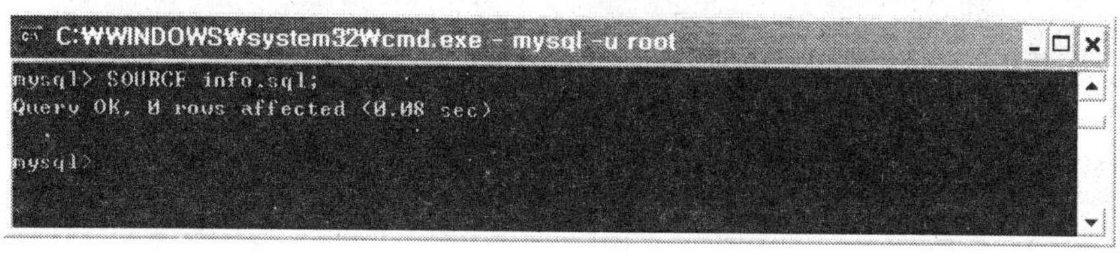

③ SHOW TABLES 명령문을 이용해 info 테이블이 생성되었는지를 확인해본다.

④ DESC 명령어를 이용해 새로 생성한 info 테이블의 구조를 확인해보자.

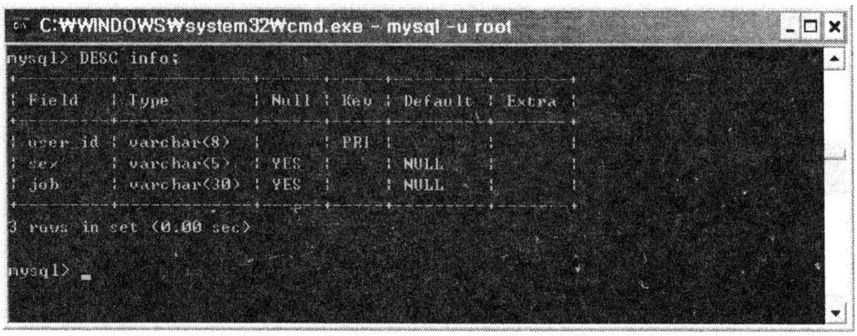

⑤ info 테이블에 아래 필드를 추가해보자.

필드 이름	필드 유형	위치
hobby	VARCHAR(20)	job 필드 뒤에

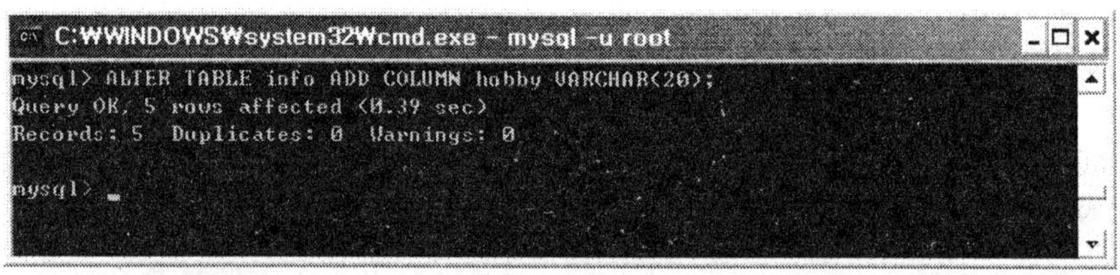

⑥ DESC 명령어를 이용해 info 테이블에 추가한 hobby 필드를 확인해보자.

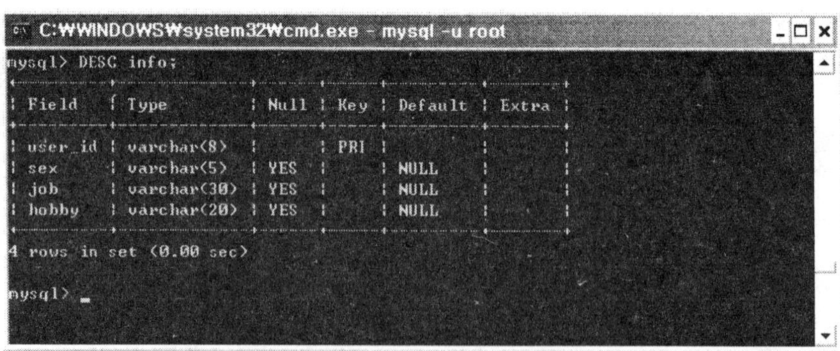

⑦ info 테이블의 hobby필드를 삭제하고, DESC 명령어를 이용해 info 테이블에서 hobby 필드가 삭제되었는지 확인해보자.

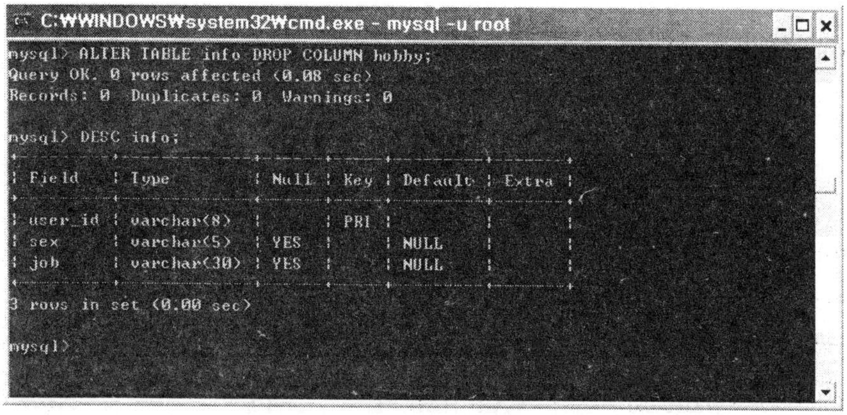

```
C:\WINDOWS\system32\cmd.exe - mysql -u root
mysql> ALTER TABLE info DROP COLUMN hobby;
Query OK, 0 rows affected (0.08 sec)
Records: 0  Duplicates: 0  Warnings: 0

mysql> DESC info;
+---------+-------------+------+-----+---------+-------+
| Field   | Type        | Null | Key | Default | Extra |
+---------+-------------+------+-----+---------+-------+
| user_id | varchar(8)  |      | PRI |         |       |
| sex     | varchar(5)  | YES  |     | NULL    |       |
| job     | varchar(30) | YES  |     | NULL    |       |
+---------+-------------+------+-----+---------+-------+
3 rows in set (0.00 sec)

mysql>
```

연습문제

1 video 데이터베이스를 생성하는 질의문을 작성하시오.

2 테이블을 생성하는 질의문을 작성하시오.

＊ 고객 테이블(client)

필드 이름	필드 유형	길이	비고
고객번호(c_no)	VARCHAR	10	기본키
고객이름(name)	VARCHAR	20	
성별(sex)	VARCHAR	4	
주소(address)	VARCHAR	50	
전화번호(phone)	VARCHAR	15	

＊ 비디오 대여 테이블(loan)

필드 이름	필드 유형	길이	비고
대여번호(l_no)	INTEGER	-	기본키
고객번호(c_no)	VARCHAR	10	
비디오번호(v_no)	VARCHAR	10	외래키
대여일(l_day)	DATE	-	
대여기간(period)	INTEGER	-	

＊ 비디오 테이블(video)

필드 이름	필드 유형	길이	비고
비디오번호(v_no)	VARCHAR	10	기본키
장르(genre)	VARCHAR	10	
출시일(launchday)	VARCHAR	10	
연령(age)	DATE	-	
가격(price)	INTEGER	-	

6장 레코드 관리

6.1 INSERT : 새 레코드 삽입

MySQL 데이터베이스에 새로운 데이터를 저장하는 명령어로 한번에 한 개의 레코드를 저장한다. 물론, 메모장을 이용해 sql 파일을 작성해 SOURCE 명령어를 이용해 한꺼번에 많은 레코드를 저장할 수도 있다.

형식

```
INSERT INTO 테이블 이름 [(필드1, 필드2, ...)] VALUES (값1, 값2, ...);
```

필드와 값의 순서와 개수가 일치해야 하며, 만일 필드가 생략된다면 콤마로 필드 위치를 표시해주어야 한다.

member 테이블에 필드와 값을 모두 입력하는 형식으로 회원정보를 저장해보자.

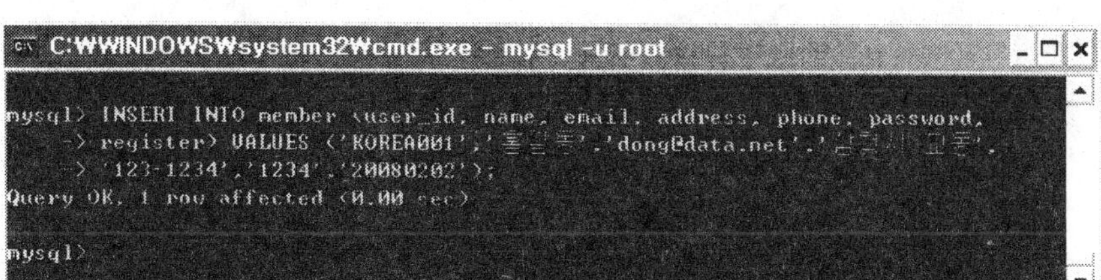

member 테이블에 필드 항목을 생략한 형식으로 회원정보를 저장해보자.

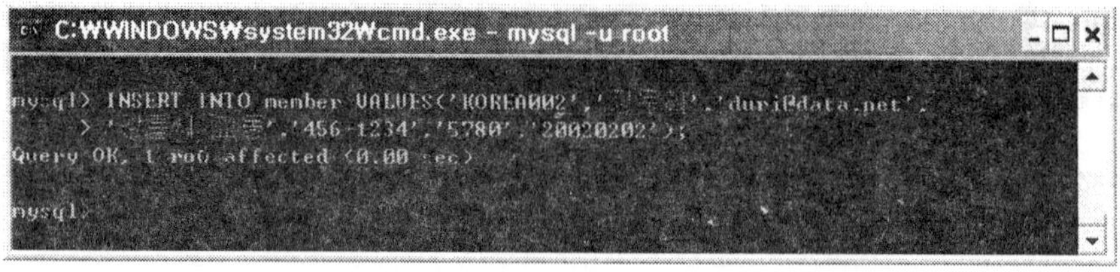

member 테이블에 메모장에서 작성한 member_data.sql 파일을 SOURCE 명령어를 이용해 회원정보를 저장해보자.

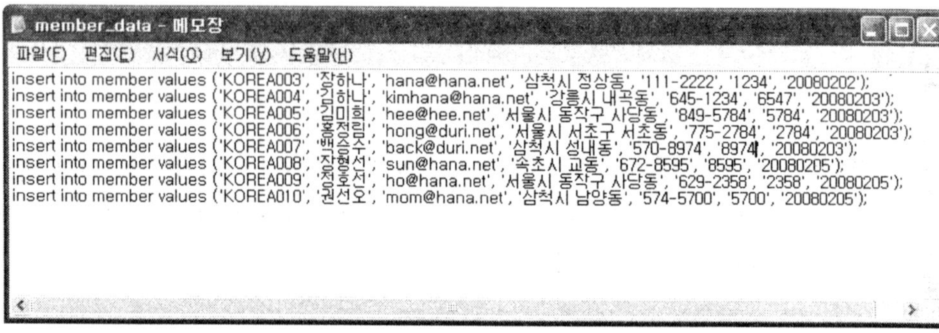

SOURCE 명령어를 이용해 메모장에서 작성한 회원정보를 member 테이블에 저장한다. member_data.sql의 INSERT 명령어 라인 수만큼 "Query OK, 1 row affected (0.00 sec)"라는 질의문 처리가 잘되었다는 메시지가 출력한다.

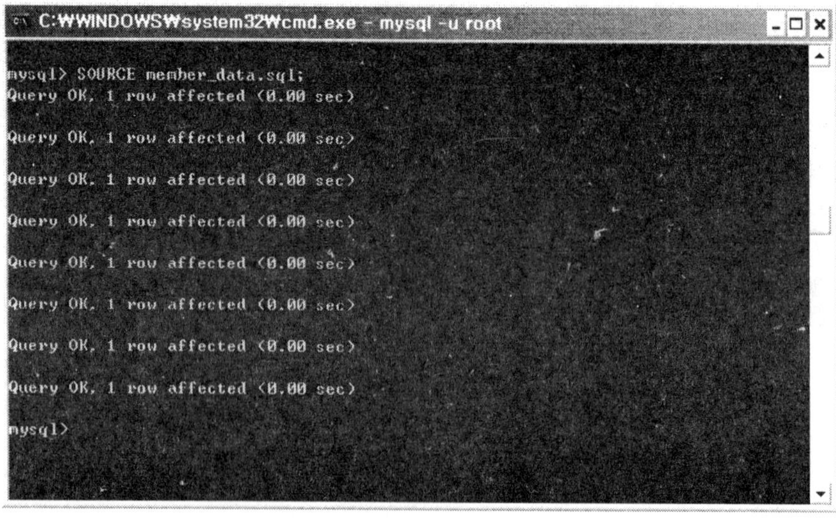

✎ 따라해보기

1 info 테이블에 "KOREA, 남, 학생"정보를 입력하는 질의문을 작성해보자.

2 아래 테이블의 내용을 info 테이블에 입력하는 질의문을 메모장에 infodata.sql 작성해보자.

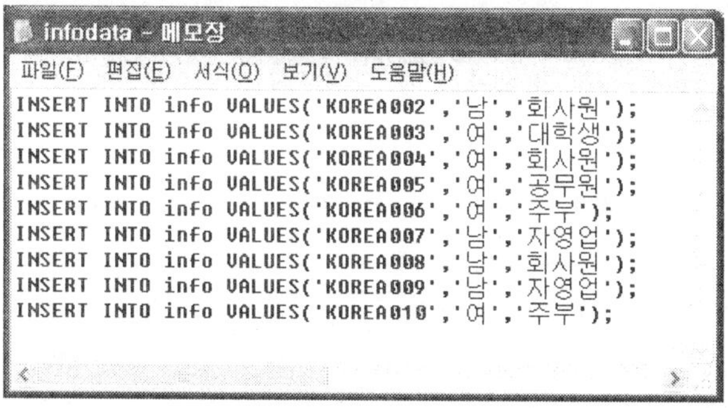

3 SOURCE 명령어를 이용해 infodata.sql에 저장되어 있는 회원 정보를 INFO 테이블에 입력하는 질의문을 작성해보자.

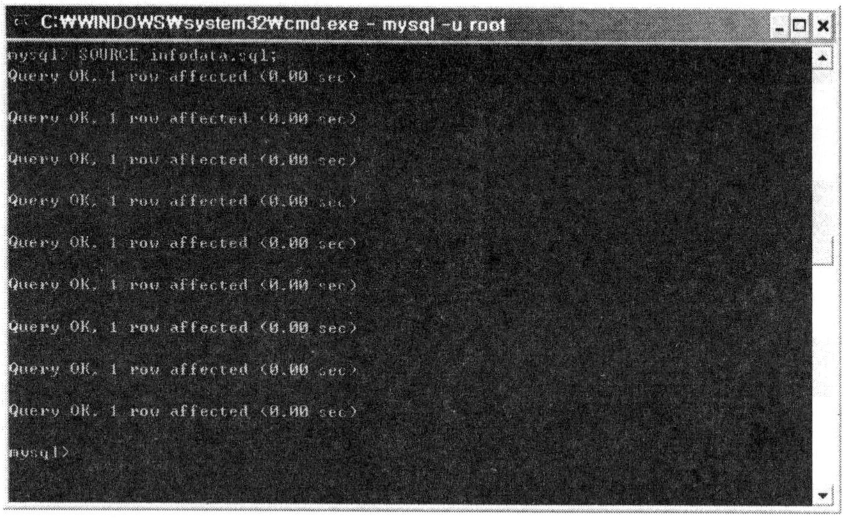

4 info 테이블에 입력이 잘되었는지 SELECT 명령문을 이용해 확인해보자.

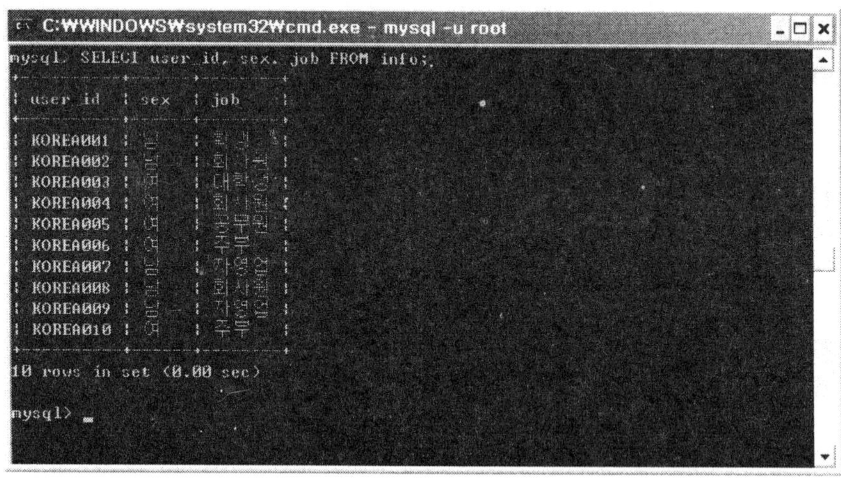

6.2 SELECT : 데이터 검색

SELECT는 MySQL 데이터베이스에서 하나 또는 여러 개의 테이블에서 필요한 행과 열들을 검색하는 가장 기본적인 명령문이다. SELECT 명령문은 여섯 개의 절로 구성되어 있으며 각 절은 순서대로 나열되어야 하며, FORM은 반드시 존재하여 나머지 절들은 필요에 따라 선택적으로 사용하면 된다.

형식

```
SELECT [DISTINCT] 필드 이름[, 필드 이름 , ...|*]
FROM 테이블 이름[, ...]
[WHERE 조건식]
[GROUP BY 필드 이름[, ...]]
[HAVING 조건]
[ORDER BY 필드 이름[, ...] [ASC|DESC] ];
```

SELECT 명령문의 가장 기본적인 구문은 “SELECT 필드 이름 FROM 테이블 이름”으로 나머지 절들은 생략가능하다. 기본 구문을 제외한 나머지 절들을 살펴보면 다음과 같다.

WHERE절 : 조건에 맞은 데이터만을 검색하고자 할 때 사용하는 절이다.

GROUP BY절 : GROUP BY에 명시된 필드 이름을 기준으로 그룹으로 묶어서 검색할 때 사용하는 절이다.

HAVING 조건 : HAVING절의 조건은 GROUP BY절에 의해 만들어진 행들의 집합이 만족해야 하는 절이다.

ORDER BY절 : 검색결과 행들의 정렬 순서를 지정하는 절이다.

(1) 기본적인 SELECT 명령문

테이블에 저장되어 있는 데이터를 검색할 때에 사용하는 명령문이다. 예를 들어, 회원 테이블의 모든 열을 검색하고자 하면 다음과 같이 질의문을 작성하면 된다. 이때, 필드 이름을 나열하는 대신에 와일드카드 문자인 "*"를 사용하여 표현할 수 있다.

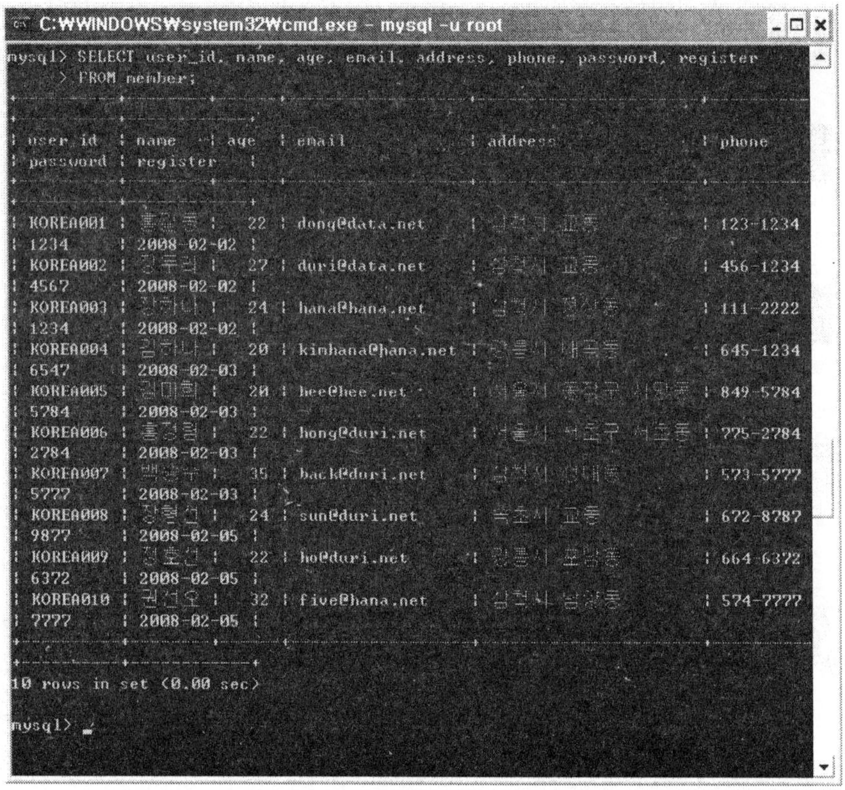

(2) 특정 열만 선택적으로 검색

테이블에서 특정 열의 데이터만 선택적으로 검색할 때에 필드 이름을 콤마(,)로 분리하여 사용한다.

회원(member) 테이블에서 회원번호, 이름, 등록일만을 검색하는 질의문을 작성해보자.

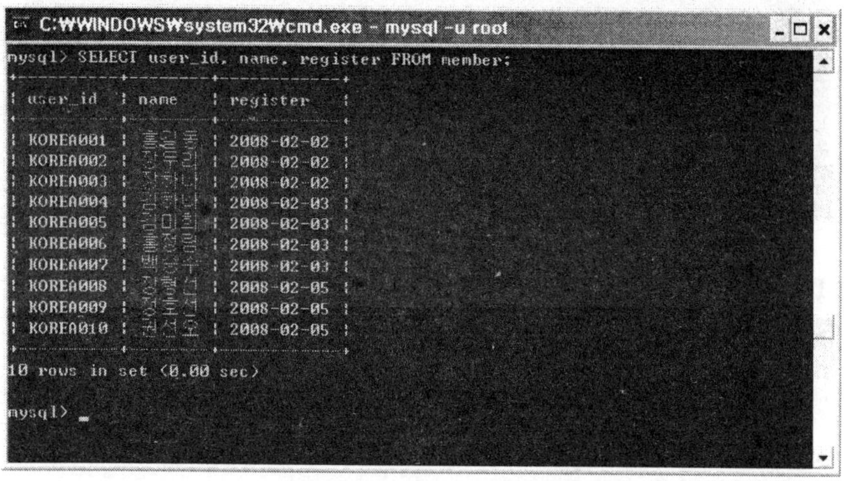

(3) 필드 이름을 별명 사용

화면에 출력되는 필드 이름은 원래 테이블을 생성할 때 사용한 필드 이름인데, 이 필드 이름을 AS 키워드를 이용해 화면에 출력되는 필드 이름을 변경할 수 있다.

◎ 형식

```
SELECT 필드 이름 AS '새로운 필드 이름'
FROM 테이블 이름
```

회원 테이블에서 name을 이름, address를 주소, phone을 전화번호를 화면에 출력하는 질의문을 작성해보자.

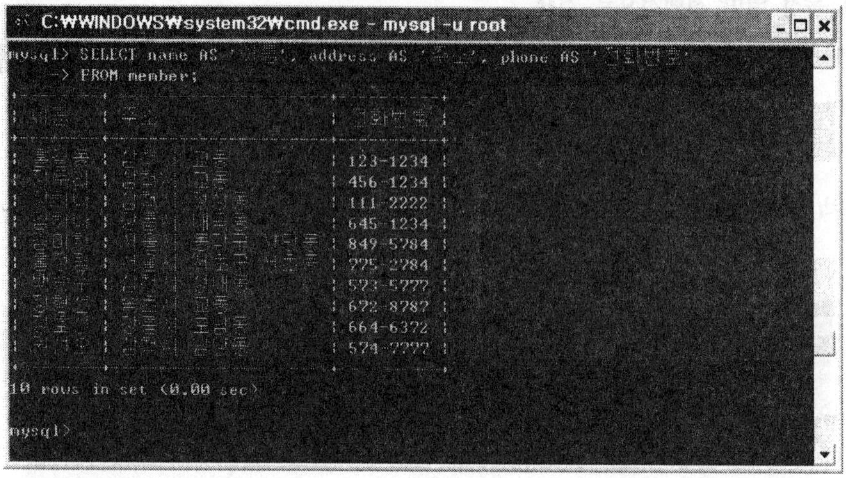

(4) DISTINCT절 : 중복되는 행 검색 방지

질의의 결과가 중복될 수 있다. 이때 중복된 결과를 제거하기 위해 DISTINCT절을 사용하면 된다.

회원 테이블에서 등록일을 검색하는 질의문을 작성해보자.

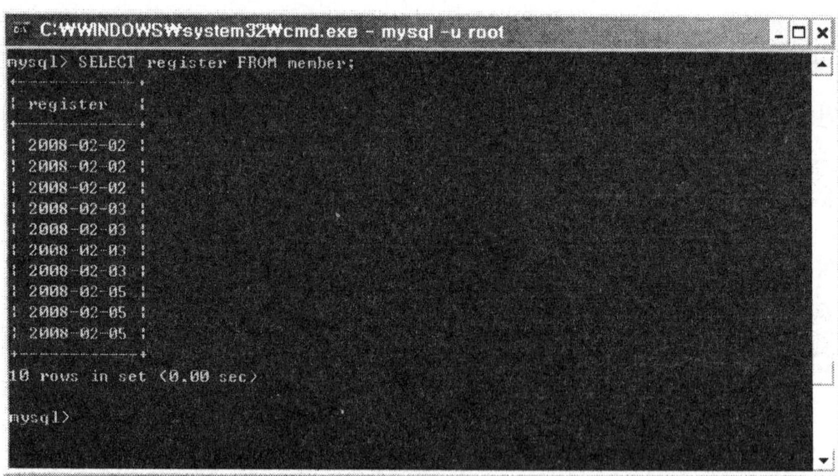

회원 테이블에서 중복되는 등록일을 제거하고 화면에 출력하는 질의문을 작성해보자.

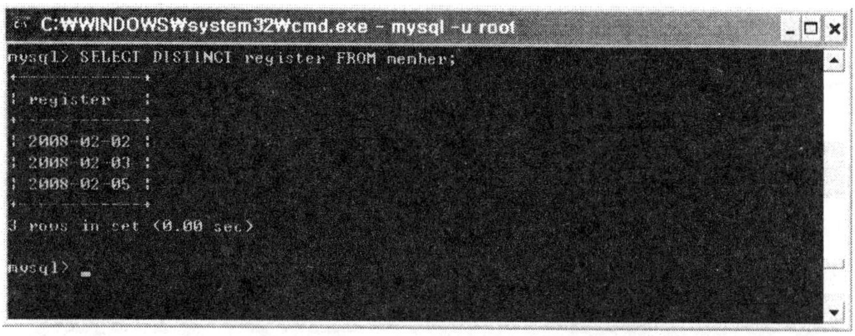

(5) WHERE절 : 조건 검색

SELECT 명령문의 WHERE절은 테이블에 저장된 데이터 중에서 조건식에 맞는 데이터만 검색할 때 사용한다. WHERE절은 조건에 맞는 데이터만을 검색뿐만 아니라 수정, 삭제할 수 있다. 특히, SELECT 명령어를 이용해 전체 데이터를 출력하기가 어려울 때, WHERE절을 이용하여 조건에 맞는 자료만을 화면에 출력할 때 유용하게 사용한다.

비교 연산자는 WHERE절에서 숫자, 문자, 날짜의 크기나 순서를 비교하는 연산자로서 MySQL에서 사용하는 비교 연산자는 다음과 같다.

[표 6-1] 비교 연산자

종 류	설 명
=	같다
!= 혹은 <>	같지 않다
>	크다
>=	크거나 같다
<	작다
<=	작거나 같다
<=>	Null safe equal
IS [NOT] NULL	NULL인지[아닌지] 비교
[NOT] BETWEEN 최소값 AND 최대값	최소값보다 크고 최대값보다 작은 것
[NOT] IN (값1, 값2, ...)	값들 중에서 하나 이상을 포함하는 것
[NOT] LIKE	%를 이용해 문자열 검색시 사용

① 문자형 데이터

문자형 데이터를 검색조건으로 사용할 경우에는 반드시 큰 따옴표("") 또는 작은 따옴표('')를 이용해 조건 데이터를 아래와 같이 작성해야 한다.

회원 테이블에 저장되어 있는 이름이 "권선오"인 회원의 전화번호와 등록날짜를 확인하려는 질의문을 작성해보자.

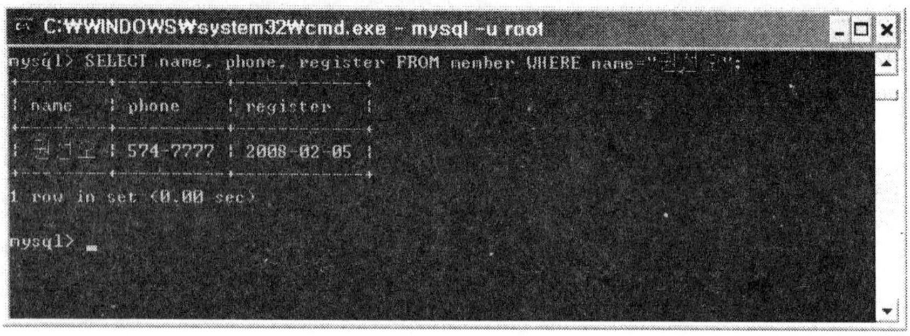

② 숫자형 데이터

숫자를 검색 조건으로 지정하여 자료를 찾을 수도 있다. 숫자형 데이터는 문자형 데이터에서 사용하는 큰 따옴표(""), 작은 따옴표('')를 사용하지 않는다. 숫자 데이터에 큰 따옴표(""), 작은 따옴표('')를 사용하였다면 숫자형 데이터가 아니라 문자형 데이터로 간주한다.

회원 연령이 22살이 회원들만 화면에 출력하는 질의문을 작성해보자.

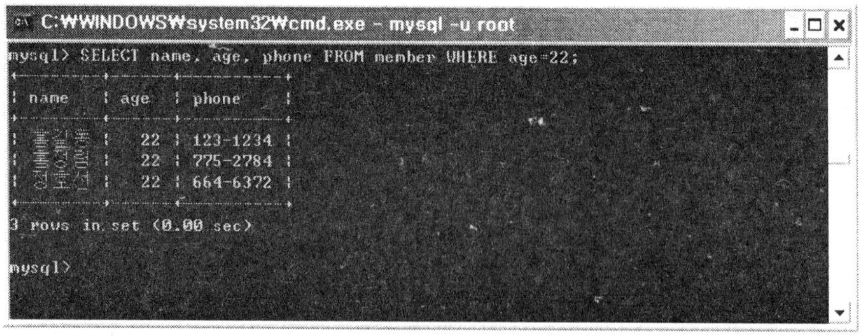

숫자형 데이터일 경우 조건식 "BETWEEN 최소값 AND 최대값" 이용해 구간 데이터를 검색할 수 있다.

회원의 나이가 24세~30세인 회원을 검색하는 질의문을 작성해보자.

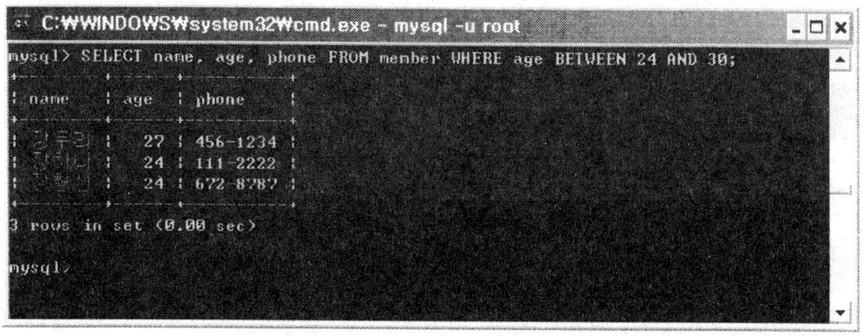

조건식에 이용되는 논리 연산자는 필드값 대신에 조건이 참인지 거짓인지를 체크하여 결과 값을 화면에 출력하는 것으로 논리 연산자의 종류를 살펴보자.

[표 6-2] 논리 연산자

종 류	설 명
NOT 혹은 !	논리적 부정을 의미한다.
AND 혹은 &&	논리곱을 의미한다. 연산 대상들이 모두 참이어야만 참이다.
OR 혹은 ||	논리합을 의미한다. 연산 대상들 중에 하나라도 참이면 참이다.
XOR	배타적 논리합을 의미한다. 즉, 연산 대상자들이 같은 논리값일 때만 거짓이다.

회원이름이 "권선오"이고 나이가 30세 이상인 회원명단을 검색하는 질의문을 작성해보자.

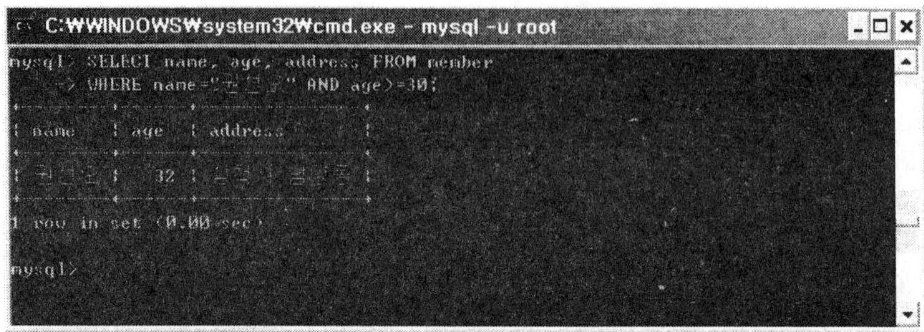

회원이름이 "권선오"이거나 나이가 30세 이상인 회원명단을 검색하는 질의문을 작성해보자.

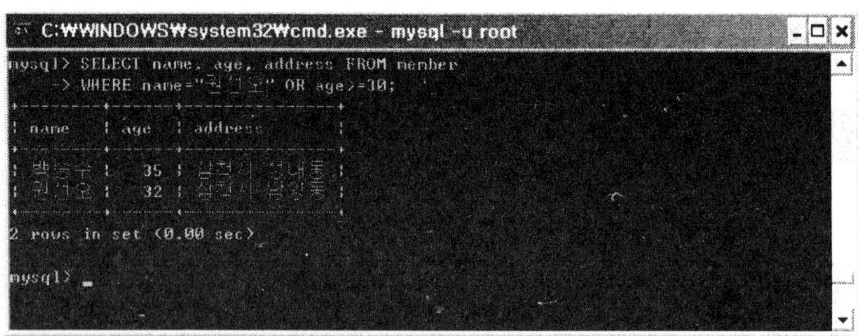

③ 날짜형 데이터

MySQL에선 날짜를 큰 따옴표("")를 사용하여 2008년 2월 2일을 "2008-02-02"로 표현한다. 날짜형 데이터는 반드시 "년-월-일" 순서로 표현해야 하고, "월-일-년" 또는 "일-월-년" 형식은 사용하지 않으므로 주의해야 한다.

MySQL은 날짜형 데이터를 YEAR(), MONTH(), DAYOFMONTH() 함수를 이용해 날짜의 연도, 월, 일의 부분 값을 구할 수 있으며, 날짜를 기준으로 정렬, 날짜와 날짜의 범위, 날짜에 시간을 더해서 새로운 날짜를 계산하는 방법을 제공한다.

YEAR() : 날짜형 데이터에서 연도를 추출하는 함수

MONTH() : 날짜형 데이터에서 월을 추출하는 함수

DAYOFMONTH() : 날짜형 데이터에서 일을 추출하는 함수

CURRENT_DATE : 오늘 날짜를 찾은 명령어

회원등록 날짜가 2008년 2월 5일인 회원들을 검색하는 질의문을 작성해보자.

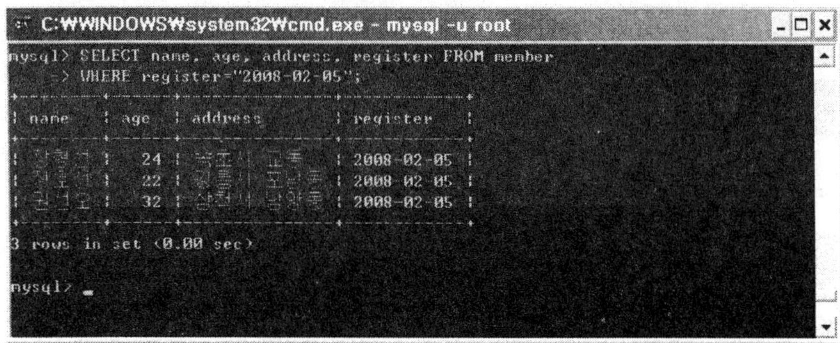

회원등록 날짜가 2008년 2월 3일부터 2008년 2월 5일까지 회원들을 검색하는 질의문을 작성해보자.

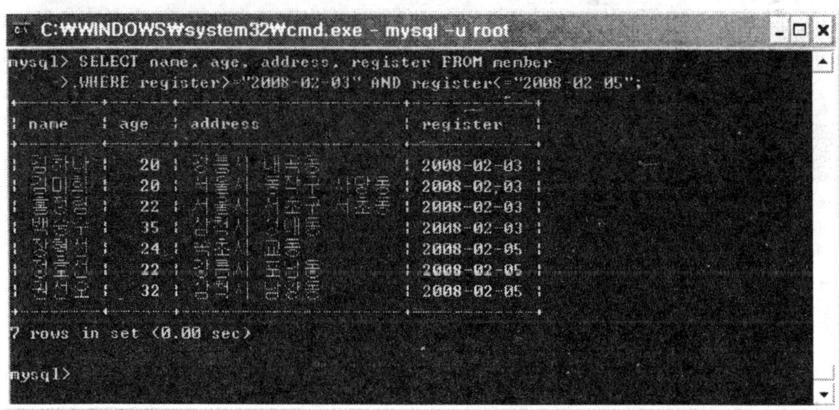

회원등록 날짜가 3일인 회원들의 검색하는 질의문을 작성해보자.

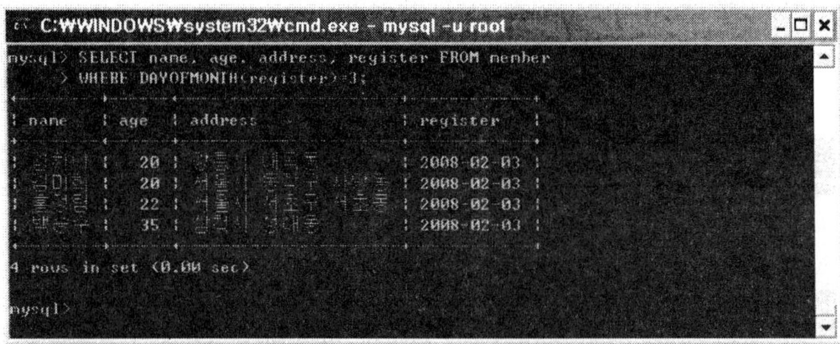

회원명단을 이름, 전화번호, 등록년도로 출력하는 질의문을 작성하시오.

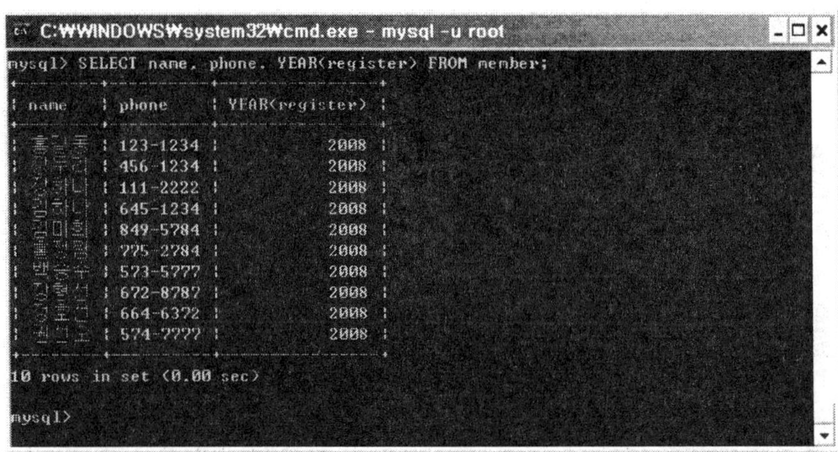

오늘 날짜를 기준으로 회원의 등록일수를 계산하는 질의문을 작성해보자. 오늘 날짜는 CURRENT_DATE를 이용하면 된다.

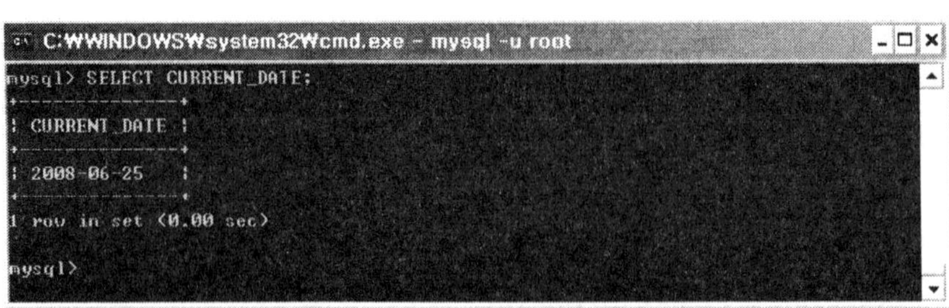

등록일수는 "오늘날짜-회원등록일"로 계산하면 되는데, 날짜형 데이터를 그대로 계산할 수 없으므로, "년-월-일"을 "일"수로 변경하는 TO_DAYS()함수를 이용해 계산한다.

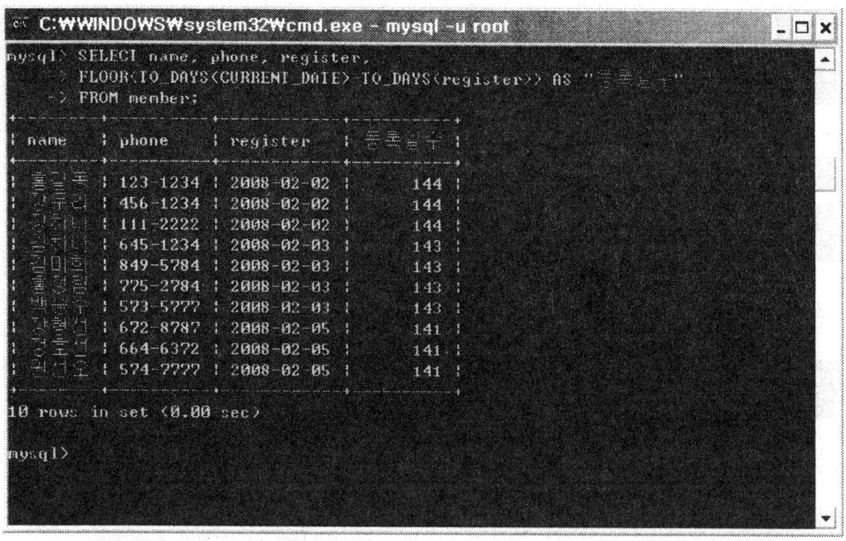

④ LIKE와 와일드카드 문자를 이용한 검색

SELECT 명령문에서 LIKE라는 연산자를 이용해 조건식에 일치하는 데이터를 화면에 출력할 수 있다. LIKE 연산자는 문자데이터 형식으로 정의된 데이터 중에서 일부분만 일치하는 경우에도 검색된 결과값을 출력할 수 있다. LIKE에서 사용하는 와일드 카드 문자는 다음과 같다.

[표 6-3] 와일드카드 문자

와일드카드 문자	설 명
_	한 개의 문자를 대치
%	0개 이상의 문자열을 대치

예를 들어 "김%"이라면 데이터의 길이와는 상관없이 무조건 "김"으로 시작하는 모는 데이터를 의미하고, "김_"이라고 하면 "김"으로 시작하되 반드시 데이터 길이가 "김"을 포함해 2인 데이터만을 의미한다. 한 개의 문자라 할 때 숫자나 영어는

1Byte이므로 "_"를 한 개가 한 문자를 대신하지만, 한글일 경우에는 2Byte이므로 "_"의 두 개가 한 문자를 대신한다. 보통, 한 문자를 대신하는 "_"보다 여러 개의 문자를 대신할 수 있는 "%"를 더 많이 사용한다.

형식

```
WHERE 변수명 LIKE[NOT LIKE] "조건값";
```

회원이름 중에 "김"으로 시작하는 회원을 검색하는 질의문을 작성해보자.

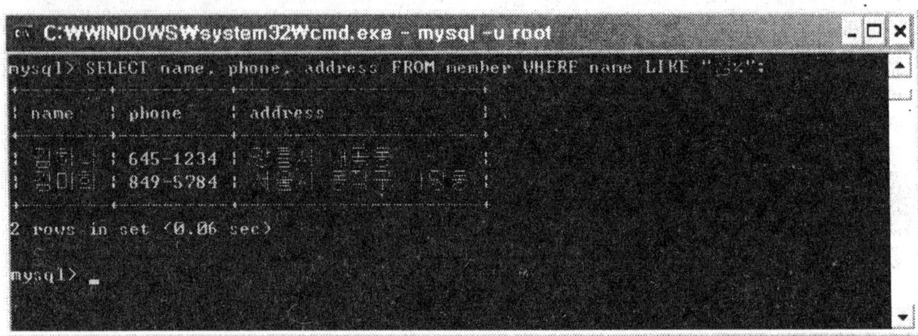

회원이름 중에 "김"으로 시작하지 않는 회원들을 검색하는 질의문을 작성해보자.

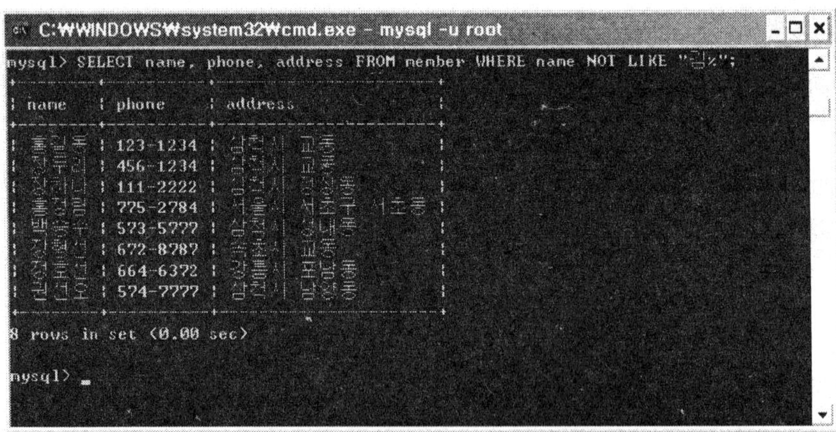

회원이름 중에 끝 글자가 "선"인 회원들을 검색하는 질의문을 작성해보자. 이름은 한글 데이터이므로 두 개 글자를 대신하려면 "_"기호를 네 번 표시한 후에 "선"을

입력하여야 한다.

조건식을 WHERE name LIKE “%선”이나 WHERE name LIKE “____선”은 동일한 결과로 나타난다(“_” 표시 4번 반복).

회원들 주소가 “교동”인 회원들을 검색하는 질의문을 작성해보자.

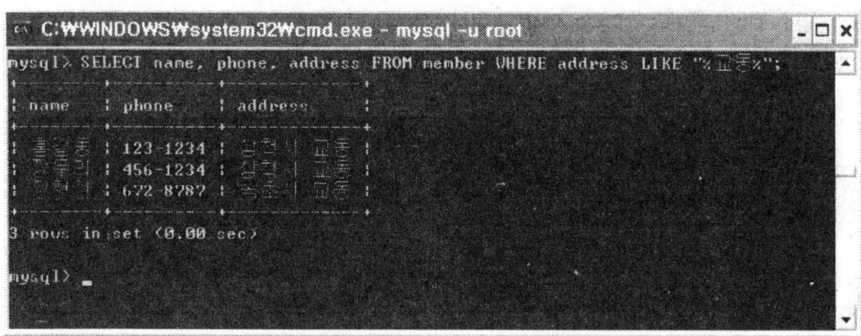

⑤ 정규 표현식을 이용한 검색

LIKE, NOT LIKE는 와일드카드 문자를 사용해 일치하는 데이터를 검색하지만, 정규 표현식을 사용하는 패턴 검색은 부분적으로 일치해도 검색을 한다는 특징이 있다.

◎ 형식

```
WHERE 변수명 REGEXP “조건값”;
```

정규 표현식 문자를 정리해보면 다음과 같다.

[표 6-4] 정규 표현식 문자

정규 표현식의 문자	설 명
.	한 개 문자
*	한 문자를 0개 이상 반복
^	문자열 처음
$	문자열 끝
[,]	괄호 안의 문자에 일치
{,}	반복을 나타낼 때 사용, {n}은 n번 반복 사용

회원이름이 "장"으로 시작하는 회원들의 명단을 출력하는 질의문을 정규 표현식을 이용해 작성해보자.

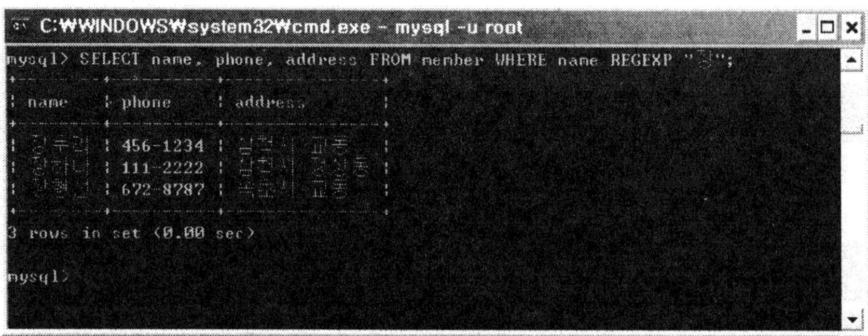

정규 표현식 WHERE name REGEXP "장"과 특수 연산자 WHERE name LIKE "장"과는 결과가 다르게 나타난다. 정규 표현식은 조건값과 비슷한 데이터는 모두 검색하는 것에 비해, LIKE는 동일한 값만을 검색하기 때문에 결과가 아래 그림처럼 다르게 나타난다.

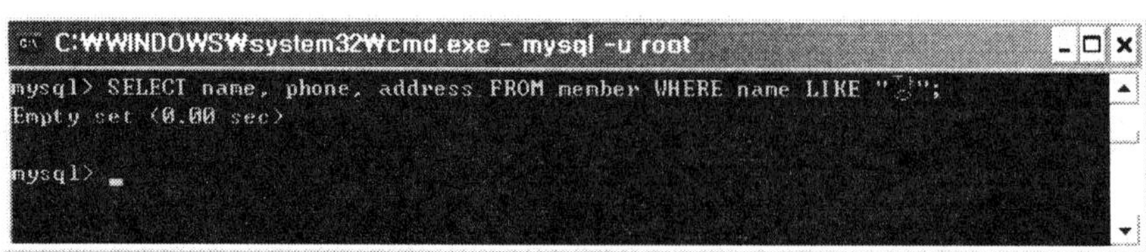

회원이름 중에 끝 글자가 "선"인 회원들을 검색하는 질의문을 정규 표현식을 이용해 작성해보자.

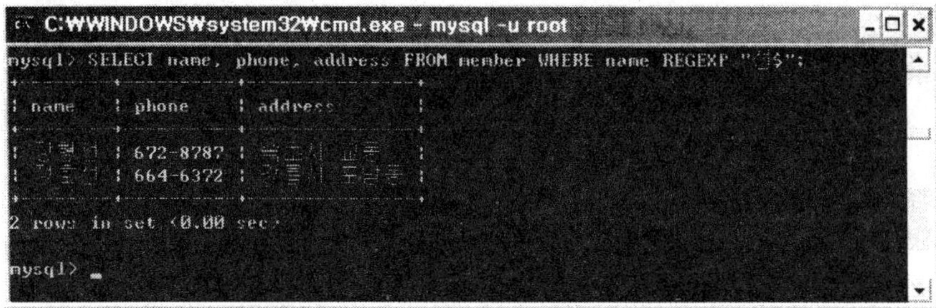

회원이름 중에 첫 글자가 "김"인 회원들을 검색하는 질의문을 정규 표현식을 이용해 작성해보자.

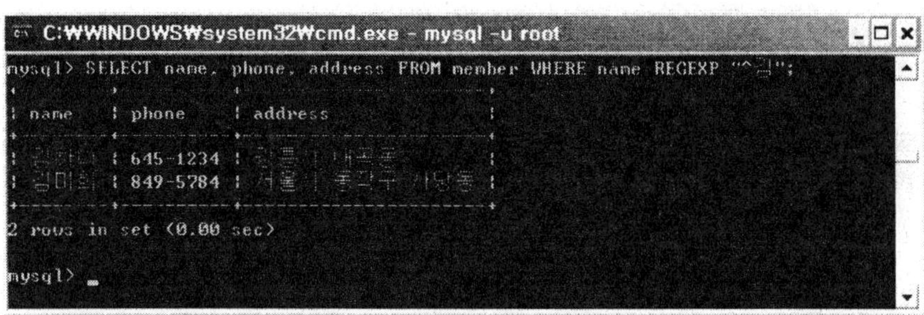

⑥ 그룹 조건식을 이용한 검색

두 개 이상의 조건식을 사용할 때 AND와 OR 연산자를 조합해서 그룹형태로 조건들을 괄호로 묶어 사용할 수 있다. "AND"는 일상생활의 "그리고"와 동일한 의미로써 두 개의 조건을 만족해야만 검색 결과를 화면에 출력하고, "OR"는 일상생활의 "또는"과 동일한 의미로써 두 개의 조건 중에 적어도 하나의 조건이라도 만족하면 검색 결과를 화면에 출력한다.

회원이름이 "김"으로 시작하거나 나이가 25세 이상인 회원 명단을 검색하는 질의문을 작성해보자.

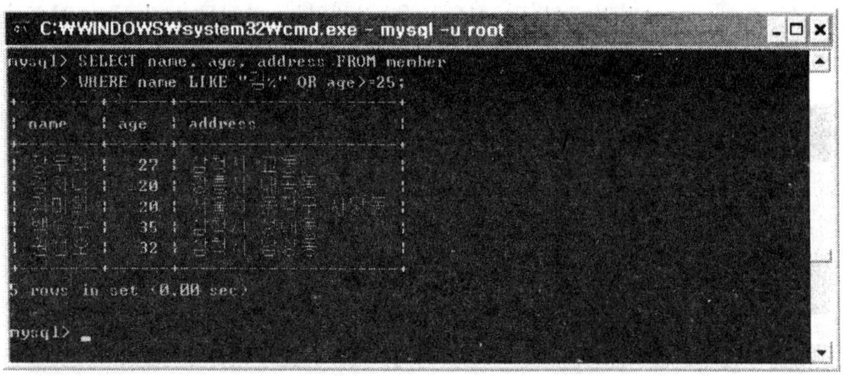

회원이름이 "장"으로 시작하고 주소가 "삼척시"이거나, 나이가 30세 이상인 회원 정보를 검색하는 질의문을 작성해보자.

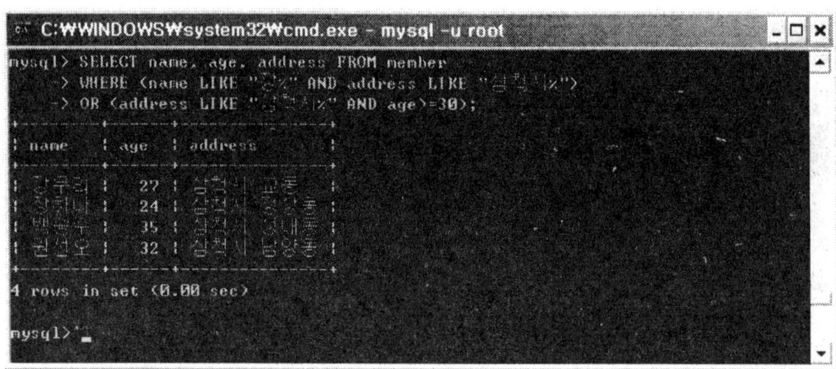

(6) ORDER BY절 : **검색결과 정렬**

SELECT 명령문은 테이블에 입력된 순서대로 검색결과를 출력한다. 이때, 데이터의 검색 순서를 특정 열을 기준으로 오름차순 또는 내림차순으로 정렬할 수 있다.

ORDER BY절을 이용해 데이터를 오름차순으로 정렬할 경우 ASC(ascending)을, 내림차순으로 정렬할 경우 DESC(descending)을 사용한다. 기본값은 ASC이므로 ORDER BY절을 생략할 경우 기본적으로 오름차순으로 정렬되므로, 내림차순으로 정렬을 할 경우에는 반드시 ORDER BY절 DESC를 사용해야 한다.

회원 테이블에서 user_id, name, address를 회원아이디(user_id) 기준으로 내림차순으로 정렬하여 출력하는 질의문을 작성해보자.

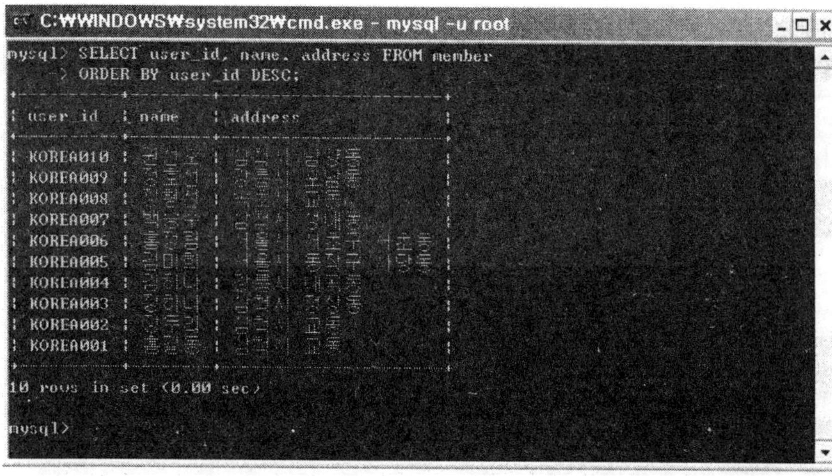

회원 테이블에서 name, age, phone, register를 나이를 기준으로 오름차순으로 정렬하여 출력하는 질의문을 작성해보자.

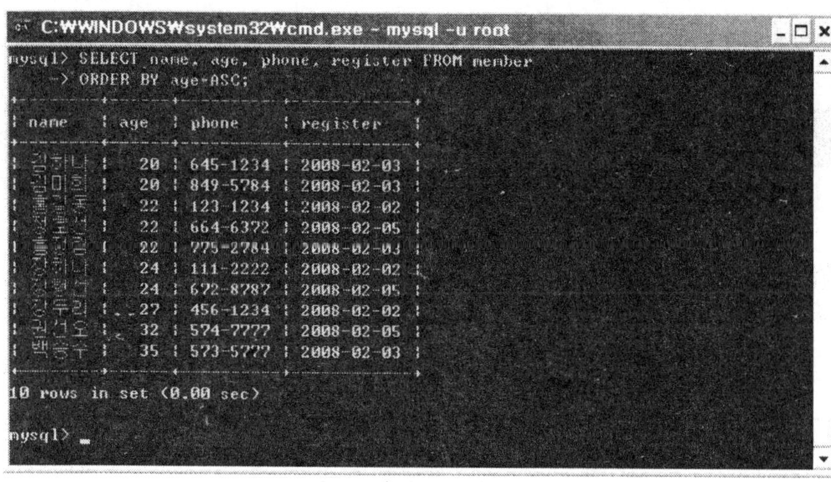

ORDER BY절에서 한 개의 열만 기준으로 정렬하는 것은 아니다. 여러 개의 열을 이용해 첫 번째 정렬기준, 두 번째 정렬기준, 세 번째 정렬기준 등으로 만들어서 정렬 순서를 정할 수 있다.

회원 테이블에서 name, age, phone, register를 나이를 기준으로 내림차순 정렬하고, 이름을 기준으로 오름차순 정렬하여 출력하는 질의문을 작성해보자.

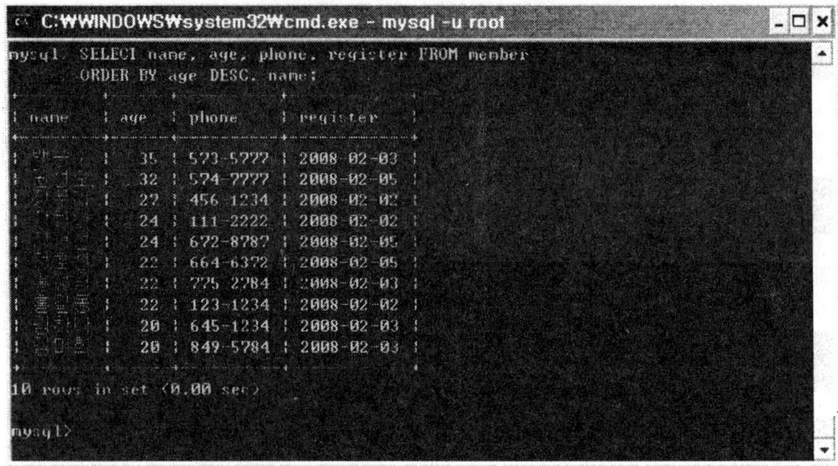

(7) GROUP BY절 : 그룹화

SELECT 명령문의 GROUP BY절은 테이블에서 검색된 행들의 특정 열(필드 이름)을 기준으로 나눈다. 따라서 GROUP BY절을 사용해 그룹별 개수, 합계, 평균, 최대값, 최소값 등을 구할 수 있다.

GROUP BY절에서 사용하는 개수, 합계, 평균, 최대값, 최소값에 대한 함수를 먼저 살펴보자.

[표 6-5] 그룹 함수

함 수	설 명
SUM	모든 행의 합계를 구함
AVG	모든 행의 평균을 구함
MAX	모든 행에서 최대값을 구함
MIN	모든 행에서 최소값을 구함
COUNT	행의 개수를 구함

회원 테이블에서 회원들의 평균나이를 검색하는 질의문을 작성해보자.

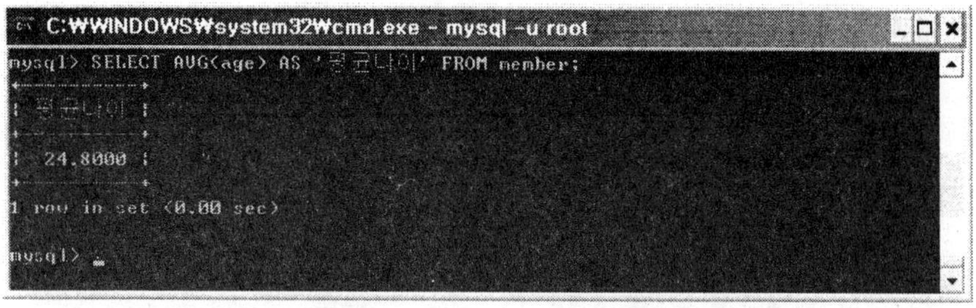

회원 테이블에서 회원의 나이가 가장 큰 회원을 검색하는 질의문을 작성해보자.

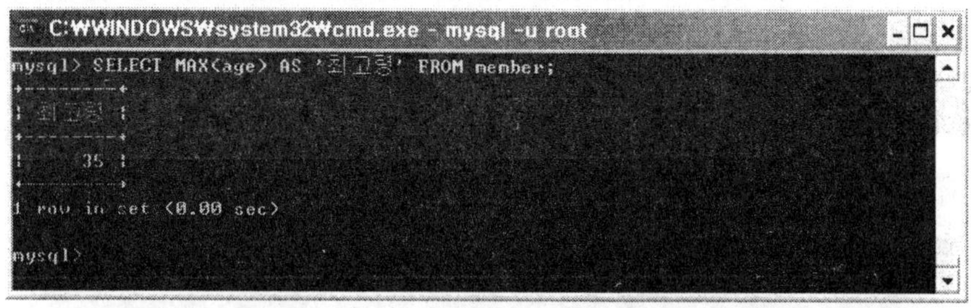

회원 테이블에서 회원의 나이가 가장 작은 회원을 검색하는 질의문을 작성해보자.

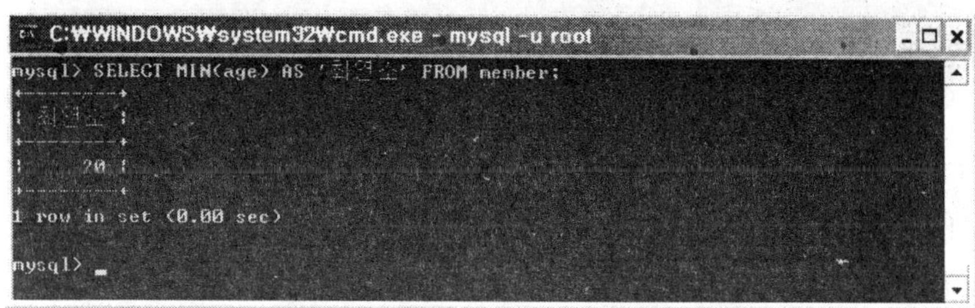

회원 테이블에서 등록날짜별로 회원의 나이가 가장 작은 회원을 검색하는 질의문을 작성해보자.

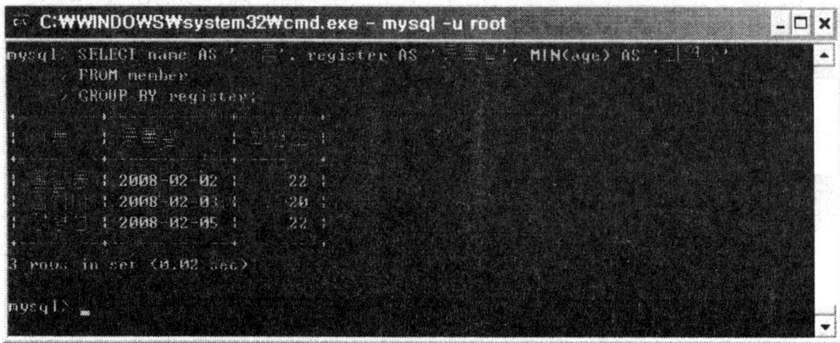

회원 테이블에서 등록날짜별로 회원의 수를 출력하는 질의문을 작성해보자.

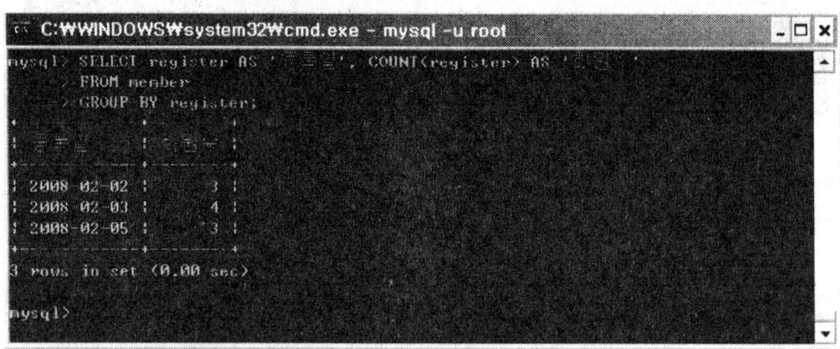

(8) HAVING절 : GROUP BY절의 검색 조건

SELECT 명령문에서 조건 검색을 할 때 사용하는 WHERE절처럼 HAVING절에 GROUP BY절의 검색조건을 명시한다. 즉, GROUP BY절은 HAVING절에 명시된 조건식에 맞는 데이터만을 그룹으로 묶어 출력한다. 따라서 HAVING절은 반드시 GROUP BY절과 함께 사용되어야 한다.

회원 테이블에서 회원등록수가 3명인 등록일을 출력하는 질의문을 작성해보자.

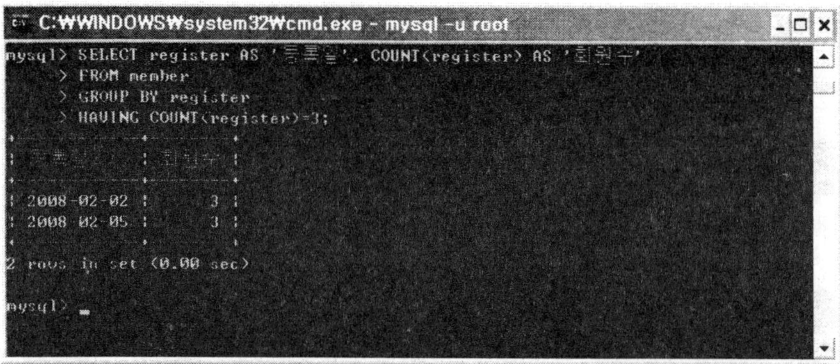

(9) 여러 개의 테이블에서 데이터 검색

MySQL 명령문에는 여러 개의 테이블을 연결하여 데이터를 검색할 때 JOIN 개념을 사용한다. 조인은 이름 그대로 두 개 이상의 테이블을 "연결한다(Join)"는 의미로서, 두 개의 테이블을 연결하기 위해서는 반드시 두 개 테이블을 연결하는 공통의 값, 즉 외래키(foreign key) 하나가 있어야 한다. 이 외래키는 두 개 테이블을 연결하는 고리 역할을 한다.

테이블을 조인하는 순서는 다음과 같다.

첫째, SELECT 명령문에서 검색하고자 하는 열 이름들을 나열한다.

둘째, FROM절에 SELECT절에 지정된 열 이름들의 소속 테이블 이름들을 나열한다.

셋째, FROM절에 나열된 테이블 이름이 두 개 이상이면, 조인을 위해 WHERE절에 서로 다른 두 개 테이블의 공통 열을 연결하여 비교하는 조인 조건식을 명시하여야 한다.

형식

```
SELECT 테이블 이름1. 필드 이름, ... , 테이블 이름2. 필드 이름,
FROM 테이블 이름1, 테이블 이름2
WHERE 테이블 이름1. 필드 이름 = 테이블 이름2. 필드 이름;
```

회원 테이블과 info 테이블을 조인하여 회원들의 상제정보를 검색하는 질의문을 작성해보자.

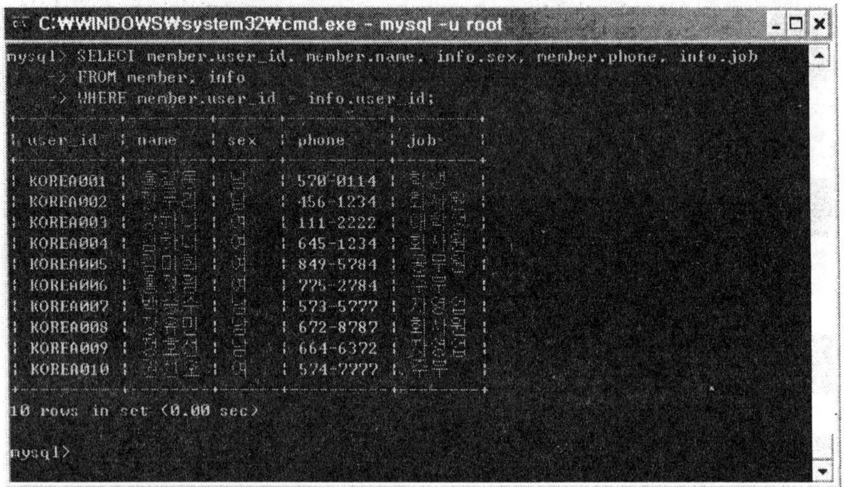

✎ 따라해보기

---

1 회원 테이블의 회원정보 중에 user_id, name, address를 출력해보자.

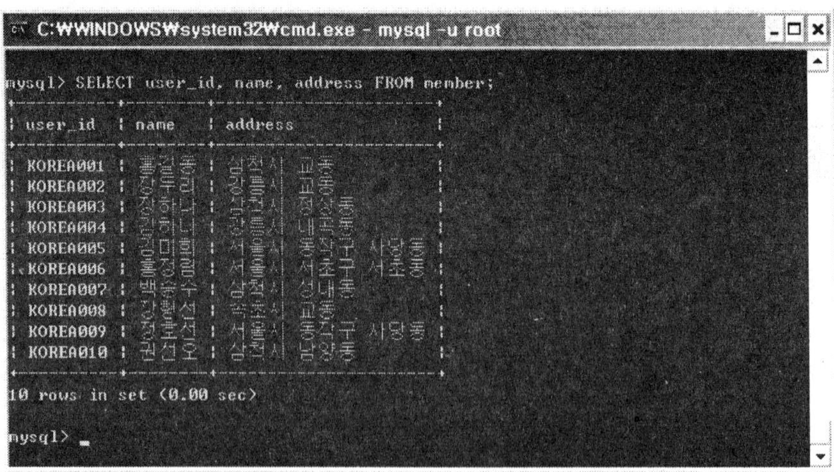

2 회원 테이블의 회원정보 중에 주소지가 "삼척시"인 회원들만 출력해보자.

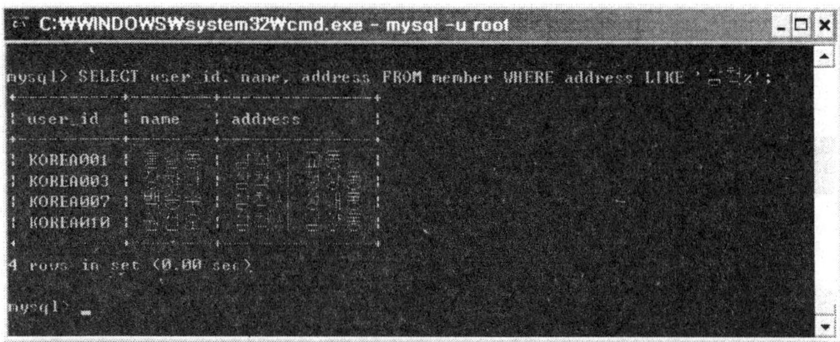

3 회원 테이블에서 이름(name)이 "장하나"인 회원정보만 화면에 출력해보자.

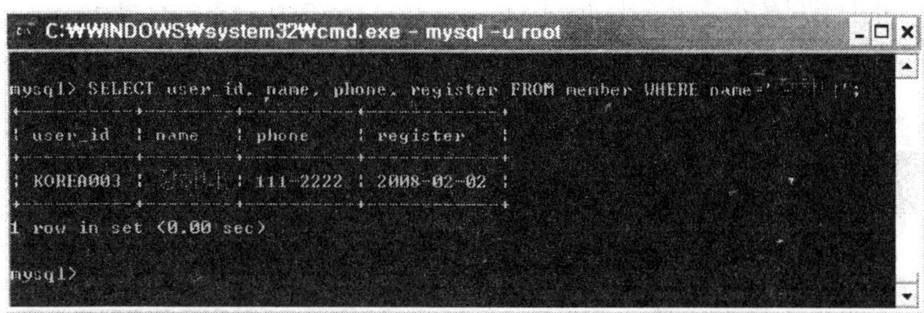

4 논리 연산자 "AND"와 "OR"를 이용해 아래 결과 화면처럼 질의문을 구성해보자.

① 회원이름(name)이 "홍길동"이고 가입날짜(register)가 "2008-02-02"인 회원정보를 화면에 출력해보자.

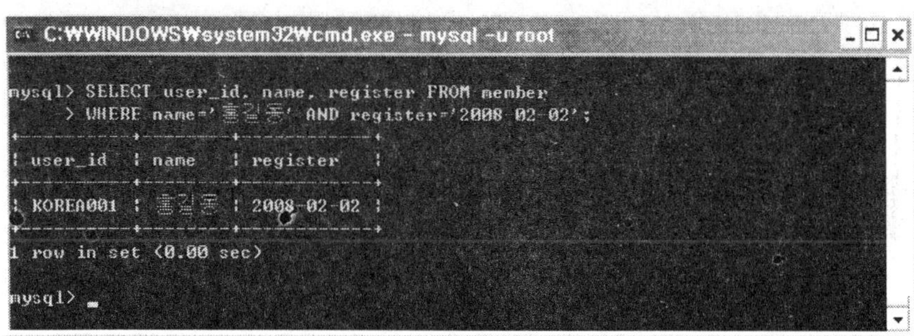

② 회원이름(name)이 "홍길동"이거나 가입날짜(register)가 "2008-02-02"인 회원 정보를 화면에 출력해보자.

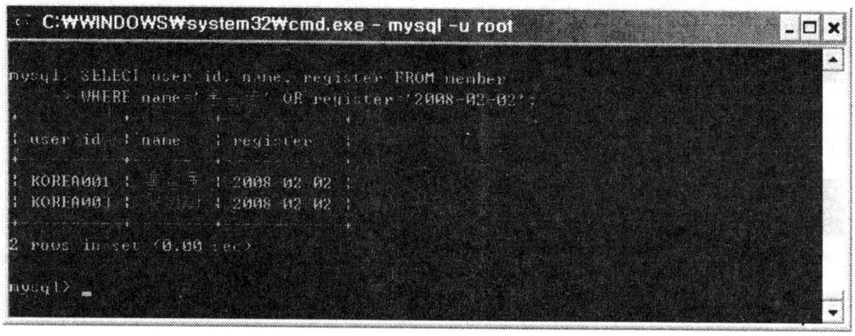

5 **회원 테이블의 회원들의 정보를** user_id**를 기준으로 역순으로 정렬하여** user_id, name, email **항목을 화면에 출력해보자.**

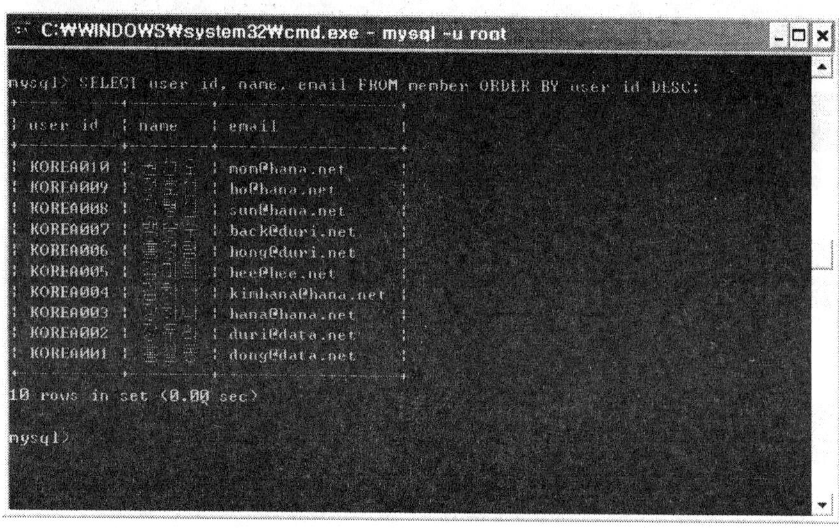

6 회원 테이블에서 등록날짜별로 회원의 나이가 가장 많은 회원을 검색하는 질의문을 작성해보자.

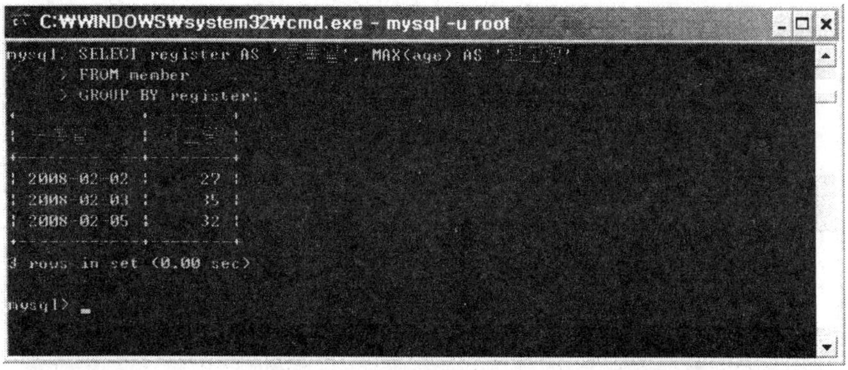

6.3 UPDATE : 레코드 수정

MySQL에서 데이터를 변경할 때 사용하는 질의문이다. UPDATE 질의문에서 주의할 것은 조건식을 설정했느냐는 것이다. 예를 들어, update member set name='장유민'라는 질의문을 실행한다면 member 테이블내의 회원이름(name)은 모두 '장유민'으로 변경된다. 따라서 조건식 설정이 매우 중요하다.

형식

```
UPDATE 테이블 이름 SET 필드1=데이터, 필드2=데이터, ... [WHERE 조건식]
```

member 테이블에서 회원아이디(user_id)가 KOREA008인 회원이름을 '장유민'으로 수정하는 질의문을 작성해보자.

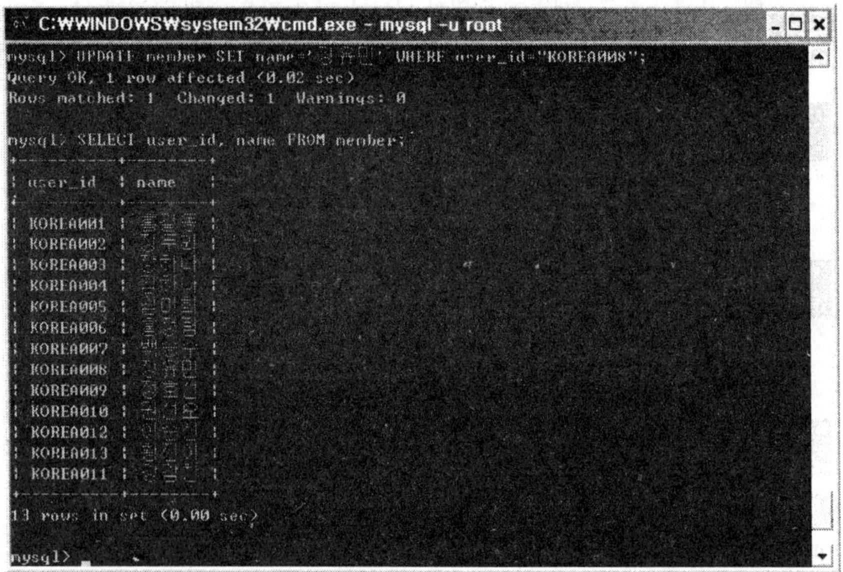

member 테이블에서 회원아이디(user_id)가 KOREA001인 회원의 email을 'dong@dong.net', 전화번호(phone)을 '570-0114'으로 수정하는 질의문을 작성해보자.

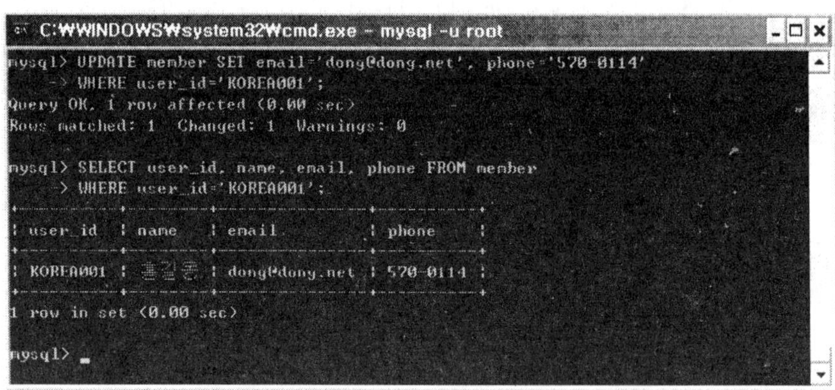

✎ 따라해보기

1 info 테이블의 회원아이디가 "KOREA001"인 회원의 직업을 "회사원"으로 수정하는 질의문을 작성해보자.

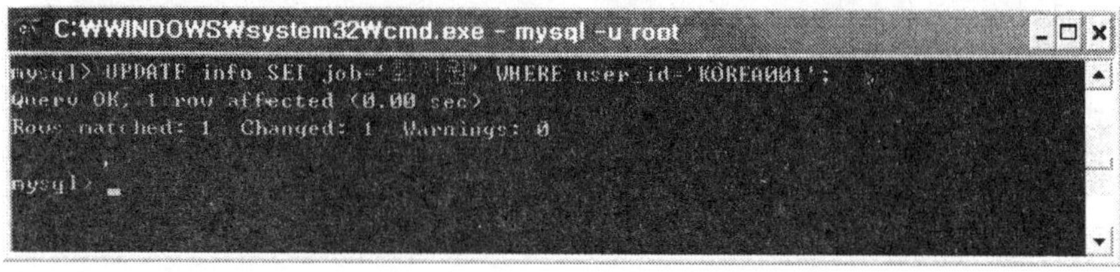

2 SELECT 명령문을 이용해 "KOREA001"인 회원의 직업이 "회사원"으로 수정이 잘 되었는지 확인하는 질의문을 작성해보자.

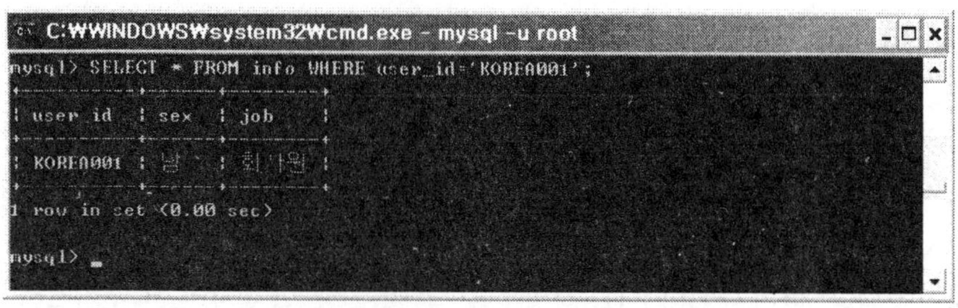

3 info 테이블의 회원아이디가 "KOREA009"인 회원의 성별을 "여", 직업을 "회사원"으로 수정하는 질의문을 작성해보자.

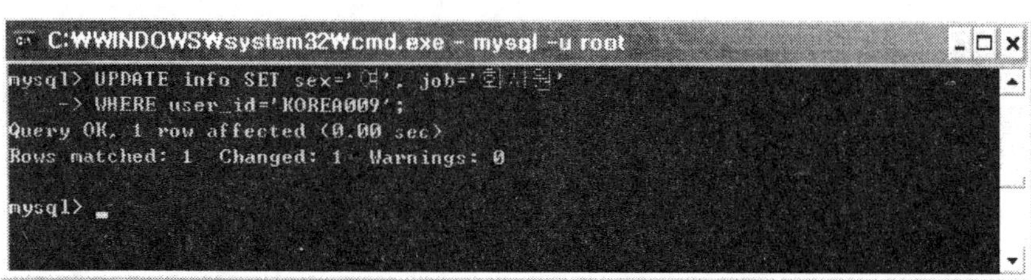

4 **SELECT 명령문을 이용해 "KOREA009"인 회원정보가 잘 수정이 잘 되었는지 확인하는 질의문을 작성해보자.**

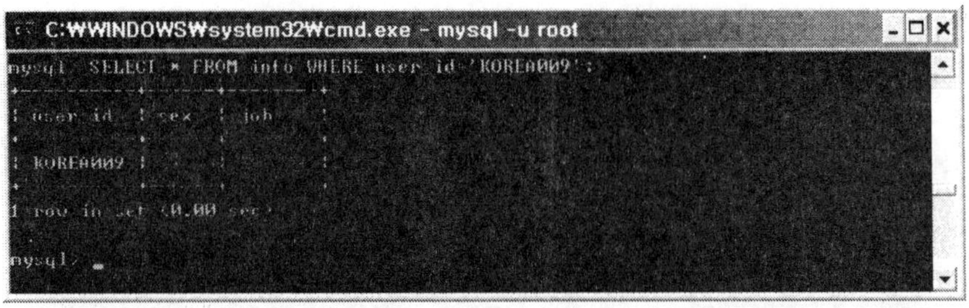

6.4 DELETE : 레코드 삭제

MySQL에서 테이블 내의 데이터를 삭제하는 질의문으로 한번 삭제한 것은 복구가 불가능하므로 UPDATE 질의문과 마찬가지로 질의문 설정을 주의깊게 살펴야 한다.

예를 들어, DELETE FROM member WHERE name='홍길동'이라는 질의문에서 WHERE name='홍길동' 조건식을 설정하지 않는다면, member 테이블내의 모든 레코드는 삭제된다. 따라서 DELETE 질의문을 실행하기에 앞서 반드시 조건식이 제대로 설정되었는지 주의깊게 확인해야 한다. 또한, 테이블의 레코드 단위로 데이터를 삭제하는 것이므로 레코드 내의 특정 필드는 삭제할 수 없다.

◎ 형식

```
DELETE FROM 테이블 이름 [WHERE 조건식]
```

member 테이블에서 등록일(register)이 2008-05-30인 회원정보를 삭제하는 질의문을 작성해보자.

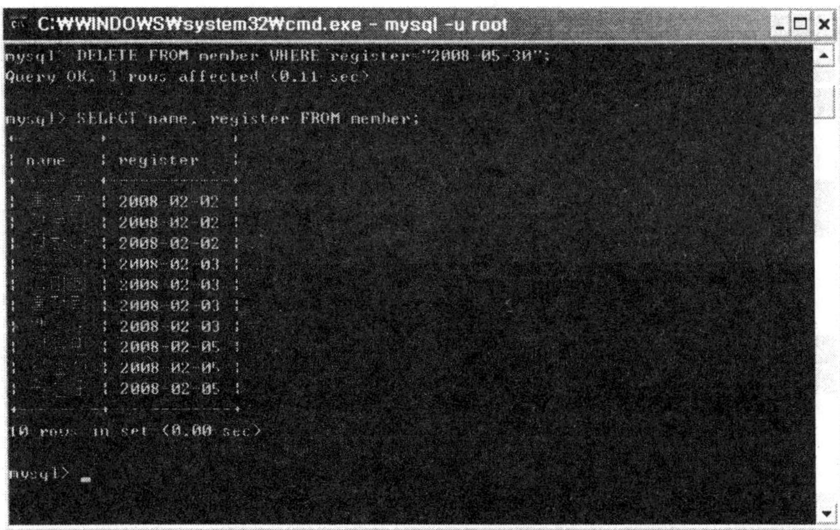

member 테이블에서 회원이름(name)이 홍길동인 회원정보를 삭제하는 질의문을 작성해보자.

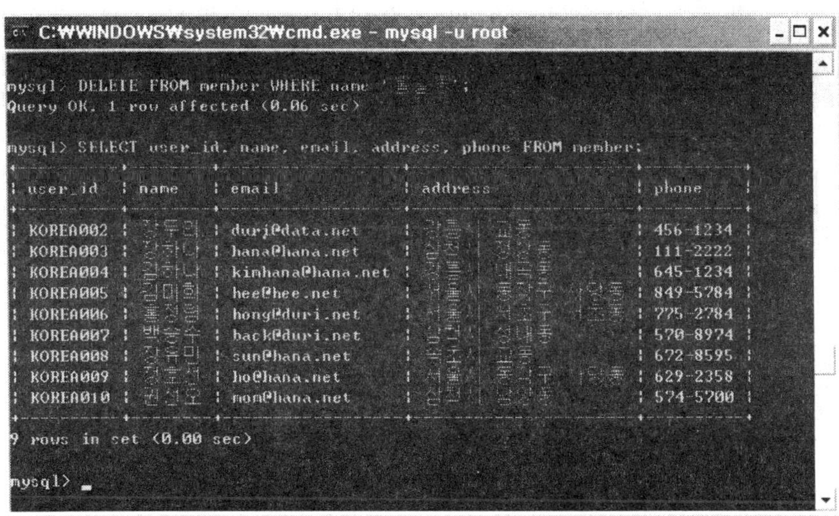

member 테이블에서 회원 주소(address)가 "서울시"로 시작하는 회원 모두를 삭제하시오.

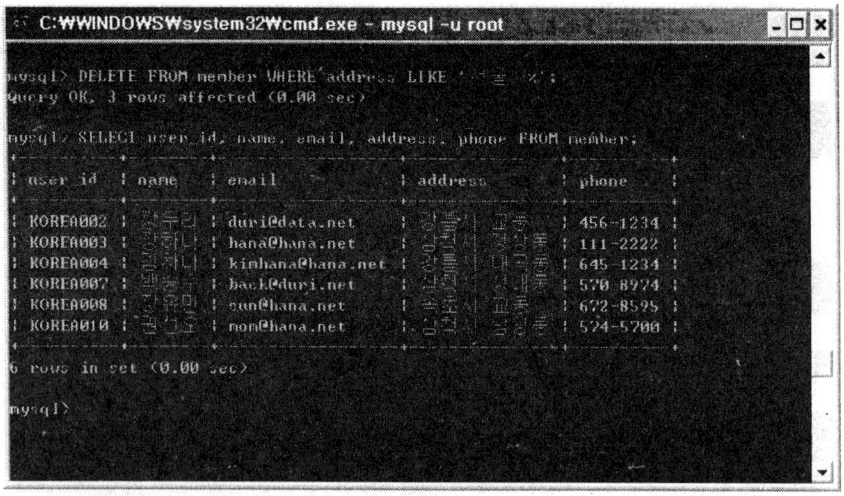

✎ 따라해보기

1 info 테이블의 회원아이디가 "KOREA001"인 회원을 삭제하는 질의문을 작성해보자.

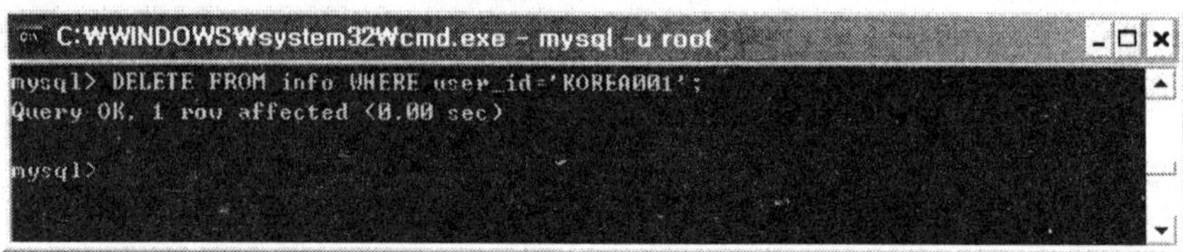

2 info 테이블의 회원아이디가 “KOREA001”인 회원 삭제가 되었는지 확인하는 질의문을 작성해보자.

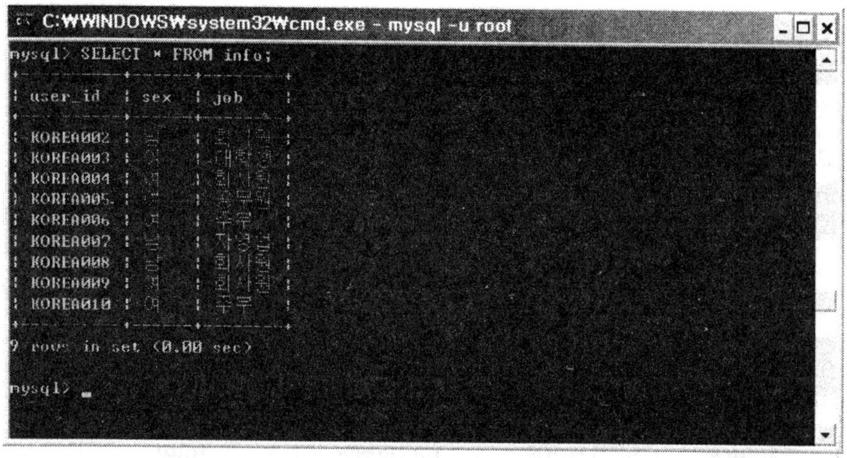

3 info 테이블의 직업이 “회사원”인 회원들을 삭제하는 질의문을 작성해보자.

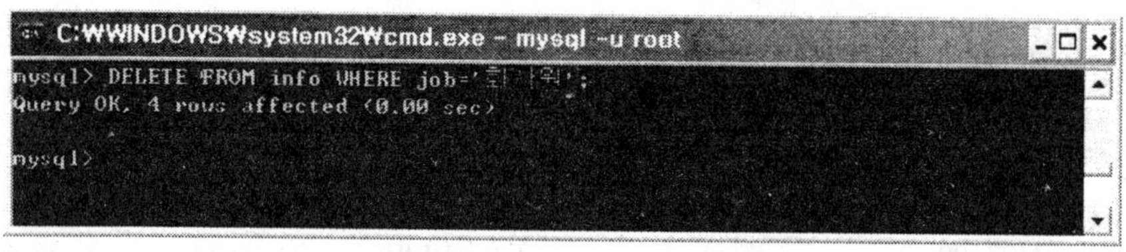

4 info 테이블에서 직업이 “회사원”인 회원들이 삭제되었는지 확인하는 질의문을 작성해보자.

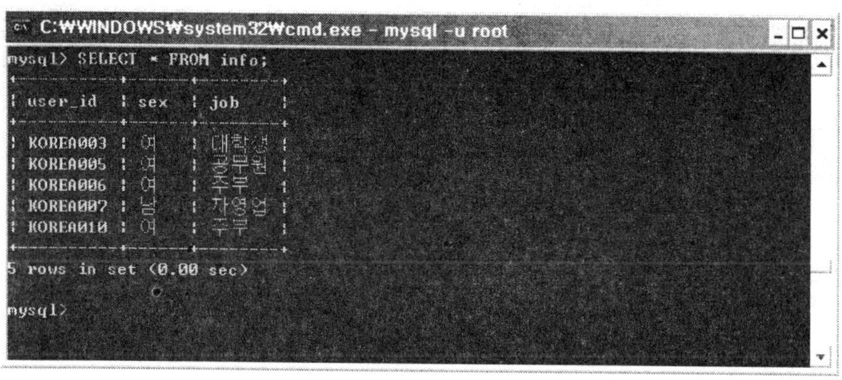

↠연습문제

1 고객 테이블, 비디오 대여 테이블, 비디오 테이블에 데이터를 입력하는 질의문을 작성하시오.

＊ 고객 테이블

고객번호	이름	성별	주소	전화번호
80001	장형선	남자	삼척시 교동	123-1234
80003	홍정림	여자	삼척시 남양동	321-4321

＊ 비디오 대여 테이블(기본키 : 대여번호, 외래키 : 비디오번호)

대여번호	고객번호	비디오번호	대여일	기간
1	80001	V08001	2008-04-20	1
2	80003	V07099	2008-04-22	2

＊ 비디오 테이블(기본키 : 비디오번호)

비디오번호	장르	출시일	연령	가격
V07099	액션	2007-12-01	15	20000
V07100	액션	2007-12-01	19	25000
V07101	드라마	2007-12-15	12	18000
V07102	드라마	2007-12-15	15	20000
V08001	코미디	2008-01-01	15	25000
V08002	코미디	2008-01-01	19	25000
V08003	드라마	2008-01-01	12	23000
V08004	액션	2008-01-15	19	35000
V08005	액션	2008-01-15	19	30000

2 고객 테이블에서 고객번호(c_no)가 80003인 고객의 전화번호(phone)를 “555-3434”로 수정하는 질의문을 작성해보자.

3 비디오 테이블에서 비디오번호(v_no)가 V08003을 삭제하는 질의문을 작성해보자.

4 비디오 테이블에서 "코미디"에 대한 정보를 출력하는 질의문을 작성하시오.

5 비디오를 대여한 고객들의 정보를 출력하는 질의문을 작성하시오.

6 12월에 출시한 비디오에 대한 정보만 출력하는 질의문을 작성하시오.

7 비디오 테이블에서 비디오 가격이 가장 높은 비디오의 정보를 출력하는 질의문을 작성하시오.

8 2008년 4월 22일에 대여한 비디오 장르와 고객이름을 출력하는 질의문을 작성하시오.

7장 MySQL 백업 및 복원

데이터베이스에서 백업의 중요성은 설명하지 않아도 알 것이다. 한번 삭제된 데이터는 복원이 되지 않으므로, 데이터베이스의 중요한 데이터는 주기적으로 백업을 해주어야 한다.

MySQL에서의 가장 간단한 백업방법은 데이터 파일 자체를 백업하는 것이다. 즉, 데이터베이스 디렉토리 자체를 백업하는 것으로 MySQL 서버에 문제가 발생하거나 데이터에 오류가 있을 때 데이터베이스 디렉토리 전부를 복원시키면 된다. 하지만, 이 방법은 MySQL 버전의 차이나 플랫폼에 따라 파일 형식이 다르기 때문에 권장하는 방법은 아니다.

MySQL에서 가장 안전한 백업방법은 mysqldump라는 유틸리티를 사용하는 방법과 SELECT ~ INTO OUTFILE 명령문이 있다.

7.1 TEXT 파일 백업 및 복원

(1) SELECT ~ INTO OUTFILE

SELECT ~ INTO OUTFILE 명령문을 이용해 원하는 테이블에서 원하는 행의 데이터를 파일로 백업할 수 있다. SELECT ~ INTO OUTFILE 명령문을 사용하기 위해선 MySQL 사용자의 File_priv가 Y로 되어 있어야 하고, 백업되는 동안 데이터의 변경을 막기 위해서 SELECT ~ INTO OUTFILE 명령문을 사용하기 전에 백업하려는 테이블에 읽기전용 LOCK을 걸어두어야 한다.

예를 들어, member 테이블을 읽기전용 LOCK를 건다고 하면, "LOCK TABLES member READ;" 라고 하면 되고, 백업 작업 후에 "UNLOCK TABLES;"로 LOCK을 풀어주면 된다.

SELECT ~ INTO OUTFILE 명령문의 형식은 다음과 같다. 선택된 필드들의 데이터만 백업할 수 있으며, 테이블 전체 내용을 백업할 시에는 와일드카드 문자인 "*"을 필드 이름 대신에 사용하면 된다.

형식

```
SELECT 필드 이름1,[필드 이름2, ...] INTO OUTIFLE '파일 이름'
FROM 테이블 이름
```

SELECT ~ INTO OUTFILE 명령문을 이용해 테이블의 내용을 백업하는 순서는 다음과 같다.

첫째, LOCK 명령문을 이용해 테이블을 읽기전용으로 설정한다.

둘째 SELECT ~ INTO OUTFILE 명령문을 이용해 테이블 내용을 백업한다.

셋째, UNLOCK 명령문을 이용해 테이블의 읽기전용을 해제한다.

회원 테이블을 member.txt로 백업을 해보자. 이때, 특별히 경로를 지정하지 않으면 테이블이 속해 있는 데이터베이스 폴더에 저장된다. 먼저, 회원 테이블에 읽기전용으로 LOCK를 지정한다.

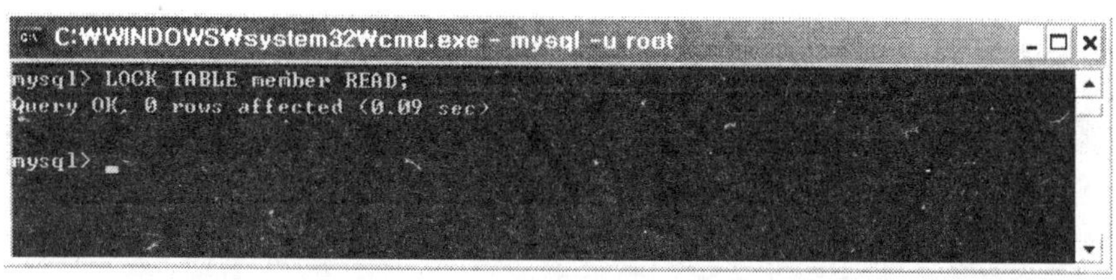

이제 회원 테이블은 읽기전용으로 SELECT 명령문 이외의 다른 명령어는 실행할 수 없다. 만약, DELETE 명령문을 실행한다면 다음과 같은 에러가 발생한다.

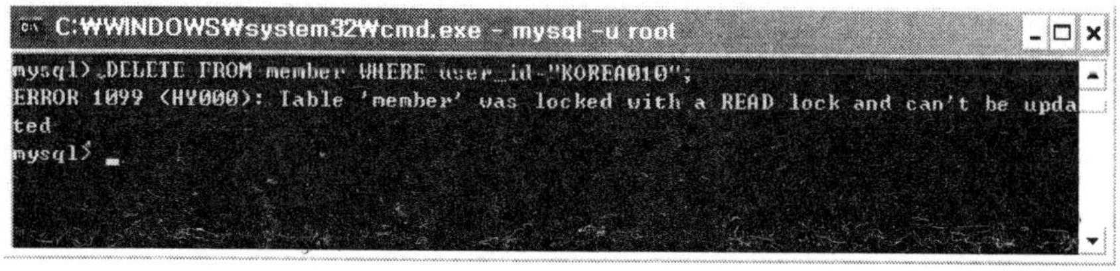

회원 테이블의 모든 내용을 member.txt로 백업을 하는 질의문을 작성해보자. 이때, member.txt의 경로를 지정하지 않았기 때문에 sample 데이터베이스 폴더에 백업된 것을 알 수 있다.

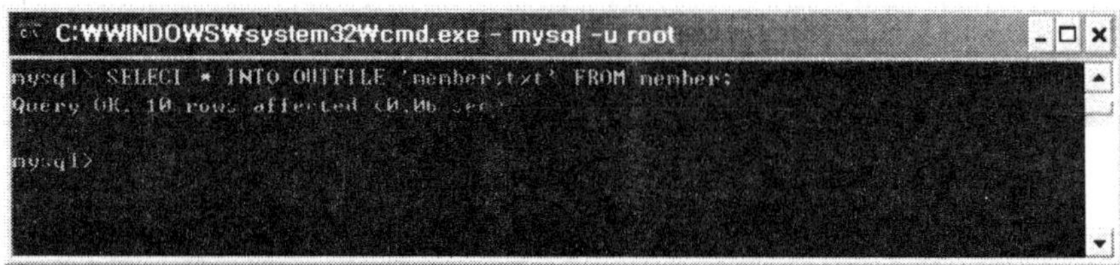

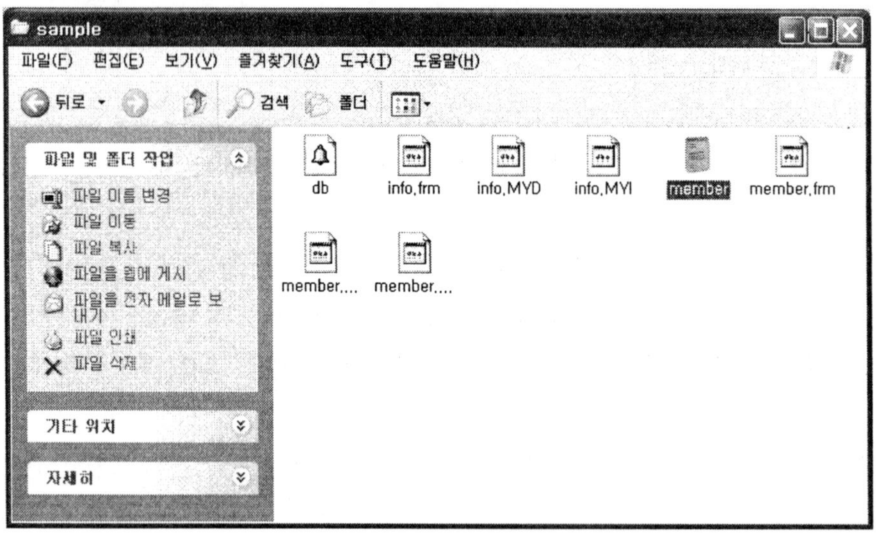

백업작업이 종료되었으므로 회원 테이블의 LOCK을 해제한다.

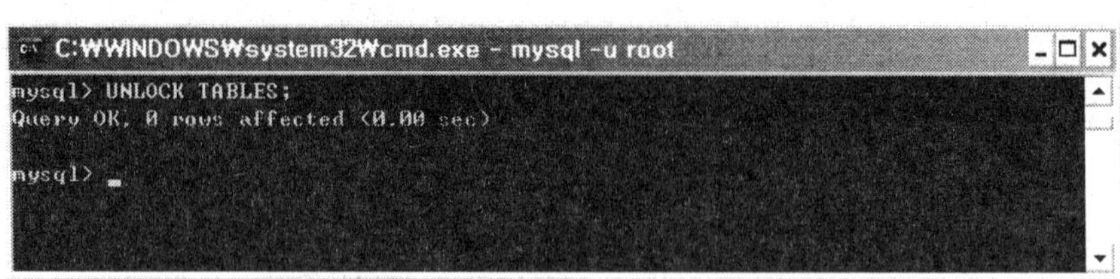

(2) LOAD DATA INFILE

데이터를 테이블에 저장하는 또 다른 방법 중의 하나로 LOAD DATA INFILE 명령문은 파일로부터 데이터를 읽어서 테이블에 저장하고자 할 때 사용한다. SQL 파일만을 읽어서 테이블에 저장하는 SOURCE 명령어와 달리 LOAD DATA INFILE은 TXT 파일을 읽어서 테이블에 저장할 수 있으므로 주로 백업된 데이터를 복구할 때 사용한다.

형식

```
LOAD DATA [LOCAL] INFILE '파일 이름' [REPLACE | IGNORE]
 INTO TABLE 테이블 이름
 [FIELDS
      [TERMINATED BY '\t']
      [[OPTIONALLY] ENCLOSED BY '']
      [ESCAPED BY '\\']
 ]
 [LINES TERMINATED BY '\n']
 [IGNORE 무시할 라인개수 LINES]
 [(필드 이름1, 필드 이름2, ...)]
```

LOAD DATA INFILE 명령문은 간단하게 사용되지만 위의 형식에서 알 수 있듯이 상황에 따라 다양한 옵션을 사용할 수 있는데, 각각의 옵션의 의미는 다음과 같다.

LOCAL는 서버쪽의 파일을 읽을 것인지, 클라이언트쪽의 파일을 읽을 것인지를 결정하는 키워드로 LOCAL이 명시되면 파일은 클라이언트 호스트에서 읽혀져 서버에 보내지는데, 파일의 정확한 위치를 명시하기 위해 절대 경로로 사용할 수도 있다. 만약, 상대 경로를 사용하는 경우에 파일 이름은 클라이언트 프로그램이 시작한 디렉토리와 연관되어 해석된다.

LOCAL이 명시되지 않으면 파일은 서버 호스트에 존재해야 하며 서버에 의해 직접 읽혀진다. 서버는 파일의 위치를 파악하기 위해 파일 이름이 하나 혹은 그 이상의 컴포넌트를 가진 상대 경로이면 서버는 서버의 데이터 디렉토리와 관련된 파일을 찾거나, 주요요소를 갖지 않은 파일 이름이 주어진 경우 서버는 기본 데이터베이스의 데이터베이스 디렉토리에서 파일을 검색한다. Windows경로는 역슬래쉬보다 슬래쉬를 사용하는데, 만약 역슬래쉬를 사용한다면 두 번 사용해야 한다.

REPLACE와 IGNORE 키워드들은 유일키 값에서 중복된 레코드가 있을 때 레코드의 입력 처리를 제어한다. REPLACE를 명시하면 입력 레코드는 존재하는 레코드를 바꾼다. 즉, PRIMARY KEY나 UNIQUE 인덱스 값이 같은 레코드가 있을 경우이다. IGNORE를 명시하면 유일키에서 기존 레코드와 중복된 레코드 입력은 건너뛴다.

FILEDS는 파일의 데이터가 항목별로 어떻게 구분되어 있는지를 선택하는 키워드이다. TERMINATED BY 옵션으로 필드 사이를 구분하고, ENCLOSED BY 옵션으로 데이터를 둘러싼 문자를 지정하고 ESCAPED BY 옵션으로 ESCAPE 문자를 지정한다. 보통 기본 옵션 값으로 ＼t(tab키), '', ＼＼를 사용한다.

LINES TERMINATED BY 옵션은 파일의 데이터를 줄(Line) 단위로 분리할 때 사용할 구분자를 지정한다. 보통 '＼n'을 사용한다.

IGNORE 무시할 라인개수 LINES 옵션은 파일의 데이터들 중에서 몇 번째 줄까지 읽지 않을 것인지를 설정한다. 대부분 파일의 첫 번째 줄이 필드 이름인 제목 라인이므로 이 제목 라인을 읽지 않을 경우에 IGNORE 1로 사용한다.

필드 이름, ... 옵션은 특정한 필드에만 데이터를 저장하고자 할 때 저장할 필드 이름을 설정한다.

member.txt를 LOAD DATA INFILE 명령문을 이용해 member 테이블에 저장하는 질의문을 작성해보자. 필드 사이 구분은 '＼t'로 되어 있고, 줄은 '＼n'로 분리되어 있으며, 첫 줄은 제목이 입력되어 있다고 한다.

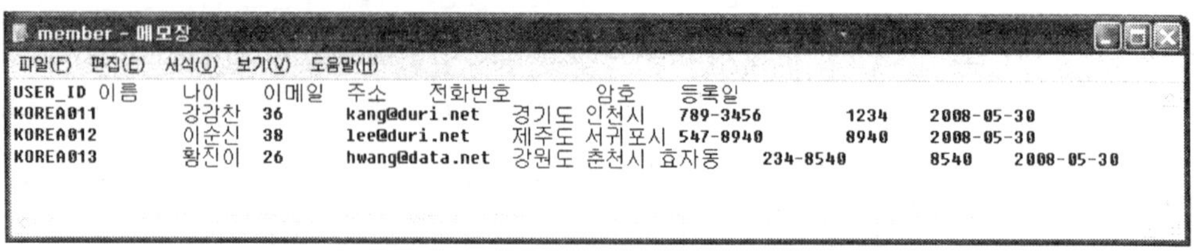

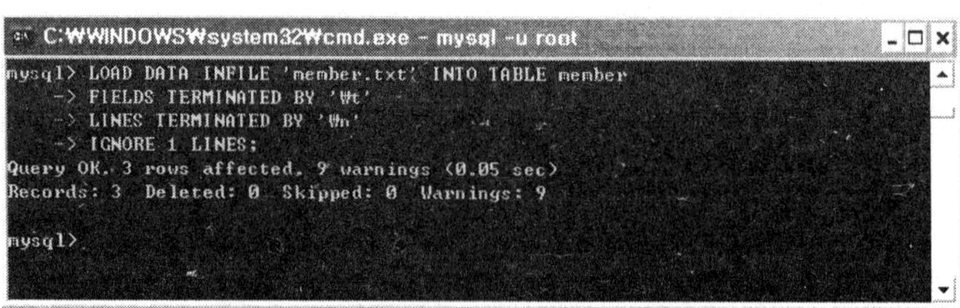

현재 sample 데이터베이스를 사용하고 있으므로 member.txt는 sample 데이터베이스 폴더에 위치해야 한다. 만약에 다음과 같은 에러 메시지가 출력된다면, 이것은 member.txt가 sample 데이터베이스 폴더에 존재하지 않기 때문이다. 이때, 에러를 수정하는 방법은 member.txt를 smaple 데이터베이스 폴더로 이동시키던지, member.txt. 파일 위치를 절대주소나 상대주소로 수정하면 된다.

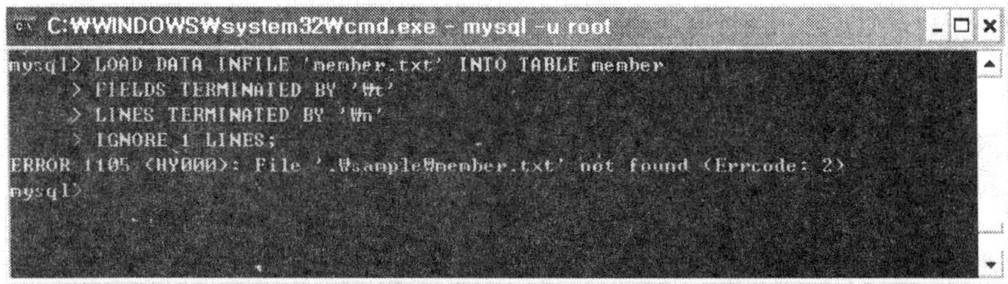

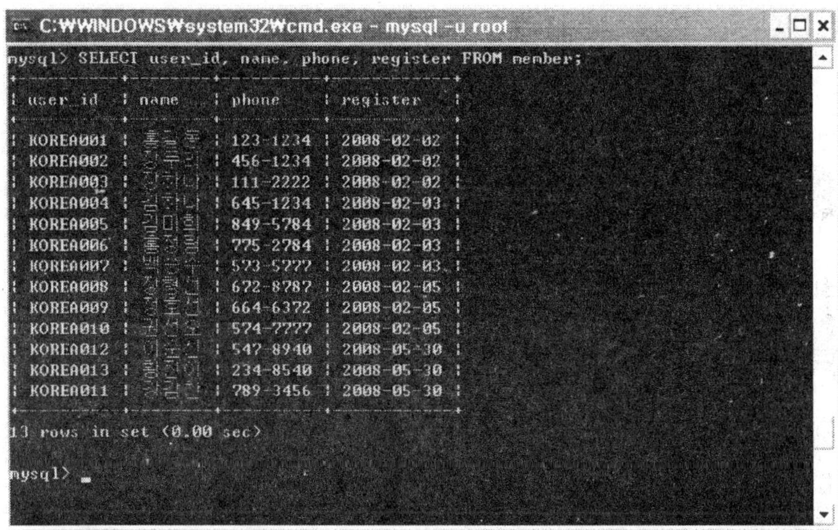

7.2 MySQL 파일로 백업 및 복원

MySQL 데이터 형식으로 백업파일을 만드는 BACKUP TABLE과 복원시키는 RESTORE TABLE 명령문이 있다.

(1) BACKUP TABLE

BACKUP TABLE 명령문은 MyISAM 테이블 타입에만 적용되고, SELECT~ INTO OUTFILE 명령문과 마찬가지로 백업을 실행하는 동안 데이터의 수정 및 삭제 작업을 방지하기 위해 BACKUP TABLE 명령문을 실행하기 전에 LOCK을 먼저 실행하여야 한다.

BACKUP TABLE 명령문의 형식은 다음과 같으며, 특별히 경로를 지정하지 않으면 해당 테이블이 속해 있는 데이터베이스 폴더에 백업 파일이 생성된다.

형식

```
BACKUP TABLE 테이블 이름1,[테이블 이름2,...]
TO '백업할 디렉토리 경로'
```

백업할 디렉토리 경로를 지정할 때 윈도우즈 MySQL이라 할지라도 슬래쉬(/)를 사용하면 된다. 예를 들어 temp 디렉토리에 백업한다면 'c:/temp'라고 하면 된다. 만약에 역슬래쉬(\)를 사용하려면 반드시 역슬래쉬 두 개를 이어서 사용해야 한다(예 c:\\temp).

member 테이블을 MySQL 파일로 백업해보자. 백업경로를 특별히 지정하지 않고 "/", ''로 입력했을 때에는 데이터베이스 루트 폴더인 data 폴더에 member 테이블의 백업 파일들인 member.frm과 member.MYD이 생성된다.

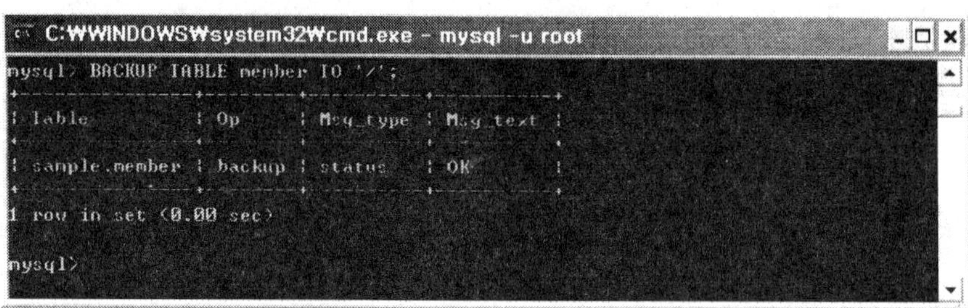

data 폴더에서 member 테이블이 백업 파일인 member.frm과 member.MYD을 확인해보자.

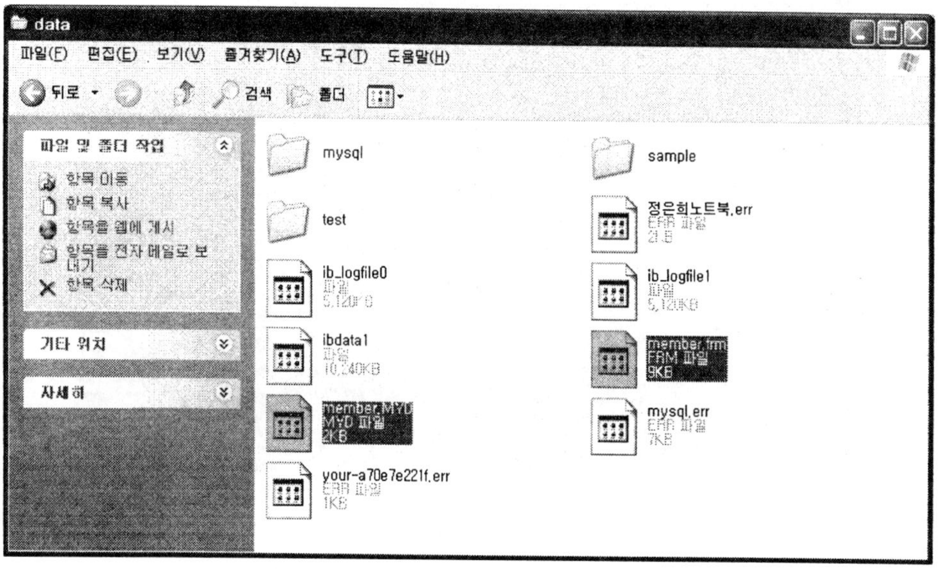

(2) RESTORE TABLE

RESTORE TABLE 명령문은 BACKUP TABLE 명령문으로 백업받은 MySQL 파일을 복원시킬 때 사용하는 명령어로 BACKUP TABLE 명령문과 마찬가지로 MyISAM 테이블 타입에서만 적용된다.

RESTORE TABLE 명령문의 형식은 다음과 같으며, RESTORE TABLE 명령문을 실행할 때 동일한 테이블이 존재하면 에러가 발생하므로, RESTORE TABLE 명령문을 실행하기 전에 반드시 동일한 테이블이 존재하는지 확인하고, 만약에 존재한다면 그 테이블을 삭제하여야 한다.

형식

```
RESTORE TABLE 테이블 이름1,[테이블 이름2,...]
FROM '복구할 파일의 디렉토리 경로'
```

백업받은 data 폴더의 member.frm, member.MYD의 member 테이블의 백업파일을 복원해보자. 먼저, sample 데이터베이스에 member 테이블이 존재하는지를 확인하고,

member 테이블이 존재한다면 member 테이블을 삭제하자.

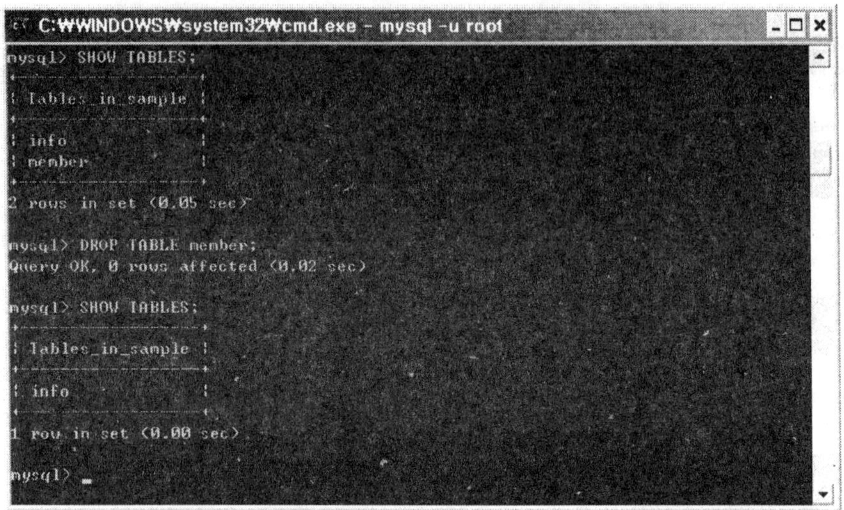

RESTORE TABLE 명령문을 이용해 member 테이블을 복원시켜보자. 이때, 복원할 member 테이블 백업파일인 member.frm, member.MYD가 데이터베이스 루트 폴더인 data 폴더에 있으므로 특별한 경로 지정 없이 '/' 혹은 ''로 설정하면 된다.

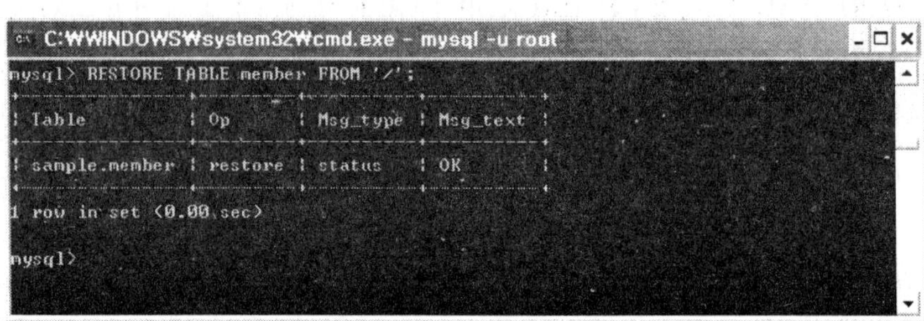

member 테이블이 제대로 복원되었는지 확인해보고, SELECT 명령문을 이용해 데이터가 정확하게 복원되었는지 확인해보자.

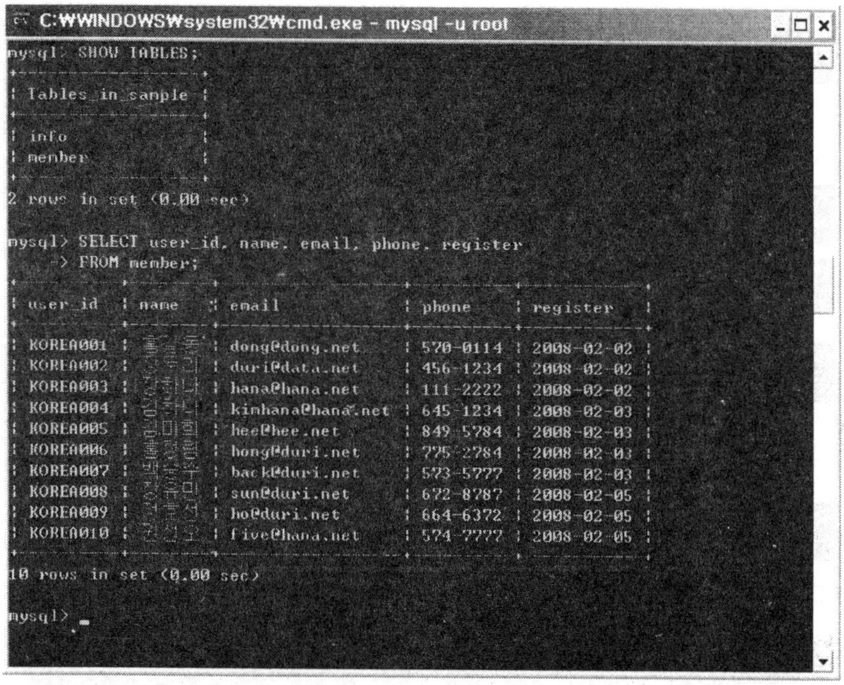

✎ 따라해보기

1 info **테이블을** BACKUP TABLE **명령어를** c:₩backup **폴더에 백업해보자.**

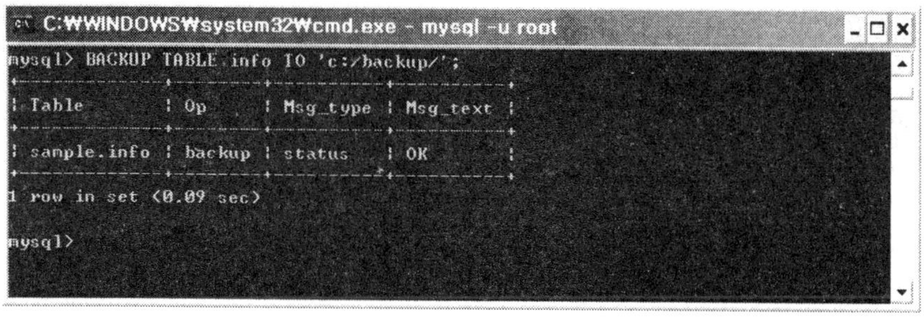

윈도우즈 탐색기를 이용해 backup폴더에 info 테이블의 백업파일인 info.frm과 info.MYD가 생성되었는지 확인한다.

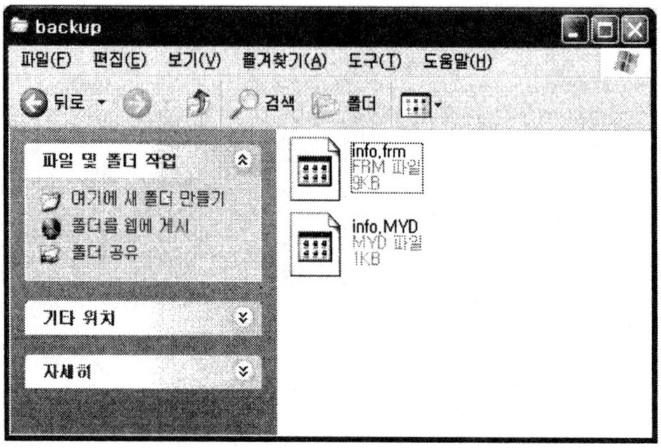

2 RESTORE TABLE **명령문을 이용해 백업받은** info.frm, info.MYD**를** info **테이블로 복원시켜보자.**

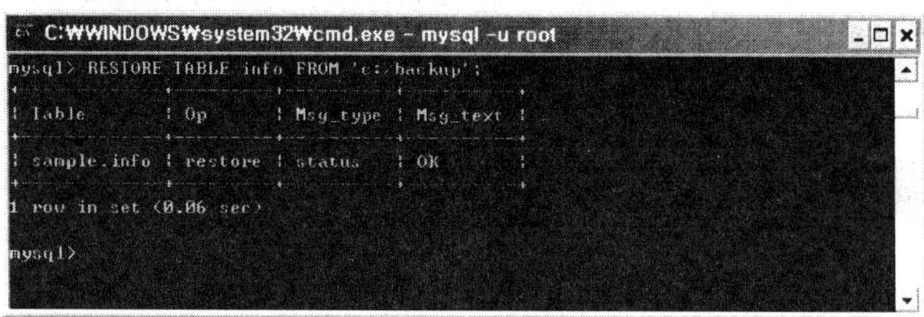

8장 phpMyAdmin

APM_Setup은 기존의 MySQL console을 이용해 사용할 수 있을 뿐만 아니라, Microsoft사의 MSSQL처럼 phpMyAdmin을 이용해 MySQL 서버의 사용법을 아주 편리하게 사용할 수 있도록 해준다.

phpMyAdmin은 Windows 작업 표시줄 도구모음칸의 APM_Setup 아이콘을 마우스 오른쪽 버튼을 클릭하면 메뉴가 나타나는데, 메뉴 중에서 MySQL 관리(phpMyAdmin)을 선택한다.

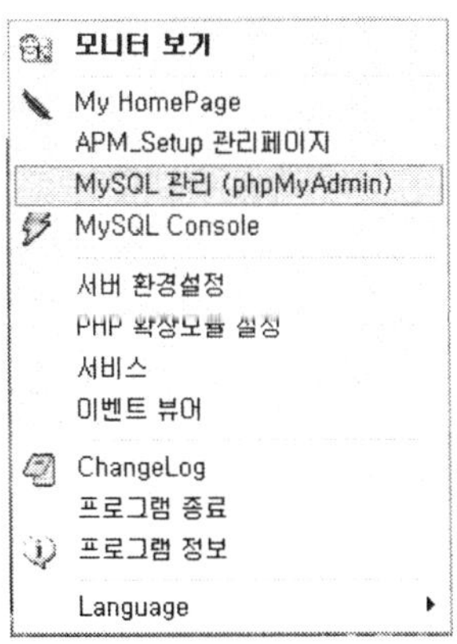

APM_Setup 설치시 사용자명은 root, 암호는 apmsetup으로 설정되어 있으므로, phpMyAdmin 실행창에서 사용자명과 암호에 root와 apmsetup을 입력한 후 "로그인" 버튼을 클릭한다.

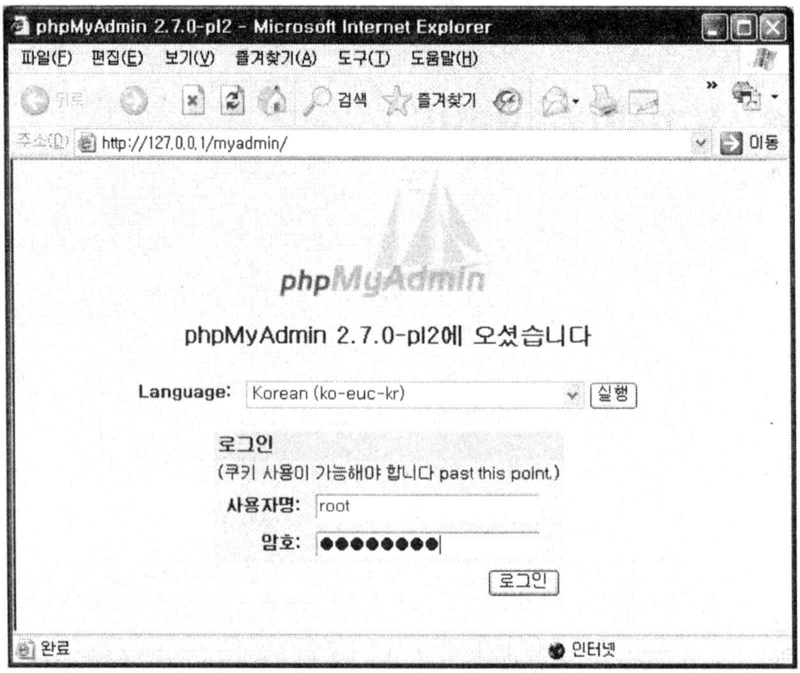

phpMyAdmin의 초기 화면은 다음과 같다. APM_Setup이 설치되면 기본적으로 mysql 데이터베이스가 존재하는데, 이 데이터베이스에는 MySQL 실행에 필요한 기본적인 정보가 저장되어 있다.

phpMyAdmin은 두 개의 프레임으로 구성되는데 왼쪽 프레임에는 [아이콘] 메뉴와 데이터베이스 정보가 출력되고 오른쪽 프레임은 새 데이터베이스 만들기와 사용 언어를 선택하는 메뉴 및 내보내기, 암호 변경 등의 메뉴로 구성된다.

왼쪽 메뉴의 역할은 다음과 같다.

- [홈] : phpMyAdmin 초기 화면으로 이동한다.
- [종료] : phpMyAdmin을 종료한다.
- [SQL] : 질의문 대화상자를 출력한다.
- [도움말] : phpMyAdmin 설명서를 출력한다.
- [도움말] : http://www.mysql.com의 MySQL 5.0 매뉴얼 창을 출력한다.

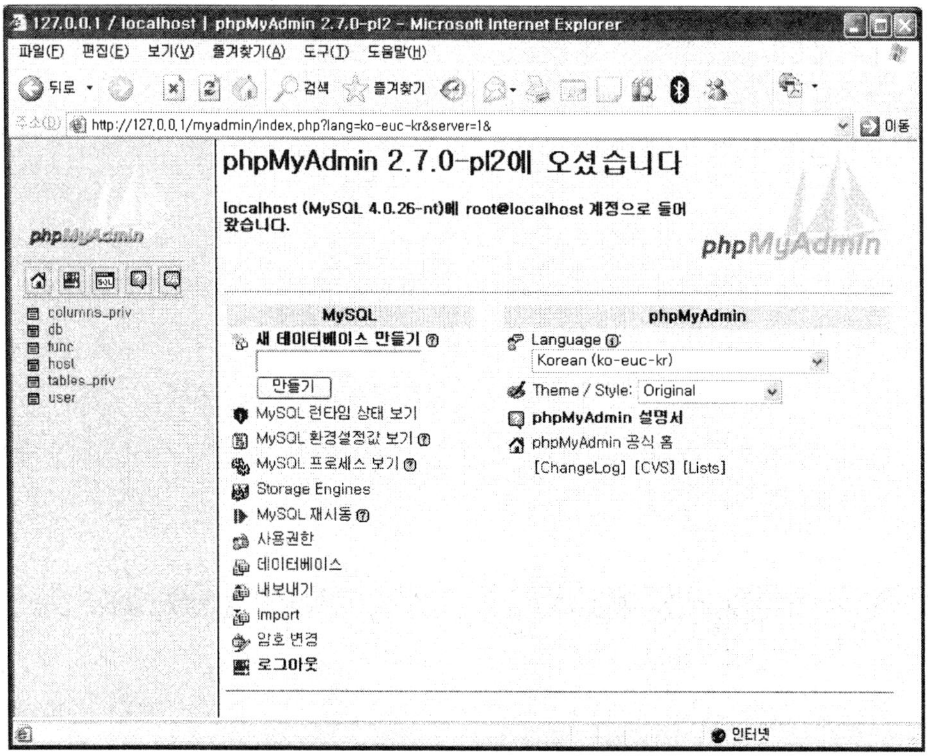

8.1 데이터베이스 생성

phpMyAdmin을 이용해 데이터베이스를 생성해보자. phpMyAdmin의 초기 화면에서 새 데이터베이스 이름을 입력한 후 "만들기" 버튼을 클릭하면 된다.

새 데이터베이스 이름으로 "sample" 데이터베이스를 만들어보자. sample 데이터베이스 생성 후 phpMyAdmin의 왼쪽 프레임에는 sample(0) 데이터베이스 이름이 출력되는데, 여기서 (0)은 현재 sample 데이터베이스에는 테이블이 0개 존재한다는 의미이다. 오른쪽 프레임의 최상단에 현재 sample 데이터베이스가 오픈되어 있다는 **localhost ▸ sample** 와 메뉴들 그리고 CREATE DATABASE 'sample';이라는 SQL 질의가 출력된다. 오른쪽 프레임의 메뉴들 중에서 활성화된 메뉴들만 **localhost ▸ sample**

일 때 사용 가능하고 활성화된 메뉴의 기능을 살펴보면 다음과 같다.

- **구조** : 현재 오픈된 데이터베이스내에 새로운 테이블을 생성할 수 있는 화면을 출력한다.
- **SQL** : 질의문 대화상자를 출력한다.
- **Import** : sql 텍스트 형식으로 저장된 외부 파일을 현재 데이터베이스로 가져온다.
- **테이블 작업** : 새로운 테이블을 생성하는 화면이 출력된다.
- **사용권한** : 현재 오픈된 데이터베이스의 사용권한을 설명한다.
- **삭제** : 현재 오픈된 데이터베이스와 데이터베이스에 속해 있는 테이블까지 전부 삭제한다.

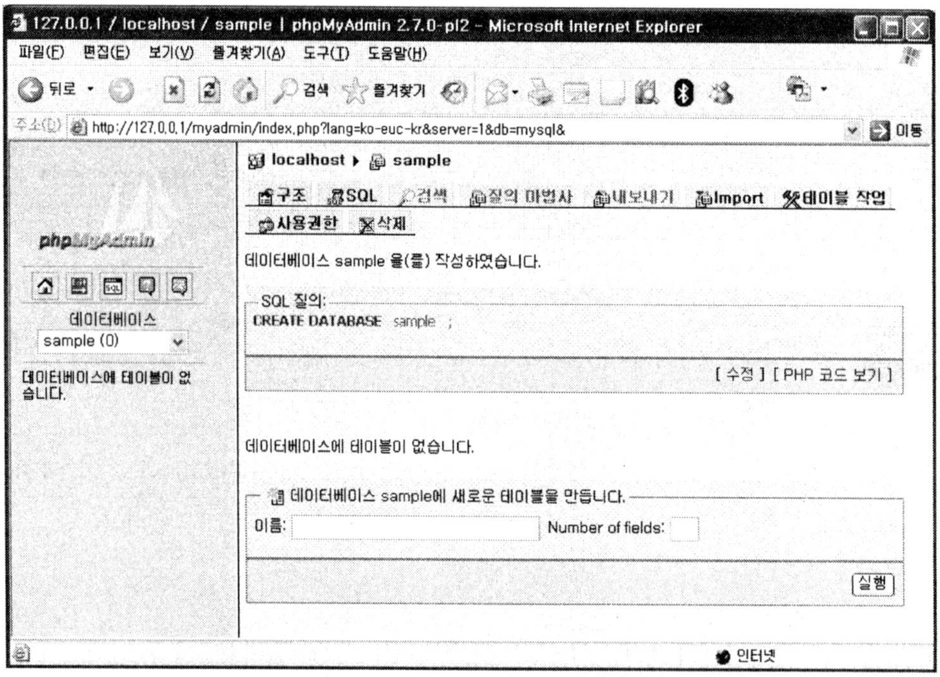

✎ 따라해보기

phpMyAdmin을 이용해 myhome 데이터베이스를 만들어보자.

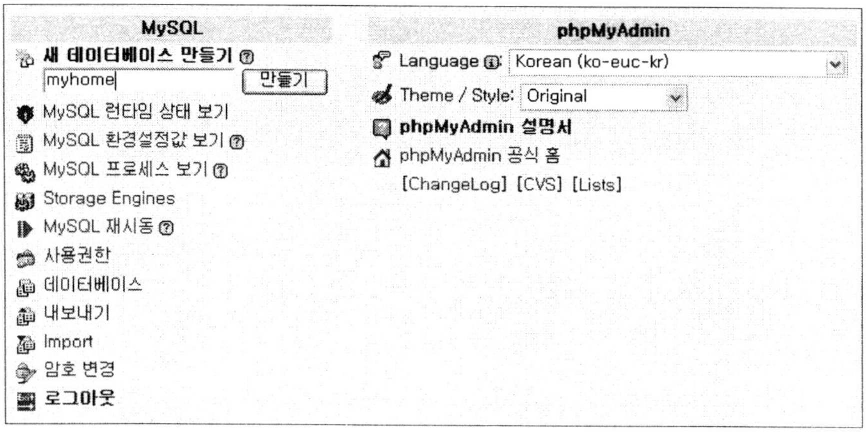

8.2 테이블 생성

phpMyAdmin에서 테이블을 생성할 때에는 테이블 이름과 필드의 수를 입력한 후 "실행" 버튼을 클릭하면 필드 이름, 필드 데이터형 등을 입력하는 화면이 출력된다.

이제, sample 데이터베이스에 member 테이블은 생성해보자. 새로운 테이블 이름에 "member", 필드수에 "7"을 입력한 후 실행 버튼을 클릭하면, 입력한 필드수만큼 필드 항목이 생성된다. 각각의 필드 항목에 대한 필드 이름과 필드 데이터형은 다음 그림처럼 입력한 후 "저장" 버튼을 클릭하여 새로운 회원(member) 테이블 생성한다.

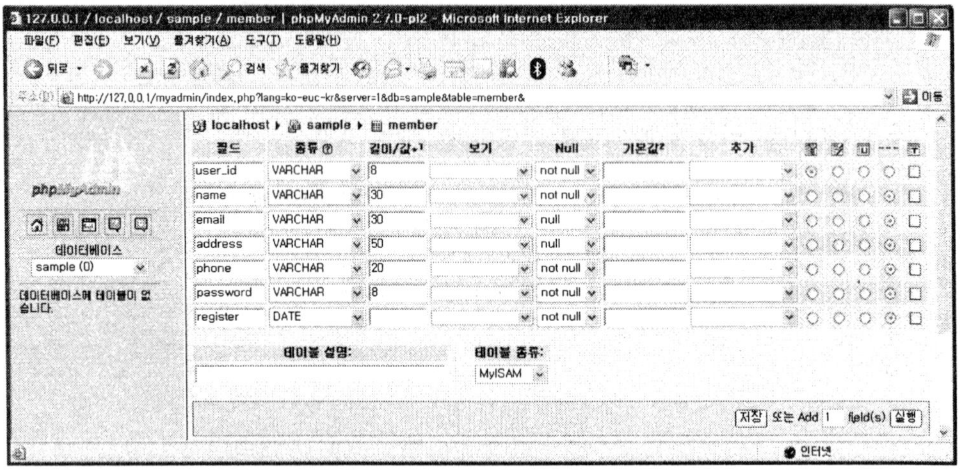

member 테이블 생성 후 phpMyAdmin의 왼쪽 프레임의 데이터베이스는 sample(1)과 sample 데이터베이스에 속해 있는 member 테이블이 나열되고, 오른쪽 프레임에는 member 테이블 생성에 관한 SQL 질의가 출력되고, member 테이블의 구조가 화면에 출력된다. 물론, 오른쪽 프레임 상단의 메뉴도 바뀐 것을 알 수 있다. phpMyAdmin이 테이블 구조를 출력할 때의 상단 메뉴의 기능은 다음과 같다.

- 보기 : 테이블에 저장된 레코드를 출력한다.
- 구조 : 테이블 구조를 출력한다.
- SQL : 질의문 실행창을 출력한다.
- 검색 : 테이블에 저장되어 있는 데이터들을 조건식을 이용해 검색한다.
- 삽입 : 테이블에 새로운 데이터를 삽입할 때 사용하는 메뉴로써 데이터 관리 명령어 중에서 INSERT 명령어와 같다.
- 내보내기 : 테이블에 저장되어 있는 데이터를 SQL 파일 형식으로 저장한다.
- Import : SQL 파일 형식으로 저장되어 있는 외부파일의 데이터를 테이블에 가져온다.
- 테이블 작업 : 테이블 이름을 변경하거나 테이블을 복사할 때 사용한다.
- 비우기 : 테이블 구조는 삭제하지 않고, 테이블 내의 모든 데이터만 삭제한다.
- 삭제 : 테이블 구조와 테이블 내의 모든 데이터 모두 삭제한다.

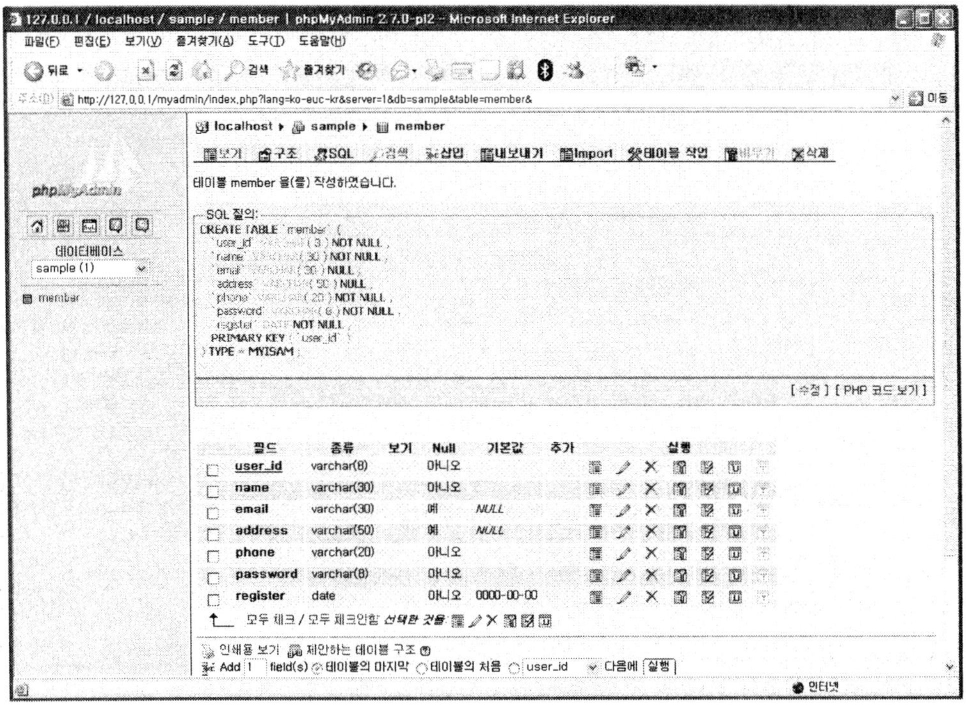

✎ 따라해보기

1 info 테이블을 생성해보자.

필드 이름	필드 유형	길이	비고
user_id	VARCHAR	8	기본키
sex	VARCHAR	5	
job	VARCHAR	30	

① 새로운 테이블 이름에 info, 필드수를 3으로 입력한 후 "실행" 버튼을 클릭한다.

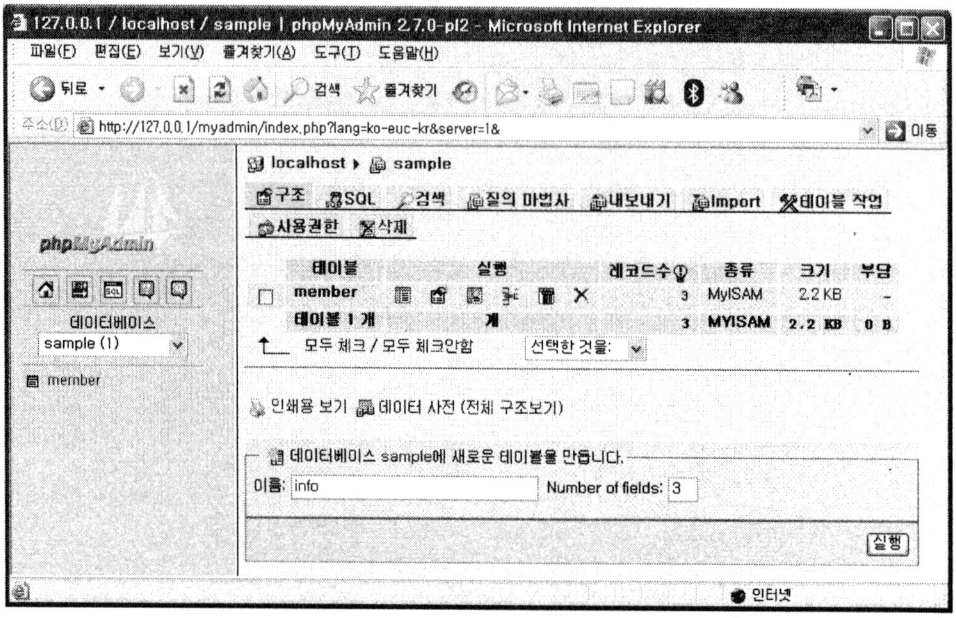

② 필드 이름, 종류, 길이를 입력하고 기본키를 설정하고 "저장" 버튼을 클릭하여 info 테이블을 생성한다.

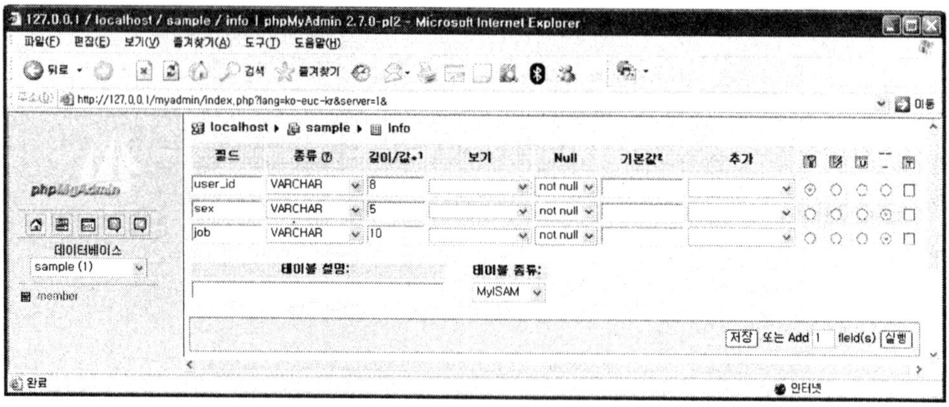

③ 구조 메뉴를 선택하여 새로 생성된 info 테이블의 구조를 확인해보자.

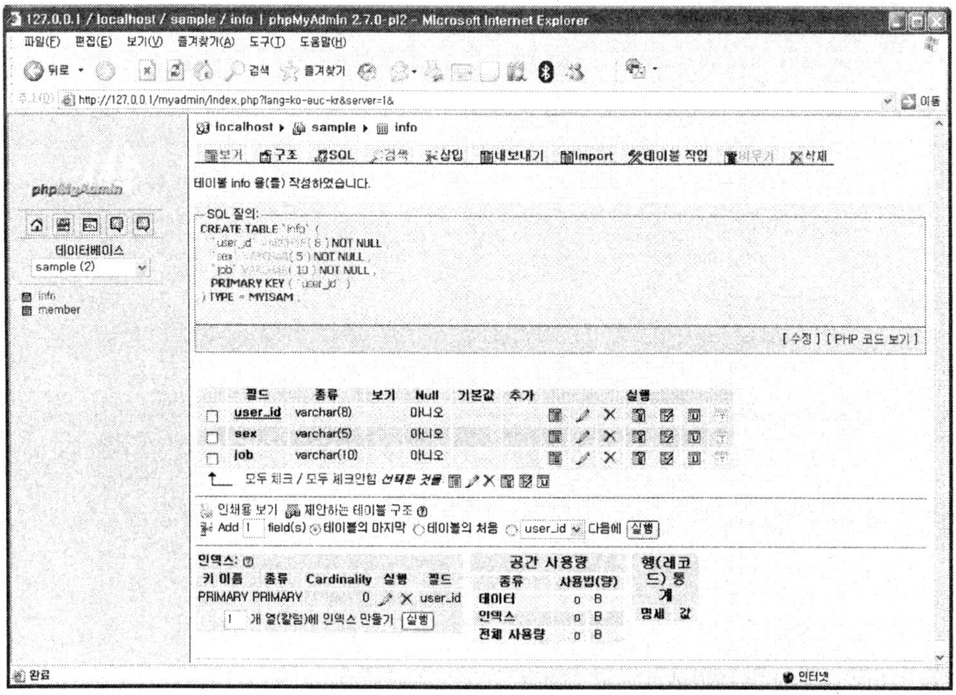

8.3 필드 관리

phpMyAdmin의 구조 메뉴에서 테이블의 필드를 수정, 삭제하거나 새로운 필드를 추가할 수 있다.

(1) 필드수정

phpMyAdmin에서 테이블 내의 필드 이름 및 데이터 종류를 수정할 때에는 수정하고자 하는 필드를 선택한 후 아이콘을 사용한다. 예를 들어, member 테이블의 password 필드 이름을 pwd로 수정해보자.

먼저, password 필드 이름 앞의 체크박스를 ☑한 후 를 선택한 후 필드 이름을 pwd로 수정한 후 "저장" 버튼을 클릭한다.

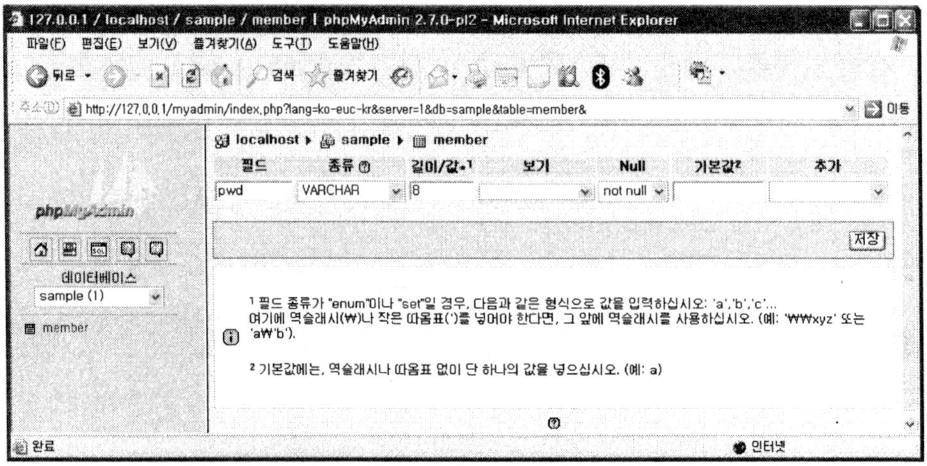

(2) 필드 삽입

phpMyAdmin에서 새로운 필드를 테이블에 추가할 수 있다. 새로운 필드를 삽입할 위치를 지정하고 "실행"을 선택하여 추가할 필드 이름, 데이터형, 길이 등을 입력한 후 "저장" 버튼을 선택하여 새로운 필드를 추가한다.

member 테이블의 name 필드와 email 필드 사이에 age 필드를 추가해 보자. 먼저, 필드 위치를 name으로 선택한 다음 "실행"을 선택한다.

필드 이름 age, 데이터형 INT, 길이 5를 입력한 후 "저장" 버튼을 실행하여 새로운 필드를 입력한다.

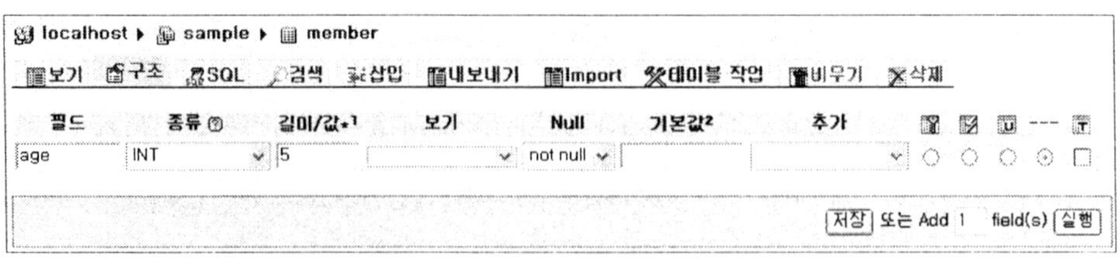

age 필드가 name 필드와 email 필드 사이에 추가되었는지 확인한다.

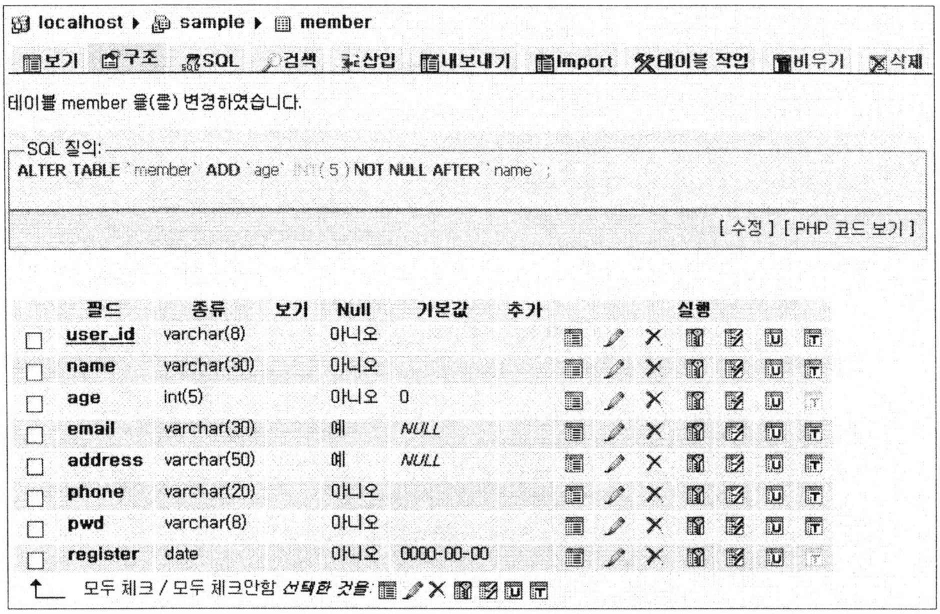

(3) 필드 삭제

phpMyAdmin에서 테이블 내의 필드를 삭제할 때에는 삭제하고자 하는 필드를 선택한 후 ×아이콘을 사용한다. 삭제된 필드는 필드 이름뿐만 아니라 그 필드에 저장된 데이터까지 모두 삭제되고, 한번 삭제된 데이터는 복원이 불가능하므로 반드시 신중하게 결정해야 한다.

member 테이블의 email 필드를 삭제해보자. 먼저, email 필드 이름 앞의 체크박스를 ☑한 후 ×를 선택하면, 선택된 필드를 삭제하겠느냐는 화면이 출력된다. 이때 "예"를 누르면 완전 삭제가 되고, "아니오"를 누르면 이전화면으로 되돌아간다. "예"를 선택하여 email 필드를 삭제한다.

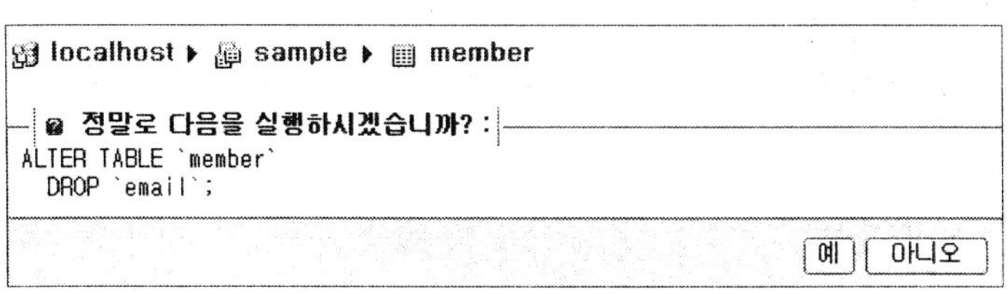

email 필드가 삭제되었는지 확인해보자.

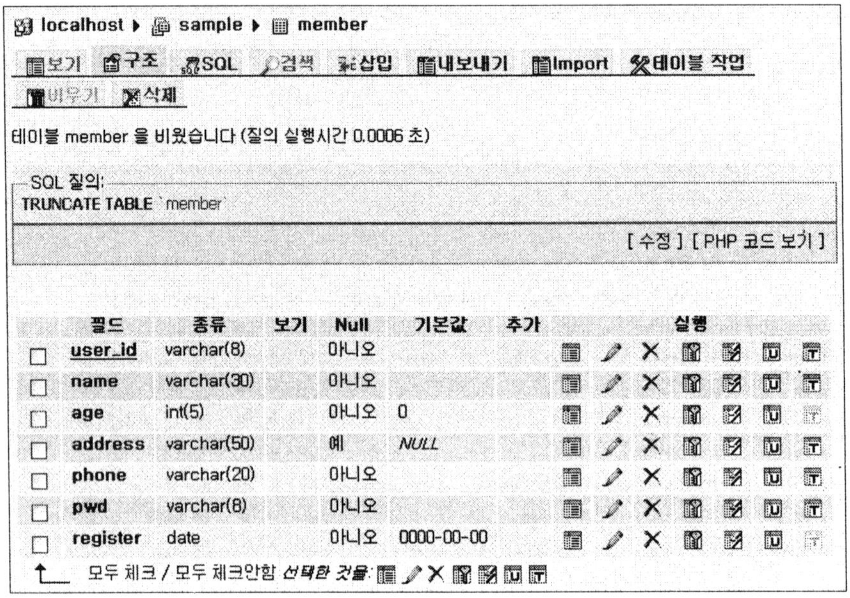

8.4 레코드 삽입

phpMyAdmin에서는 새로운 데이터를 삽입할 때 삽입 메뉴 또는 SQL 메뉴를 이용한다.

먼저 삽입 메뉴를 이용해 새로운 데이터를 삽입해보자. 삽입 메뉴를 선택했을 때 새로운 데이터를 삽입하는 화면으로 전환되는데, 화면 중간의 ☑ignore의 체크상자를 해제하면 두 개의 새로운 데이터를 동시에 삽입할 수 있다.

member 테이블에 새로운 데이터 두 개를 입력한 후 "실행" 버튼을 클릭하여 새로운 데이터를 삽입해보자.

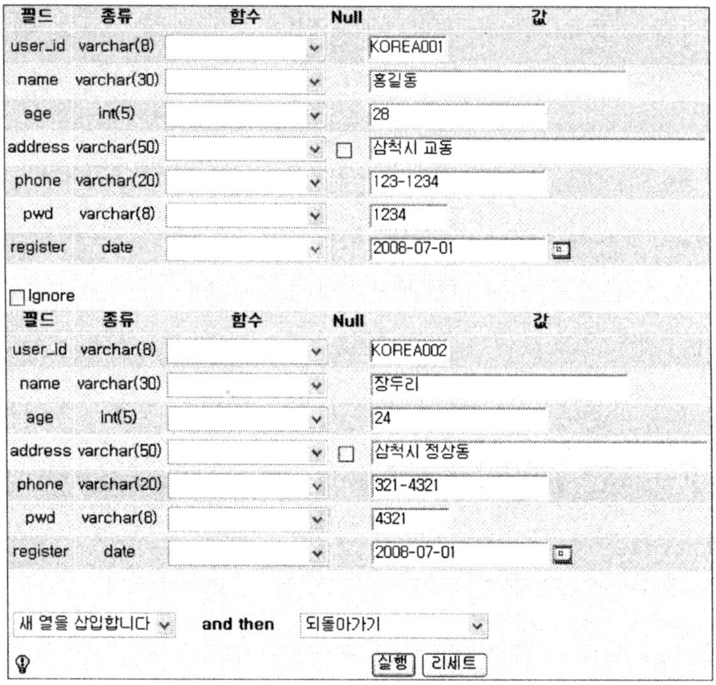

phpMyAdmin은 테이블에 레코드가 0개 있으면 보기 메뉴가 비활성화되어 있고, 1개 이상의 레코드가 저장되어 있으면 보기가 활성화된다. 보기 메뉴를 선택하여 레코드가 삽입되었는지 확인해보자.

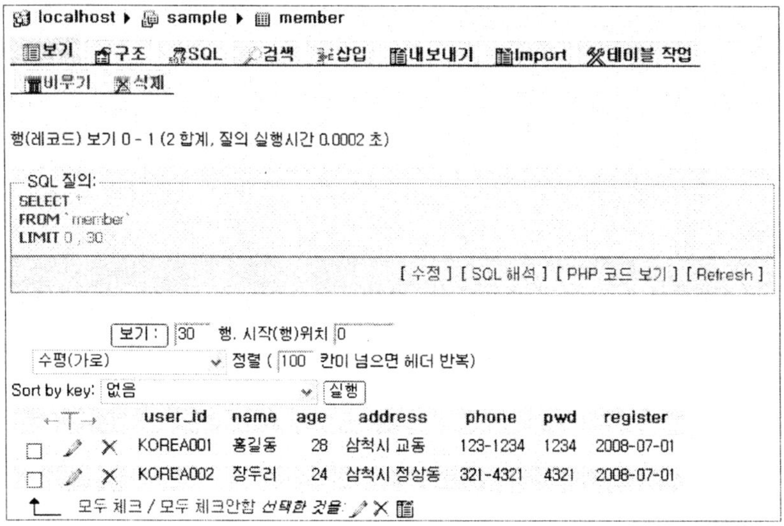

SQL 메뉴를 이용해 새로운 레코드를 삽입할 수 있는데, 삽입 메뉴와는 달리 직접 INSERT 명령문을 직접 입력해야 한다. 따라서 SQL 메뉴를 사용할 때에는 질의문 형식을 정확히 알고 있어야 한다.

member 테이블에 아래 정보를 추가해보자.

- ▸ 회원아이디(user_id) : KOREA003
- ▸ 회원이름(name) : 홍정림
- ▸ 나이(age) : 29
- ▸ 주소(address) : 서울시 동작구
- ▸ 전화번호(phone) : 855-7890
- ▸ 암호(pwd) : 7890
- ▸ 등록일(register) : 2008-07-02

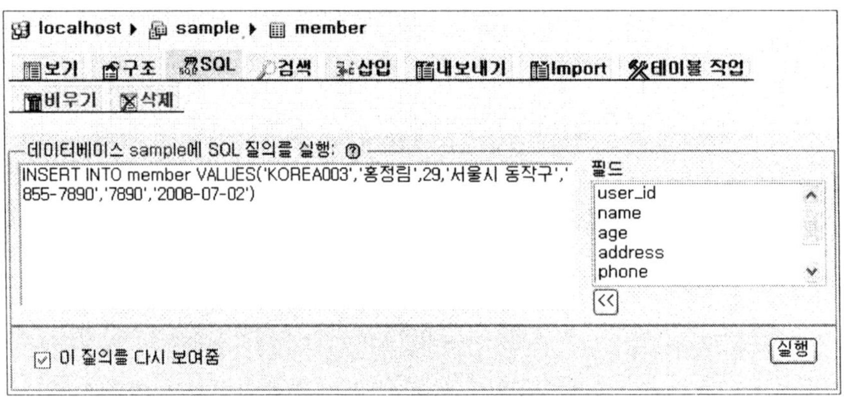

"실행" 버튼을 클릭한 후 보기 메뉴를 선택하여 레코드가 삽입되었는지 확인해보자.

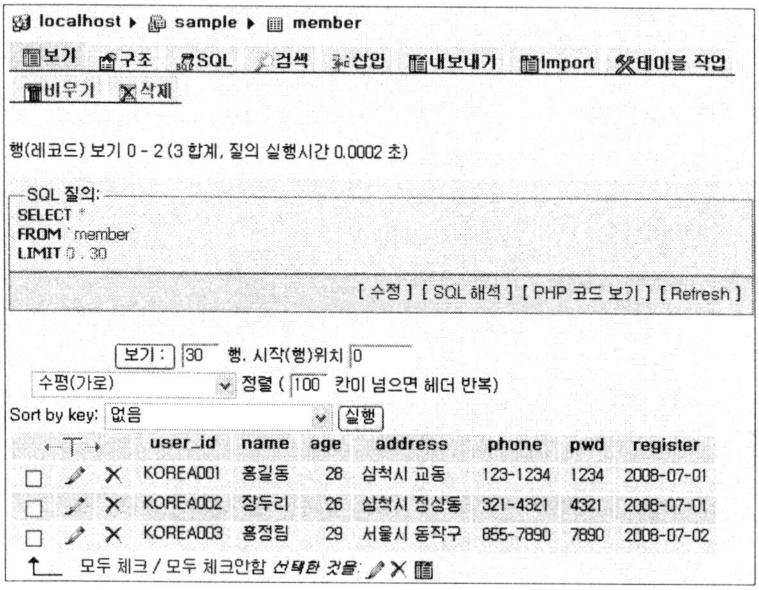

✎ 따라해보기

1 info 테이블에 아래 그림처럼 새 레코드 입력한 후 "실행" 버튼을 클릭하여 새 레코드를 추가한다.

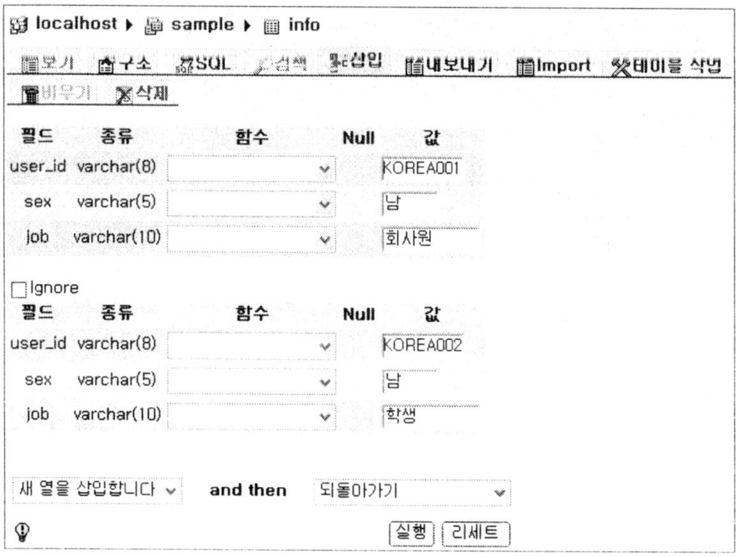

2 **보기 메뉴를 클릭하여 info 테이블에 삽입된 새 레코드를 확인해보자.**

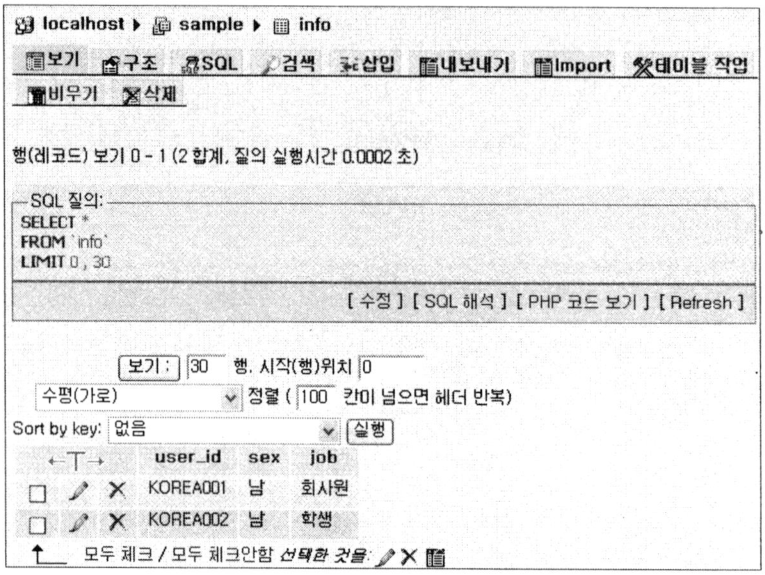

8.5 레코드 수정

phpMyAdmin은 테이블 데이터를 개별적으로 수정할 수 있다. 보기 메뉴를 선택하여 테이블의 데이터를 화면에 출력시킨 후 수정하고자 하는 레코드 체크 상자를 ☑한 후 ✎를 선택하고, 레코드를 수정할 수 화면이 출력된다. 레코드를 수정한 후 "저장" 버튼을 선택하면 된다.

member 테이블의 장두리 회원의 나이를 26살로 수정해보자. 먼저, 보기 메뉴를 이용해 member 테이블의 데이터를 화면에 출력시킨 후 장두리 회원의 레코드 체크 상자를 선택한다.

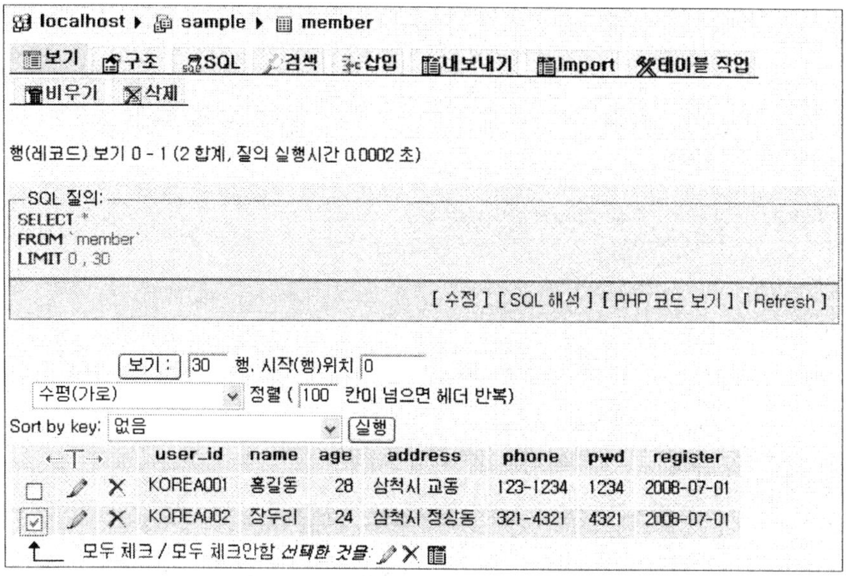

를 선택하면 장두리 회원정보를 수정할 수 있는 화면이 출력된다. 나이를 26으로 수정한 후 "실행" 버튼을 선택하면 장두리 회원의 나이가 24에서 26으로 수정된다.

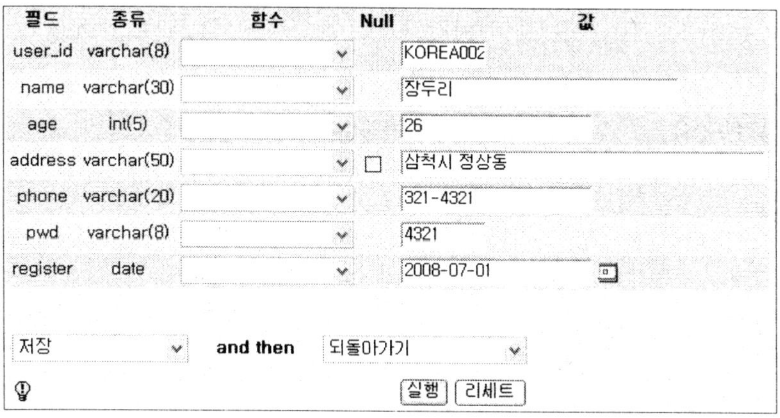

보기 메뉴를 이용해 회원정보가 제대로 수정되었는지 확인해보자.

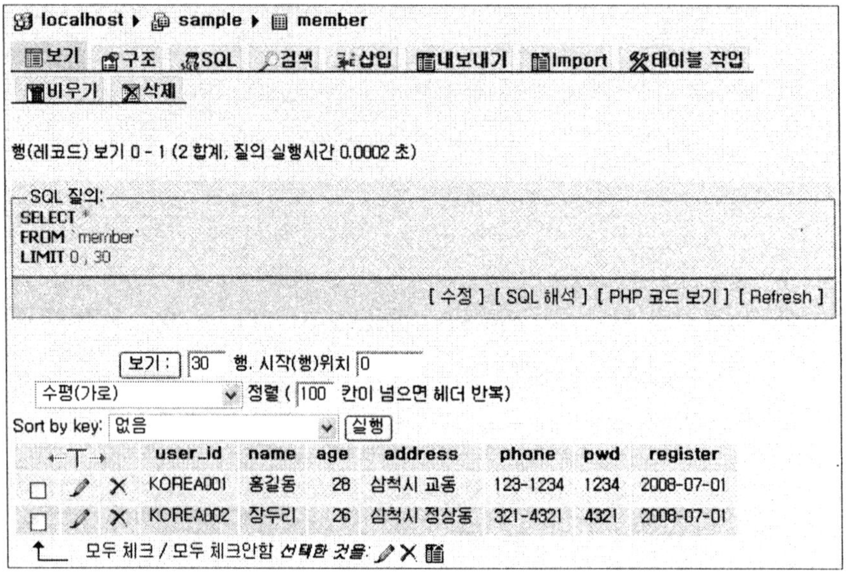

phpMyAdmin은 SQL 메뉴를 이용해 레코드를 수정할 수 있다. SQL 메뉴를 이용해 새 레코드를 추가했을 때와 마찬가지로 레코드를 수정하는 UPDATE 명령문을 정확히 알고 있어야 하며, 전체레코드를 동일한 값으로 수정하는 경우를 제외하고, 반드시 WHERE절을 이용해 해당 데이터만을 수정해야 한다.

member 테이블의 홍길동 회원의 나이를 30으로 SQL 메뉴를 이용해 수정해보자. 먼저, SQL 메뉴를 이용해 질의문 입력창을 실행하고 UPDATE 명령문을 입력한다.

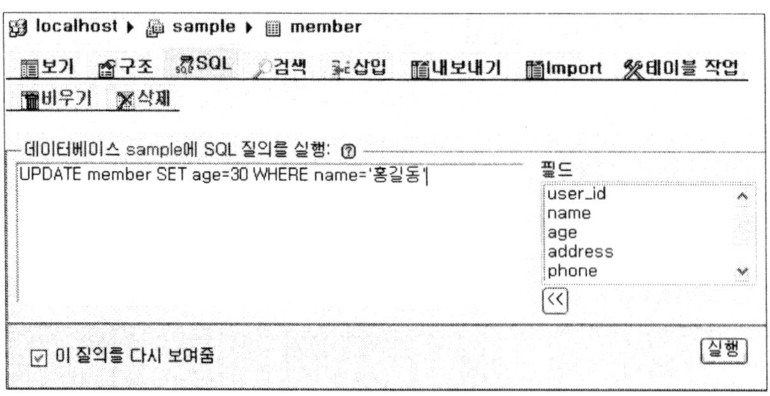

"실행" 버튼을 클릭한 후 보기 메뉴를 이용해 회원정보가 제대로 수정되었는지 확인해보자.

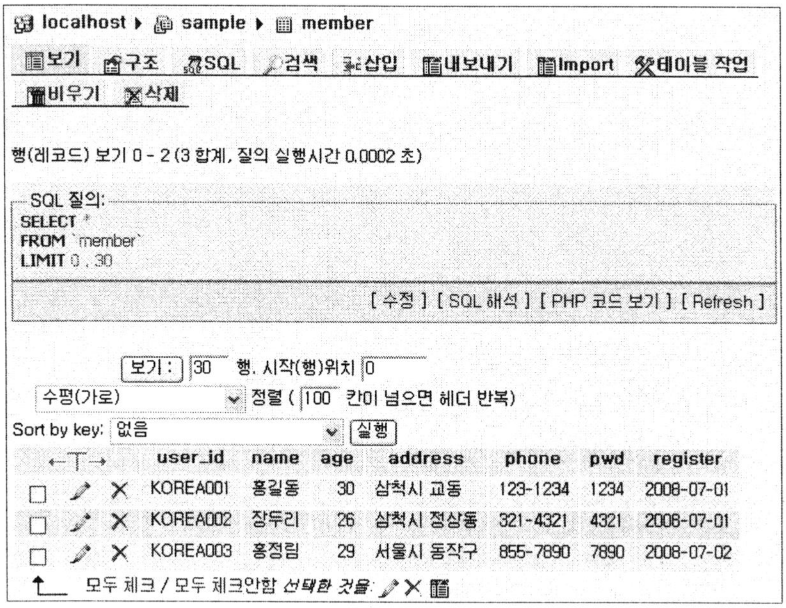

8.6 레코드 검색

phpMyAdmin은 여러 가지 조건을 이용해 데이터를 검색할 수 있어 많은 데이터 중에서 꼭 필요한 데이터만 화면에 출력시킬 수 있다.

phpMyAdmin의 검색 화면을 구성하고 있는 요소들의 기능의 살펴보면 다음과 같다.

"필드 선택(하나 이상)"는 검색결과를 화면에 출력할 때 화면에 출력하는 필드들을 선택하는 부분이다. DISTINCT는 동일한 검색 결과를 모두 화면에 출력시킬 것인지, 아니면 딱 한번만 화면에 출력시킬 것인지를 결정하는 옵션이다.

"페이지당 레코드수"는 검색결과를 한 화면에 몇 개씩 출력할 것인지를 결정하는 부분이다.

"검색 조건 추가"는 직접 검색 조건을 입력하는 부분이다.

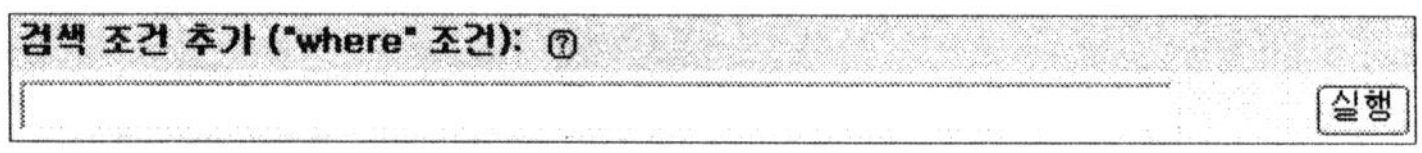

"다음으로 질의를 만들기"는 직접 검색 조건을 입력하는 것보다는 수월하게 검색 조건을 설정할 수 있는 부분이다. Operator를 클릭하여 원하는 연산자를 선택하고, 값에 조건값을 입력하면 된다.

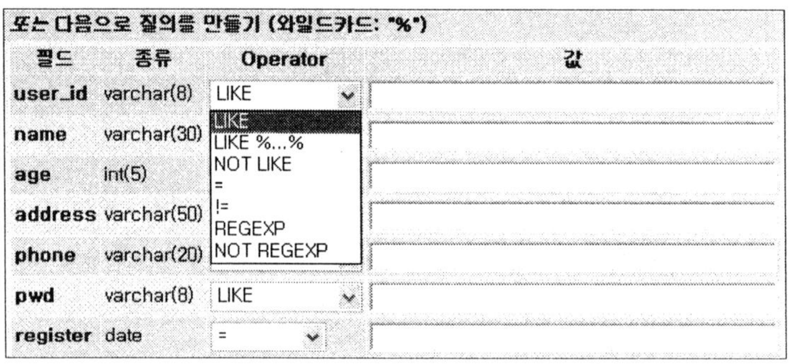

회원아이디가 "KOREA002"인 회원의 회원아이디(user_id), 회원이름(name), 나이(age), 전화번호(phone)을 화면에 출력하는 검색 질의문을 작성해보자.

먼저, 검색 메뉴를 선택한 후, "필드 선택(하나 이상)"에서 화면에 출력할 필드를 선택하고 user_id='KOREA002' 검색조건을 직접 입력한다.

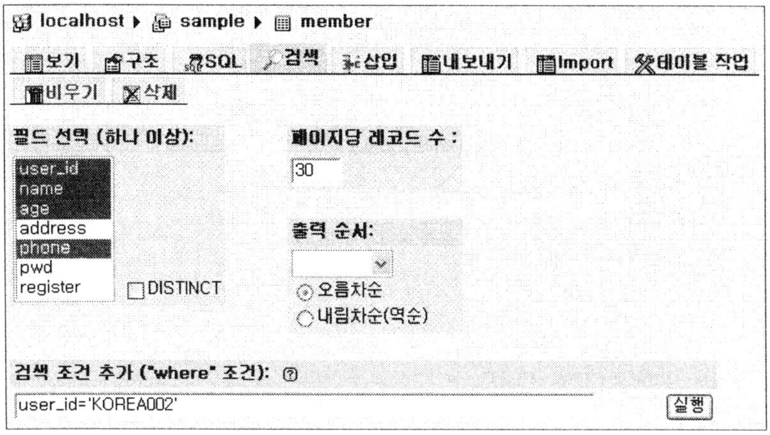

"실행" 버튼을 클릭한 후 검색 결과를 확인한다.

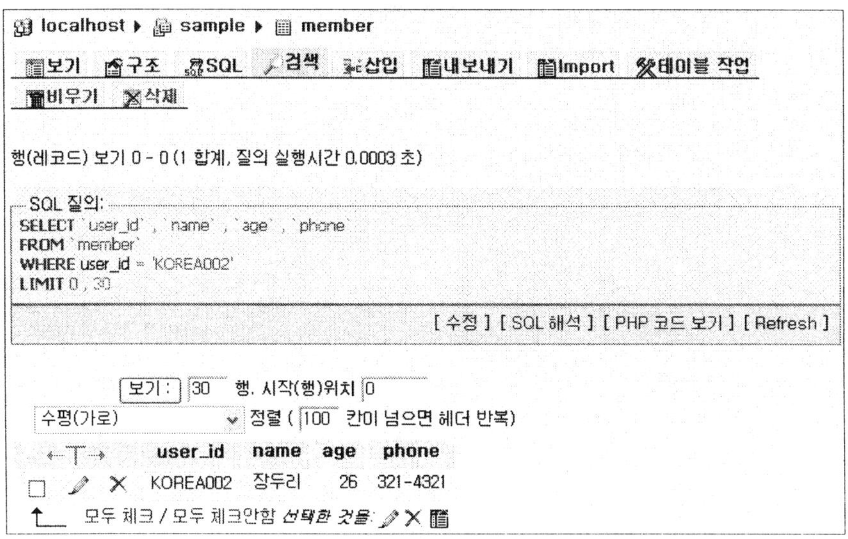

회원이름이 "홍길동"인 회원의 회원아이디(user_id), 회원이름(name), 나이(age), 전화번호(phone)을 화면에 출력하는 검색 질의문을 작성해보자.

먼저, 검색 메뉴를 선택한 후 "필드 선택(하나 이상)"에서 화면에 출력할 필드를 선택하고 다음으로 질의를 만들기를 이용해 검색조건을 입력한다.

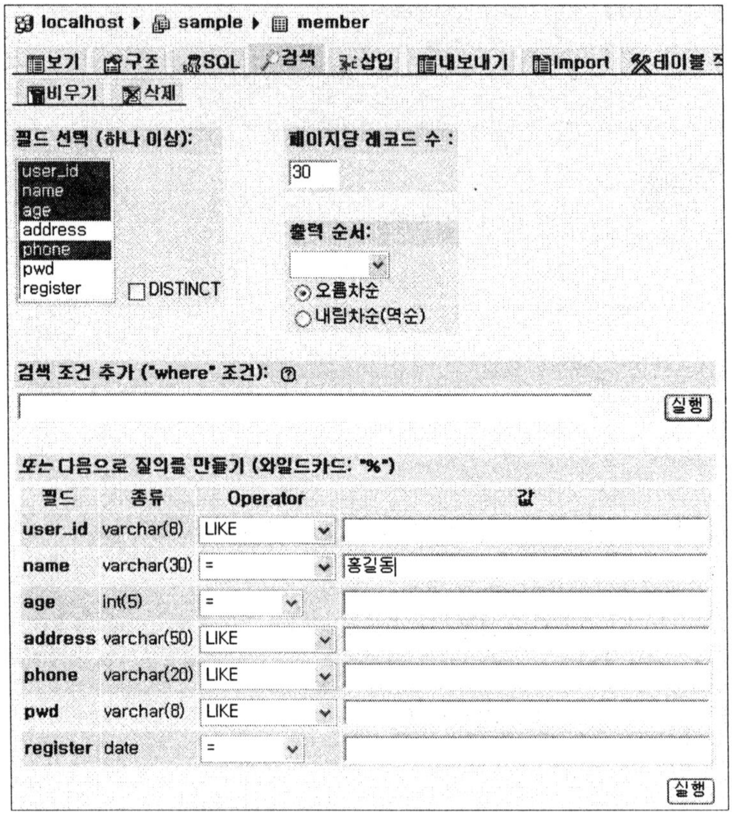

"실행" 버튼을 클릭한 후 검색 결과를 확인한다.

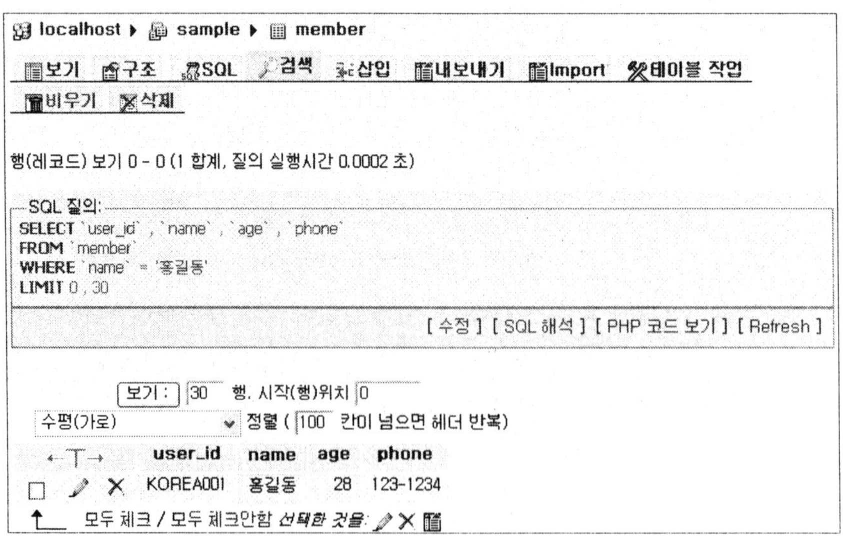

phpMyAdmin은 SQL 메뉴를 이용해 레코드를 검색할 수 있다. 레코드를 검색하는 명령어는 SELECT 명령문으로 WHERE절을 이용해 검색조건을 지정하는데, 검색조건에 사용되는 연산자는 6장의 비교 연산자와 논리 연산자를 참고하기로 하자.

member 테이블의 등록일자가 "2008-07-01"인 회원들의 정보를 검색해보자. 먼저, SQL 메뉴를 이용해 질의문 입력창을 실행하고 SELECT 명령문을 입력한다.

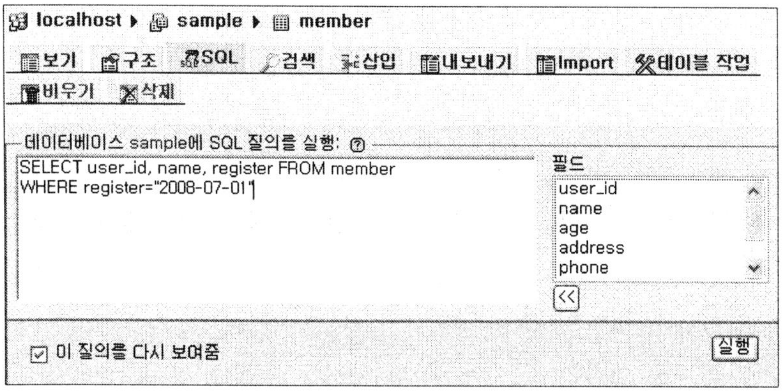

"실행" 버튼을 클릭하여 검색 결과를 확인해보자.

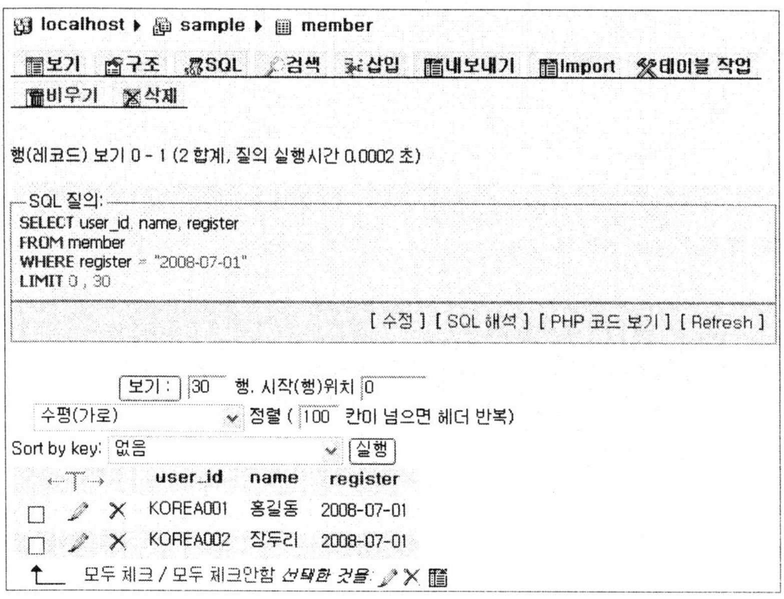

8.7 내보내기

phpMyAdmin은 데이터베이스에 저장되어 있는 데이터를 백업할 수 있다. 데이터베이스를 백업할 때 몇 개 테이블만 백업할 것인지 아니면 데이터베이스 전체를 백업할 것인지를 잘 선택하여야 한다.

현재 사용 중인 테이블만 내보내기 할 경우 phpMyAdmin의 오른쪽 프레임 상단에 현재 사용 중인 테이블 이름이 표시되어 있으면 되고, 현재 사용 중인 데이터베이스 전체를 내보내기 할 경우 phpMyAdmin의 오른쪽 프레임 상단에 현재 사용 중인 데이터베이스 이름이 표시되어 있으면 된다. 물론, 데이터베이스를 선택할 경우 테이블 전체를 내보내기할 수도 있고, 원하는 테이블만 선택하여 내보내기를 할 수도 있다.

내보내기 메뉴의 화면 구성에 대해서 살펴보자.

데이터베이스 전체를 내보내기 할 경우 아래 그림처럼 데이터베이스에 저장되어 있는 테이블들이 나열된다. "모두 선택"을 이용해 테이블 모두 선택하거나, 테이블 이름을 클릭하여 내보내기할 테이블만 선택할 수 있다.

내보내기 할 파일 형식은 SQL 텍스트 형식, Excel, Word, CSV, XML 등 여러 가지 형태가 있다.

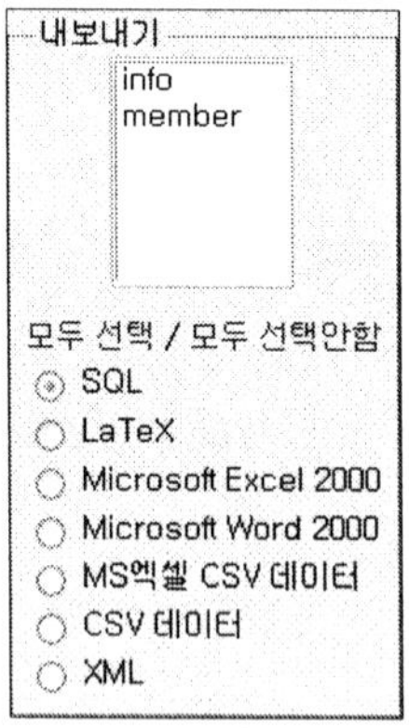

사용 중인 테이블만 내보내기 할 경우 테이블 이름은 출력되지 않는다. 어떤 파일 형식으로 내보내기 할 것인지를 선택하면 된다.

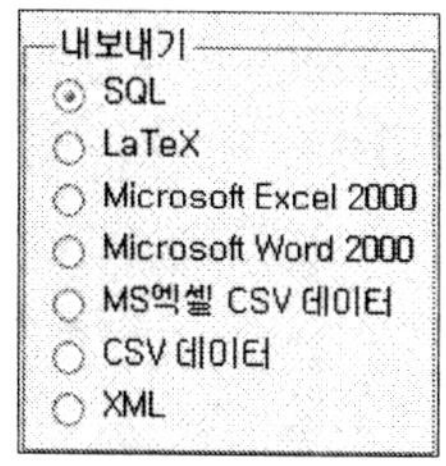

내보내기 파일 형식을 SQL로 선택하였을 경우에 출력되는 옵션 설정 화면이다. 어떤 파일 형식이냐에 따라 옵션 설정 화면이 달라지는데, 대체로 기본 설정값을 그대로 사용하면 된다.

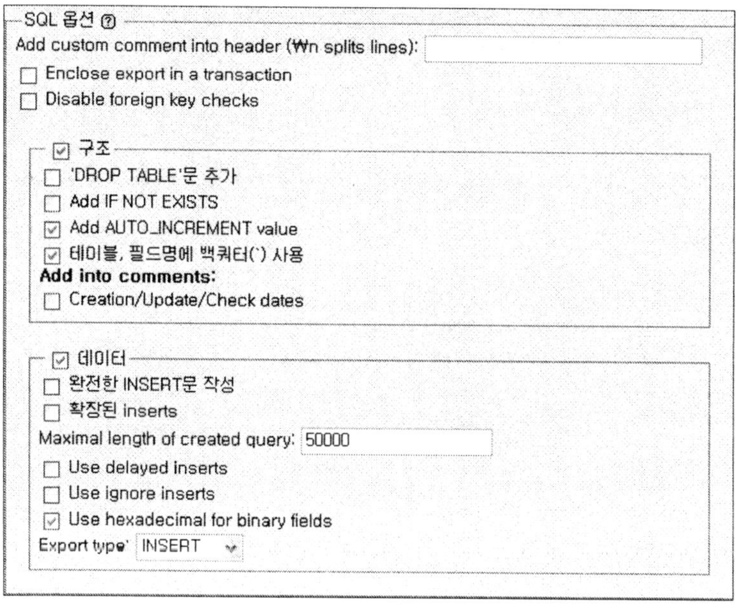

SQL 텍스트 파일 형식으로 내보내기 할 경우 파일로 저장을 ☑하고 파일명 템플릿에 파일 이름을 입력한 후 "실행" 버튼을 선택하면 된다. SQL 텍스트 파일은 텍스트 형식이므로 메모장에서도 읽을 수 있다.

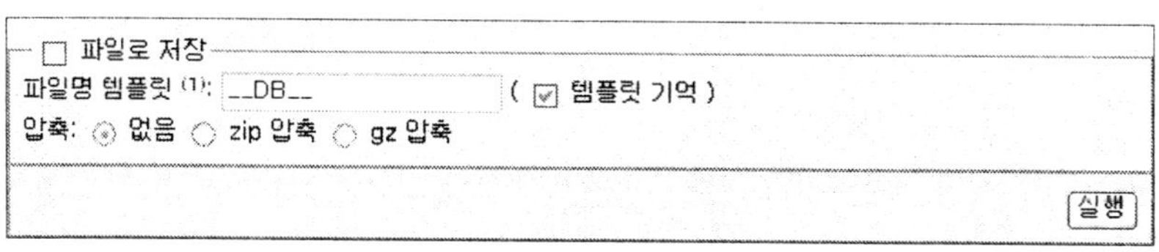

member 테이블만 SQL 텍스트 파일형식으로 내보내기를 해보자. 먼저, member 테이블을 선택하여 화면에 member 테이블의 내용이나 구조를 출력시킨다.

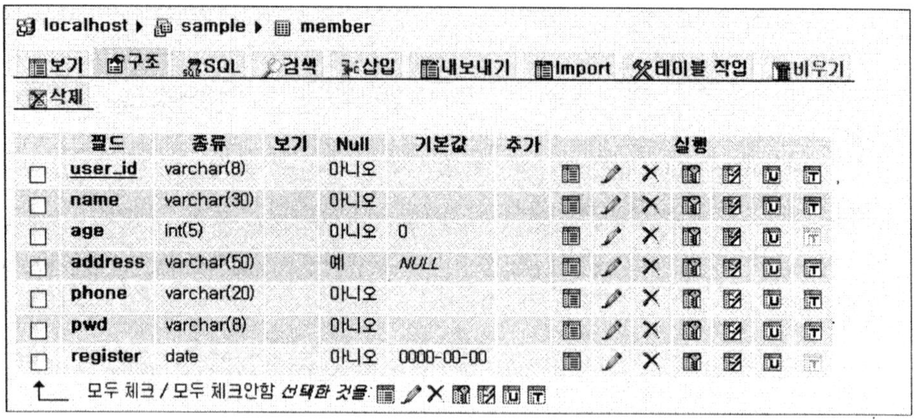

phpMyAdmin의 오른쪽 프레임 상단에 localhost ▸ sample ▸ member 임을 확인한 후 내보내기 메뉴를 선택한 후 파일명 템플릿에 member.sql을 입력한다.

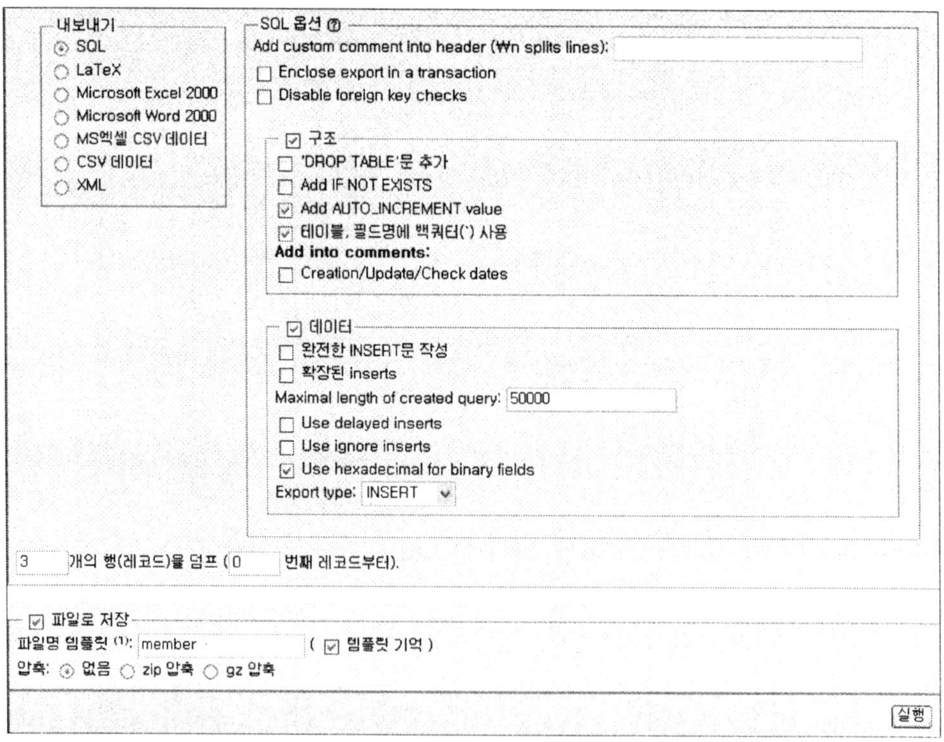

"실행" 버튼을 클릭하면 파일 다운로드 대화상자가 출력된다. 이때 파일 이름을 확인하고 저장 버튼을 클릭하면 SQL 파일을 저장할 디렉토리 위치를 설정하는 대화상자가 출력된다.

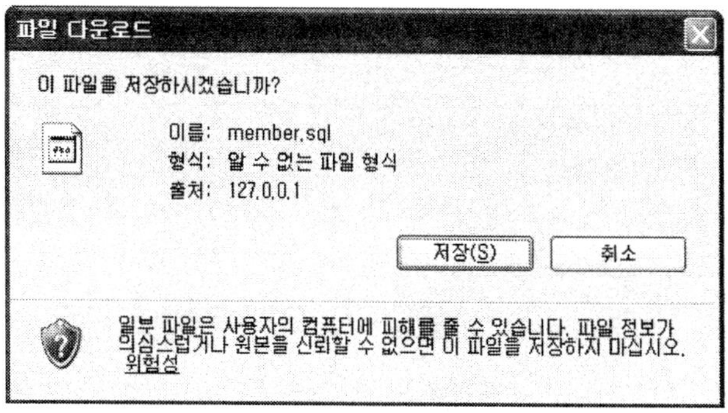

파일을 저장할 디렉토리를 설정한 후 "저장" 버튼을 클릭하여 phpMyAdmin의 내보내기 작업을 종료한다.

sample 데이터베이스에 저장되어 있는 테이블 모두를 내보내기를 해보자. 먼저 smaple 데이터베이스를 선택한 후 내보내기 메뉴를 클릭한다. phpMyAdmin 오른쪽 프레임의 상단이 반드시 localhost ▸ sample 이어야 한다.

"모두 선택"을 눌러 info와 member 테이블 모두를 선택한 후 파일명 템플릿에 sample을 입력한 후 "실행" 버튼을 클릭한다.

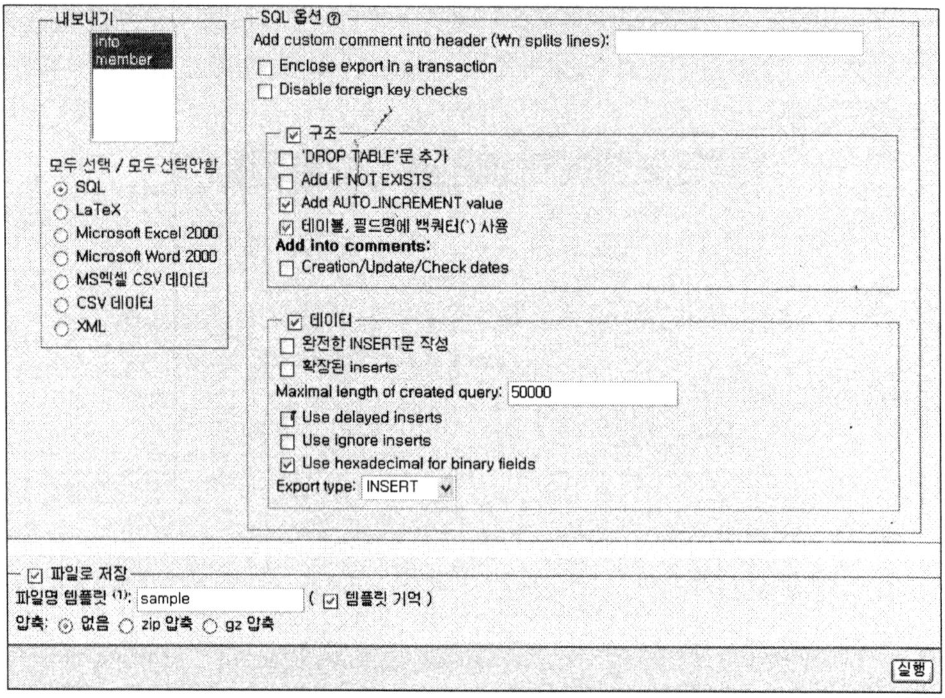

8.8 Import

phpMyAdmin은 SQL 텍스트 파일을 MySQL 데이터베이스내의 테이블에 가져오기를 할 수 있다. 가져오기는 테이블 생성과 데이터를 삽입해주지만 데이터베이스는 생성되지 않으므로, 가져오기를 실행하기 전에 데이터베이스를 먼저 생성해야 한다. 이때 주의할 점은 동일한 테이블 이름이 데이터베이스 내에 존재하면 에러가 발생하므로, 가져오기를 실행하기 전에 테이블 이름을 먼저 확인해야 한다.

member.sql로 저장되어 있는 SQL 텍스트 파일을 Import 메뉴를 이용해 sample 데이터베이스에 가져오기를 해보자. 먼저, sample 데이터베이스에 있는 member 테이블이 존재하는지 확인을 한 후 Import 메뉴를 선택한다.

Import 화면의 "찾아보기"를 클릭하여 내문서에 저장되어 있는 member.sql을 선택한 후 "열기" 버튼을 클릭한다.

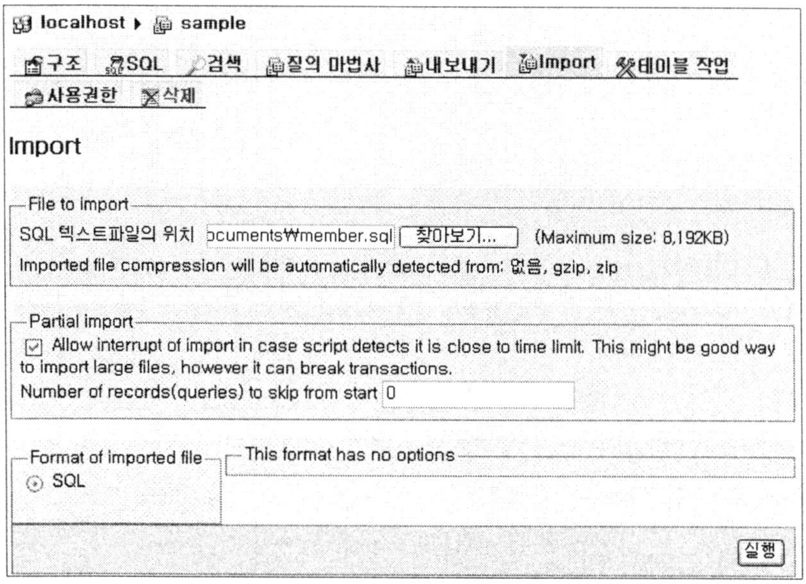

"실행" 버튼을 클릭하여 sample 데이터베이스에 member 테이블을 가져온다.

8.9 테이블 작업

phpMyAdmin은 테이블 이름 변경 및 테이블 복사를 할 수 있다.

테이블 작업 메뉴의 화면 구성요소를 살펴보자.

테이블 정렬을 정렬기준에 따라 오름차순 또는 내림차순으로 정렬한다.

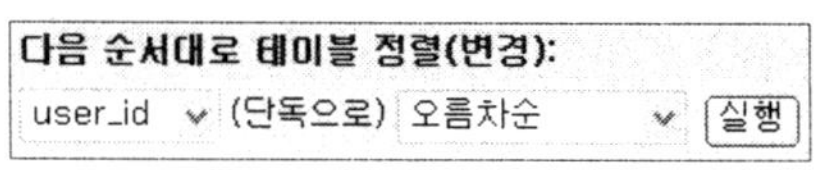

테이블 이름을 변경한다. 이때 주의할 점은 동일한 이름의 테이블은 존재할 수 없으므로 변경하고자 하는 테이블 이름이 데이터베이스에 존재하는지를 먼저 확인해야 한다.

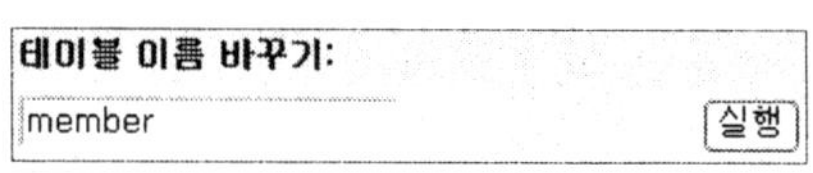

테이블을 다른 데이터베이스로 이동한다. 테이블 이름 변경과 마찬가지로 이동할 데이터베이스에 동일한 테이블 이름이 존재하면 에러가 발생하므로, 이동하기 전에 이동할 데이터베이스에 동일한 테이블 이름이 존재하는지 먼저 확인해야 한다.

테이블을 새로운 이름으로 현재 사용 중인 데이터베이스에 새로운 이름으로 복사하거나 다른 데이터베이스 새로운 이름으로 복사한다. 이때, 테이블의 구조만 복사하거나, 구조와 데이터 모두 복사하거나, 데이터만 복사할 수 있으므로 사용 목적에 따라 복사 옵션을 선택하면 된다.

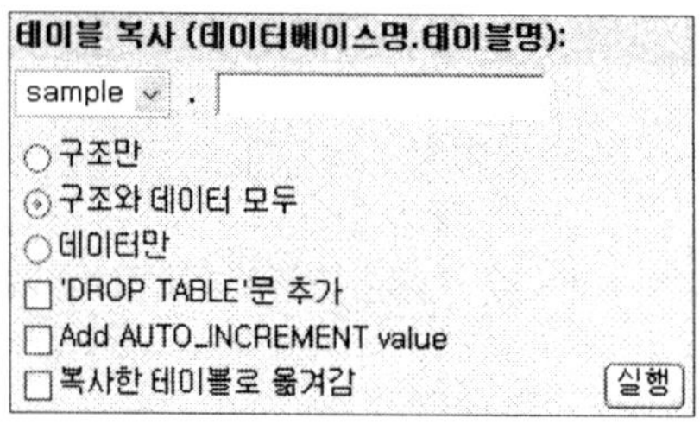

테이블의 설명을 추가한다.

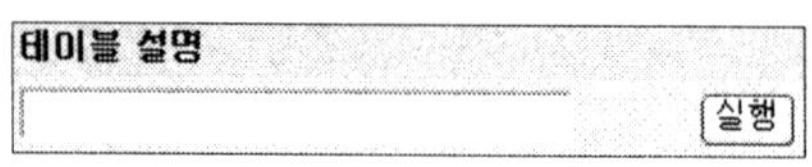

테이블 종류를 변경한다. phpMyAdmin에서 테이블을 생성할 때 테이블 종류는 기본적으로 MyISAM으로 설정되어 있다.

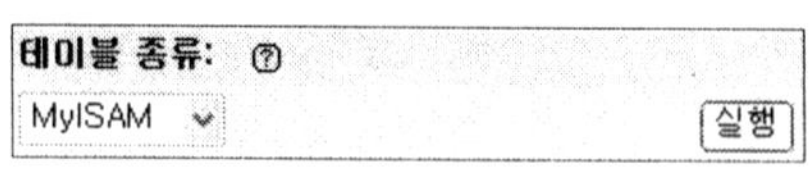

테이블 옵션을 변경한다.

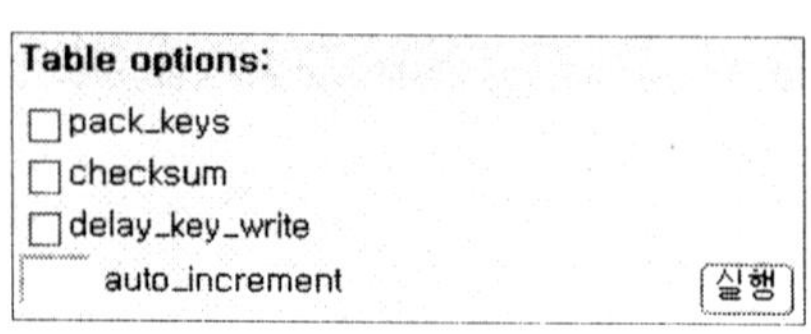

member 테이블의 내용을 회원이름(name)을 기준으로 오름차순으로 정렬해보자.

보기 메뉴를 이용해 회원이름(name)을 기준으로 오름차순 정렬이 되었는지 확인해 보자.

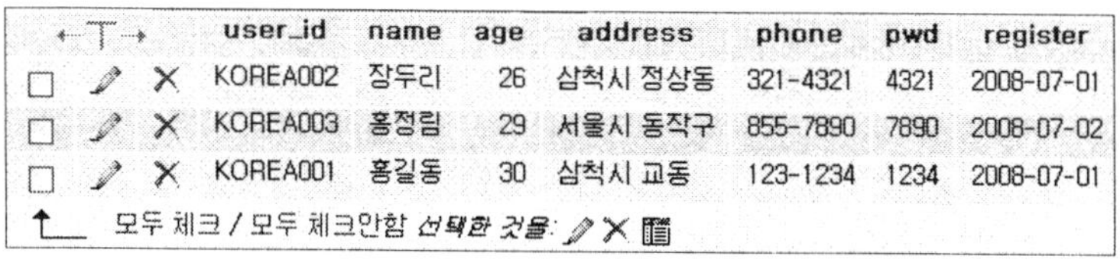

user_id	name	age	address	phone	pwd	register
KOREA002	장두리	26	삼척시 정상동	321-4321	4321	2008-07-01
KOREA003	홍정림	29	서울시 동작구	855-7890	7890	2008-07-02
KOREA001	홍길동	30	삼척시 교동	123-1234	1234	2008-07-01

member 테이블 이름을 mem으로 변경해보자.

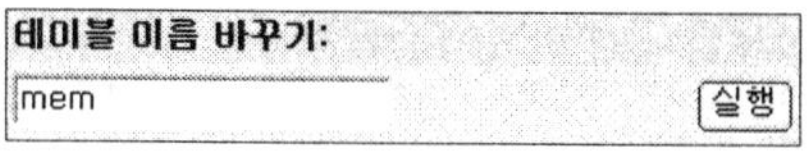

"실행" 버튼을 클릭하면 테이블 이름이 mem으로 변경된 것을 확인할 수 있다.

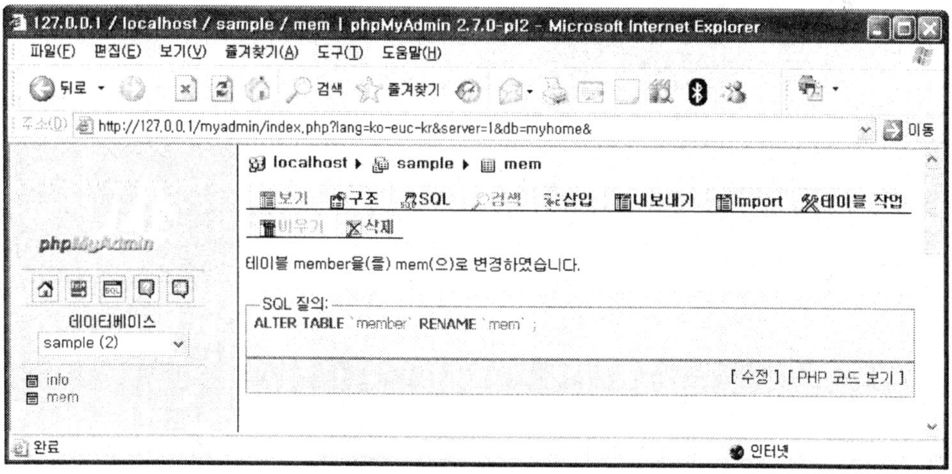

member 테이블을 myhome 데이터베이스로 이동시켜보자. 이때, sample 데이터베이스의 member 테이블이 myhome 데이터베이스로 이동하므로 sample 데이터베이스에는 info 테이블만 남게 된다.

"실행" 버튼을 클릭하면 myhome 데이터베이스로 member 테이블이 옮겨진 결과화면이 출력되는데, 오른쪽 프레임 상단을 살펴보면 **localhost ▸ myhome ▸ member** 로 확인할 수 있다.

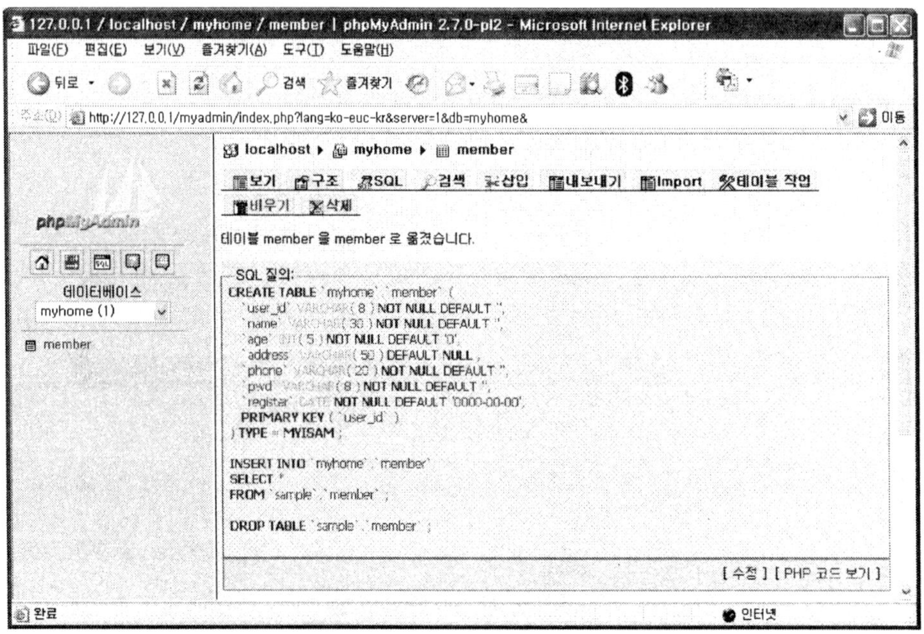

또한, sample 데이터베이스에는 info 테이블만 존재하는지 확인해보자.

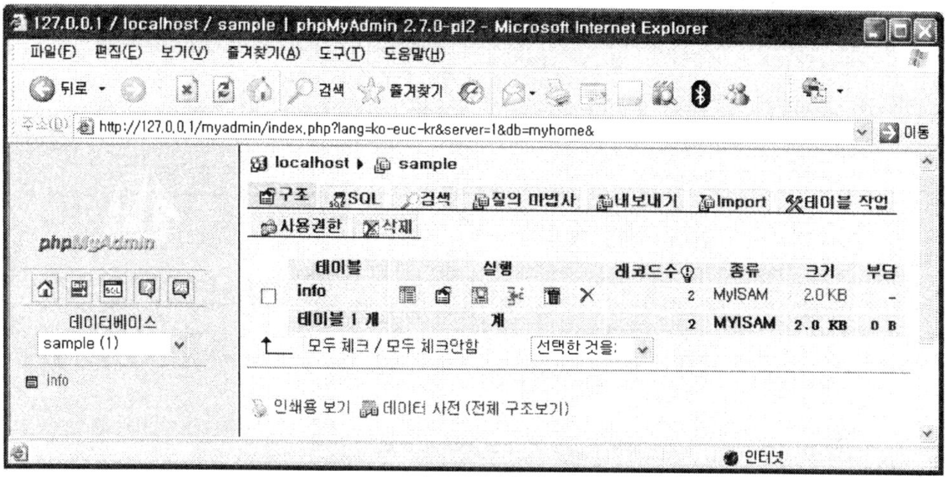

myhome 데이터베이스의 member 테이블을 sample 데이터베이스에 복사해보자. 현재 sample 데이터베이스에 member 테이블이 존재하지 않으므로 구조와 데이터 모두 복사하는 옵션을 선택하자.

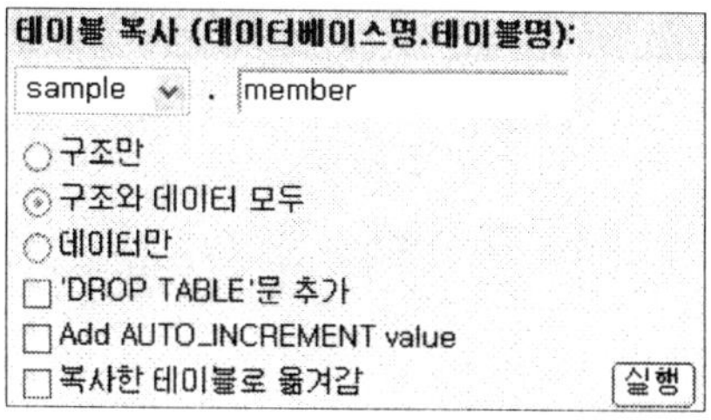

sample 데이터베이스에 member 테이블이 복사되었는지 확인해보자.

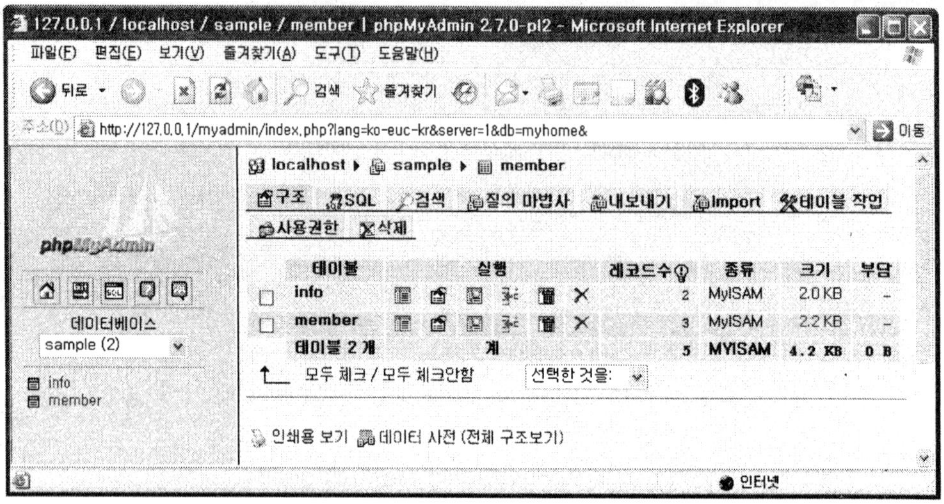

8.10 비우기

phpMyAdmin은 테이블의 내용을 삭제하는 기능을 지원한다. 비우기 메뉴를 실행할 때 주의할 점은 한번 삭제된 데이터는 복원이 불가능하다는 것이다.

member 테이블의 내용을 모두 삭제해보자.

먼저, member 테이블을 화면에 출력한 후 비우기 메뉴를 선택한다.

"확인" 버튼을 클릭하면 member 테이블내의 모든 데이터가 삭제되고 "취소" 버튼을 클릭하면 이전화면으로 되돌아간다. "확인" 버튼을 클릭해 member 테이블내의 모든 데이터를 삭제하자.

보기 메뉴를 클릭하여 member 테이블내의 모든 데이터가 삭제되었는지 확인해보

자. member 테이블내의 모든 데이터가 삭제가 되면 보기 메뉴가 비활성화되어 선택할 수 없을 것이다. 이것은 phpMyAdmin의 특징으로 테이블에 데이터가 없으면 비활성화된다. 따라서 보기 메뉴가 비활성화되어 있으면 테이블에 데이터가 존재하지 않는 것으로 생각하면 된다.

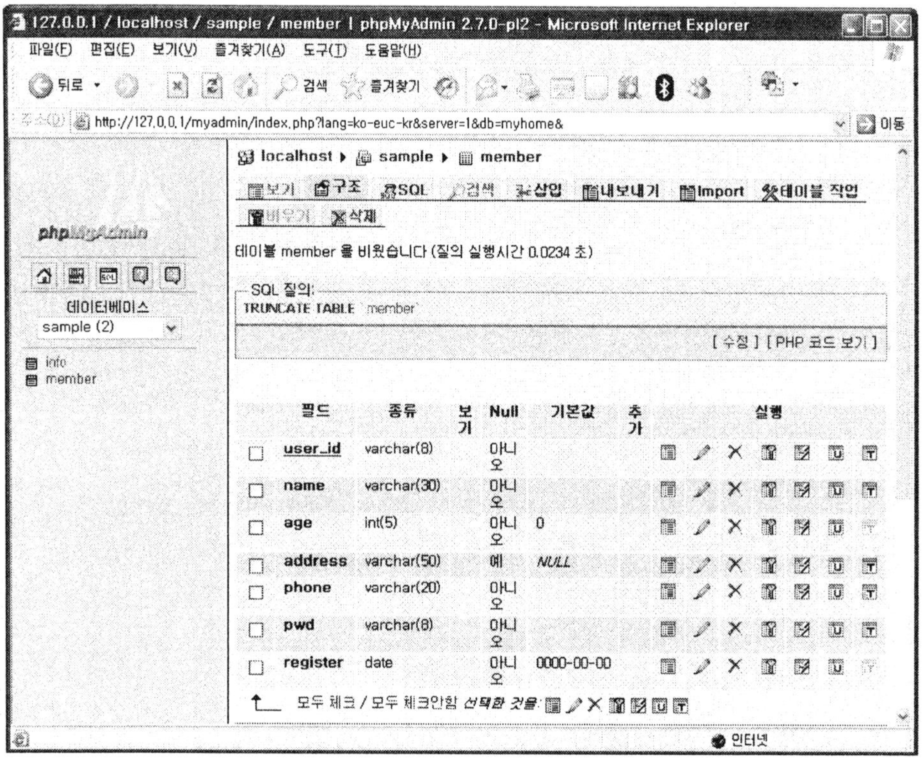

8.11 삭 제

phpMyAdmin은 테이블의 데이터 뿐만 아니라 데이터 구조까지 삭제할 수 있다. 비우기 메뉴와 마찬가지로 한번 삭제된 데이터는 복원이 불가능하므로 삭제 메뉴를 선택하기 전에 반드시 한번 더 확인해야 한다.

member 테이블을 삭제해보자. 먼저 member 테이블을 클릭한 후 삭제 메뉴를 선택한다.

"확인"을 선택하면 member 테이블이 삭제되고, "취소"를 선택하면 이전 화면으로 되돌아간다. "확인"을 선택하여 member 테이블을 삭제하고, sample 데이터베이스에 member 테이블이 삭제되었는지 확인해보자.

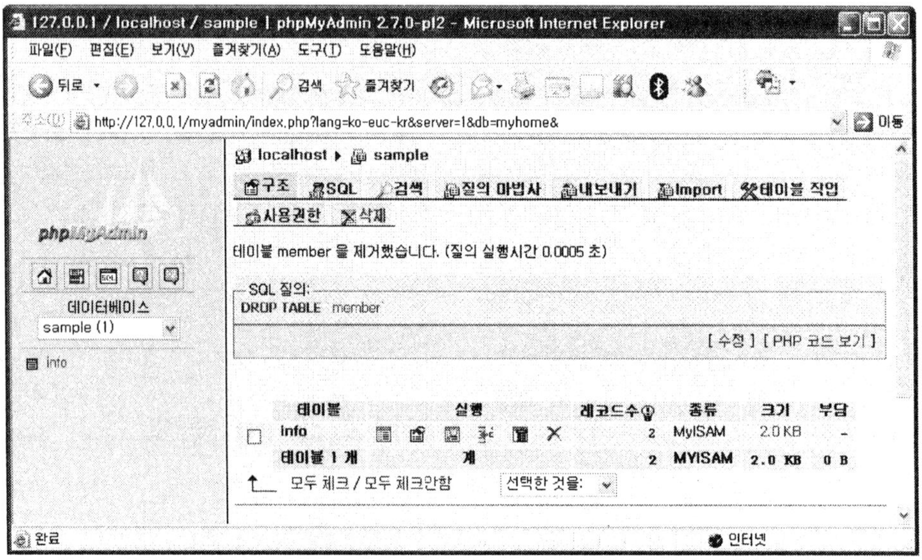

찾아보기

W

Y

데이터베이스 제대로 배우기

2008년 8월 30일 1판 1쇄 발행

저 자 정은희 · 양승해 · 이병관
발행인 남 승 우

발행처 도서출판 상尙 학學 당堂

서울특별시 동작구 사당3동 220-43
TEL : 02) 595-1692~4
FAX : 02) 595-1394
E-mail : namdoo6@unitel.co.kr
신고 : 2-155호 (1968. 11. 29)

정가 18,000원

ISBN 978-89-93383-06-5 93000